O Sermão da Montanha
e Escritos sobre a fé

Coleção **Patrística**

1. *Padres Apostólicos*, Clemente Romano; Inácio de Antioquia; Policarpo de Esmirna; O pastor de Hermas; Carta de Barnabé; Pápias; Didaqué
2. *Padres Apologistas*, Carta a Diogneto; Aristides; Taciano; Atenágoras; Teófilo; Hérmias
3. *I e II apologias e diálogo com Trifão*, Justino de Roma
4. *Contra as heresias*, Irineu de Lion
5. *Explicação do símbolo (da fé) – Sobre os sacramentos – Sobre os mistérios – Sobre a penitência*, Ambrósio de Milão
6. *Sermões*, Leão Magno
7. *Trindade (A)*, Santo Agostinho
8. *Livre-arbítrio (O)*, Santo Agostinho
9/1. *Comentário aos Salmos (Salmos 1-50)*, Santo Agostinho
9/2. *Comentário aos Salmos (Salmos 51-100)*, Santo Agostinho
9/3. *Comentário aos Salmos (Salmos 101-150)*, Santo Agostinho
10. *Confissões*, Santo Agostinho
11. *Solilóquios – Vida feliz (A)*, Santo Agostinho
12. *Graça I (A)*, Santo Agostinho
13. *Graça II (A)*, Santo Agostinho
14. *Homilia sobre Lucas 12 – Homilias sobre a origem do homem – Tratado sobre o Espírito Santo*, Basílio de Cesareia
15. *História eclesiástica*, Eusébio de Cesareia
16. *Dos bens do matrimônio – Santa virgindade (A) – Dos bens da viuvez – Cartas a Proba e a Juliana*, Santo Agostinho
17. *Doutrina cristã (A)*, Santo Agostinho
18. *Contra os pagãos – Encarnação do Verbo (A) – Apologia ao imperador – Apologia de sua fuga – Vida e conduta de Santo Antão*, Santo Atanásio
19. *Verdadeira religião (A) – Cuidado devido aos mortos (O)*, Santo Agostinho
20. *Contra Celso*, Orígenes
21. *Comentários ao Gênesis*, Santo Agostinho
22. *Tratado sobre a Santíssima Trindade*, Santo Hilário de Poitiers
23. *Da incompreensibilidade de Deus – Da providência de Deus – Cartas a Olímpia*, São João Crisóstomo
24. *Contra os Acadêmicos – Ordem (A) – Grandeza da alma (A) – Mestre (O)*, Santo Agostinho
25. *Explicação de algumas proposições da carta aos Romanos – Explicação da carta aos Gálatas – Explicação incoada da carta aos Romanos*, Santo Agostinho
26. *Examerão – Seis dias da criação (Os)*, Santo Agostinho
27/1. *Comentário às cartas de São Paulo – Homilias sobre a epístola aos Romanos – Comentários sobre a epístola aos Gálatas – Homilias sobre a epístola aos Efésios*, São João Crisóstomo
27/2. *Comentário às cartas de São Paulo – Homilias sobre a Primeira carta aos Coríntios – Homilias sobre a Segunda carta aos Coríntios*, São João Crisóstomo
27/3. *Comentário às cartas de São Paulo – Homilias sobre as cartas: Primeira e Segunda de Timóteo, a Tito, aos Filipenses, aos Colossenses, Primeira e Segunda aos Tessalonicenses, a Filemon, aos Hebreus*, São João Crisóstomo
28. *Regra pastoral*, Gregório Magno
29. *Criação do homem (A) – Alma e a ressurreição (A) – Grande catequese (A)*, Gregório de Nissa
30. *Tratado sobre os princípios*, Orígenes
31. *Apologia contra os livros de Rufino*, São Jerônimo
32. *Fé e o símbolo (A) – Primeira catequese aos não cristãos – Continência (A) – Disciplina cristã (A)*, Santo Agostinho
33. *Demonstração da pregação apostólica*, Irineu de Lion
34. *Homilias sobre o evangelho de Lucas*, Orígenes
35/1. *Obras completas I*, Cipriano de Cartago
36. *Sermão da montanha (O) e escritos sobre a fé*, Santo Agostinho
37. *Trindade (A), escritos éticos, cartas*, Novaciano
38. *Homilias e comentário sobre o Cântico dos cânticos*, Orígenes

SANTO AGOSTINHO

O SERMÃO DA MONTANHA E ESCRITOS SOBRE A FÉ

A fé e as obras
A fé nas coisas invisíveis
Enquirídio
O Símbolo aos catecúmenos

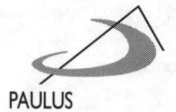
PAULUS

Títulos originais

De sermone domini in monte; tradução e introdução: Nair de Assis Oliveira, CSA (†); revisão: H. Dalbosco.

De fide et operibus — *De fide rerum invisibilium* — *De symbolo ad cathecumenos*; tradução: Fabrício Gerardi; Introdução: Heres Drian de O. Freitas.

Enchiridion de fide spe et caritate, tradução: D. Paulo Evaristo Arns (†); Introdução: Heres Drian de O. Freitas.

Direção editorial: *Claudiano Avelino dos Santos*
Coordenação editorial: *Heres Drian de Oliveira Freitas*
Coordenação de revisão: *Tiago José Risi Leme*
Capa: *Marcelo Campanhã*
Editoração, impressão e acabamento: PAULUS

Dados Internacionais de Catalogação na Publicação (CIP)
(Câmara Brasileira do Livro, SP, Brasil)

Agostinho, Santo, Bispo de Hipona, 354-430 O Sermão da Montanha e Escritos sobre a fé / Santo Agostinho. — São Paulo: Paulus, 2017. — Coleção Patrística.

Título original: *De sermone domini in monte; De fide et operibus; Enchiridion de fide spe et caritate; De fide rerum invisibilium; De symbolo ad cathecumenos*

Vários tradutores.
Bibliografia.
ISBN 978-85-349-4483-0

1. Agostinho, Santo, Bispo de Hipona, 354-430 2. Sermão da Montanha 3. Teologia pastoral
I. Título. II. Série.

16-08687 CDD-230

Índice para catálogo sistemático:
1. Agostinho, Santo: Escritos: Teologia cristã 230

Seja um leitor preferencial **PAULUS**.
Cadastre-se e receba informações sobre nossos
lançamentos e nossas promoções: **paulus.com.br/cadastro**
Televenda: **(11) 3789-4000 / 0800 16 40 11**

1ª edição, 2017
1ª reimpressão, 2019

© PAULUS – 2017

Rua Francisco Cruz, 229 • 04117-091 – São Paulo (Brasil)

Tel.: (11) 5087-3700
paulus.com.br • editorial@paulus.com.br

ISBN 978-85-349-4483-0

APRESENTAÇÃO

Surgiu, pelos anos 1940, na Europa, especialmente na França, um movimento de interesse voltado para os antigos escritores cristãos, conhecidos tradicionalmente como "Padres da Igreja", ou "santos Padres", e suas obras. Esse movimento, liderado por Henri de Lubac e Jean Daniélou, deu origem à coleção "Sources Chrétiennes", hoje com centenas de títulos, alguns dos quais com várias edições. Com o Concílio Vaticano II, ativou-se em toda a Igreja o desejo e a necessidade de renovação da liturgia, da exegese, da espiritualidade e da teologia a partir das fontes primitivas. Surgiu a necessidade de "voltar às fontes" do cristianismo.

No Brasil, em termos de publicação das obras desses autores antigos, pouco se fez. A Paulus Editora procura, agora, preencher esse vazio existente em língua portuguesa. Nunca é tarde ou fora de época para rever as fontes da fé cristã, os fundamentos da doutrina da Igreja, especialmente no sentido de buscar nelas a inspiração atuante, transformadora do presente. Não se propõe uma volta ao passado através da leitura e estudo dos textos primitivos como remédio ao saudosismo. Ao contrário, procura-se oferecer aquilo que constitui as "fontes" do cristianismo, para que o leitor as examine, as avalie e colha o essencial, o espírito que as produziu. Cabe ao leitor, portanto, a tarefa do discernimento. Paulus Editora quer, assim, oferecer ao público de língua portuguesa, leigos, clérigos, religiosos, aos estudiosos do cristianismo primevo, uma série de títulos, não exaustiva, cuidadosamente traduzida e preparada, dessa vasta literatura cristã do período patrístico.

Para não sobrecarregar o texto e retardar a leitura, procurou-se evitar anotações excessivas, as longas introduções estabelecendo paralelismos de versões diferentes, com referências aos empréstimos da literatura pagã, filosófica, religiosa, jurídica, às infindas controvérsias sobre determinados textos e sua autenticidade. Procurou-se fazer com que o resultado desta pesquisa original se traduzisse numa edição despojada, porém séria.

Cada obra tem uma introdução breve, com os dados biográficos essenciais do autor e um comentário sucinto dos aspectos literários e do conteúdo da obra suficientes para uma boa compreensão do texto. O que interessa é colocar o leitor diretamente em contato com o texto. O leitor deverá ter em mente as enormes diferenças de gêneros literários, de estilos em que estas obras foram redigidas: cartas, sermões, comentários bíblicos, paráfrases, exortações, disputas com os heréticos, tratados teológicos vazados em esquemas e categorias filosóficas de tendências diversas, hinos litúrgicos. Tudo isso inclui, necessariamente, uma disparidade de tratamento e de esforço de compreensão a um mesmo tema. As constantes, e por vezes longas, citações bíblicas ou simples transcrições de textos escriturísticos devem--se ao fato de que os Padres escreviam suas reflexões sempre com a Bíblia numa das mãos.

Julgamos necessário um esclarecimento a respeito dos termos patrologia, patrística *e* Padres *ou* Pais da Igreja. *O termo patrologia designa, propriamente, o estudo sobre a vida, as obras e a doutrina dos Pais da Igreja. Ela se interessa mais pela história antiga, incluindo também obras de escritores leigos. Por patrística se entende o estudo da doutrina, das origens dela, suas dependências e empréstimos do meio cultural, filosófico, e da evolução do pensamento teológico dos Pais da Igreja. Foi no século XVII que se criou a expressão "teologia patrística" para indicar a doutrina dos Padres da Igreja, distinguindo--a da "teologia bíblica", da "teologia escolástica", da "teologia simbólica" e da "teologia especulativa". Finalmente, "Padre ou Pai da Igreja" se refere a escritor leigo, sacerdote ou bispo, da Antiguidade cristã, considerado pela tradição posterior como testemunha particularmente autorizada da fé. Na tentativa de eliminar as ambiguidades em torno dessa expressão, os estudiosos convencionaram em receber como "Pai da Igreja" quem tivesse estas qualificações: ortodoxia de doutrina, santidade de vida, aprovação eclesiástica e antiguidade. Mas os próprios conceitos de ortodoxia, santidade e Antiguidade são ambíguos. Não se espera encontrar neles doutrinas acabadas, buriladas, irrefutáveis. Tudo estava ainda em ebulição, fermentando. O conceito de ortodoxia é, portanto, bastante largo. O mesmo vale para o conceito de santidade. Para o conceito de Antiguidade, podemos admitir, sem prejuízo para a compreensão, a opinião de muitos especialistas que estabelece, para o Ocidente, Igreja latina, o período que, a partir da geração apostólica, se estende até Isidoro de Sevilha (560-636). Para o Oriente, Igreja grega, a Antiguidade se estende um pouco mais, até a morte de s. João Damasceno (675-749).*

Os "Pais da Igreja" são, portanto, aqueles que, ao longo dos sete primeiros séculos, foram forjando, construindo e defendendo a fé, a liturgia, a disciplina, os costumes e os dogmas cristãos, decidindo, assim, os rumos da Igreja. Seus textos se tornaram fontes de discussões, de inspirações, de referências obrigatórias ao longo de toda a tradição posterior. O valor dessas obras que agora Paulus Editora oferece ao público pode ser avaliado neste texto: "Além de sua importância no ambiente eclesiástico, os Padres da Igreja ocupam lugar proeminente na literatura e, particularmente, na literatura greco-romana. São eles os últimos representantes da Antiguidade, cuja arte literária, não raras ve-

zes, brilha nitidamente em suas obras, tendo influenciado todas as literaturas posteriores. Formados pelos melhores mestres da Antiguidade clássica, põem suas palavras e seus escritos a serviço do pensamento cristão. Se excetuarmos algumas obras retóricas de caráter apologético, oratório ou apuradamente epistolar, os Padres, por certo, não queriam ser, em primeira linha, literatos, e sim arautos da doutrina e moral cristãs. A arte adquirida, não obstante, vem a ser para eles meio para alcançar esse fim. [...] Há de se lhes aproximar o leitor com o coração aberto, cheio de boa vontade e bem-disposto à verdade cristã. As obras dos Padres se lhe reverterão, assim, em fonte de luz, alegria e edificação espiritual" (B. Altaner e A. Stuiber. Patrologia, *São Paulo: Paulus, 1988, p. 21-22).*

A Editora

À memória de Dom Paulo Evaristo Arns,
por seu serviço à Igreja,
a partir do Evangelho
e da sã doutrina patrística.

SIGLAS E ABREVIAÇÕES

AL	C. MAYER (ed.), *Augustinus-Lexikon*, Basel: Schwabe, vol. 1: 1986-1994; vol. 2: 1996-2002; vol. 3: 2004-2010
AthAg	A. FITZGERALD (ed.), *Augustine through the Ages. An Encyclopedia*, Grand Rapids, MI: Eerdmans, 1999
BA	Bibliothèque Augustinienne, Oeuvres de Saint Augustin, Paris: Desclée de Brouwer
BAC	Biblioteca de Autores Cristianos, Obras Completas de San Agustín, Madrid: La Editorial Católica
CCL	Corpus Christianorum. Series Latina, Turnhout: Brepols
CSEL	Corpus Scriptorum Ecclesiasticorum Latinorum, Wien: Tempsky/OAW, 1864-2012; Berlin: De Gruyter, 2012-
DPAC	A. DI BERARDINO (org. *Dicionário Patrístico e de Antiguidades Cristãs*, Petrópolis / São Paulo: Vozes / Paulus, 2002
DTC	A. VACANT / E. MANGENOT (direc. de), *Dictionnaire de Théologie Catholique*, Paris: Letouzey et Ané, vol. 1, tomo 2, 1909-1910
ep.	*Epistula(ae) - Carta(s)*
LCL	Loeb Classical Library, Harvard University Press
MA	*Miscellanea Agostiniana. Testi e Studi*, Roma: Tipografia Poliglotta Vaticana, 1930-1931, 2 vol.
NBA	Nuova Biblioteca Agostiniana, Opere di Sant'Agostino, Roma: Città Nuova
PAC	A. MANDOUZE, *Prosopographie chrétienne du Bas-Empire,* vol. 1: *Prosopographie de l'Afrique chrétienne (303-533)*, Rome: École Française de Rome, 1982
PatrPaulus	Coleção Patrística, São Paulo: Paulus

PG	*Patrologia Graeca*, ed. J.-P. MIGNE
PL	*Patrologia Latina*, ed. J.-P. MIGNE
RB	*Revue Bénédictine de critique, d'histoire et de littérature religieuses*, Abbaye de Maredsous
s.	*Sermo(nes) - Sermão(ões)*
SC	Sources Chrétiennes, Paris: Cerf

O SERMÃO DA MONTANHA

INTRODUÇÃO

Nair de Assis Oliveira, CSA

Considerações gerais

Os dois livros constitutivos do *De sermone Domini in monte* [O Sermão da Montanha] são fruto dos primórdios do ministério pastoral de Agostinho como padre. Presbítero de 393 a 395, torna-se ele depois bispo coadjutor de Valério, tendo-lhe sucedido na sede episcopal de Hipona, pouco tempo após.

O novo pregador dedica-se à sua missão com o maior zelo. Desde sua conversão, apaixonara-se pelo estudo das Sagradas Escrituras.

Este tratado sobre o Sermão da Montanha enquadra-se como obra de exegese, entre doutrinal e catequética.

Tomando como base Mt 5-7, Agostinho agrupa as palavras do Senhor, no quadro do Sermão da Montanha, sob a temática das bem-aventuranças.

Afirma Portalié, no *Dictionnaire de Théologie Catholique*: "Em notável síntese de unção e profundidade, Santo Agostinho resume aí o que se nomearia hoje: a teologia moral de Cristo".

Datação

A data da composição da obra pode ser fixada, com certeza, entre os anos 393 e 394. Sabemo-lo porque o autor o assinala ao dizer em suas *Retractationes*, no início da revisão do *De sermone Domini in monte*: "Foi nesse mesmo tempo[1] que eu escrevi em dois livros a explicação do Sermão da Montanha segundo São Mateus". Ora, o *De fide et symbolo* é a exposição que o jovem padre Agostinho fizera no I Concílio plenário da África, realizado em Hipona em outubro de 393.[2]

Divisão geral

A obra é composta de dois livros, com 80 parágrafos no livro 1 e 87 no livro 2.

Agostinho desenvolve as explicações do Sermão da Montanha segundo Mt 5 no livro 1. E no livro 2, comenta Mt 6 e 7.

O exórdio do comentário é constituído de reflexões sobre o discurso do Senhor na montanha, considerado o resumo de todo o Evangelho. Seguem-se magníficas meditações sobre as bem-aventuranças relacionadas aos dons do Espírito Santo. Esses quatro capítulos iniciais da obra, por si só, valem por todo o restante.

Em 2,4, de certo modo, é suspensa a exposição do sermão, para ser encetada a luminosa e sagaz exposição sobre a oração dominical. O autor estuda, uma por uma, as sete petições do Pai-nosso, pondo-as em correlação com as sete (oito) bem-aventuranças e os sete dons do Espírito Santo.

---

[1] Isto é, em que redigiu o *De fide et symbolo* e o *De Genesi ad litteram opus inperfectum*.
[2] Ver PatrPaulus 32, 2013, 31-59.

Temos aí uma das mais originais contribuições agostinianas no campo da espiritualidade cristã.

Somente a partir de 2,12 a reflexão sobre o Sermão da Montanha é retomada. Estende-se então em preciosas considerações acerca da confiança em Deus, da providência divina, do jejum, dos juízos temerários da perseverança na oração, dos falsos profetas, do sentido e uso dos bens temporais e a respeito de vários outros pontos da doutrina evangélica.

Sermão pregado ou apenas redigido?

Se Agostinho pregou-o antes de publicá-lo, isso não se manifesta com evidência. Por certo, toda a parte referente à oração dominical, ele a deve ter desenvolvido com frequência aos catecúmenos de Hipona.

Por certo, a obra apresenta alguma rigidez e ausência de espontaneidade próprias do contato direto com o povo. Nota-se claramente a diferença de estilo com outros sermões por ele pregados posteriormente. Leiam-se, por exemplo, os s. 56 a 59.

Possivelmente após a pregação, Agostinho remanejou o texto, em vista da publicação. É preciso, contudo, não esquecer que a explicação sobre o Sermão da Montanha é obra de pregador noviço, o que não impede de ser obra de grande valor.

Motivo da obra

Por qual razão teria Agostinho escolhido esse sermão para dele fazer o primeiro tema de seus trabalhos sobre o Evangelho? Eis o que ele mesmo nos indica no começo de sua exposição: "Porque creio se encontrar aí um programa perfeito de vida cristã para a direção dos costumes".[3]

---

[3] *De sermone Domini in monte* 1,1.

Na verdade, o conteúdo desse sermão do Senhor é inesgotável. Compreende-se que tenha logo despertado a atenção do santo, que se empenhava com zelo em doutrinar e ensinar a seus fiéis o ideal da vida evangélica. Decorreram apenas sete anos após o seu batismo, mas encontrava-se na idade madura dos quarenta anos. Já então se mostra profundo conhecedor da Palavra revelada. Não esperara tornar-se sacerdote para consagrar-se ao estudo bíblico. As Escrituras Sagradas não só faziam parte de sua fé, mas tornaram-se o elemento essencial dela. Em especial, inspirava-se nos Evangelhos e em São Paulo. No momento em que se preparava com afinco para o ministério pastoral, sentia-se imbuído das Escrituras, até o transbordamento. Daí essa obra ser como um derramar de seu coração cheio do amor pela Palavra de Deus.

Desse esforço gigantesco e zelo irradiante pelo estudo da Bíblia, nós temos, pois, as primícias nesse seu comentário sobre o Sermão da Montanha.

Sem dúvida, revela-se a obra agostiniana em que a proporção dos textos bíblicos citados é a mais abundante. Basta consultar o índice das referências das Sagradas Escrituras, no fim deste volume, para nos convencermos disso.

A temática das bem-aventuranças

J. Jeremias, em seu pequeno e precioso livro *O Sermão da Montanha*,[4] comenta que as bem-aventuranças comandam todo o Sermão da Montanha, assim como na matemática o número colocado diante dos parênteses vale para todos os números dentro deles. Do mesmo modo, as

---

[4] Paulinas, 1976.

bem-aventuranças, embora não sejam repetidas cada vez, valem para cada palavra do sermão.[5]

Santo Agostinho intuiu exatamente isso. Distinguimos facilmente como ele as escalona por toda a explanação dos dois livros, ainda que não o faça de forma sistemática.

Nessa perspectiva, o livro 1 corresponde às cinco primeiras bem-aventuranças, relacionadas à vida ativa. O livro 2 é consagrado às duas outras, e corresponde à vida contemplativa, a qual se finda na visão de Deus.

Nessa ótica, Agostinho introduz toda uma arquitetura numérica setenária com as bem-aventuranças, os dons do Espírito Santo e as petições do Pai-nosso. Tal interpretação passará para os mestres espirituais medievais: Santo Anselmo, Hugo de São Vítor, São Bernardo, São Boaventura e Santo Tomás de Aquino. Até Dante a introduz em *A divina comédia*.

Complementação em obras posteriores

Muito tempo decorrido, pelos anos 419 ou 420, tal Polêncio, ao ler a explicação do Sermão da Montanha de Agostinho, encontra certas dificuldades a respeito da questão da mulher que se separa do marido.[6] Apresenta suas dúvidas ao bispo de Hipona. Escreve este, então, o *De adulterinis coniugiis* [Os matrimônios adúlteros], em dois livros. Isso levou Agostinho a tornar a refletir sobre essa sua obra de juventude. Serviu-lhe também para completar o pensamento, ainda que confesse continuar insatisfeito, em suas revisões. Diz ele aí: "Sinto que ainda não cheguei à perfeição desejável".[7]

---

[5] P. 53.
[6] *De sermone Domini in monte* 1,43.
[7] *Retractationes* 2,57.

As revisões da obra

No fim de sua vida, entre os anos 425 e 427, Agostinho preocupou-se seriamente em revisar as 93 obras escritas, das quais possuía uma cópia em sua biblioteca. Obras essas escritas em seus 44 anos de atividade pastoral. Intitulou esse trabalho *Retractationes*. Não que visasse retratar-se ou desdizer o que havia escrito antes. O sentido etimológico do termo latino *retractatio* é justamente tratar de novo, rever, recensear. E é isso o que ele pretendia. Sentira-se levado a essa revisão por exigência pastoral. Revê atentamente a evolução de seu pensamento, corrige, completa em alguns lugares. Quer que a expressão esteja clara e bem compreensível. É sempre o amor da verdade que o impulsiona, nunca a busca de vanglória narcisista.[8]

É particularmente notável o cuidado com que Agostinho ancião faz a revisão desta sua obra *De sermone Domini in monte*. Assinala treze passagens que lhe pareceram necessitar de explicação suplementar ou de certa correção. Em algumas dessas passagens, envia a obras suas posteriores, nas quais julga ter compreendido e interpretado melhor a Palavra do Senhor.

Apresentamos, a seguir, a relação desses trechos do presente comentário, em que Agostinho anotou algo nas *Retractationes*, indicando as notas em que as expusemos e analisamos:

---

[8] Recomendamos, para melhor compreensão deste problema, a leitura do vol. 12 da *Bibliothèque Augustinienne*, com introdução e notas de Gustave Bardy, e o nutrido cap. 35: "Les dernières confessions", da obra do Pe. Agostino Trapè: *Saint Augustin, l'homme, le pasteur, le mystique* (p. 250-5).

Livro 1

11 — A revolta contra a razão. Nota 37
12 — A perfeita paz nesta vida. Nota 39
17 — O dom sem medida. Nota 64
20 — Viver sem pecado? Nota 80
21 — A justiça maior. Nota 84
25 — Encolerizar-se "sem motivo"? Nota 88
41 — O amor pelos familiares. Nota 141
43 — O problema da fornicação. Nota 151
73 — O pecado que leva à morte. Nota 230

Livro 2

20 — O *Homo-Dominicus*. Nota 45
48 — Ninguém pode odiar a Deus? Nota 124
56 — O alimento corporal no paraíso. Nota 154
66 — A Igreja gloriosa no céu. Nota 186
72 — Pedi e ser-vos-á dado. Nota 197

Influência exercida através do tempo

Entre os escritores antigos, Santo Agostinho é o primeiro a nos fornecer um comentário sobre o Sermão da Montanha.

Cuidadosamente foi esta obra conservada através dos séculos. Possuímos numerosos manuscritos datados do IX ao XV século. A primeira impressão tipográfica é de 1494.

Foi esse comentário utilizado por todos os grandes mestres de espiritualidade. Tomás de Aquino introduz boa parte dele em sua *Summa Aurea*. Na Idade Média, aproveitaram-se sobretudo da arquitetura setenária das bem-aventuranças em conexão com os dons do Espírito.

Em nossos dias, essas páginas de Agostinho não foram esquecidas, apesar de o sermão do Senhor na montanha ser continuamente objeto de novos comentários e trabalhos exegéticos.

A obra de Agostinho não somente nos instrui, como também nos convence e comove. Assim, o teólogo das bem-aventuranças e dos dons continua a nos dar lições valiosas.

Conclusão

Essa obra da juventude de Agostinho, sem que já possua o brilho de suas criações da maturidade, revela, entretanto, o seu grande conhecimento e amor pela Palavra de Deus, a fineza de observação, a penetração psicológica, a descoberta da interioridade, o sentido da graça evangélica que unifica o homem. Talvez seja esta a mais bela mensagem do sermão comentado por Agostinho: o valor da simplicidade e pureza de coração que nos conduzem à visão e gozo de Deus. Buscar agradar o Senhor, somente, e dedicar-se aos outros sem visar vantagem temporal alguma. Nada fazer com duplicidade de coração: "Ninguém pode servir a dois senhores". Agostinho é radical em suas opções e comunica com vigor essa radicalidade.

Observação: a numeração dividida em livro e parágrafos segue o *Corpus Augustinianum Gisense*. Os títulos e subtítulos são de autoria da tradutora.

O SERMÃO DA MONTANHA

Agostinho de Hipona

LIVRO 1
(Mt 5)

Um programa perfeito de vida cristã

1 Quem quiser meditar com piedade e recolhimento o sermão que nosso Senhor Jesus Cristo pronunciou na montanha, tal como o lemos no Evangelho segundo Mateus, encontrará aí, creio eu, um programa perfeito de vida cristã destinado à direção dos costumes. Ousamos fazer tal afirmação, sem temeridade, pois nos baseamos nas próprias palavras do Senhor. Com efeito, eis a conclusão desse sermão, onde ele declara se encontrarem aí todos os preceitos necessários à perfeição da vida cristã: "Assim, todo aquele que ouve essas minhas palavras e as põe em prática será comparado a um homem sensato que construiu a sua casa sobre a rocha. Caiu a chuva, vieram as enxurradas, sopraram os ventos e deram contra a casa, mas ela não caiu, porque estava alicerçada na rocha. Por outro lado, todo aquele que ouve essas minhas palavras, mas não as põe em prática, será comparado a um insensato que construiu a sua casa sobre a areia. Caiu a chuva, vieram as enxurradas, sopraram os ventos e deram contra a casa, e ela caiu. E foi grande a sua queda!".[1]

---

[1] Mt 7,24-27. É interessante observar que o autor começa o seu comentário com a mesma citação evangélica com a qual terminará a obra: Mt 7,24-27, acerca

Ora, como ele não disse: "Todo aquele que ouve minhas palavras", mas: "Todo aquele que ouve *essas* minhas palavras", parece-me que quis expressamente manifestar que essas palavras pronunciadas na montanha contêm uma doutrina de tal modo perfeita para dirigir a vida cristã que aqueles cujo intento seja tomá-las como norma de vida, com razão, serão comparados ao homem que edifica sua casa sobre a rocha.

Afirmo tudo isso para tornar claro que esse sermão contém todos os preceitos de perfeição, próprios a guiar a vida cristã. Sobre tais verdades trataremos mais explicitamente à medida que a ocasião for se apresentando.

Cristo na montanha

2 Eis o início do sermão: "Vendo Jesus as multidões, subiu ao monte. Ao sentar-se, aproximaram-se dele os seus discípulos. E abrindo sua boca os ensinava, dizendo...".[2]

Se me perguntarem o que significa esse monte, responderei que pode muito bem representar a superioridade dos preceitos da nova justiça em comparação com a antiga lei judaica. O único e mesmo Deus adaptou-se muito bem ao ordenado curso dos tempos. Por meio de santos profetas e fiéis servidores, deu preceitos menos perfeitos ao povo que convinha ainda sujeitar pelo temor. E por meio de seu Filho, deu outros preceitos muito mais perfeitos ao povo que ele queria libertar pela caridade.

---

do homem que edifica sobre a rocha. Realiza assim um entrelaçamento na temática básica das exortações: não basta ouvir, mas é preciso pôr em prática os ensinamentos do Senhor. Agostinho sempre se manifestou extremamente coerente e radical nas suas exigências.

[2] Mt 5,1.2.

Com efeito, essa distribuição de preceitos menos e mais perfeitos, em harmonia com pessoas e tempo, foi ordenada por aquele que sabe adaptar ao tempo oportuno o remédio conveniente aos males do gênero humano. E não é de estranhar que sejam dados preceitos mais perfeitos em vista do Reino dos Céus e preceitos menos perfeitos em vista dos reinos da terra, pelo mesmo e único Deus que fez o céu e a terra. Dessa justiça mais perfeita é que disse o profeta: "A tua justiça é como os montes de Deus".[3] E está ela bem simbolizada pelo monte de onde ensina o único Mestre — só ele é idôneo para ensinar-nos tantas verdades.

O Senhor ensina sentado, o que corresponde à dignidade de seu magistério. Acercam-se dele os discípulos, a fim de que aqueles cujos corações aproximavam-se mais, pelo cumprimento de seus preceitos, estivessem também mais próximos, corporalmente, na audição de suas palavras.

"E abrindo sua boca os ensinava dizendo..."[4] Este circunlóquio, "E abrindo sua boca", talvez queira significar que o discurso será algo mais longo do que das outras vezes. A menos que se prefira entender que o evangelista quis consignar com precisão que o Senhor abriu sua própria boca, porquanto o mesmo, na Lei antiga, costumava abrir a boca dos profetas.

A primeira bem-aventurança — os pobres em espírito

3 O que diz, então, o Senhor? "Bem-aventurados os pobres em espírito, porque deles é o Reino dos Céus."[5]

---

[3] Sl 36(35),7.
[4] Mt 5,2.
[5] Mt 5,3.

Lemos na Sagrada Escritura acerca da cobiça dos bens temporais que "Tudo é vaidade e presunção dos espíritos".[6] Ora, presunção de espírito quer dizer orgulho e arrogância. Assim é dito, frequentemente, dos orgulhosos que estão cheios de si. Com razão, pois, a palavra "espírito" também significa vento. De fato, está escrito: "O fogo, o granizo, a neve, a geada, o vento[7] das tempestades".[8] Na verdade, quem ignora que se diz dos soberbos que eles estão inchados como se estivessem cheios de vento? Isso levou o Apóstolo a dizer: "A ciência incha; é a caridade que edifica".[9]

Logo, com razão se entende aqui que são pobres de espírito os humildes e tementes a Deus, isto é, os desprovidos de todo espírito que incha.

Essa bem-aventurança não poderia ter sido iniciada de outro modo, porque ela deve fazer-nos chegar à suma sabedoria, e que: "O princípio da sabedoria é o temor de Deus".[10] Enquanto, pelo contrário, "O princípio de todo o pecado é a soberba".[11] Desse modo, que os soberbos apeteçam e procurem os reinos da terra, mas "Bem-aventurados os pobres em espírito, porque deles é o Reino dos Céus".[12]

Os mansos

"Bem-aventurados os mansos, porque herdarão a terra."[13] Esse tema, creio eu, é aquele do qual fala o

---

[6] Ecl 1,14, cf. a LXX.
[7] *Vento*: *spiritus*, no latim.
[8] Sl 148,8.
[9] 1Cor 8,1.
[10] Eclo 1,16.
[11] Eclo 10,15.
[12] Mt 5,3.
[13] Mt 5,4.

salmista quando diz: "Tu és a minha esperança, a minha porção na terra dos viventes".[14] Dá-nos ele aí a entender que se trata de certa firmeza e estabilidade da herança eterna. Lá, onde a alma descansará como em seu lugar próprio, em seu santo amor; assim como o corpo descansará na terra. E lá, ainda, onde ela encontrará seu alimento, como o corpo o tira da terra. Essa herança é o repouso e a vida dos santos.

Os mansos são aqueles que cedem diante das injustiças de que são vítimas, que não opõem resistência ao mal, mas que "vencem o mal com o bem".[15]

Portanto, que os homens irascíveis briguem e pelejem pelos bens terrenos e perecíveis, mas "Bem-aventurados os mansos, porque possuirão em herança a terra", da qual não poderão ser despojados.

Os que choram

5 "Bem-aventurados os que choram, porque serão consolados."[16]

O luto é devido à tristeza que sentimos pela perda de entes amados. Ora, todos os que se convertem a Deus perdem as alegrias fáceis deste mundo, alegrias que tanto amavam neste mundo. Deixam de gozar aquilo que antes os deleitava. Suas alegrias mudam de natureza e, por isso, enquanto seu coração não se inflamar pelo amor das coisas eternas, ver-se-ão aflitos por certa tristeza. O Espírito Santo, porém, logo os consolará. Precisamente por isso, é chamado Paráclito, isto é, Consolador. Em lugar da alegria passageira que perderam, ele os fará entrar na posse da eterna alegria.

---

[14] Sl 142(141),6.
[15] Rm 12,21.
[16] Mt 5,5.

Os que têm fome e sede

6 "Bem-aventurados os que têm fome e sede de justiça, porque serão saciados."[17]

Jesus designa aqui aqueles que procuram com empenho o verdadeiro e imutável bem. Eles serão saciados com o manjar do qual o próprio Senhor declarou: "O meu alimento é fazer a vontade daquele que me enviou".[18] Aí está a justiça. E serão saciados com aquela água que produz em todo o que a beber "uma fonte de água jorrando para a vida eterna",[19] como ele mesmo declarou.

Os misericordiosos

7 "Bem-aventurados os misericordiosos, porque alcançarão misericórdia."[20]

Proclama o Senhor que são felizes os que socorrem os necessitados, pois receberão em troca a libertação de seus próprios males.

Os puros de coração

8 "Bem-aventurados os puros de coração, porque verão a Deus."[21]

Insensatos são os que buscam a Deus com estes olhos corporais, já que ele somente pode ser visto com os olhos do coração. Assim está escrito: "Buscai o Senhor com simplicidade de coração".[22] Coração puro é o mesmo que coração

---

[17] Mt 5,6.
[18] Jo 4,34.
[19] Jo 4,14.
[20] Mt 5,7.
[21] Mt 5,8.
[22] Sb 1,1.

simples. E assim como é necessário ter os olhos do corpo sadios, para vermos a luz do dia, assim Deus não pode ser visto a não ser que estejam purificados os olhos do coração, com os quais unicamente podemos contemplá-lo.

Os construtores da paz

9 "Bem-aventurados os pacíficos, porque serão chamados filhos de Deus."[23]

A perfeição está na paz, uma paz na qual não existe luta alguma. Os pacíficos são chamados filhos de Deus, porque neles nada se opõe a Deus. Na verdade, os filhos devem se parecer com seu Pai. Encontram a paz em si mesmos aqueles que dominaram todos os movimentos de sua alma e os submeteram à razão, isto é, à mente e ao espírito. E por ter dominado todas as concupiscências da carne, tornam-se o Reino de Deus. Nesse Reino, tudo está em ordem perfeita, de modo que aquilo que é o mais excelente e importante no homem domina sem encontrar resistência alguma daquela outra parte que nos é comum com os animais. Mas aquilo mesmo que no homem é mais nobre, isto é, a mente e o espírito, deve estar, por sua vez, submisso a um ser mais elevado, que é a própria Verdade, o Filho único de Deus.

Com efeito, não é possível a alguém mandar em seres inferiores, a não ser que ele mesmo esteja submisso a um poder superior.

Tal é a paz concedida na terra aos homens de boa vontade.[24] Eis a vida do homem perfeito, consumado em sabedoria. Desse Reino onde reina a paz e a ordem está

---

[23] Mt 5,9.
[24] Lc 2,14.

lançado fora o príncipe deste mundo, o qual domina sobre os perversos e rebeldes.[25]

Uma vez estabelecida e consolidada a paz interior, sejam quais forem as perseguições promovidas exteriormente por aquele que foi lançado fora, elas não farão mais do que aumentar a glória de Deus. Não poderão demolir parte alguma deste edifício. A ineficácia dessas maquinações mostra a grande solidez interior de seus fundamentos. Eis por que o Senhor acrescenta: "Bem-aventurados os que são perseguidos por causa da justiça, porque deles é o Reino dos Céus".[26]

A graduação das bem-aventuranças[27]

10 Eis aí as oito bem-aventuranças. Quanto ao que segue, o Senhor dirige-se diretamente aos que se encontram ali presentes, e lhes diz: "Bem-aventurados sois, quando vos injuriarem e vos perseguirem".[28]

As sentenças precedentes estavam expressas de modo geral, pois o Senhor não declarou: "Bem-aventurados os pobres em espírito", porque vosso é o Reino dos Céus, mas:

---

[25] Jo 12,31.
[26] Mt 5,10.
[27] Nos cap. 3 a 12, deste primeiro livro, particularmente neste em que se encontra esta nota, temos algo da *Doutrina agostiniana sobre a contemplação*. Santo Agostinho é renomado mestre de vida espiritual. Para ele, a ascese requer esforço, recolhimento, silêncio. Mas o caminho não é traçado apenas por atividades da alma, recebe impulso graças às bem-aventuranças evangélicas e aos dons do Espírito Santo. O caminho ascensional apontado pelas bem-aventuranças parte da pobreza de espírito, que para Agostinho significa humildade, até a paz, que traz a ordem interior e a reconciliação do homem todo, consigo mesmo e com Deus. Os dons do Espírito Santo que sustentam essa caminhada vão do temor de Deus — começo da sabedoria — até a mesma sabedoria, a qual coincide com a contemplação e possui suas prerrogativas. Cf. Agostino Trapè, *Saint Augustin, l'homme, le pasteur, le mystique*, tradução do italiano, Paris: Fayard, 1988, p. 271.
[28] Mt 5,11.

"porque deles é o Reino dos Céus". Tampouco disse: "Bem-aventurados os mansos", porque vós herdareis a terra, mas: "porque eles herdarão a terra".

Da mesma maneira continua até a oitava bem-aventurança, quando diz: "Bem-aventurados os que são perseguidos por causa da justiça, porque deles é o Reino dos Céus". Contudo, daí por diante, começa a dirigir-se diretamente aos presentes. Não obstante, todas aquelas coisas já afirmadas igualmente convêm aos que ali o escutavam. E as que diz em seguida, embora sejam especialmente dirigidas aos que o ouviam, atingem também aos ausentes e a quantos vierem a existir.

Devemos, pois, considerar atentamente o número dessas sentenças.

Como primeiro grau da perfeição, o Senhor começa com a humildade: "Bem-aventurados os pobres em espírito". Isto é, os que não são cheios de si, os que se submetem à divina autoridade e temem as penas que podem lhes vir depois da morte, ainda que nesta vida se imaginem felizes.

Daí, chega o fiel ao segundo grau: ao conhecimento da Sagrada Escritura, na qual, em espírito de piedade, aprende a mansidão. Isso para não se ver tentado de vituperar aquilo que os ignorantes consideram como absurdo. E para não se tornar culpado de indocilidade ao suscitar obstinadas discussões.

É então que começa o fiel a descobrir os laços com que os hábitos da carne e os pecados o sujeitam a este mundo. Eis por que, neste terceiro grau, correspondente à ciência, ele chora a perda do sumo bem, sacrificado, ao aderir a bens inferiores.

No quarto grau, está o esforço aplicado pelo fiel para se apartar dos prazeres nocivos. Aí então sente fome e sede de justiça, e lhe é muito necessária a força, pois não se abandona sem dor o que se possui com agrado.

No quinto grau, dá o Senhor aos que perseveram nesse árduo trabalho o conselho para se livrarem de seus apegos. Na verdade, sem o auxílio de poder superior, ninguém é capaz de se desembaraçar das múltiplas implicações de suas próprias misérias. Ora, este conselho tão justo é que quem deseja ser protegido por alguém que lhe é superior ajude, por sua vez, a quem lhe é mais fraco. "Bem-aventurados os misericordiosos, porque alcançarão misericórdia."

O sexto grau é a pureza do coração. A consciência das boas obras praticadas dá ao fiel o poder de contemplar o Bem supremo, que somente pode ser visto por inteligência pura e serena.

Enfim, o sétimo grau é a própria sabedoria, isto é, a contemplação da verdade, aquela que pacifica todo homem e imprime nele viva semelhança com Deus. "Bem-aventurados os pacíficos, porque serão chamados filhos de Deus."

A oitava bem-aventurança volta à primeira como à sua fonte, pois a mostra elevada ao último grau de perfeição. Assim, na primeira como na oitava, encontra-se expressamente nomeado o Reino dos Céus: "Bem-aventurados os pobres em espírito, porque deles é o Reino dos Céus. Bem-aventurados os que são perseguidos por causa da justiça, porque deles é o Reino dos Céus".

É então que se pode dizer: "Quem nos separará do amor de Cristo? A tribulação, angústia, perseguição, fome, nudez, perigo, espada?".[29]

São, pois, sete as bem-aventuranças que conduzem à perfeição. A oitava tudo termina e manifesta. Os primeiros

---

[29] Rm 8,35.

graus vão recebendo uns dos outros a sua perfeição para, no oitavo, retornar ao ponto de partida.

Relação com os sete dons do Espírito Santo[30]

11 Parece-me que as sete formas de ação do Espírito Santo, de que fala Isaías,[31] concordam com esses sete graus das bem-aventuranças. Importa, porém, ter em conta a ordem da enumeração, pois o profeta começa a nomeá-los pelos mais excelentes, ao passo que aqui eles estão elencados pelos inferiores.[32]

---

[30] Neste capítulo, Santo Agostinho desenvolve o mesmo tema que no capítulo anterior, mas insistindo sobre as virtudes ou deveres que, conforme o Salvador, são a condição mesma da bem-aventurança e da perfeição. As virtudes especialmente recomendadas correspondem uma a uma à ordem da ascensão marcada pelo profeta Isaías (11,2.-3). Do temor que torna humildes, os cristãos chegam à piedade pela doçura; à ciência, gemendo sobre as tristezas desta vida; à força, se possuem fome e sede de justiça; ao dom do conselho pela misericórdia que os manterá ao abrigo das dificuldades; à inteligência pela pureza do coração. É então que virão a gozar, na sabedoria, da paz e do repouso. "Tal é a paz dada na terra aos homens de boa vontade", diz Santo Agostinho. Cf. F. CAYRÉ, *La Contemplation Augustinienne*, Paris: Desclée de Brouwer, 1954, p. 60-3.

[31] 11,2-3.

[32] Em diversas ocasiões, Santo Agostinho trata do relacionamento dos dons do Espírito Santo com a vivência das bem-aventuranças, neste mundo, para a obtenção da sabedoria. Três documentos são os mais completos: 1) este início de comentário sobre o *Sermão da montanha* (1,1-4); 2) alguns parágrafos de *A doutrina cristã* (2,9-11 [PatrPaulus 17, 2002, 92-5]); 3) o *s.* 347, sobre o temor de Deus. Em todos eles encontramos a declaração da origem sobrenatural da sabedoria como dom do Espírito Santo. Igualmente, são postos em relevo os maravilhosos efeitos espirituais produzidos na ordem intelectual pela contemplação; e na ordem moral, pela paz que a acompanha. A sabedoria sobrenatural conduz o cristão já nesta vida a certa visão de Deus. Tal afirmação volta como um refrão a cada página. Essa visão de Deus é a própria contemplação. O *Sermão da montanha* presta-se melhor do que qualquer outra página inspirada para a explicitação dessa doutrina. Cristo não prometeu aos corações puros que eles verão a Deus? Essa visão não será apenas para o céu, pensa Santo Agostinho. Começa aqui na terra, com os dons da inteligência e da sabedoria, que ele relaciona com as bem-aventuranças em questão. Cf. F. CAYRÉ, *op. cit.*, p. 56, 51, 133, 134.

Isaías, com efeito, começa a sua enumeração pela sabedoria e termina pelo temor de Deus. Mas o princípio da sabedoria é o temor de Deus.[33] Assim, se gradualmente e como ascendendo nós os enumeramos, vemos que o primeiro dom é o temor de Deus; o segundo, a piedade; o terceiro, a ciência; o quarto, a fortaleza; o quinto, o conselho; o sexto, a inteligência; e o sétimo, a sabedoria.[34]

O temor de Deus é próprio dos humildes, dos quais aqui se diz: "Bem-aventurados os pobres em espírito"; isto é, os que não são cheios de si e orgulhosos. A estes declara o Apóstolo: "Não te ensoberbeças, mas teme".[35]

A piedade convém aos mansos, porque aquele que com piedade investiga e honra as Escrituras Sagradas não critica o que ainda não compreende; e, portanto, não resiste a coisa alguma, o que constitui a virtude da mansidão. Daí se dizer: "Bem-aventurados os mansos".

A ciência está em harmonia com os que choram, os quais conhecem agora, pelas Escrituras, em que duro cativeiro estavam aprisionados. Sem o saber, desejavam as algemas, como se fossem coisas boas e úteis. Por isso, é dito: "Bem-aventurados os que choram".

A força convém aos que têm fome e sede. Eles trabalham anelando o gozo dos verdadeiros bens e desejando desapegar seu coração do afeto às coisas terrestres e materiais. Daí se dizer: "Bem-aventurados os que têm fome e sede de justiça".

---

[33] Eclo 1,16.
[34] O bispo de Hipona esquematiza, esforçando-se para reduzir as oito bem-aventuranças a sete, conforme os sete dons do Espírito Santo. Nota-se aí os números simbólicos: sete, oito, três. O importante está no ensino posto em destaque. Cf. A. G. HAMMAN, *Explication du Sermon de la Montagne de saint Augustin*, Paris: Desclée de Brouwer, 1978, p. 28, n. 4.
[35] Rm 11,20.

O conselho corresponde aos misericordiosos. Com efeito, o único remédio para livrar-nos de tantos males é perdoarmos do mesmo modo como queremos ser perdoados; e ajudarmos os outros em tudo o que podemos, como desejamos ser ajudados em nossas incapacidades. Por esse motivo está dito: "Bem-aventurados os misericordiosos".

A inteligência pertence aos que têm o coração puro, cujo olhar purificado pode chegar à contemplação. Ver "o que os olhos não viram, os ouvidos não ouviram e o coração do homem não percebeu".[36] Deles está dito: "Bem-aventurados os puros de coração".

A sabedoria convém aos pacíficos, em quem tudo já está em perfeita ordem. Neles, movimento algum de revolta levanta-se contra a razão, mas tudo obedece à parte espiritual do homem, como ele mesmo obedece a Deus.[37] Destes está dito "Bem-aventurados os pacíficos".

O prêmio prometido

12 O prêmio, porém, é um só: o Reino dos Céus, que vem designado com diversos nomes, conforme os diferentes graus.

---

[36] Is 64,4; 1Cor 2,9.

[37] Nas suas *Retractationes*, Agostinho faz algumas elucidações necessárias às afirmações feitas nesta passagem a respeito da ausência no cristão de qualquer revolta contra a própria razão. Diz ele textualmente: "Nesta vida, com efeito, não pode acontecer a ninguém que a lei oposta 'à lei da razão' (Rm 7,23) deixe de se fazer sentir em seus membros. E mesmo se o espírito do homem resistisse bastante para não cair no consentimento, não deixa de ser verdade que alguma resistência se produziria. Por conseguinte, estas palavras: 'Sem que sintam movimento algum de revolta contra a razão' poderão ser entendidas neste sentido: 'que os pacíficos, ao domar as concupiscências da carne, proponham-se como fim atingir essa paz a ser conquistada de maneira total'" (*Retractationes* 1,19,1).

No primeiro grau, como convinha, foi expressamente nomeado o Reino dos Céus, pois é a suma e perfeita sabedoria da alma dotada de razão. Estas palavras: "Bem-aventurados os pobres em espírito, porque deles é o Reino dos Céus", equivalem a: "O princípio da sabedoria é o temor do Senhor".[38]

Aos mansos foi prometida a herança como testamento do Pai àqueles que sabem buscá-lo com piedade, conforme expressam as palavras: "Bem-aventurados os mansos, porque herdarão a terra".

Aos que choram, lhes é oferecido o consolo. Sabem eles o que perderam e em que abismo de males estiveram mergulhados. "Bem-aventurados os que choram, porque serão consolados."

Aos que têm fome e sede, lhes é assegurada a fartura como reconforto necessário para se refazerem no meio das lutas e trabalhos em que estão empenhados, para a obtenção da salvação eterna. "Bem-aventurados os que têm fome e sede de justiça, porque serão saciados."

Misericórdia receberão em recompensa os misericordiosos, pois praticam o verdadeiro e ótimo conselho de ir em ajuda dos fracos, a fim de obterem eles mesmos o socorro de alguém mais forte. "Bem-aventurados os misericordiosos, porque alcançarão misericórdia."

Aos puros de coração pertence a faculdade de ver a Deus, pois só eles possuem o olho bastante puro, com o qual podem compreender as realidades eternas. "Bem-aventurados os puros de coração, porque verão a Deus."

Aos pacíficos é outorgada a semelhança com Deus, porque possuem a perfeita sabedoria e estão conformados

---

[38] Eclo 1,16; Sl 111(110),10; Pr 9,10.

à imagem do Criador pela regeneração do homem novo. "Bem-aventurados os pacíficos, porque serão chamados filhos de Deus."

Ora, todas essas promessas podem ser realizadas nesta vida, como cremos que se realizou com os apóstolos.[39]

E não há palavra alguma que possa expressar aquela transformação perfeitíssima que nos tornará semelhantes aos anjos e que nos é prometida após esta vida.

Significado misterioso do número oito

13 "Bem-aventurados os que padecem perseguição pela justiça, porque deles é o Reino dos Céus."

Essa oitava bem-aventurança que é retorno à primeira e que nos mostra o homem elevado à perfeição, podemos talvez compreendê-la já figurada no Antigo Testamento, pela circuncisão feita no oitavo dia. Também pela ressurreição do Senhor depois do sábado, no oitavo dia, que é também o primeiro. Ou pela celebração dos oito dias que seguem a

---

[39] Lemos, neste comentário do *Sermão da montanha*, Santo Agostinho a explicar a bem-aventurança dos pacíficos dizendo que já nesta vida seria possível atingir a paz completa da alma, sem se deixar perturbar de modo algum pelas paixões. E acredita ele que os apóstolos tenham realizado tal ideal. Agora, no fim de sua vida, julga serem essas afirmações muito absolutas e que seria melhor entender a ausência de perturbações e a supressão das paixões de modo mais relativo: somente no céu o homem gozará da paz completa. Eis o que vem afirmado nas suas *Retractationes*: "É preciso entender minha fórmula não no sentido de que os apóstolos, no curso de sua vida terrestre, não provaram nenhum movimento da carne, oposto ao espírito, mas que nós podemos chegar, aqui na terra, ao mesmo grau que eles, isto é, conforme a medida da perfeição humana, tal como seja possível neste mundo. Mas não se trata da total plenitude que esperamos numa paz absolutamente plena, e que só possuiremos quando dissermos: 'Morte, onde está o teu aguilhão?' (1Cor 15,56)" (*Retractationes* 1,19,2). Em resumo, Agostinho faz questão de marcar a diferença entre as duas vidas: a desta terra e a do céu, mas mantém a opinião de que um real estado de perfeição é possível desde aqui, ainda que seja inferior ao do céu. Esse estado é um dom do Espírito Santo.

regeneração do homem novo.[40] E pelo próprio número de Pentecostes. Com efeito, o número sete, multiplicado sete vezes, resulta em quarenta e nove. Acrescenta-se um oitavo para que se completem cinquenta e voltamos ao ponto de partida. Nesse dia, foi enviado o Espírito Santo pelo qual somos conduzidos ao Reino dos Céus, e que nos põe na posse da herança. Dá-nos ele o prêmio de sermos consolados e alimentados; a misericórdia nos é outorgada, assim como a pureza e a paz. Aperfeiçoados desse modo, tornamo-nos capazes de suportar pela verdade e a justiça todas as perseguições exteriores que nos atingem.

Prossegue o Senhor: "Bem-aventurados sois, quando vos injuriarem e vos perseguirem e, mentindo, disserem todo o mal contra vós por causa de mim. Alegrai-vos e regozijai-vos, porque será grande a vossa recompensa nos céus".[41]

Quem procura na profissão cristã as delícias deste mundo e o gozo dos bens temporais advirta que nossa felicidade é toda interior. Assim o anunciou o profeta, dizendo da alma cristã: "Toda a glória da filha do rei está no seu interior".[42]

Com efeito, maldições, perseguições e difamações são preditas, vindas do exterior. Mas por todas essas coisas será grande a recompensa no céu, a qual já agora recebem os corações dos que as suportam. Podem eles dizer com o Apóstolo: "Nós nos gloriamos também nas tribulações, sabendo que a tribulação produz a perseverança; a perseverança, uma virtude comprovada; a virtude comprovada, a esperança. E a esperança não decepciona, porque o amor

---

[40] Isto é, o batismo.
[41] Mt 5,11.12.
[42] Sl 44,14.

de Deus foi derramado em nossos corações pelo Espírito Santo que nos foi dado".[43]

Não basta, porém, sofrer essas tribulações para recolher o prêmio, mas carece aguentá-las pelo nome de Cristo, não apenas com paciência, mas ainda com alegria. Quantos hereges iludem os outros em nome do cristianismo, dizendo padecer provações. E, contudo, estão excluídos dessa recompensa, porque não foi dito apenas: "Bem-aventurados os que padecem perseguição", mas foi acrescentado: "pela justiça". Ora, onde não há fé verdadeira não pode haver justiça, pois o "justo viverá pela fé".[44] Tampouco os cismáticos presumam obter essa recompensa, porque de igual modo onde não há caridade não pode haver justiça, porquanto "a caridade não pratica o mal contra o próximo".[45] Com efeito, se tivessem caridade não despedaçariam "o corpo de Cristo, que é a Igreja".[46]

As tribulações da vida

14 Pode-se ainda perguntar qual a diferença existente entre estas palavras: "Quando vos injuriarem e disserem todo o mal contra vós", uma vez que injuriar é dizer mal. Entretanto, uma coisa é lançar uma maldição acompanhada de injúrias na face de uma pessoa presente a quem se enfrenta com insultos, como aconteceu quando os judeus disseram a nosso Senhor: "Não dizíamos, com razão, que és samaritano e tens um demônio?";[47] e outra coisa distinta é denegrir a reputação de alguém ausente, como também

---

[43] Rm 5,3-5.
[44] Hb 2,4; Rm 1,17.
[45] Rm 13,10.
[46] Cl 1,24.
[47] Jo 8,48.

está escrito a respeito do Senhor. Uns diziam: "Ele é bom". Outros, porém, diziam: "Não. Ele engana o povo".[48]

Quanto à palavra "perseguir", significa maltratar com violência a outro, ou lhe armar armadilhas como o fizeram aquele que entregou o Senhor e os que o crucificaram. Na verdade, Jesus não disse simplesmente: "Quando disserem todo o mal contra vós", mas acrescentou: "mentindo", e ainda: "por causa de mim". Julgo eu que o Senhor acrescentou isso em razão daqueles que querem se gloriar das perseguições e das afrontas infligidas à própria reputação. Dizem tais pessoas pertencer a Cristo, porque são ditas sobre elas muitas coisas más. E, contudo, são verdades, e não mentiras, as coisas ditas sobre seus erros. E, se alguma vez lhe for inculpado algo de falso — o que pode suceder devido à fraqueza humana —, contudo é certo que eles não sofrem por amor a Cristo. Pois não é de Cristo aquele que não leva o nome de cristão nem vive conforme a fé verdadeira e a doutrina católica.

A perseguição não impede a alegria

15 "Alegrai-vos e regozijai-vos, porque será grande a vossa recompensa nos céus."[49]

Não creio que "os céus" designem aqui o espaço superior deste mundo visível. Nossa recompensa, que deve ser imutável e eterna, não pode estar situada em esferas mutáveis e efêmeras. Opino estar aí empregado o termo "nos céus" para designar o firmamento espiritual, onde reside a justiça eterna. A alma culpada é chamada, por comparação, de "terra". Pois foi dito, após o pecado: "Tu és terra e em terra

---

[48] Jo 7,12.
[49] 5,12.

te hás de tornar".⁵⁰ É daqueles céus que o Apóstolo diz: "A nossa cidade está nos céus".⁵¹ Os que põem sua alegria nos bens espirituais pressentem já essa recompensa celeste. Contudo, só alcançarão a completa perfeição "quando este corpo mortal for revestido de imortalidade".⁵²

Diz o Senhor: "Pois foi assim que perseguiram os profetas que vieram antes de vós".⁵³ Perseguição possui aí sentido largo, de injúria e difamação.

O Senhor exorta-nos com bom exemplo, pois geralmente os que dizem a verdade costumam sofrer perseguições. Não obstante, os profetas antigos não foram, por isso, impedidos de proclamar a verdade.

O sal da terra

16 Com muitíssima coerência continua o sermão: "Vós sois o sal da terra".⁵⁴ O Senhor mostra-nos por aí que devem ser considerados insensatos aqueles que ambicionam as riquezas ou temem a pobreza, a ponto de perderem os bens eternos, os quais não podem ser dados nem retirados pelos homens.⁵⁵

"Ora, se o sal se tornar insosso, com que salgaremos?"⁵⁶ O que vem a significar: se vós, por quem os povos devem ser como salgados, perdestes o Reino dos Céus por medo das

---

[50] Gn 3,19.
[51] Fl 3,20.
[52] 1Cor 15,54.
[53] Mt 5,12.
[54] Mt 5,13.
[55] O sal aparece frequentemente nas alusões de Agostinho como um sacramental. Aqui, surge como o símbolo do dom do discernimento, que permite distinguir os bens do céu dos da terra. Cf. F. VAN DER MEER, *Saint Augustin, Pasteur d'âmes*, Paris: Alsatia, vol. 2, p. 125, nota 45.
[56] Mt 5,13.

perseguições temporais, quem vos livrará do erro, já que justamente foi a vós que Deus escolheu para libertar os outros?

Nesse caso, "o sal para nada mais serve, senão para ser lançado fora e pisado pelos homens".[57] Logo, não é pisado pelos homens quem padece perseguição, e sim quem, por medo de perseguição, perde a sua força. Com efeito, não pode ser pisado senão o que está por baixo, no solo. Ora, não está nunca por terra quem, embora sofrendo muito em seu corpo, pelo coração, encontra-se fixado no céu.

A luz do mundo

17 "Vós sois a luz do mundo."[58] Assim como o Senhor havia dito acima: "Vós sois o sal da terra", diz agora, em sentido análogo: "Vós sois a luz do mundo".

Naquela passagem, "terra" não designava o solo em que pisamos com os pés, e sim os homens que nela habitam. Ou mais precisamente os pecadores, visto que foi para preservar e extinguir a corrupção que Deus enviou o sal apostólico. Nem por "mundo" se há de entender aqui o céu e a terra, mas os homens que estão no mundo, ou que amam este mundo. Os apóstolos foram enviados a eles para lhes trazer a luz.

"Não se pode esconder uma cidade situada sobre o monte",[59] isto é, quando a cidade está fundada sobre justiça eminente e perfeita, simbolizada por aquela montanha sobre a qual ensina o Senhor.

"Nem se acende uma lâmpada e se coloca debaixo do alqueire."[60] Como interpretar essas palavras? Julgaremos,

---

[57] Mt 5,13.
[58] Mt 5,14.
[59] Mt 5,14.
[60] Mt 5,15.

acaso, que o Senhor expressou-se deste modo: "debaixo do alqueire",[61] para que se entenda apenas o ocultamento da luz? Tal como se houvesse dito: "Ninguém acende uma luz e a oculta". Ou talvez essa expressão "debaixo do alqueire" tenha também algum outro significado particular? Por exemplo: colocar a luz debaixo do alqueire significaria antepor as nossas próprias comodidades à pregação da verdade? Renunciar à pregação por temer prejuízo, no gozo dos bens corporais e passageiros? A imagem do alqueire está aí bem empregada, com sentido bem escolhido. Seja para exprimir a medida de nossa recompensa futura — porque cada um há de receber na medida em que houver praticado o bem nesta vida —, conforme o testemunho do Apóstolo: "Cada um receba a retribuição do que tiver feito durante a sua vida no corpo".[62] E também está escrito em outro lugar, sobre essa medida: "Com a medida com que medis, sereis medidos".[63] Ou seja, ainda porque os bens transitórios que se referem ao corpo começam e terminam com certa medida, como, por exemplo, o número dos dias determinados para a nossa vida, ao passo que os bens eternos e espirituais ultrapassam tais limites. Assim está escrito: "Pois o dom do Espírito é, na verdade, sem medida".[64]

---

[61] *Debaixo do alqueire*: *sub modio*, isto é, sob uma vasilha de medir.
[62] 2Cor 5,10.
[63] Mt 7,2.
[64] Jo 3,34. Por vezes, explicações propostas por Agostinho nas *Retractationes* parecem sutis demais. Uma delas é esta explicação do texto de Jo 3,34: "O dom do Espírito Santo é, na verdade, sem medida". No original, o autor havia interpretado essa fórmula dizendo que, se Deus mede os dons temporais, ele dá, sem medida, as graças espirituais. Agora, nas *Retractationes*, esse comentário não lhe parece mais exato porque, explicita ele, Eliseu pediu em dobro o espírito de Elias (2Rs 2,9), e isso vem a implicar certa medida. Portanto, é preciso admitir que essa fórmula ("sem medida") unicamente pode ser aplicada a Cristo, pois só ele recebe os dons de Deus de modo incomensurável (cf. *Retractationes* 1,19,3). G. BARDY ("Introduction",

Portanto, colocar a luz sob o alqueire é ocultar e obscurecer a luz da sã doutrina, abafando-a pelas preocupações e vantagens temporais, "mas no candelabro".[65] Colocar a luz sobre o candelabro é subordinar o próprio corpo ao serviço de Deus, de modo a dar o primeiro lugar à pregação da verdade, e lugar inferior ao serviço e cuidado do próprio corpo. Entretanto, essa sujeição do corpo dá à doutrina novo brilho, pois pela ajuda prestada pelo corpo, por exemplo, a voz, a palavra e todos os outros movimentos corporais contribuem para incitar nos ouvintes as boas obras. A lâmpada sobre o candelabro é colocada, desse modo, pelo Apóstolo: "Quanto a mim, é assim que luto, não como quem fere o ar. Trato duramente o corpo e reduzo-o à servidão, a fim de que não aconteça que, tendo proclamado a mensagem aos outros, venha eu mesmo a ser reprovado".[66]

Está dito, em seguida, no sermão: "E assim, a lâmpada brilha para todos os que estão na casa".[67] Essa casa é o lugar em que os homens habitam, isto é, o próprio mundo, no sentido em que foi dito acima: "Vós sois luz do mundo". Se alguém quiser considerar essa casa como figura da Igreja, não haverá nisso nenhum inconveniente.

Tudo pela glória de Deus

18 "Brilhe do mesmo modo a vossa luz diante dos homens para que, vendo as vossas boas obras, glorifiquem vosso Pai que está nos céus."[68]

---

em *Révisions*, Bibliothèque Augustinienne, vol. 12, p. 91-4) lamenta tal mudança de opinião.
[65] Mt 5,15.
[66] 1Cor 9,26.27.
[67] Mt 5,15.
[68] Mt 5,16.

Se o Senhor tivesse dito apenas: "Brilhe assim vossa luz diante dos homens, para que vejam vossas boas obras", pareceria que tinha estabelecido como fim delas o louvor humano. Esse louvor que é ambicionado pelos hipócritas, que só procuram honras e vanglória. Contra tais pessoas, disse o Apóstolo: "Se eu quisesse ainda agradar aos homens, não seria servo de Cristo".[69] E o profeta: "Deus dissipou os ossos dos que procuram agradar aos homens; foram confundidos porque Deus os desprezou".[70] E ainda, o Apóstolo: "Não sejam cobiçosos de glória vã, provocando-vos uns aos outros",[71] e adiante: "Cada um examine sua própria conduta, e então terá o de que se gloriar por si só, e não por referência a outro".[72]

O Senhor não se contentou, pois, com dizer: "Brilhe do mesmo modo a vossa luz diante dos homens, para que, vendo as vossas boas obras", mas acrescentou: "para que, vendo as vossas boas obras, glorifiquem vosso Pai que está nos céus". Isto é, mesmo sendo agradável aos homens pelas boas obras, o cristão se propõe outro fim: a glória de Deus. O motivo de agradar aos homens seja para que eles glorifiquem a Deus.

Aplica-se isso também aos que fazem os elogios. Que eles os dirijam a Deus, e não aos homens. O Senhor deu-nos um exemplo por ocasião da cura daquele paralítico que lhe foi trazido. Como está escrito no Evangelho, a multidão admirava o seu poder, mas glorificando a Deus. "Vendo o ocorrido, a multidão ficou com medo e glorificou a Deus, que deu tal poder aos homens."[73] E São Paulo, o imitador de

---

[69] Gl 1,10.
[70] Sl 53(52),6.
[71] Gl 5,26.
[72] Gl 6,4.
[73] Mt 9,8.

Cristo, diz-nos: "Ouviam dizer: quem outrora nos perseguia, agora evangeliza a fé que antes devastava, e por minha causa glorificavam a Deus".[74]

Conclusão e novo tema

19 O Senhor exortou assim a seus ouvintes para se prepararem a tudo sofrer pela verdade e a justiça;[75] a não dissimular os bens recebidos;[76] a se instruírem com a boa intenção de ensinar, por sua vez, aos outros, dirigindo todas as suas boas obras não em vista do próprio louvor, mas pela glória de Deus.[77] Agora, ele começa a instruir e explicar-lhes as verdades que deveriam ensinar. Parece responder à seguinte interrogação: eis que aceitamos sofrer tudo por teu nome e não ocultar a tua doutrina, mas que doutrina é essa que nos proíbes esconder e pela qual nos ordenas tudo suportar? Por acaso, hás de dizer coisas novas, contrárias às que estão escritas na Lei? E ele lhes afirma: "Não penseis que vim revogar a Lei e os Profetas. Não vim revogá-los, mas dar-lhes pleno cumprimento".[78]

O perfeito cumprimento da Lei

20 Essa sentença possui dois sentidos. Cada um deles será tratado em particular. Com efeito, aquele que diz: "Não vim para revogar a Lei, mas para dar-lhe cumprimento", afirma: ou que ele acrescentará à Lei o que lhe falta, ou que cumprirá o que ela contém.

---

[74] Gl 1,23-24.
[75] Ver, acima, 1,5.
[76] Ver, acima, 1,6.
[77] Ver, acima, 1,7.
[78] Mt 5,17.

Falemos, para começar, da primeira suposição. De fato, quem acrescenta uma coisa ao que falta certamente não destrói o que encontrou, mas confirma-o, aperfeiçoando. Por essa razão, prossegue o Senhor: "porque, em verdade vos digo que, até que passem o céu e a terra, não será omitido um só 'iota', nem um 'ápice' da Lei, sem que tudo seja realizado".[79] Desse modo, praticando-se aquelas coisas a mais, para alcançar a perfeição, com muito mais razão se há de cumprir as que previamente estavam prescritas como premissas delas.

E quanto a estas palavras: "Não será omitido um só 'iota', um só 'ápice' da Lei, sem que tudo seja realizado", exprimem elas, com intensidade, a perfeição à qual somos chamados.[80] Cada letra é como uma demonstração disso. Entre elas, a menor é o "iota", porque escrita com um só traço. Mas o "ápice" é ainda menor, por ser apenas um ponto sobre o "iota".

Exprimindo-se desse modo, o Senhor ensina-nos que na Lei as menores coisas devem ser cumpridas com o maior cuidado.

Prossegue, em seguida: "Aquele, portanto, que violar um só destes menores mandamentos e ensinar os homens

---

[79] Mt 5,18.

[80] Santo Agostinho observa nas suas *Retractationes* que não se deve entender a perfeição como se fosse possível viver sobre a terra sem nenhum pecado. Diz ele textualmente: "Aqui, perguntamo-nos, justamente, se essa perfeição pode ser entendida de tal maneira que seja verdade que alguém, com o livre uso de sua vontade, possa viver nesta terra sem cometer pecados. Com efeito, quem poderia cumprir a Lei no seu menor ponto, senão aquele que observa os preceitos de Deus? Mas entre esses preceitos está aquele que nos leva a repetir: 'Perdoai-nos as nossas dívidas, como também nós perdoamos aos nossos devedores' (Mt 6,12). Essa oração, a Igreja a recitará até o fim dos tempos. Só consideraremos todos os preceitos divinos cumpridos quando aquilo que fizermos não precisar ser perdoado" (*Retractationes* 1,19,3).

a fazerem o mesmo, será chamado o menor no Reino dos Céus".[81] Esses menores mandamentos são simbolizados pelo "iota" e pelo "ápice".

"Aquele que violar... e ensinar assim os homens", isto é, enquanto os violar e não enquanto os encontrar e os ler... "será chamado o menor no Reino dos Céus". Talvez nem mesmo possa entrar no Reino, onde são admitidos somente os que são grandes, na verdade. Pois: "Aquele que os praticar e os ensinar, esse será chamado grande no Reino dos Céus".[82] Isto é, aquele que não os violar e que assim ensinar "será chamado grande no Reino dos Céus". Ora, aquele que assim será chamado grande deverá necessariamente entrar no Reino dos Céus, pois ali os grandes são admitidos. É a essa ideia que se prende a passagem que se sucede.

Bem-aventurados os pobres em espírito

A nova justiça

21 "Com efeito, eu vos asseguro que, se a vossa justiça não exceder a dos escribas e a dos fariseus, não entrareis no Reino dos Céus."[83]

Significa isso que, a menos de cumprirdes aqueles preceitos — não somente os menores da Lei, que iniciam o homem na perfeição, mas também os que eu acrescento, eu, que não vim para suprimir a Lei, mas para dar-lhe cumprimento —, não entrareis no Reino dos Céus.

Dir-me-eis, porém: se, quando o Senhor falava anteriormente sobre esses mandamentos menores, ele deno-

---

[81] Mt 5,19.
[82] Mt 5,19.
[83] Mt 5,20.

mina de menor no Reino quem não os violar e ensinar a fazer o mesmo, e, de outro lado, proclama grande quem os praticar e ensinar outros a fazê-lo também, este há de ser grande e morar no Reino dos Céus; o que seria, então, necessário acrescentar aos preceitos menores? Parece-nos estarem faltando aí algumas palavras. Assim, à sentença: "Aquele, porém, que os praticar e os ensinar, esse será chamado grande no Reino dos Céus", que seja entendida não a respeito dos menores mandamentos, mas em referência aos preceitos que o Senhor acrescenta. E quais serão eles? Que vossa justiça supere a dos escribas e a dos fariseus, de outro modo não entrareis no Reino.[84]

Logo, quem violar aqueles mínimos mandamentos e assim ensinar a infringi-los será considerado o menor no Reino dos Céus. Por outro lado, quem os praticar e ensinar a observá-los não há de ser por isso considerado grande e idôneo para o Reino dos Céus, contudo não será tão pequeno como os que os violou. Mas se ele quiser ser grande e apto para o Reino, deve se pôr na escola de Cristo. Isto é, sua justiça deve ser mais abundante do que a dos escribas e fariseus. Por exemplo, essa justiça consistia em não matar. A justiça dos que hão de entrar no Reino dos Céus consiste em não se encolerizar sem motivo. Logo, pouca coisa é não matar. Aquele que violar esse mandamento será anulado do Reino. Aquele que o guardar, não cometendo homicídio,

---

[84] Diz Santo Agostinho, nas suas *Retractationes*, já ter explicado de maneira mais conveniente, em diversas de suas obras posteriores à que temos em mãos, a questão da justiça maior, ou mais perfeita. Refere-se ao *De civitate Dei* (21,27,1) e ao *A fé e as obras* (48ss, neste volume, p. 290ss). Seria longo para repetir ali a mesma coisa de novo. Afirma apenas que "o sentido a se dar a essas palavras resume-se nisto: que a justiça dos que dizem e praticam é certamente maior do que a dos escribas e fariseus, sobre os quais o Senhor diz, em outra passagem: 'Eles dizem, mas não fazem' (Mt 23,3) (*Retractationes* 1,19,4)".

não estará, por isso, já à altura de ser grande e idôneo para o Reino. Entretanto, ele já se elevou alguns graus, sem dúvida nenhuma. Aperfeiçoar-se-á, porém, se não se encolerizar sem motivo. Ao praticar isso, estará se distanciando cada vez mais do homicídio. Logo, aquele que nos ensina a não nos encolerizar não aboliu de modo algum a Lei, a qual nos proíbe matar. Antes a aperfeiçoou, para que, abstendo-nos exteriormente do homicídio, e interiormente dos movimentos de cólera, conservemos a inocência do coração.

Ofensa e castigo

22 "Ouvistes que foi dito aos antigos: não matarás; aquele que matar terá de responder em juízo. Eu, porém, vos digo: aquele que se encolerizar contra seu irmão terá de responder em juízo; aquele que chamar a seu irmão: 'Cretino!' estará sujeito ao julgamento do Sinédrio; aquele que lhe chamar 'louco' terá de responder ao julgamento da geena de fogo."[85]

Qual a diferença entre ser réu de julgamento, réu do Sinédrio e réu da geena de fogo? Com efeito, esse último castigo parece gravíssimo e adverte que estão estabelecidos vários graus para as penas — da mais leve à mais grave, até chegar ao castigo da geena de fogo. Desse modo, se é mais leve ser réu de julgamento do que réu do Sinédrio, também será mais leve ser réu do Sinédrio do que réu da geena de fogo.

Por conseguinte, convém entender igualmente que, se é menos grave encolerizar-se sem motivo, contra algum irmão, do que o chamar de cretino, será também menos grave

---

[85] Mt 5,21.22.

chamá-lo de cretino do que o insultar como louco. Pois as penas não estariam graduadas se nas faltas mencionadas não houvesse, do mesmo modo, graus.

Uma questão de semântica

23 Em toda essa exposição, há uma única palavra obscura: é o termo "raca". Não é palavra grega nem latina.[86] Todas as outras aí empregadas são usadas em nossa língua. Alguns quiseram fazer proceder do grego a etimologia desta palavra "raca". E como "racos" quer dizer "pannosus", isto é, andrajoso, pretendem que "raca" quer dizer coberto de trapos. Mas se a esses intérpretes for perguntado como se diz em grego "pannosus", não respondem "raca". Ademais, o tradutor latino poderia ter usado *pannosus* onde pôs *raca*, mas não empregou uma palavra não existente na língua latina e desusada em grego. Acho mais provável, como ouvi de certo judeu, a quem perguntei sobre isso, que tal vocábulo não possui nenhum significado próprio e determinado, mas que simplesmente exprime um movimento súbito de indignação. De fato, as interjeições, conforme a definição dos gramáticos, são partículas de oração que expressam alguma emoção ou movimento do espírito. Quando alguém sofre, exclama: "Ai!" ou quem se encoleriza: "Ih!". Tais interjeições, próprias em cada língua,

---

[86] Cf. *A doutrina cristã* 2,16 [PatrPaulus 17, 2002, 100]. Nessa obra, o bispo de Hipona formula todo um sistema de princípios exegéticos. Entre outros, o dever de procurar entender com toda clareza o texto, evitando qualquer gênero de ambiguidade. Afirma que, para esclarecer o sentido de certas passagens, será preciso recorrer às línguas originais: o grego e o hebraico. Ambas têm autoridade canônica, ainda que o grego seja mais fácil e seguro, a seu parecer. Vemos, por vezes, Agostinho recorrer também ao púnico, língua usada nos arredores de Hipona, para explicar palavras tidas por hebraicas (cf., por exemplo, s. 113,2).

não são traduzidas facilmente. Foi o que obrigou tanto o tradutor grego como o latino a manterem a palavra original, visto não encontrarem outra equivalente.

Os graus da ira e os da pena

24 Existe, pois, uma graduação nesses pecados acima mencionados. O primeiro dá-se quando alguém, ao se encolerizar, retém no coração o início do movimento da irritação. Mas se a emoção interior se trai por uma expressão de ira, sem nenhum significado, mas que demonstra a exaltação do ânimo e que pode ferir o outro, certamente isso será mais culpável do que se a ira fosse reprimida, guardando-se silêncio. Contudo, se a indignação não se contentar somente com essa simples exclamação, mas também forem pronunciadas palavras de injúria contra o outro, como duvidar de que a falta é maior do que se unicamente fosse pronunciada aquela expressão vaga de ânimo exacerbado?

Portanto, no primeiro caso, dá-se apenas uma coisa: a ira. No segundo, duas: a ira e a exclamação que a manifesta. No terceiro, há três: a ira, a interjeição que a expressa e mais uma injúria verdadeira. Considerai, agora, os três castigos correspondentes: o julgamento, o Sinédrio e a geena de fogo. Com efeito, no julgamento, ainda é concedida ao réu uma ocasião de defesa. No Sinédrio, se bem que seja um julgamento, a distinção aqui feita obriga-nos a estabelecer uma diferença. Parece que o Sinédrio pronunciava uma sentença definitiva, sem mais se tratar com o réu sobre a sua condenação. Os judeus deliberavam entre si acerca da pena conveniente a ser imposta ao réu. E, enfim, há a geena de fogo. Realmente, essa pena não implica dúvida alguma acerca da sentença, como acontecia no julgamento; nem incerteza acerca da pena, como ocorria no Sinédrio. Na pena da geena do fogo são evidentes tanto a sentença como a pena do condenado.

Portanto, vê-se claramente que existem alguns graus nos pecados, como também nas penas. Mas quem poderá dizer de que modo secreto e invisível serão aplicados esses castigos, em plano espiritual e conforme o mérito de cada um?

Podemos, contudo, compreender quão grande diferença existe entre a justiça dos fariseus e aquela outra justiça mais perfeita que introduz no Reino dos Céus. Isso pelo fato de que o homicídio, sendo crime bem maior do que uma palavra injuriosa, entretanto é submetido ao julgamento, e recebe punição igual, infligida à simples cólera. E é essa a mais leve das culpas mencionadas no sermão! É que ali se tratava de crime de homicídio a ser julgado pelo tribunal de homens; e aqui, ao contrário, todas as faltas estão sob o julgamento divino, no qual a condenação dos culpados pode levar à geena do fogo.

Ora, se admitirmos que, sob essa justiça mais perfeita, a simples injúria é castigada com a geena do fogo, o homicídio deverá sofrer castigo muito mais severo. Isso nos obriga a pensar que existe também diferença de grau nos suplícios do inferno.[87]

Restrições

25 Nessas três sentenças, certamente, deve-se pensar em algumas palavras subentendidas. A primeira afirmação é completa e nada está oculto: "Todo aquele

---

[87] Esta concepção agostiniana de graus na condenação, apenas esboçada nesta passagem, é contestável. Assim considera A. G. HAMMAN na sua tradução: *Saint Augustin explique le Sermon de la Montagne, op. cit.*, p. 42, n. 6.

que se encolerizar contra seu irmão terá de responder em juízo". Na segunda, onde está dito: "Aquele que chamar a seu irmão: 'Cretino!'", é preciso subentender a expressão: "sem motivo".[88] Para depois acrescentar: "estará sujeito ao julgamento do Sinédrio". Na terceira sentença, onde se diz: "Aquele que lhe chamar: 'Louco!', estão subentendidas duas palavras: "ao seu irmão" e "sem motivo".

Por essa razão, pode-se justificar o apóstolo Paulo por ter chamado os gálatas de insensatos, e também de irmãos.[89] Não o fez sem motivo. Mas a razão pela qual há de se subentender aí a palavra "irmão" é porque, acerca do inimigo, diremos mais adiante como deve ele ser tratado de acordo com as regras dessa justiça mais perfeita.

A reconciliação antes da oferta no altar

26 "Portanto, se estiveres para trazer a tua oferta ao altar, e ali te lembrares de que o teu irmão tem alguma coisa contra ti, deixa a tua oferta ali diante do altar e vai primeiro reconciliar-te com o teu irmão; e depois virás apresentar a tua oferta."[90]

---

[88] Confessa Santo Agostinho nas suas *Retractationes* (1,19,4) ter compreendido melhor só mais tarde o texto: "'Aquele que se encolerizar contra seu irmão' (Mt 5,22). Os manuscritos gregos não trazem a expressão 'sem motivo', como está posto neste lugar, ainda que o sentido seja o mesmo". Declara ele: "Dissemos, com efeito, que é preciso considerar o significado exato de se encolerizar contra seu irmão, pois poderá se encolerizar contra seu irmão aquele que se enche de ira contra o pecado dele. E quem se encoleriza contra seu irmão, mas não contra o seu pecado, zanga-se sem motivo". Observa G. Bardy (*op. cit.*, p. 88) que é de se notar como Agostinho fala dos manuscritos gregos como se todos eles fossem unânimes nessa omissão da expressão "sem motivo"; ora, a maioria dos manuscritos conferidos traz esse termo. Essa correção de Agostinho destinava-se a atenuar o alcance da sentença formulada pelo Senhor. Ver, a esse respeito, *De civitate Dei* 21,27.
[89] Gl 3,1.
[90] Mt 5,23.24.

Na verdade, aqui aparece claramente o que foi dito acima, a respeito da ofensa ao irmão, porque a sentença anterior liga-se a esta por meio da conjunção "portanto", que vem confirmar o que já foi expresso. Com efeito, o Senhor não disse: se estiveres para trazer a tua oferta ao altar, mas: "Portanto, se estiveres para trazer a tua oferta ao altar". Logo, se não é permitido encolerizar-se, sem motivo, contra o irmão, nem dizer-lhe cretino ou chamá-lo de louco, muito menos será permitido conservar alguma coisa no coração contra ele, de modo a indignação vir a se degenerar em ódio. Corresponde aqui o que foi dito, igualmente, em outro lugar: "Não se ponha o sol sobre a vossa ira".[91] Logo, é-nos mandado que, ao oferecer nossa oferta diante do altar, se ali nos recordamos de que nosso irmão tem alguma queixa contra nós, devemos deixar a oferta lá e ir nos reconciliar com ele. E só depois da reconciliação havemos de apresentar nossa oferenda.

Entretanto, se isso for tomado literalmente, talvez alguém poderia opinar que convenha fazer desse modo só no caso de o irmão se encontrar presente, visto que não se pode diferir a reconciliação, já que nos é mandado deixar a oferta ali, diante do altar. Se se tratar, portanto, de pessoa ausente, quem sabe em lugar distante, por exemplo do outro lado do mar, e nos vier à mente alguma lembrança dessa natureza, será absurdo crer que devemos deixar a oferenda diante do altar, para depois de ter percorrido terras e mares vir oferecê-la a Deus.

Por essa razão, vemo-nos obrigados a recorrer ao sentido espiritual, para que a sentença possa ser entendida de tal modo que não redunde em absurdo.

[91] Ef 4,26.

SANTO AGOSTINHO

O templo interior

27 Assim, será no sentido espiritual que havemos de entender acerca desse altar erguido no templo interior de Deus, isto é, o da fé, e do qual nosso altar visível é o símbolo.

Com efeito, qualquer que seja a oferenda que fizermos a Deus: profecia, pregação, oração, hinos, salmos ou qualquer outro dom espiritual que nos ocorrer ao espírito, não será aceita por Deus se não estiver apoiada na sinceridade da fé, e se não estiver sustentada sobre essa base firme e estável. É ela que dá às nossas palavras toda sua integridade e pureza.

De fato, quantos heréticos, não possuindo esse altar, isto é, o da verdadeira fé, proferem blasfêmias em vez de louvores e, estando possivelmente esmagados pelo peso de preconceitos humanos, atiram por terra, por assim dizer, os seus votos.

É preciso ser reta a intenção daquele que faz a oferta. Por essa razão, ao fazermos a Deus uma oferta desse gênero em nosso coração, isto é, no templo interior de Deus, conforme diz São Paulo: "O templo de Deus é santo e esse templo sois vós".[92] E ainda: "Que Cristo habite pela fé em vossos corações",[93] se então nos lembrarmos de que nosso irmão tem algum ressentimento contra nós, isto é, se o temos ofendido em algo, porque nesse caso é ele que tem queixa contra nós — pois contra ele o teríamos só no caso de ser ele que nos tenha ofendido. Assim sendo, não carece ires em busca da reconciliação, porque não pedirás perdão àquele que te injuriou. Terás, porém, de perdoar sinceramente, como desejas ser perdoado por Deus, por tudo o que tiveres feito de mau.

---

[92] 1Cor 3,17.
[93] Ef 3,17.

Logo, ao nos lembrarmos de ter cometido alguma ofensa contra nosso irmão, é preciso ir ao encontro da reconciliação e tomar a iniciativa não com o movimento de nossos pés, mas com o impulso de nosso coração. É lá que deverás te prostrar humildemente aos pés de teu irmão, junto a quem correste levado pela afeição de teu coração e na presença daquele a quem apresentas a tua oferta.

Agindo assim, com toda sinceridade, poderás tranquilizar teu irmão e ficar em paz com ele, pedindo-lhe perdão, como se ele estivesse ali presente. Faze-o sob o olhar de Deus, indo encontrá-lo não com passos lentos, mas levado pelo elã veloz da caridade. E só então voltarás, isto é, poderás repor tua reta intenção na obra começada: a oferta de teu sacrifício.[94]

Bem-aventurados os pobres em espírito

28 Ora, quem não se encoleriza, sem motivo, contra o irmão? Quem não o chama de cretino ou não o trata de louco, sem razão? Todos esses excessos vêm de nosso orgulho. Aquele que incorre nessas faltas, que recorra ao único remédio: pedir perdão, pois somente está isento de arrogância quem é humilde.

---

[94] João Paulo II, na sua *Carta Apostólica pelo 16º Centenário da Conversão e Batismo de Santo Agostinho*, refere-se ao *De Sermone Domini in monte* três vezes. Anotamos as referências destas: 1,3-4; 2,14; 2,38. Ir. Douceline, das Orantes da Assunção, publicou, com muito sucesso, na França, uma série de coletâneas de textos agostinianos, agrupados por temas. No volume *Réjouissez-vous et soyez dans l'allégresse* (Editions Le Centurion, 1977, coleção Fontaine Vive), ela centraliza a temática nas bem-aventuranças e dá especial destaque a este comentário de Santo Agostinho. Encontramos nove bons textos na obra, sendo o mais longo deles a citação destes caps. 1,27 e 28, sobre a reconciliação. Em outro volume de sua autoria, *Aime et dis-le par ta vie*, foram selecionados dois textos deste comentário: 1,39 e 2,11.

Portanto, "Bem-aventurados os pobres em espírito, porque deles é o Reino dos Céus".[95]

Vejamos, agora, o que segue.

Segunda bem-aventurança — os mansos

A mansidão

29 Diz o Senhor: "Assume logo uma atitude conciliadora com o teu adversário, enquanto estás com ele no caminho, para não acontecer que o adversário te entregue ao juiz e o juiz ao oficial de justiça, e assim sejas lançado na prisão. Em verdade te digo: Dali não sairás, enquanto não pagares o último centavo".[96]

Compreendo quem é o juiz aqui sugerido, pelas palavras: "O Pai a ninguém julga, mas confiou ao Filho todo julgamento".[97] Também compreendo quem seja o oficial de justiça, pelas palavras: "E os anjos de Deus se puseram a servi-lo".[98] Cremos, realmente, que será com os seus anjos que o Senhor virá a julgar os vivos e os mortos. Também reconheço como prisão as penas das trevas, que em outra passagem são denominadas trevas exteriores.[99]

Creio, em vista disso, que a alegria das coisas divinas esteja no interior de nosso espírito, e ainda mais na parte secreta que se possa pensar da nossa alma. A essa alegria da recompensa divina, o Salvador convida o servo fiel, com estas palavras: "Vem alegrar-te com o teu Senhor!".[100]

---

[95] Mt 5,3.
[96] Mt 5,25.26.
[97] Jo 5,22.
[98] Mt 4,11.
[99] Mt 8,12; 22,13; 25,30.
[100] Mt 25,23. Santo Agostinho, neste capítulo, baseia-se numa de suas ideias prediletas: a alegria reside no interior da alma, e o mal, fora, no exterior. Refere-se ele

E nesse texto em estudo,[101] assim como acontece com a ordem estabelecida pelo governo, será um oficial ou os soldados do juiz que lançam fora aquele que for condenado à prisão.

30 Quanto ao último centavo que será preciso pagar, pode-se, sem absurdo, entender neste sentido: que nada ficará impune. É assim que dizemos de algo exigido com todo rigor, que o seja até o fundo. Esse último centavo pode significar ainda os pecados terrenos. Com efeito, a terra é o quarto e último dos elementos deste mundo. O céu é o primeiro; o ar, o segundo; a água, o terceiro; e a terra vem em quarto lugar.

As palavras "até que pagues o último centavo" devem, pois, ser entendidas, de modo correto, neste sentido: até que tenhas expiado os pecados da terra. Pois foi justamente o homem pecador que ouviu pronunciar contra ele esta sentença: "Porque és terra, e em terra te hás de tornar".[102]

Quanto à expressão "Até que pagues", admiraria se não significasse a pena denominada eterna. Pois como se há de pagar uma dívida em lugar onde não há mais possibilidade nem de arrependimento, nem de mudança de vida? Com efeito, essa locução "Até que pagues" poderá ser entendida

---

aqui à alegria profunda que, como a beatitude, penetra a alma em suas forças vivas mais secretas. F. Cayré, em sua obra *La contemplation augustinienne*, já citada, define essa alegria agostiniana: "A alegria ou a paz de uma boa consciência, perfeitamente reta e iluminada, que não somente está em paz consigo mesma e com Deus, mas que também conhece a grandeza desse dom e o desfruta como o mais precioso de todos os tesouros. É uma alegria pacífica e serena. Santo Agostinho a atribui às almas pacíficas, as quais a sabedoria escolheu como morada" (cf. *op. cit.*, p. 142-3). Ver também, acima, 1,13.

[101] Mt 5,25.
[102] Gn 3,19.

aqui de tal modo como nesta outra passagem: "Senta-te à minha direita, até que ponha os teus inimigos por escabelo de teus pés".[103] É evidente que o Senhor não cessará de estar sentado à direita de Deus, ao lhe serem submetidos os inimigos.

De modo idêntico, nestas outras palavras do Apóstolo: "É preciso que ele reine, até que eu tenha posto todos os seus inimigos debaixo de seus pés".[104] Certamente isso não quer dizer que ele cessará de reinar quando seus inimigos forem postos sob seus pés.

Como devemos entender aí que o Reino daquele de quem é dito "É preciso que ele reine até que o Pai tenha posto os seus inimigos debaixo dos seus pés" será eterno, porque seus inimigos estarão sempre sob seus pés; desse mesmo modo, nós podemos entender que aquele a quem é dito "Dali não sairás enquanto não pagares o último centavo" não sairá nunca, porque estará sempre pagando essa dívida, enquanto durarem as penas eternas devidas aos pecados cometidos na terra.

O que acabo de dizer aqui não é para dispensar-nos de tratar mais demoradamente dessa questão das penas do pecado, chamadas pela Escritura de eternas, ainda que seja preciso acima de tudo evitá-las a todo custo, mais do que procurar conhecê-las pelo estudo.

31 Examinemos agora quem é esse "adversário" com o qual devemos assumir logo atitude conciliadora, enquanto estamos ainda em caminho com ele. Será um destes: o demônio, um homem, a carne, Deus ou os seus preceitos.

[103] Sl 110(109),1.
[104] 1Cor 15,25.

Quanto ao demônio, não vejo como estaremos obrigados a lhe testemunhar benevolência, isto é, estar concorde com ele e prestar-lhe consentimento. Com efeito, uns traduzem a palavra grega "eunôon" por estar concorde. Outros, por estar de pleno acordo, consentindo. Nós, porém, não estamos de modo algum obrigados a testemunhar benevolência ao demônio, pois isso supõe a amizade, e ninguém ousaria dizer que devemos procurar amizade com o demônio. Tampouco fazer acordo, isto é, ficar em paz com aquele a quem renunciamos, já uma vez, tendo mesmo lhe declarado guerra eterna. Só será por meio de sua derrota que havemos de assegurar nossa coroa final. Enfim, nunca mais devemos consentir ao que ele nos sugere, pois se nunca lhe tivéssemos obedecido, não teríamos caído em tantas misérias.

Dir-se-á que aquele adversário é um homem qualquer? Estamos obrigados, é verdade, a manter a paz com todos os homens, quanto nos for possível, e por aí se engloba a benevolência, o bom entendimento e o acordo perfeito. Mas não vejo como podemos admitir que seremos entregues a nosso juiz, por um homem, quando esse juiz é Cristo, a cujo tribunal devemos todos comparecer, conforme o testemunho do Apóstolo.[105] Como poderia um homem vos entregar nas mãos do juiz quando ele mesmo deverá comparecer diante desse mesmo tribunal?

Mas dir-se-ia que cada um é como que entregue por algum homem, nas mãos do juiz, por se ter tornado culpado de ofensas para com os outros, ainda que não seja o ofendido que o entregue? Parece muito mais natural dizer que o culpado é entregue ao juiz pela própria Lei, à qual violou ao ofender alguém. Suponhamos até que uma pessoa se

[105] Rm 14,10; 2Cor 5,10.

torne adversária de seu irmão e lhe ocasione a morte. Não lhe será mais possível fazer a paz com ele no caminho, isto é, durante esta vida. Contudo, quem ousará dizer que o arrependimento não possa curar sua alma, se ele recorrer com a oblação de coração contrito[106] de dor, junto à misericórdia daquele que remete os pecados aos que se voltam sinceramente a ele, e que se alegra mais pela conversão de um só penitente do que pela perseverança de 99 justos?[107]

Quanto à carne, compreendo ainda menos que nos seja mandado testemunhar-lhe atitude conciliadora ou de conviver em bom entendimento, ou até de nos pôr em acordo com ela. Pois são sobretudo os pecadores que gostam da própria carne, que vivem em bom entendimento e perfeito acordo com ela. Aqueles, ao contrário, que a reduzem à servidão, longe de se submeterem, a forçam a ficar de acordo com eles.

Bem-aventurados os mansos

32 Talvez seja com Deus que nos é dito de nos pôr de acordo, reconciliando-nos com ele, pois o pecado nos levou a nos separar dele, e nos tornou como adversários dele. Com efeito, pode-se dizer com razão que é ele, no fundo, o adversário daqueles a quem resiste. Pois está dito: "Deus resiste aos soberbos, mas dá graça aos humildes".[108] E ainda: "O princípio da soberba do homem é afastar-se de Deus... o princípio de todo o pecado é a soberba".[109] E o Apóstolo também diz: "Pois, se quando éramos inimigos, fomos reconciliados com Deus, pela morte de seu Filho,

---

[106] Cf. Sl 51(50),19.
[107] Lc 15,7.
[108] Tg 4,6.
[109] Eclo 10,14.15.

muito mais agora, uma vez reconciliados, seremos salvos por sua vida".[110]

Daí se pode concluir que natureza alguma é má, e que seja por si mesma inimiga de Deus. Os que foram seus inimigos reconciliaram-se com ele. Portanto, todo homem que, enquanto estiver a caminho, isto é, durante a vida presente, não se tiver reconciliado com Deus pela morte de seu Filho, será entregue por ele ao juiz, "porque o Pai a ninguém julga, mas confiou ao Filho todo julgamento".[111]

As demais palavras deste capítulo, que já explicamos, adaptam-se por si mesmas a essa explanação.

Uma só coisa pode causar dificuldade nesta interpretação: como se pode dizer, razoavelmente, que estamos em caminho com Deus, se é preciso ver nele, nessa passagem, um companheiro de viagem e, ao mesmo tempo, um adversário dos ímpios com o qual devemos nos reconciliar o mais depressa? Sem dúvida, não será pelo fato de ele estar em toda parte que nós estamos com ele, ainda que caminhando pelas estradas desta vida? Assim diz o salmista: "Se subo ao céu, tu lá estás; se desço ao inferno, nele te encontras. Se tomar asas ao romper da aurora e for habitar no extremo do mar, ainda lá me guiará a tua mão, e me tomará a tua direita".[112] Por certo, sentimos alguma dificuldade em dizer que os ímpios estão com Deus, se bem que Deus está em toda parte. Também não sentimos dificuldade em dizer que os cegos estão com a luz, ainda que a luz rodeie seus olhos?

Então, não nos resta ver nesse adversário senão os preceitos da Lei de Deus. Com efeito, que adversário existe

---

[110] Rm 5,10.
[111] Jo 5,22.
[112] Sl 139(138),8-10.

mais declarado dos pecadores do que os preceitos divinos? Isto é, sua Lei e as Sagradas Escrituras, que nos foram dadas para estar conosco nesta vida e nos dirigir no caminho? A elas não devemos contradizer, mas obedecer com prontidão para que não nos entreguem nas mãos do juiz, pondo-nos em acordo sem tardar. Pois ninguém sabe quando deverá deixar esta vida.

Ora, quem é que se põe de acordo com a Sagrada Escritura, a não ser aquele que a lê e escuta com piedade? Aquele que reconhece sua autoridade soberana? E não se irrita com o que ainda não entende, se nela encontrar a condenação de seus pecados? Mas, ao contrário, sabe receber com amor o que o conduz a seu dever, e alegra-se de que ela não transija com as suas fraquezas, para o curar. Além do mais, se pensa encontrar em algumas passagens obscuridade ou contradições, não faz disso matéria de contendas, mas reza para obter a inteligência e não se esquece nunca do respeito e docilidade devidos a tão grande autoridade. Ora, quem é capaz de se comportar assim, a não ser aquele que a lê sem amargor e ameaças, mas com doçura cheia de piedade, como filho ao abrir o testamento de seu Pai para dele tomar conhecimento?[113]

"Bem-aventurados os mansos, porque herdarão a terra."[114]

Vejamos o que segue.

---

[113] No final deste capítulo, Santo Agostinho insiste, em referência à bem-aventurança dos mansos de coração, sobre a atitude interior da escuta da Palavra de Deus. Ao referir-se ao dom da piedade, já havia falado rapidamente sobre esse assunto. Tal escuta deve ser atenta, dócil e pronta, como a de filho obediente. E isso mesmo quando a Palavra pode nos parecer incompreensível ou dura. Nesse caso, nunca se há de opor uma escuta resistente ou insubmissa (cf. L. VERHEIJEN, *Nouvelle approche de la règle de saint Augustin*, apud Clodovis BOFF, em *A via da comunhão de bens*, Petrópolis: Vozes, 1988, p. 74).

[114] Mt 5,4.

Terceira bem-aventurança — os aflitos
Do adultério ao desejo libidinoso

33 "Ouvistes que foi dito: não cometerás adultério. Eu, porém, vos digo: todo aquele que olha para uma mulher com desejo libidinoso já cometeu adultério com ela em seu coração."[115]

Portanto, a justiça menos perfeita é não cometer adultério em ato; mas a justiça superior do Reino de Deus consiste em não cometer esse pecado sequer no coração. Pois todo aquele que afasta de seu coração os desejos impuros mais facilmente guarda o preceito de não cometer atos impuros. Assim, aquele que deu o mandamento fortificou-o com este segundo preceito, pois ele não veio para revogar a Lei, mas para cumpri-la.[116]

Certamente, é para se notar que o Senhor não disse "todo aquele que cobiça uma mulher", mas "todo aquele que olha para uma mulher com desejo libidinoso". Isto é, quem fixa sua atenção nela com o fim de possuí-la, o que não seria simplesmente sentir a inclinação ou a rebeldia da carne, mas dar pleno consentimento à paixão desordenada, de modo a não somente deixar de reprimir o apetite ilícito, mas procurar satisfazê-lo, logo que a ocasião se apresente.

O pecado e o hábito do mal

34 Três coisas constituem o pecado: a sugestão, o deleite e o consentimento.

---

[115] Mt 5,27-28.
[116] Mt 5,17.

A sugestão vem pela memória ou pelos sentidos do corpo; pelo que vemos, ouvimos, sentimos, degustamos ou tocamos. A sugestão nos traz deleite ao ser experimentado. Caso esse deleite seja ilícito, deve ser reprimido. Por exemplo, ao jejuarmos, a vista de alimentos nos desperta o apetite que trará o deleite. Se o reprimimos, movidos pela força da razão, não consentiremos. Contudo, se aceitarmos a sugestão, o pecado é consumado, ainda que o feito fique oculto aos homens, posto que Deus o vê, no fundo de nosso coração.

Eis como se manifestam esses três graus: a sugestão vem tal como uma serpente, isto é, insinua-se lasciva e rápida, semelhante às imagens que se formam dentro de nós. Elas têm sempre como princípio objetos exteriores. E, se além dos cinco sentidos, alguma outra moção secreta do corpo vem causar impressão sobre o espírito, esse movimento é, ele mesmo, rápido e passageiro. Quanto mais a sugestão perpassa secretamente para atingir o pensamento, tanto mais podemos compará-lo à ação da serpente.

Esses três graus, como eu começava a dizer, são semelhantes aos que nós constatamos serem descritos no Gênesis.[117] A sugestão vem simbolizada pela serpente, e também a insinuação. O deleite do espírito carnal, figurado por Eva. E o consentimento da razão, representado pelo primeiro homem.

Ao se consumarem esses três movimentos, o homem é expulso do paraíso, isto é, privado da luz da justiça que o tornava feliz, e precipitado na morte. E o foi com toda justiça, pois a persuasão não obriga a ninguém.

Todos os seres são belos em proporção à sua natureza, ordem e grau. A alma racional não deve descer da esfera

[117] 3,1-24.

superior em que se acha colocada e se rebaixar junto ao que lhe é inferior. Ninguém está forçado a fazer isso. Portanto, aquele que o fizer, visto que não o realiza de modo involuntário, será castigado pela lei de Deus.

Não obstante, antes do consentimento, o deleite é nulo ou tão leve que parece nulo. Mas torna-se grande força ao consentirmos em algo de mau. Ao haver o consentimento, comete-se o pecado no coração. Acontece que, ao passar à consumação do ato, parece que a paixão se sacia, e como que se extingue. Mas quando a sugestão se renova, o deleite renasce ainda mais ardente. Será, porém, menor ao se tornar habitual, em consequência dos atos repetidos. Torna-se, então, difícil de ser vencido.[118] Apesar dessa dificuldade em se vencer um hábito, contudo, com o auxílio e a direção de Deus, ele poderá ser dominado. Assim, se alguém não se entregar ao mau hábito, e não recear os combates da vida cristã, poderá sair vencedor. Desse modo, quando o homem for submetido a Cristo, e a mulher ao homem, todos recuperarão a paz e a situação das origens.[119]

As espécies de pecado

35 Como se chega ao pecado por três graus, a sugestão, o deleite e o consentimento, dessa mesma maneira

---

[118] Esforça-se Agostinho em explicar, em 1,34 e 35, a permanência do mal na vontade humana, em termos puramente psicológicos, como uma força irresistível do hábito (*consuetudo*), que tira seu poder do funcionamento da memória humana. O prazer conhecido nas ações passadas fica gravado na memória e é assim perpetuado. No cap. 35, em texto de grande força expressiva, Agostinho compara a alma cativa pela opressão de seus hábitos a Lázaro no túmulo, por três dias de sepultamento. Notemos que a reflexão sobre o poder do hábito irá sempre se aprofundando em nosso autor. Nesta obra, uma de suas primeiras, refere-se ele à *carnalem consuetudinem*, a força que nos submete aos desejos da carne. Cf. também 1,10.

[119] 1Cor 11,3; Ef 5,23.

são reconhecidas três espécies de pecado: pelo pensamento, pela ação e pelo hábito. São como três diferentes maneiras de morrer. O primeiro modo passa-se em casa, isto é, quando o coração dá o seu consentimento à paixão. O segundo transpõe a porta e se exterioriza. É quando ao consentimento segue-se a ação. O terceiro produz-se quando o espírito está como esmagado pela violência de um hábito criminoso, tal como sob o peso de todo o universo, ou na corrupção do túmulo.

Todo aquele que conhece o Evangelho sabe que o Senhor devolveu a vida a essas três espécies de mortos. E talvez tenham notado a linguagem diferente de que ele se serviu ao ressuscitá-los. No primeiro caso, disse: "Talitha, kumi!".[120] No segundo: "Jovem, eu te ordeno, levanta-te!".[121] No terceiro, ele tremeu interiormente, derramou lágrimas, comoveu-se de novo e gritou em voz alta: "Lázaro, vem para fora!".[122]

Bem-aventurados os que choram

36 É importante entender que a palavra adúltera, nesse capítulo, designa toda concupiscência carnal e desregrada. Em tal sentido, a Escritura denomina frequentemente a idolatria de fornicação. O apóstolo Paulo chega a chamar a avareza de idolatria.[123] Quem pode, pois, duvidar de que toda má concupiscência possa justamente receber o nome de fornicação? Verifica-se quando a alma, desprezando a lei superior que lhe deve servir de regra,

---

[120] Mc 5,41.
[121] Lc 7,14.
[122] Jo 11,33-43.
[123] Cl 3,5; Ef 5,5.

prostitui-se e corrompe-se, ao preço dos mais vergonhosos prazeres, entregando-se a seres de natureza inferior.

Aquele, pois, que sente em si o prazer carnal revoltar-se contra a vontade reta, levado pelo hábito do vício, cuja indômita violência o escraviza, lembre-se, quanto lhe for possível, da excelência da paz perdida, por seu pecado, e exclame: "Infeliz de mim! Quem me libertará deste corpo de morte? Graças sejam dadas a Deus por Jesus Cristo, nosso Senhor".[124]

Provavelmente, desse modo, seu infortúnio e suas lágrimas implorem o socorro do divino consolador. É dar grande passo em direção à felicidade, o fato de tomar consciência da própria miséria, pois está dito: "Bem-aventurados os aflitos, porque serão consolados".[125]

Quarta bem-aventurança — os que têm fome e sede de justiça

Evitar toda ocasião de pecado

37 Em seguida, prossegue o Senhor: "Caso o teu olho direito te leve a pecar, arranca-o e lança-o para longe de ti, pois é preferível que se perca um dos teus membros do que todo o teu corpo seja lançado na geena".[126]

Seria preciso coragem muitíssimo grande para alguém se amputar um membro.

Qualquer que seja o significado da palavra "olho", sem dúvida alguma indica objeto de viva afeição. Com efeito, quando se quer exprimir apego profundo, costuma-se di-

---

[124] Rm 7,24-25.
[125] Mt 5,5.
[126] Mt 5,29-30.

zer: "Amo tal coisa como a pupila de meus olhos", e ainda: "Considero-o mais do que os meus próprios olhos".

O fato de estar especificado o olho direito é para ressaltar mais a força de nossa afeição. Pois, ainda que, comumente, para vermos, nos servimos dos dois olhos, e que ambos tenham a mesma potencialidade, contudo os homens temem mais perder o olho direito.

Eis, pois, o sentido dessas palavras do Evangelho: seja qual for o objeto de tua afeição, seja ele querido como o olho direito "se te leva a pecar", isto é, se for impedimento à verdadeira felicidade, "arranca-o e lança-o para longe de ti. Pois é preferível que se perca" um objeto que amas, como a um de teus membros, "do que todo o teu corpo seja lançado na geena".

38 Mas como o Senhor fala em seguida da mão direita e diz de igual modo: "Caso a tua mão direita te leve a pecar, corta-a e lança-a para longe de ti, pois é preferível que se perca um dos teus membros do que todo o teu corpo vá para a geena",[127] isso leva-nos a examinar mais diligentemente o que se deve entender por olho direito. Nessa questão, nada me ocorre de mais congruente do que dizer que o olho significa amigo muito querido. Na verdade, não podemos chamar de membro a não ser o que amamos intensamente. É, na verdade, o olho amigo e conselheiro, porque nos mostra o caminho. E é o melhor conselheiro nas coisas divinas. Isso quanto ao olho direito, pois quanto ao olho esquerdo, ele simboliza conselheiro muito estimado, mas para as coisas terrenas, pertinentes às necessidades do corpo. Seria supérfluo falar do escândalo ao qual ele nos

---

[127] Mt 5,30.

pode levar, após ter sido dito anteriormente que não se deve poupar sequer o olho direito. O conselheiro que nos escandaliza nas coisas divinas é aquele que, em nome da religião e da verdadeira doutrina, procura induzir-nos em alguma heresia perniciosa.

A mão direita é o símbolo do amigo que nos ajuda nas obras espirituais. Enquanto o olho figura a contemplação, a mão significa a ação. Quanto à mão esquerda, ela representa quem nos presta auxílio nas coisas da vida presente, necessárias ao corpo.

Indissolubilidade do casamento

39 "Foi dito: aquele que repudiar a sua mulher dê-lhe uma carta de divórcio."[128]

Essa é a justiça imperfeita dos fariseus, à qual o Senhor não contradiz ao acrescentar: "Eu, porém, vos digo: todo aquele que repudiar a sua mulher, a não ser por motivo de 'fornicação', faz com que ela adultere. E aquele que se casa com a repudiada comete adultério".[129]

---

[128] Mt 5,31.

[129] Mt 5,32. Em 1,39-50 aparece a questão da fornicação. Revendo toda esta passagem nas suas *Retractationes*, Santo Agostinho confessa ter tratado aí *scrupulosissime* sobre a proibição de repudiar sua mulher, exceto por motivo de fornicação. Diz ele textualmente: "Mas por qual tipo de fornicação será permitido esse repúdio? Será o que se condena como um delito desonesto? Ou o que diz o Sl 73(72),27: 'Aniquilaste todos os que fornicam contra ti?'. Porque fornica contra o Senhor (cf. 1Cor 6,15) quem abusa dos membros de Cristo para fazê-los membros de uma prostituta. Esse é um assunto que deve ser meditado e examinado cuidadosamente. Nesta matéria tão importante e difícil de ser compreendida, não quero que o leitor julgue que lhe baste este nosso tratado, mas, pelo contrário, que leia ainda outros escritos, ou aqueles que escrevemos posteriormente a este, ou aqueles que foram meditados e redigidos por outros escritores, de modo mais completo. Ou que pelo menos, se for possível, exercitem sua inteligência ao ponderar com sagacidade e prudência as razões que podem ser aduzidas. Porque nem todo pecado é fornicação contra o Senhor. Nem Deus acaba com todos os pecadores, pois todos

Com efeito, aquele que mandou dar carta de divórcio[130] ao despedir sua mulher, por essas palavras não deu ordem de a despedir, mas disse: "Aquele que repudiar a sua mulher dê-lhe uma carta de divórcio". Isso a fim de que os cuidados com as formalidades dessa carta mitiguem a cólera temerária do homem que despede sua esposa. Por conseguinte, ordenando assim uma demora para a despedida, o Senhor dá a entender quanto possível, aos homens violentos, que não aprova o divórcio. Por essa razão, interrogado em outra ocasião acerca dessa questão, respondeu: "Moisés, por causa da dureza dos vossos corações, vos permitiu repudiar às vossas mulheres".[131]

De fato, qualquer que seja a dureza do coração daquele que pretende despedir a sua esposa, o pensamento de que o ato de repúdio permitiria a ela desposar impunemente outro, isso poderia vir a aplacá-lo mais facilmente.

O Senhor, para confirmar o princípio de que não se despede facilmente uma mulher, reconhece um único motivo para tal: o caso de fornicação. Quanto às outras dificuldades do casamento, se existirem, ele quer que sejam suportadas corajosamente por amor à fé e à castidade conjugal. E chama igualmente de adúltero ao homem que desposa uma mulher que está separada de seu marido.

O Apóstolo assinala o limite da duração do enlace matrimonial, dizendo que subsiste por todo o tempo em que

---

os dias ouve os santos a lhe dizerem: 'Perdoa as nossas dívidas' (Mt 6,12). Mas como se há de entender e limitar essa fornicação, e se é lícito por causa dela repudiar a sua mulher, é coisa muito intricada e obscura (*latebrosissima*)" (*Retractationes* 1,19,6). Vejam-se, como tratados posteriores que tratam desta matéria, por exemplo, *De adulterinis coniugiis* e s. 162 (cf. s. frg. *Verbr.* 10).

[130] *Carta de divórcio*: *libellum repudii*.
[131] Mt 19,8.

viver o cônjuge, mas uma vez morto o marido, é concedido licença para o casamento com outro.[132] Essa é, com efeito, a regra dada pelo mesmo Apóstolo, não como conselho de sua parte, conforme fez em outras ocasiões, mas como preceito do Senhor, que manda, ao dizer: "Quanto àqueles que estão casados, ordeno não eu, mas o Senhor: a mulher não se separe do marido — se, porém, se separar, não se case de novo, ou reconcilie-se com o marido — e o marido não repudie a sua esposa!".[133]

Creio eu que, pela mesma razão, se o marido a despedir, ele não deve tomar outra mulher, ou então que se reconcilie com ela. Pois pode acontecer que ele venha a despedir sua mulher por causa de fornicação — única exceção autorizada pelo próprio Senhor.

Ora, se não é permitido à mulher casar-se com outro enquanto viver o marido de quem se separou, tampouco é permitido ao marido tomar outra mulher enquanto viver a esposa que repudiou. Com maior razão lhe é proibido contrair relações culpáveis com quem quer que seja.

Acima de tudo, é preciso estimar como muito mais felizes os casamentos em que os esposos — já tendo tido filhos, ou já tendo renunciado à esperança de posteridade terrestre — possam observar a continência em mútuo acordo. Isso não é contrário ao preceito pelo qual o Senhor proíbe ao marido despedir sua esposa, pois ele a conserva em casa e mantém com ela relações espirituais, não carnais. Observam, assim, a recomendação do Apóstolo: "Resta, pois, que aqueles que têm esposa sejam como se não a tivessem".[134]

---

[132] Rm 7, 2-3.
[133] 1Cor 7,10-11.
[134] 1Cor 7,29.

SANTO AGOSTINHO

Conciliação entre dois textos sobre o matrimônio

40 Costuma causar sérias inquietações a espíritos fracos, que entretanto querem conformar sua vida aos preceitos de Cristo, o que o próprio Senhor diz em outro lugar: "Se alguém vem a mim e não odeia pai e mãe, mulher, filhos, irmãos, irmãs e até a própria vida, não pode ser meu discípulo".[135]

Pode parecer às pessoas pouco sagazes que existe contradição no fato de o Senhor, numa passagem, proibir despedir a mulher exceto por motivo de fornicação, e, em outro lugar, negar que possa ser discípulo seu quem não "odeie" sua mulher. Ora, se o Mestre quisesse se referir ao comércio carnal, não teria posto na mesma condição o pai, a mãe e os irmãos. Mas, na verdade, é certo que: "O Reino dos Céus sofre violência dos que querem entrar, e violentos se apoderam dele".[136]

Com efeito, quanta violência deve se fazer o homem para amar a seus inimigos e aborrecer pai, mãe, a mulher, os filhos e irmãos! Porque ambas as coisas manda aquele que nos chama ao Reino dos Céus. Tendo-o como guia, será fácil demonstrarmos como esses preceitos não se contradizem. E uma vez entendidos, não obstante, ainda assim será difícil cumpri-los. A ajuda divina, porém, pode facilitar o seu cumprimento.

De fato, no Reino eterno para onde o Senhor digna-se chamar os seus discípulos, a quem chama também de irmãos, os liames de parentesco não serão mais conhecidos. Tal relacionamento não existe senão para esta vida temporal.

[135] Lc 14,26.
[136] Mt 11,12.

Pois: "Não há judeu nem grego, não há escravo nem livre, não há homem nem mulher, pois todos vós sois um só em Cristo Jesus",[137] "Cristo é tudo em todos".[138] E o próprio Senhor disse ainda: "Na ressurreição, nem eles se casam nem elas se dão em casamento, mas são todos como os anjos no céu".[139]

Convém, pois, que todo cristão que deseja se preparar para essa vida do Reino, já nesta vida, aborreça não as pessoas por elas mesmas, mas as relações e laços temporais em que se apoia esta vida transitória, do nascimento à morte, e entre ambas se desenvolve. Se assim não fizer, ainda não estará amando aquela vida, na qual estaremos livres da condição de nascer e morrer, e que nos vem das uniões terrenas.

O amor transcendente

41 Assim, pois, se eu perguntasse a algum cristão que possui mulher e filhos se ele desejaria ter esposa no Reino dos Céus, ao se lembrar das promessas de Deus e da natureza daquela outra vida "quando este ser corruptível tiver revestido a incorruptibilidade e este ser mortal tiver revestido a imortalidade"[140] — repleto de amor por esse Reino, ou ao menos de alguma atração por ele –, responderia até com juramento que não o desejaria. Se, em seguida, eu lhe perguntasse se quisera que sua mulher, após a ressurreição e transformação que nos tornará semelhantes aos anjos, como foi prometido aos santos, vivesse ali com ele, responderia que sim, com a mesma veemência com que não quis anteriormente a outra proposta.

---

[137] Gl 3,28.
[138] Cl 3,11.
[139] Mt 22,30.
[140] 1Cor 15,54.

Assim, o verdadeiro cristão, na única e mesma mulher, ama nela a criatura de Deus, a qual ele almeja ver transformada e renovada, e ao mesmo tempo aborrece nela as relações corruptíveis, o que significa amar na própria mulher a qualidade de ser humano, e aborrecer nela a característica de esposa.

Nessa mesma ordem de ideias, o cristão ama o seu inimigo: não enquanto inimigo, mas enquanto homem, possuidor da natureza humana. Ao ponto de desejar para ele o mesmo que deseja para si mesmo, isto é, de poder chegar à felicidade do Reino dos Céus, após ter sido renovado e transformado.

É preciso pensar do mesmo modo a respeito do pai, da mãe e de todos os outros parentes pelo sangue. Aborrecer neles o que corresponde ao gênero humano originado pelas condições de nascimento e morte.[141] Amar, porém, aquilo que conosco pode ser levado àqueles reinos onde ninguém diz: "Meu Pai!", mas todos chamam ao único Deus: "Pai nosso!".[142] Nem ninguém diz: "Minha mãe!", mas onde todos

---

[141] Agostinho esclarece nas suas *Retractationes* a respeito desta difícil passagem. Diz ele: "Tais palavras podem dar a entender que todos os liames de sangue não existiriam se os pecados não tivessem viciado a natureza humana e se ninguém tivesse morrido. Ora, certamente, teria havido parentesco e alianças, ainda que o pecado original não tivesse sido cometido e que o gênero humano não tivesse crescido e se multiplicado, e ninguém morresse. Portanto, é preciso resolver a questão de outro modo: por que nos teria o Senhor ordenado amar a nossos inimigos, já que ele manda 'odiar' a pais e filhos? A solução proposta é preciso substituir por esta que já expus diversas vezes, mais tarde: amemos nossos inimigos para ganhá-los ao Reino de Deus, e 'odiemos' em nossos parentes o que existe neles de obstáculo ao mesmo Reino de Deus". Santo Agostinho expõe ainda as suas ideias a respeito do amor aos parentes próximos em *De civitate Dei* (21,16,4), e em *A verdadeira religião* (46,86-89 [PatrPaulus 19, 2002, 112-5]), sobretudo o parágrafo 88 ("Amar os familiares acima dos liames carnais") e respectiva nota (24).

[142] Esta bela frase agostiniana vem citada muito a propósito no Decreto *Ad Gentes*, do Concílio Vaticano II, na n. 19, do parágrafo 7, sobre: "Razões e necessidades da atividade missionária".

dizem: "Jerusalém celeste, a nossa mãe". Nem ninguém diz: "Meu irmão", mas onde todos a todos dizem: "Nosso irmão". Então se realizarão os esponsais, quando todos unidos não seremos senão um naquele único esposo, que pela efusão de seu sangue nos resgatou da corrupção deste mundo.

Necessário se faz, por conseguinte, que o discípulo de Cristo aborreça as coisas transitórias naqueles que deseja levar consigo a possuir aquela felicidade que sempre permanece. E neles aborreça aquelas coisas transitórias. E isso tanto mais quanto maior for o seu amor por eles.

Casamento e perfeição evangélica

42 Portanto, pode o cristão viver em perfeito acordo com sua esposa, quer satisfazendo a indigência da natureza, o que conforme o Apóstolo é permitido por condescendência, não por obrigação;[143] quer para a procriação de filhos, o que pode ser, até certo ponto, algo louvável; quer, enfim, vivendo com ela em sociedade fraterna, sem nenhum comércio carnal, tendo-a como se não a tivesse — o que é o grau mais perfeito e sublime do matrimônio cristão.

Em todas essas situações, porém, aborrecerá tudo o que for referente às necessidades temporais, para amar somente a esperança da bem-aventurança eterna. Sem dúvida, aborrecemos o que veremos algum dia se acabar, como sucede, por exemplo, com a própria vida presente. Pois, se não aborrecêssemos esta vida temporal, não amaríamos a eterna, pois esta unicamente está livre das vicissitudes do tempo.

---

[143] 1Cor 7,6.

É esta vida temporal que é designada pela palavra "alma", na seguinte passagem: "Se alguém vem a mim e não odeia... até a própria alma, não pode ser meu discípulo".[144]

Com efeito, para esta vida é necessário o alimento corruptível, sobre o qual o próprio Senhor disse: "Não é a alma mais do que o alimento?".[145] E também quando diz que dará sua alma por suas ovelhas,[146] ele quer falar desta vida presente, ao anunciar que morrerá por nós.

Repudiar só por motivo de fornicação

43 Apresenta-se, aqui, outra questão. O Senhor permitiu ao marido despedir sua esposa somente "por motivo de fornicação". O que devemos entender por fornicação? Será preciso restringir o sentido, como geralmente é entendido, para significar um comércio carnal ilícito? Ou então podemos lhe dar sentido mais geral, como costuma ser empregado nas Escrituras? Assim, já o vimos falando mais acima de idolatria ou avareza.[147] Ou ainda, qualquer transgressão da lei, cometida para satisfazer apetites desordenados?

Entretanto, consultemos o Apóstolo para não afirmar alguma coisa sem fundamento. Diz ele: "Quanto àqueles que estão casados, ordeno não eu, mas o Senhor: a mulher não se separe do marido — se, porém, se separar, não se case de novo, ou reconcilie-se com o marido".[148] Com efeito, pode suceder que ela se separe do marido pela causa auto-

---

[144] Lc 14,26.
[145] Mt 6,25.
[146] Jo 10,15.
[147] Cf., acima, 1,36
[148] 1Cor 7,10-11.

rizada pelo Senhor, como exceção. E pode suceder que ela se separe, mesmo fora dessa causa. Essa ordem não parece estar explicitada igualmente para o homem. Mas entra no que diz o Apóstolo, em seguida: "Que o marido não repudie a sua esposa!".[149] Por que não acrescentou ele: "a não ser por motivo de fornicação"?[150] Assim o permitira o Senhor. Mas ele quis que entendêssemos que a condição é a mesma para o homem e a mulher: que ele permaneça sem tomar outra mulher ou que se reconcilie com ela.

A reconciliação teria sido louvável até com aquela mulher à qual, não tendo aparecido ninguém que se atrevesse a apedrejá-la, declarara o Senhor: "Vai, e de agora em diante não peques mais".[151]

Com efeito, aquele que disse "Não é permitido repudiar sua mulher, exceto se houver fornicação" obriga a guardá-la quando não houver esse motivo. E supondo que exista esse motivo, o marido não é forçado a despedi-la, apenas tem a permissão de o fazer. É dito à mulher não lhe ser permitido realizar outras núpcias, a não ser depois da morte do marido.[152] Se ela se casar antes da morte do marido, torna-se culpada. Mas caso não se case após a morte dele, não

---

[149] 1Cor 7,11.
[150] Mt 5,32.
[151] Jo 8,11. Em *Retractationes* 1,19,6 são apresentados dois textos da Escritura, um do Antigo Testamento (Pr 18,22: "Quem retém uma mulher adúltera é insensato e ímpio") e outro do Novo Testamento (Jo 9,11: "Nem eu te condeno. Vai e de agora em diante não peques mais"), a respeito da mulher adúltera. Agostinho, desse modo, de maneira implícita, tinha a intenção de mostrar a justiça mais perfeita contida na nova Lei. A lei de Cristo, mais severa sobre a indissolubilidade do casamento, deveria ser mais indulgente quanto ao perdão do culpado. Tudo em vista da reconciliação. De fato, é a essa solução que Agostinho se fixa, penetrado que está do espírito de Cristo. A esposa perdoada por Cristo não é mais adúltera... (cf. G. BARDY, "Introduction", *op. cit.*, p. 93).
[152] 1Cor 7,39.

será culpada, pois não lhe foi ordenado de o fazer, apenas permitido.

Em consequência, as normas estabelecidas nestas disposições sobre o casamento são de igualdade de direito entre o marido e a mulher.[153]

Não só sobre a mulher disse o Apóstolo: "A mulher não dispõe de seu corpo, mas é o marido quem dispõe", mas não silenciando acerca do marido, disse a seguir: "Do mesmo modo, o marido não dispõe de seu corpo, mas é a mulher quem dispõe".[154] Logo, é igual a norma dada para ambos; não se pode entender que seja permitido à mulher separar-se do marido a não ser por causa de fornicação, e desse mesmo modo acontece com o marido.

Preceitos e conselhos

44 Por conseguinte, examinemos ainda em que sentido devemos entender a palavra fornicação.

Conforme havíamos começado, continuemos a consultar o Apóstolo, que prossegue dizendo: "Aos outros, digo eu, não o Senhor...".[155]

Aqui se há de indagar com cuidado, primeiramente, quem são esses designados como: "Aos outros". Acima, ele dirigia-se aos casados, em nome do Senhor, mas agora

---

[153] Inegavelmente, Santo Agostinho é um dos grandes defensores da dignidade da mulher. Leia-se, para melhor conhecimento da causa, o valioso capítulo "Augustin, mysogine?", da obra de Agostino Trapè, *Saint Augustin, l'homme, le pasteur, le mystique*. Após ter apresentado seis pontos em que Agostinho se distingue nessa defesa, o autor afirma: "Outro ponto que toca diretamente a dignidade da mulher é a completa igualdade dos dois sexos em relação aos deveres da castidade... Os maridos devem observar a mesma fidelidade conjugal que eles exigem de suas esposas" (cf. A. TRAPÈ, *op. cit.*, p. 157-63). Ver, ainda, neste livro 1,39, e mais os s. 9,11.12 e 132,2).
[154] 1Cor 7,4.
[155] 1Cor 7,12.

fala em nome próprio e aos outros. Parece dirigir-se aqui aos não casados. Mas assim não se dá, visto que prossegue desta maneira: "Se algum irmão tem esposa não cristã[156] e esta consente em habitar com ele, não a repudie".[157] Logo, dirige-se também aqui aos casados. A quem, pois, quer ele se referir ao dizer: "Aos outros"? É que, antes, ele falava àqueles que, sendo casados, estavam unidos pela mesma fé em Cristo, enquanto agora, com as palavras "Aos outros", designa os casamentos em que apenas uma das partes é fiel. E o que lhes diz? "Se algum irmão tem esposa não cristã,[158] e esta consente em habitar com ele, não a repudie. E se alguma mulher tem seu marido não cristão e este consente em habitar com ela, não o repudie".[159]

Por conseguinte, o Apóstolo não dá uma ordem em nome do Senhor, mas aconselha, em nome próprio. O que é bom, mas acontece que, se alguém agir de outra maneira, não estará transgredindo o preceito do Senhor. Assim também, um pouco acima, falando sobre as virgens, ele declara que não recebeu preceito do Senhor, mas a elas dá um conselho. E louva a virgindade de tal forma que alguém possa querer abraçá-la livremente, sem se julgar culpado de agir diferentemente. Pois uma coisa é o preceito e outra o conselho. E outra, ainda, a simples tolerância.

Ao ser mandado à mulher não se separar do marido, mas se vier a separar-se, permanecer sem se casar de novo, ou então reconciliar-se com ele, não lhe é permitido agir de outro modo.

---

[156] *Esposa não cristã*: literalmente, *infidelem*. Ver, abaixo, n. 160.
[157] 1Cor 7,12.
[158] Ver, acima, n. 156.
[159] 1Cor 7,12-13.

É aconselhado, porém, ao esposo fiel,[160] se tiver por mulher uma infiel que consinta em viver com ele, que não a repudie. É-lhe lícito repudiá-la, porque não existe preceito algum do Senhor que proíba despedi-la, mas apenas um conselho do Apóstolo. Assim, também, é aconselhado a uma virgem que não se case. Contudo, se vier a se casar, não seguirá o conselho do Apóstolo, mas não agirá contra preceito nenhum. Há aí simples tolerância, como diz o Apóstolo: "Digo isto como concessão, e não como ordem".[161]

Pelo que, se é lícito despedir a esposa infiel, ainda que seja melhor não o fazer, e que, de outro lado, o preceito do Senhor não admite nenhum outro motivo de repúdio a não ser a fornicação, deduz-se daí que a infidelidade é também uma espécie de fornicação.

O cônjuge não crente

45 Mas o que dizes, ó Apóstolo? Não queres, evidentemente, que o esposo fiel despeça a esposa infiel que consente em permanecer com ele? Sim, responde-nos ele. Mas já que o mesmo Senhor manda que o marido não despeça a mulher a não ser por motivo de fornicação, por qual razão afirmar ainda: "Digo eu, não o Senhor"?[162] É claro que a idolatria que professam os infiéis e qualquer outra superstição maléfica constituem uma fornicação. Ora, o Senhor permite despedir a mulher por motivo de fornicação. Como não é uma ordem, mas uma simples permissão, desse modo deu liberdade a que o Apóstolo admoestasse ao

---

[160] Como já acenado acima, *fiel* e *infiel* são tomados aqui no sentido de cristão e pagão. Um termo é empregado por outro, indistintamente.
[161] 1Cor 7,6.
[162] 1Cor 7,12.

marido que não despedisse a mulher infiel. Isso na esperança de que ela pudesse fazer-se fiel, conforme o mesmo Paulo diz: "Pois o marido não cristão é santificado pela esposa, e a esposa não cristã é santificada pelo marido cristão".[163]

Creio que algumas mulheres infiéis já foram vistas serem levadas à fé por maridos fiéis, e que alguns maridos infiéis já se fizeram fiéis graças às suas mulheres fiéis. E ainda que não sejam revelados os nomes, São Paulo exorta com exemplos, para confirmar assim o seu conselho.

Acrescenta ele a seguir: "Se não fosse assim, os vossos filhos seriam impuros, quando na realidade são santos".[164] De fato, já existiam crianças cristãs, por influência de um de seus pais, ou talvez por consentimento de ambos, terem sido santificadas pelo batismo, o que não teria acontecido se o cônjuge crente houvesse dissolvido o matrimônio e não tolerasse a infidelidade de seu companheiro até ter chegado o momento da conversão.

A isso fazem alusão estas palavras: "Cuide dele, e o que gastares a mais, em meu regresso te pagarei".[165]

A fornicação do espírito

46 Ademais, sendo a infidelidade uma fornicação, a idolatria uma infidelidade e a avareza uma idolatria, não se pode duvidar de que a própria avareza ou avidez seja uma fornicação. Mas sendo a avareza tomada como fornicação, quem poderá excluir dela as ações desordenadas? É preciso, pois, concluir que todas as concupiscências ilícitas, não somente as que têm por objeto o relacionamen-

---

[163] 1Cor 7,14.
[164] 1Cor 7,14.
[165] Lc 10,35.

to vergonhoso entre homens, ou com mulheres de outros, e ainda qualquer indecência no abuso do corpo, violando a lei de Deus, o que leva a cair em total perda, no abismo da ignomínia e corrupção, são todas elas consideradas fornicações. Por essa razão o Senhor autorizou o marido a repudiar sua mulher, e a mulher seu marido, no único caso de fornicação. Estamos, pois, forçados a entender a fornicação tal como foi considerada acima, em seu sentido genérico e universal.

Casos de fornicação

47 Mas ao dizer: "... a não ser por motivo de fornicação", o Senhor não especifica se é fornicação por parte do homem ou da mulher. Pois não somente está concedido despedir a mulher, por causa de sua fornicação, como também todo homem repudiando sua mulher, que o quer levar ao crime de fornicação, a repudia por causa da fornicação.

Eis, por exemplo, um homem que despede sua mulher, que o quer induzir a oferecer sacrifícios aos ídolos. Ao fazê-lo por esse motivo, será por duplo motivo de fornicação: da parte da esposa que a cometeu, e de sua própria parte, pelo receio de também a cometer. Mas nada há de mais injusto do que despedir sua mulher por motivo de fornicação, quando o próprio marido está convicto de ter cometido o mesmo delito. Ocorre nesse caso aquilo que disse São Paulo: "És inescusável, ó homem, quem quer que sejas, que te arvoras em juiz. Porque julgando a outrem condenas a ti mesmo, pois praticas as mesmas coisas, tu que julgas".[166]

---

[166] Rm 2,1.

Portanto, quem pretende, por motivo de fornicação, repudiar sua mulher, deve primeiramente estar limpo desse crime. E digo tudo isso igualmente em relação à mulher.

O delito de adultério

48 Relativamente àquelas outras palavras do Senhor: "Aquele que se casa com a repudiada comete adultério",[167] pode-se perguntar se essa mulher é tão culpada de adultério como o homem com quem ela se casa. Pois o Apóstolo manda: "Que ela não se case de novo ou, se separar-se, reconcilie-se com o marido".[168] Interessa saber se ela o deixou ou se foi abandonada por seu primeiro marido. No caso de querer se casar de novo só pelo desejo de mudar de esposo, esse intento seria, sem dúvida, o de adúltera. Mas caso ela tenha sido despedida pelo marido, se bem que com ele quisesse permanecer, aquele que se casa com ela é certamente adúltero, mas não é tão evidente que ela mesma o seja. Contudo, uma vez que se dá um relacionamento físico, pelo consentimento mútuo de um homem e de uma mulher, dificilmente se poderá achar modo de explicar que um seja adúltero e o outro não.

Acrescento aqui que, se é adúltero aquele que se casa com a mulher que está separada do marido, ainda que não tenha sido ela que o abandonou, mas tenha sido despedida, ela mesma torna adúltero o segundo marido, o que certamente é proibido pelo Senhor.

De tudo isso se deduz que — pelo fato de uma mulher ter abandonado o marido ou por ele ter sido despedida — ela

---

[167] Mt 5,32.
[168] 1Cor 7,11.

deve permanecer sem se casar de novo, ou então reconciliar-se com o marido.

49 Pode-se também perguntar se, com a permissão de sua esposa, por ser esta estéril, ou por não querer se submeter ao dever conjugal, um homem pode juntar-se a outra mulher que não seja casada, nem separada de seu marido, isso sem cometer o delito de fornicação? Na verdade, a história do Antigo Testamento traz alguns exemplos desse tipo de procedimento. Agora, porém, os preceitos são mais elevados, e foi para eles que os antigos prepararam o gênero humano. Tais exemplos hão de ser tratados não com o fim de buscar neles regras de conduta, mas para distinguirmos as diferentes etapas, na diversidade dos tempos, conforme os desígnios da divina providência, que atende o gênero humano ordenadamente.

As palavras do Apóstolo "A mulher não dispõe de seu corpo, mas é o marido quem dispõe. Do mesmo modo, o marido não dispõe de seu corpo, mas é a mulher quem dispõe"[169] poderão possuir tal valor que permitam à mulher que tem poder sobre o corpo do marido autorizá-lo a unir-se carnalmente com outra, não casada nem separada do marido? Não se deve pensar desse modo, para não parecer que a mulher pode fazê-lo igualmente, com o consentimento do marido. A isso repele o senso comum.

Um caso excepcional

50 Não obstante, podem existir circunstâncias em que, para benefício do marido, pareça dever se dar tal

---

[169] 1Cor 7,4.

situação. É o que aconteceu em Antioquia, há uns cinquenta anos, sob o reinado do imperador Constâncio. Acidino, então prefeito e mais tarde cônsul, exigia de certo devedor do fisco o pagamento de uma libra de ouro. Irritado, não sei por qual motivo — costume frequente em tais autoridades, a quem tudo é permitido, ou, dizendo melhor, que julgam tudo lhes ser lícito —, ameaçou um devedor, jurando e afirmando com veemência que se ele, decorrido certo prazo, não pagasse a dívida, sofreria a pena de morte. Assim, pois, estando o coitado cruelmente detido no cárcere e não podendo se livrar desse aperto, começou a ser iminente o perigo. Aproximava-se o dia temido. Esse homem possuía uma mulher de rara beleza, mas sem recursos para socorrer o marido. Aconteceu que um homem rico achava-se apaixonado por ela e, sabendo da situação de seu marido, enviou-lhe o recado que lhe daria aquela quantia de ouro se ela consentisse em passar uma só noite com ele. Então a mulher, que sabia não ter poder sobre seu corpo, mas sim o marido, respondeu que estava disposta a fazê-lo pelo marido, se este, dono de seu corpo, e a quem a castidade lhe era de todo devida, o consentisse, para a conservação da própria vida. O marido, agradecido, autorizou que assim acontecesse. Não julgou que isso fosse adultério, visto que da parte da mulher se fazia sem nenhuma paixão, mas pelo grande amor para com ele. Dirigiu-se, pois, a mulher, para a quinta daquele ricaço. O impudico realizou o seu intento. Ela não tinha em meta, porém, senão o marido, o qual desejava mais conservar a vida do que garantir seu direito conjugal.

Recebeu ela o dinheiro. O rico, porém, fraudulosamente, substituiu o pacote que lhe havia dado por outro semelhante, cheio de terra. Assim que a mulher, já em sua casa, descobriu a fraude, impulsionada pelo mesmo amor para com o marido, proclamou o fato em público, dizendo o que havia feito e o motivo pelo qual se vira obrigada a fazê-lo. Interpela o prefeito. Confessa todo o caso e manifesta a fraude de que foi vítima. Então, o prefeito pronuncia a sentença. Primeiramente, contra si mesmo, porque se reconhece culpado por terem sido suas ameaças que ocasionaram esses extremos. Depois, pronuncia outra sentença, declarando que a libra de ouro fosse abonada ao fisco, nos bens de Acidino. Além disso, a mulher deveria ser constituída proprietária da quinta de onde fora tomada a terra trocada pelo ouro.

Não pretendo argumentar aqui por nenhuma das partes. Deixo esse fato à livre apreciação de cada um, pois essa história não possui autoridade divina. Contudo, depois de narrado o fato, ele não repugna tanto à razão humana pelo que foi cometido por aquela mulher, autorizada por seu marido, como repugnaria se a mesma ação fosse apresentada sem esse contexto.

Entretanto, o que realça sobretudo nessa passagem do Evangelho e chama-nos mais fortemente a atenção é a enormidade do pecado da fornicação. É um crime tão grande que, apesar de ser tão estreito o vínculo do matrimônio, excetuou-se o Senhor como causa única para que, por seu motivo, pudesse ser rompido o laço. Em que consiste esse pecado, já explicamos acima.

Não jurar

51 Diz o Senhor a seguir: "Ouvistes também que foi dito aos antigos: não perjurarás, mas cumprirás os teus juramentos para com o Senhor. Eu, porém, vos digo: não jureis em hipótese nenhuma, nem pelo céu, porque é o trono de Deus, nem pela terra, porque é o escabelo dos seus pés, nem por Jerusalém, porque é a Cidade do Grande Rei, nem jureis pela tua cabeça, porque tu não tens o poder de tornar um seu cabelo branco ou preto. Seja o vosso 'sim', sim e o vosso 'não', não. O que passa disto vem do Maligno".[170]

A justiça dos fariseus consiste em não jurar falso. O Senhor confirma essa justiça, proibindo, além disso, fazer qualquer juramento que seja, o que é próprio do Reino dos Céus. Assim como é impossível ser dita qualquer mentira por quem permanece calado, também será impossível ser feito um juramento falso, quando não é feito juramento algum.

Não obstante, como jurar é tomar a Deus como testemunha, é preciso examinar atentamente esse ponto para verificarmos se o apóstolo Paulo não infringiu tal preceito. Ele, a quem vemos muitas vezes recorrer a essa espécie de juramento. Por exemplo, diz aos Gálatas: "Isto vos escrevo, e vos asseguro, diante de Deus, que não minto".[171] E ainda: "O Deus e Pai do Senhor Jesus, que é bendito pelos séculos, sabe que não minto".[172] Também em outro lugar: "Deus, a quem sirvo, em meu espírito, anunciando o evangelho do seu Filho, é testemunha de como me lembro continuamente de vós em minhas orações".[173]

A não ser que alguém diga que aí não houve juramento, porque este só se dá quando é pronunciado claramente o nome por quem ele é feito. Seria para se sustentar que o Apóstolo não jurou naquela ocasião por não haver dito "por Deus", mas "Deus me é testemunha"? Ora, essa seria uma interpretação ridícula.

---

[170] Mt 5,33-37.
[171] Gl 1,20.
[172] 2Cor 11,31.
[173] Rm 1,9.10.

Contudo, em consideração pelos espíritos inclinados a discussões ou pouco perspicazes, que se obstinam a ver aí uma diferença, que nos baste lembrar que o Apóstolo disse em outro lugar: "Todos os dias morro, pela glória que tenho de vós".[174] O que não significa: "A glória que tenho de vós me faz morrer cada dia". Como se alguém dissesse: "Por seu ensinamento, tal tornou-se doutor". Isto é: "O seu ensinamento fez com que ele se tornasse muito douto". Os textos gregos dirimem essa questão, pois neles está escrito: "Νή τήν καύχησιν ὑμετέραν". A fórmula "Νή" é usada unicamente em ato de juramento.[175]

Por conseguinte, compreende-se que o Senhor tenha mandado não jurar. Ele não quer que se considere o juramento como ato bom. Além disso, evita que venham a cair em perjúrio, pelo costume de jurar com frequência. Portanto, entendamos que não se deve jurar nem mesmo em coisas boas. Unicamente nas necessárias. Que cada um se reprima, quanto possa, para não jurar. Que empregue o juramento somente em caso de muita necessidade. Como, por exemplo, ao encontrarem certas pessoas, morosas a crer nas verdades que lhes seriam proveitosas, e somente as aceitarem ao serem afirmadas sob juramento.

---

[174] 1Cor 15,31.
[175] Agostinho afirma que São Paulo recorreu muitas vezes a fórmulas de juramento. E inquieta-se, se ele não teria infringido assim o preceito do Senhor de não jurar. Aos que alegavam que não foram propriamente juramentos os feitos por São Paulo, por aí não aparecerem a fórmula habitual desse ato, o bispo de Hipona lembra a difícil passagem de 1Cor 15,31, em que aparece claramente o famoso "Νή" (né), próprio do ato de jurar. Eis a fórmula grega usada pelo Apóstolo: "Νή τήν καύχησιν ὑμετέραν" ("Juro pela glória que tenho de vós"). Ver, a esse respeito, também *Explicação da Carta aos Gálatas* 9 [PatrPaulus 25, 2009, 76-7], e respectivas notas.

Assim devem ser interpretadas estas palavras: "Seja o vosso 'sim', sim, e o vosso 'não', não".[176] Só isso é bom e desejável, porque: "O que passa disso vem do Maligno". Portanto, se te vires obrigado a jurar, sabe que só o farás por necessidade, levado pela fraqueza daqueles a quem queres convencer. Essa fraqueza é certamente um mal. Dela, todos os dias pedimos para sermos libertados ao dizer: "Livrai-nos do mal".[177]

O Senhor não diz: "O que passa disso é mau", porque em verdade tu não ages mal usando bem do juramento, pois ainda que não seja louvável, contudo torna-se necessário às vezes, para convenceres a alguém de uma verdade útil. Diz o Senhor: "O que passa disto provém do Maligno";[178] isto é, do mal proveniente da fraqueza daquele que te obriga a jurar.

Ninguém, porém, pode conhecer, a não ser aquele que o experimentou, quanto seja difícil libertar-se do hábito de jurar e de jamais fazer juramento sem motivo suficiente, mesmo que a necessidade no-lo obrigue, por vezes.[179]

Jurar pelo céu, pela terra, por Jerusalém...

52 Pode-se perguntar por que o Senhor, à proibição "Eu, porém, vos digo: não jureis em hipótese nenhuma", acrescenta: "nem pelo céu, porque é o trono de

---

[176] Mt 5,37.

[177] Mt 6,13.

[178] *Procede do maligno*: *a malo est*, que também se poderia traduzir em "procede do mal".

[179] Os africanos eram conhecidos por sua propensão a abusar dos juramentos. Os primeiros sermões de Agostinho, como este em pauta, mostram-nos bem como ele teve de combater tal vício em sua comunidade. Os ditos eram de uso até entre os clérigos. Tais como: "Deus me é testemunha!", "Por minha alma, atesto!", "Deus o sabe!", e outras expressões análogas. Na campanha contra os juramentos, ele enfrenta a força do hábito, de maneira bem análoga, por exemplo, ao que se passa em nossos dias, nas cruzadas contra o fumo (cf. P. BROWN, *La vie de Saint Augustin*, tradução do inglês, Paris: Seuil, 1971, p. 175).

Deus", e tudo o que segue, até as palavras: "nem jures pela tua cabeça...".[180]

Creio eu que a razão seja porque os judeus não consideravam como obrigatórios os juramentos feitos em nome dessas coisas. E como eles tinham ouvido dizer: "Cumprireis os juramentos feitos ao Senhor", eles não se julgavam obrigados a cumprir os juramentos feitos pelo céu, pela terra, ou pela cidade de Jerusalém, ou ainda por sua cabeça. Tal procedimento, por certo, provinha não da obscuridade da Lei, mas pelo fato de eles a entenderem mal.

O Senhor ensina-lhes aqui que não existe entre as suas criaturas nenhuma tão sem valor que possa autorizar a violação de juramento proferido em seu nome. Pois todas as coisas criadas, das maiores às menores, são governadas pela divina providência, a começar pelo trono de Deus, até um fio de cabelo, branco ou preto.

"Nem pelo céu, porque é o trono de Deus, nem pela terra, porque é o escabelo dos seus pés." Isso vem a significar: quando jurares pelo céu ou pela terra, não penses que não estás obrigado a cumprir a Deus o teu juramento. Pois, evidentemente, juraste por aquele que possui o céu por trono e a terra por escabelo.

É dito ainda: "Nem por Jerusalém, porque é a cidade do grande Rei". Expressão preferível a esta: "Porque ela é a minha cidade". O sentido, porém, é o mesmo. Ora, como a cidade de Jerusalém é do Senhor, quem jura por ela está ligado diante de Deus por um juramento, tal como se o fizesse diretamente a ele.

"Nem jures pela tua cabeça." Existe alguma coisa que possa nos pertencer mais do que a própria cabeça? Mas

[180] Mt 5,34-36.

de que modo será nossa, já que não podemos nem mesmo tornar branco ou preto algum fio de nosso cabelo? Portanto, aquele que pensa dever jurar por sua cabeça precisa cumprir seu juramento tal como se o fizesse a Deus, pois ele enche tudo com sua presença. Convém aplicar o mesmo raciocínio a tudo mais que é impossível enumerarmos aqui.

Naquele juramento do Apóstolo que lembramos acima: "Morro todos os dias, pela glória que tenho de vós",[181] para demonstrar que ele considerava esse juramento como obrigatório diante do Senhor, acrescenta: "... em Jesus Cristo, nosso Senhor".

53 Em vista dos que só sabem julgar por meio dos sentidos exteriores, direi aqui que o céu é denominado trono de Deus, e a terra, escabelo de seus pés, não porque Deus tenha seus membros apoiados no céu e na terra, como nós, ao nos sentar. O trono de Deus significa o julgamento de Deus.

O céu é, sem dúvida, a porção mais bela do universo criado, e a terra representa uma porção inferior. Diz-se que Deus está sentado no céu, porque ele parece aí manifestar sua presença de maneira mais magnífica. E diz-se que ele pisa a terra com os pés, porque a colocou em plano mais afastado e menos brilhante. Num sentido espiritual, o céu designa os santos, e a terra, os pecadores. "O homem espiritual que julga a respeito de tudo e por ninguém é julgado"[182] é denominado com razão o trono de Deus. Quanto ao pecador, foi dito: "És terra e em terra te hás de tornar",[183] porque

---

[181] 1Cor 15,31.
[182] 1Cor 2,15.
[183] Gn 3,19.

a justiça que concede a cada um conforme o que merece colocou-o em lugar inferior. E é punido pela Lei quem não quis se manter sob a Lei. Com razão, pois pode ser chamado de escabelo dos pés de Deus.

Bem-aventurados os que têm fome e sede de justiça

54 Enfim, para concluir este tema, o que se pode dizer ou imaginar de mais laborioso e árduo, de mais próprio para exigir do fiel todo seu vigor e habilidade, do que a obrigação de vencer os seus maus hábitos? Que saiba amputar os membros que possam vir a impedi-lo de entrar no Reino dos Céus sem sucumbir de dor! Que aceite, por fidelidade conjugal, todas as tribulações mais penosas fora do que é culpável, a saber, a fornicação. Suportar, por exemplo, em honra da união conjugal, uma mulher estéril, disforme de corpo, de constituição fraca, cega, surda, manca ou esgotada por doenças, dores ou enfermidades crônicas, e tudo mais que se possa pensar de mais repugnante, exceto a fornicação.

E não somente o marido não repudie tal mulher, como também, se for homem não casado, que não contraia matrimônio com mulher separada de seu marido, seja ela bela, rica, seja de saúde e fecunda. E não lhe sendo lícito realizar essas coisas, que julgue lhe ser muito menos permitido qualquer relação carnal culposa. Fuja, pois, não somente da fornicação, como ainda livre-se de qualquer corrupção impura.

Que diga a verdade, sem se apoiar em juramentos repetidos, mas pela probidade de sua conduta.

Enfim, se ele quiser vencer a imensa quantidade de hábitos viciosos, sempre em revolta, tais como os que se encontram no pequeno elenco apresentado acima, que se refugie na cidadela da milícia cristã, como em lugar elevado. E lá, trave a batalha para abater todos esses vícios a seus pés.

Mas quem ousaria empreender tão grandes trabalhos a não ser aquele que arde de amor pela justiça, a ponto de ser devorado por veemente fome e sede de justiça, e que não julga viver enquanto não for saciado por ela, fazendo violência para entrar no Reino dos Céus? Só assim poderá se revestir da força necessária para suportar todos os trabalhos e esforços exigidos para a extinção de seus maus hábitos. Isso, para os amantes do mundo, parece ser algo de dificuldade insuperável.

"Bem-aventurados os que têm fome e sede de justiça, porque serão saciados."[184]

Quinta bem-aventurança — os misericordiosos

55 Pode alguém encontrar problemas nesses trabalhos, ao caminhar por vias rudes e escarpadas, cercado de múltiplas tentações. Ele vê erguer-se diante de seus olhos, como montanha, as misérias de sua vida passada. Se ele teme não poder levar a termo a obra começada, tome conselho para conseguir algum auxílio. E que conselho será esse? Sofrer a fraqueza de seu próximo! Ao aspirar pelo auxílio do alto, que ele mesmo faça tudo o que puder para vir em ajuda da fraqueza de seus irmãos.[185]

Consideremos em que consiste essa misericórdia. Assemelham-se e confundem-se a misericórdia e a mansidão. Há,

---

[184] Mt 5,6.

[185] O Doutor da Graça não se resigna com a ideia de considerar os homens totalmente incapazes de lutar por sua própria santificação. Insiste na ideia de que o esforço humano conta para alguma coisa. Certamente, por si sós, os homens seriam incapazes de ultrapassar suas insuficiências, mas sempre podem tomar a iniciativa, crendo em Deus e chamando-o em seu auxílio (cf. P. BROWN, *op. cit.*, p. 178, n. 30).

porém, entre elas, certa diferença: o homem manso, sobre o qual falamos acima, por sentimento religioso, não recusa as sentenças divinas, ainda as que condenam os seus pecados; nem as palavras de Deus que não chega a entender. Acontece, porém, que não presta nenhum ato de benevolência em relação àqueles contra quem não se opõe, nem mesmo resiste. Ao contrário, o homem misericordioso também não resiste, mas possui a intenção de ajudar a corrigir-se aquele a quem sua resistência tornaria ainda pior.

Da lei do talião ao perdão

56 Prossegue o Senhor e diz:
"Ouvistes que foi dito: olho por olho, dente por dente. Eu, porém, vos digo: não resistais ao homem mau; antes, àquele que te fere na face direita, oferece-lhe também a esquerda; e àquele que quer pleitear contigo, para tomar-te a túnica, deixa-lhe também a veste; e se alguém te obriga a andar uma milha, caminha com ele duas. Dá ao que te pede e não voltes as costas ao que te pede emprestado".[186]

A justiça imperfeita dos fariseus consistia em não ultrapassar a medida na vingança, e a não devolver mais do que o recebido como mal. E aí já está dado grande passo.

Com efeito, não se encontra facilmente alguém que por um golpe não devolva senão outro golpe, e que se contente em responder a uma palavra injuriosa, por uma única palavra do mesmo quilate. Porque, pelo impulso da cólera, ou ele irá além dos limites da vingança ou bem porque julga que o seu agressor deve ser mais maltratado do que ele, que foi o ofendido sem ter provocado nenhuma ofensa. Tais dispo-

[186] Mt 5,38-42.

sições encontram freio poderoso neste texto da lei: "Olho por olho, dente por dente".[187] Essas palavras prescrevem à vingança não ultrapassar a injúria. Aí está o começo da paz, mas a perfeição encontra-se mais longe; em se interditar absolutamente qualquer vingança.

Da vingança à misericórdia

57 Entre essas duas disposições que a lei condena, a de devolver um mal em proporção maior do que o recebido, e a perfeição da qual o Senhor faz um preceito para seus discípulos — a de não devolver mal algum aos que o praticaram —, existe este meio-termo: só devolver na medida do mal recebido. Esse meio-termo constitui, nas etapas dos tempos decorridos, a transição da extrema discórdia à perfeita concórdia. Portanto, vede quão grande diferença existe entre aquele que se arremessa por primeiro com o desejo de maltratar o outro e aquele que, embora sendo ofendido, não devolve a injúria. Se alguém nada faz para começar uma contenda, e ainda assim sente-se ofendido, e se contenta em replicar intencionalmente com mal maior do que o recebido, esse homem afasta-se um pouco da extrema iniquidade da agressão e dá um passo além, em direção à justiça perfeita. Todavia, não chega a cumprir o mandato da lei de talião, dada por Moisés. Quem devolve dano igual ao recebido já faz concessão, porque não são iguais a pena que merece o ofensor culpado e a pena sofrida pelo inocente ofendido. Entretanto, essa justiça nada severa, mas antes misericordiosa, foi aperfeiçoada por aquele que veio para dar cumprimento à Lei, não para

---

[187] Mt 5,38.

a revogar. Assim, pois, deixando à compreensão de seus ouvintes os dois graus intermédios, o Senhor preferiu falar sobre a suma perfeição da misericórdia. Com efeito, resta ainda algo a fazer por aquele que não cumpre toda a extensão desse preceito que leva ao Reino dos Céus — é de não igualar a vingança à injúria. Trata-se de não devolver o mal na medida em que o recebeu, mas em menor escala, por exemplo, dar uma só bofetada pelas duas recebidas ou cortar uma orelha por um olho seu vazado. Mas ao elevar-se mais alto ainda, aquele que absolutamente não se vinga aproxima-se de preferência do preceito do Senhor. Não chega, contudo, a atingi-lo.

Pois pouca coisa é aos olhos do Senhor que não compenseis o mal recebido com outro mal, se não estais dispostos a ir além disso. Por essa razão, ele não diz: "Eu, porém, vos digo que não devolvais mal por mal, ainda que isso seja bom preceito, mas digo: Não resistais ao homem mau". De modo que não somente não devolvais o mal que vos fizeram, mas que não resistais aos que vos causaram algum dano. Isso é o que, em continuação, o Senhor expõe, dizendo: "Antes, àquele que te fere na face direita, oferece-lhe também a esquerda".[188]

Com efeito, ele não diz: "Se alguém vos agredir, não agridais", mas: "Preparai-vos a receber novas agressões". Aí está um ato de misericórdia, perfeitamente compreensível por aqueles que se dedicam a servir em suas doenças os entes ternamente amados — os filhos, os amigos queridos, assim como os pequeninos ou os doidos. Oh! Quanto têm a sofrer da parte deles! E se a saúde desses enfermos o exigir, acham-se dispostos a suportar ainda mais, até que a

---

[188] Mt 5,39.

fraqueza oriunda da idade ou da doença tenha passado. Que ensinamento melhor do que este o Senhor, que é médico das almas, poderá dar àqueles que ele forma na arte de curar seus irmãos: suportar com paciência as fraquezas daqueles a quem se deseja levar à salvação.

Todo mal vem da fragilidade do espírito. Assim, ninguém é mais inocente do que quem procura se aperfeiçoar na virtude.

Atitudes do apóstolo Paulo

58 Mas o que significa essa face direita? Pois é assim que se lê nos textos gregos, os mais dignos de crédito. Grande número de textos latinos traz simplesmente a face, sem precisar ser a face direita.

Ora, é pelo rosto que se reconhece a pessoa. Lemos no apóstolo Paulo: "Suportai que vos escravizem, que vos devorem, que vos despojem, que vos tratem com soberba, que vos esbofeteiem".[189] Logo depois acrescenta: "Digo-o para vergonha vossa", para lhes fazer compreender que ser esbofeteado significa ser desprezado e desacatado. O Apóstolo não se exprime de tal modo para dispensar os fiéis de suportarem aqueles que os tratavam assim, mas para os levar a suportar melhor, como ele mesmo o fazia. Ele, que amava os outros como a si mesmo, ao ponto de querer se sacrificar inteiramente por eles.

Não se pode distinguir a face direita da face esquerda. Pode-se, porém, ter dupla dignidade: a que é segundo Deus e aquela segundo o mundo, figuradas uma pela face direita e a outra pela esquerda. Todo discípulo de Cristo que for

---

[189] 2Cor 11,20.

menosprezado pelo seu título de cristão esteja disposto a que lhe sejam mais menosprezados ainda os títulos mundanos, caso os tenha. Por exemplo, o mesmo Apóstolo, quando perseguido pelo nome de cristão, teria apresentado a outra face aos que o feriram na direita, se tivesse guardado segredo acerca de sua condição civil no mundo. Mas declara nessa ocasião: "Sou cidadão romano",[190] sem fazer caso por aí, desse título, diante daqueles que haviam desprezado o seu precioso e salutar título de cristão. Em prova disso, acaso por motivo desse título de cidadão romano, sofreu ele com menos paciência as algemas, com que não era permitido ser acorrentado, ou pretendeu acusar alguém por essa injustiça? E se alguma vez, em consideração à sua cidadania romana, o respeitaram, nem por isso deixou de oferecer-se aos golpes, desejando, por sua paciência, corrigir a maldade daqueles que honravam nele mais o seu lado esquerdo do que o direito.

Havemos, pois, de ter em conta, unicamente, a intenção com que Paulo agia: a bondade e a benevolência para com os seus perseguidores. Com efeito, recebe uma bofetada, por ordem do sumo sacerdote, por parecer a este que lhe falara com insolência ao dizer: "Deus te ferirá, parede caiada!".[191] Essas palavras que, no parecer dos que não têm compreensão, parecem injuriosas, são proféticas para os que as entendem. Na verdade, "parede caiada" significa hipocrisia, isto é, fingimento — a vanglória dos que se valem da dignidade sacerdotal para dissimular, por detrás desse véu, lama e torpezas. O Apóstolo fica sempre fiel à humildade. Pois quando lhe foi perguntado: "Insultas o sumo sacerdote

[190] At 22,25.
[191] At 23,3.

de Deus?", responde: "Não sabia, irmãos, que era o sumo sacerdote, pois está escrito: 'Não amaldiçoarás o chefe de teu povo'".[192] Por aí, demonstra a grande tranquilidade com que disse aquela expressão que parecia ser ditada pela cólera. Deu, pois, resposta tão pronta e cheia de doçura que não poderia ter sido proferida por homem indignado e perturbado. E, ao mesmo tempo, disse uma verdade que, para os que podiam entendê-la: "Não sabia que era o sumo sacerdote", significava: "Eu conheço outro sumo sacerdote, pelo nome de quem suporto todas essas coisas, ao qual é blasfêmia maldizer e a quem vós maldizeis, pois é unicamente o seu nome que odiais em mim".

Assim, carece falar essas coisas sem fingimento e ter coração pronto para tudo enfrentar, a fim de cantar aquelas palavras do salmista: "Está preparado o meu coração, ó Deus, está preparado o meu coração".[193] Há muitos que são capazes de apresentar a outra face, mas que não sabem amar quem os golpeia.

Ora, o próprio Senhor, o primeiro a cumprir os preceitos que ensinava, não ofereceu a outra face ao servo do sumo sacerdote que o esbofeteava. Disse-lhe: "Se falei mal, mostra em quê; mas se falei bem, por que me bates?".[194] E, contudo, estava disposto não somente a receber uma bofetada na outra face, para a salvação de todos nós, mas até a entregar todo o seu corpo na cruz.

---

[192] At 23,4-5.
[193] Sl 57(56),8.
[194] Jo 18,23.

Ceder tanto o necessário como o supérfluo

59 Pela mesma razão, as palavras que seguem: "E se àquele que quer pleitear contigo, para tomar-te a túnica, deixa-lhe também a veste",[195] são um preceito que deve ser entendido quanto à disposição do coração, de preferência a ser considerado como ato externo.

O que nos é mandado em relação à túnica e à veste, devemos fazê-lo em relação a todos os bens temporais que temos em propriedade. Pois se esse preceito refere-se ao que nos é necessário, com quanto maior razão não nos convém abandonar o supérfluo? Na verdade, todas as coisas que legalmente nos pertencem devem ser incluídas nos termos designados pelo Senhor ao dizer: "Se aquele que quer pleitear contigo, para tomar-te a túnica,...".

Por conseguinte, incluem-se aí todos os objetos que alguém possa querer nos disputar em juízo, a fim de passarem de nosso domínio ao de quem pleiteia ou por quem pleiteia. Por exemplo, uma veste, uma casa, um terreno, um animal e, em geral, tudo o que tenha algum valor comercial. Será que entre tudo isso podem se incluir os escravos? Essa é uma questão muito grave. Porque cristão não deve equiparar um escravo a um cavalo ou a qualquer soma de dinheiro, ainda que possa ser pago menos por um escravo do que por um cavalo.[196] No caso de o escravo estar sendo educado e man-

---

[195] Mt 5,40.
[196] Nessa passagem, podemos observar qual era a situação dos escravos naquela época. A escravidão era admitida como base inamovível da civilização antiga. Leia-se, na obra de F. VAN DER MEER, *Saint Augustin, Pasteur d'âmes*, em dois volumes, o excelente capítulo em que trata sobre o assunto. Limitamo-nos a citar aqui uma pequena observação sua: "Agostinho, como São Paulo e todos os Padres da Igreja, estava mais preocupado em melhorar o relacionamento existente entre senhores e escravos do que em pregar a reconstrução da ordem social e da divisão do trabalho, tarefa, aliás, que lhes parecia impossível. Nesse trecho do *De Sermone Domini in*

tido por ti que és seu amo, de maneira mais sábia, honesta e reta quanto ao serviço de Deus, do que poderia ser por outro amo que pretende tirá-lo de ti, ignoro se haverá alguém que se atreva a aconselhar-te a abandoná-lo, na modalidade dita a respeito da veste. Isso porque o homem deve amar seus semelhantes como a si mesmo,[197] e o Senhor de todas as coisas mandou que se amem igualmente os inimigos, como será demonstrado no próximo texto.

60 Convém observar que toda túnica é veste, mas nem toda veste é túnica. Opino que a palavra veste tem sentido mais largo do que a palavra túnica.

Ao haver dito o Senhor deste modo: "Se alguém quer pleitear contigo, para tomar-te a túnica, deixa-lhe também a veste", é como se dissesse: "A quem quiser tomar-te a túnica, abandona a ele também todas as outras vestes que tiveres".

Em alguns textos vem traduzida a palavra latina "pallium"[198] pelo termo grego "ἱμάτιον".[199]

Significado dos três exemplos apresentados

61 Continua o Senhor dizendo: "E se alguém te obriga a andar uma milha, caminha com ele duas".[200]

Seguramente, aqui se trata menos de caminhada a pé do que da disposição do coração. Pois em toda a história cristã de autoridade não encontras que os santos tenham realizado

---

monte, Agostinho declara abertamente que não se pode equiparar um escravo a uma soma de dinheiro ou a um cavalo, mesmo se o seu valor comercial fosse pouco elevado" (*op. cit.*, p. 223-30, n. 42).

[197] Cf. Mt 5,44.
[198] Capa.
[199] Veste.
[200] Mt 5,41.

fatos desse gênero, tampouco o próprio Senhor. Ele que se dignou tomar a natureza humana para dar-nos um modelo a seguir. Contudo, encontrarás, em todo lugar, santos dispostos a suportar com ânimo sereno as exigências mais injustas. Entretanto, o que significam aquelas palavras: "Caminha com ele duas milhas"? Será que com elas se quer completar o número três, símbolo da perfeição, e lembrar que quem assim faz está cumprindo a justiça perfeita? Pois suporta com misericórdia as enfermidades dos que deseja curar.

Pode-se então pensar que foi por essa finalidade que o Senhor quis ilustrar seus preceitos com estes três exemplos: o primeiro, se alguém te esbofetear na face; o segundo, se alguém quisesse te levar a túnica; o terceiro, se alguém te obrigar a andar com ele uma milha. Nesse último exemplo, foi acrescentado o dobro à unidade para completar o número três.

Se nessa passagem não se quiser interpretar o número três da perfeição, entenda-se no sentido de que o Senhor começou por mandar o mais fácil e subiu paulatinamente até chegar a prescrever que se sofra o dobro do que foi pedido.

Com efeito, no primeiro caso, mandou que se apresente a face esquerda a quem o esbofeteou na direita. Isso significa estar alguém preparado a sofrer nova ofensa, menor do que a já recebida. Pois o simbolizado pelo lado direito é mais estimável do que o designado pelo esquerdo. Assim, aquele que houver sofrido dano em objeto muito querido mais facilmente sofrerá perda de outro menos estimado.

No segundo caso, o Senhor manda que se abandone também a capa ao que pretende levar-lhe a túnica. Isso significa igualdade no revide, porque aproximadamente uma capa vale o mesmo que uma túnica, ou pouco menos, mas não o dobro.

No terceiro caso, ou seja, os dois mil passos que se devem acrescentar aos mil, o Senhor mandou estar preparado para beneficiar duplamente, pelo que foi extorquido.

Em conclusão, tudo isso significa que quais forem para convosco as injustiças creditadas aos malvados, sejam algo menores do que as recebidas, sejam iguais, sejam muito maiores, tudo deve ser suportado com paciência.

Invalidade da vingança

62 Esses três exemplos diferentes parecem-me incluir todos os tipos de injúrias que sofremos. Com efeito, todos os atos de injustiça podem ser divididos em duas categorias: aqueles que são irreparáveis e aqueles que podem vir a ser reparados. É precisamente quando os danos são irreparáveis que se procura ordinariamente uma compensação pela vingança. Mas o que te adianta, entretanto, devolver golpe por golpe? Curaste com isso o ferimento feito em teu corpo? Certamente não. Entretanto, uma alma cheia de orgulho procura tais consolos, ao passo que um espírito sadio e forte não encontra nisso prazer algum. Muito ao contrário, julga dever suportar com misericórdia a fraqueza do próximo, em vez de mitigar a sua própria, com o castigo alheio. Aliás, esse auxílio é inexistente.

Correção das faltas

63 Contudo, não está proibida aí uma represália que possa trazer proveito para a correção do próximo. Será obra de misericórdia e não virá impedir a disposição de sofrer ainda mais da parte daqueles a quem se deseja corrigir. Mas só é capaz de aplicar essa espécie de represália quem já dominou, pela força da caridade, qualquer sentimento de ódio que se levanta geralmente naqueles que desejam se vingar.

Na verdade, ninguém pensa em acusar os pais de odiar seus filhos quando os castigam para não recaírem nas faltas.

A perfeição do amor de Deus, nosso Pai, nos é proposta como exemplo nas seguintes palavras: "Amai os vossos inimigos, fazei bem aos que vos odeiam e orai pelos que vos perseguem".[201] E, contudo, é do mesmo Deus que o profeta diz: "O Senhor castiga aquele a quem ama e bate com varas naquele que recebe no número de seus filhos".[202]

Diz ainda o Senhor: "Aquele servo que conheceu a vontade de seu Senhor, mas não se preparou e não agiu conforme sua vontade, será açoitado muitas vezes. Todavia, aquele que não a conheceu e tiver feito coisas dignas de chicotadas será açoitado poucas vezes".[203]

Requer-se que o castigo seja aplicado somente por quem possui poder para tal, conforme a ordem estabelecida, e que não seja exercido a não ser com coração de pai para com seu filho menor, com o qual não pode se irritar pela sua pouca idade.

Pode-se tirar daí exemplo dos mais próprios para demonstrar que é melhor castigar uma falta com amor do que a deixar impune. Isto é, quando o castigo se apresenta não para contristar o culpado pela pena, mas para torná-lo melhor graças à correção. Isso tudo sob a condição de se estar pronto a sofrer ainda mais da parte daquele a quem se quer corrigir, quer se tenha ou não sobre ele o poder de reprimir o seu excesso.

---

[201] Mt 5,44.
[202] Pr 3,12: "Flagelat autem omnem filium quem recipit".
[203] Lc 12,47-48.

A pena de morte nas Escrituras

64 Vemos que grandes e santas personagens sabiam muito bem que a morte que se limita a separar a alma do corpo não é para ser temida, conforme comumente é admitido. Assim, puniram eles certos crimes com a pena de morte, tanto para inspirar aos vivos um temor salutar quanto no interesse mesmo dos que estavam sendo punidos. Pois não era a morte que lhes era prejudicial, mas antes o pecado que poderia se agravar, caso continuassem a viver. Aliás, não julgavam temerariamente, pois Deus mesmo lhes havia insinuado de julgar desse modo.

É assim que Elias abate diversos homens pela morte, ou por suas próprias mãos, ou pelo fogo que fez descer do céu.[204] Outras grandes personagens, não inconsideradamente, agiram com o mesmo espírito, após reflexão, para guardar os interesses da sociedade.

Ora, em certo dia, discípulos de Jesus quiseram se autorizar do exemplo de Elias, e lembraram ao Senhor o que o profeta havia feito, na intenção de obterem eles mesmos o poder de fazer descer o fogo do céu para consumir a cidade que lhes havia negado hospitalidade.[205] Mas o Senhor os repreendeu, censurando não o exemplo do profeta, mas o desejo de vingança inspirado pela ignorância que ainda testemunhavam e os levava a querer se vingar.[206] Fê-los notar que não era o amor de correção fraterna, mas o ódio que excitava neles o desejo do revide. Ele lhes ensinará mais tarde no que consiste amar o próximo. Seriam dez dias após a sua ascensão.

---

[204] 1Rs 18,40; 2Rs 1,10.
[205] Lc 9,54.
[206] Lc 9,51-56.

Vemos no Novo Testamento exemplos de represálias, bem mais raros do que no Antigo Testamento. Os judeus agiram muitas vezes desse modo, como escravos sob o medo, ao passo que os cristãos já estão livres, e sua conduta é absolutamente inspirada pelo amor.

Apesar disso, lemos nos Atos que a palavra do apóstolo Pedro fez caírem mortos a seus pés Ananias e sua mulher.[207] E não foram eles ressuscitados, mas enterrados.

Punir para corrigir

65 Se alguns hereges, inimigos declarados do Antigo Testamento,[208] rejeitam a autoridade do livro dos Atos dos Apóstolos, eles não podem, porém, deixar de escutar o apóstolo Paulo, cujos livros leem como nós. Aí, ao falar sobre certo pecador público, está dito que Paulo o "entregou a Satanás para a perda de sua carne, a fim de que o seu espírito fosse salvo no Dia do Senhor".[209]

Se eles não quisessem ver aí morte real — o que, com efeito, é incerto —, ao menos que esses hereges confessassem que o Apóstolo exerceu nessa ocasião certa vingança por meio de Satanás. Contudo, foi levado a isso não por sentimento de ódio, mas por caridade, como indicam as palavras: "A fim de que o seu espírito fosse salvo".

Podem eles ainda encontrar outra prova do que dissemos, em certos livros, aos quais atribuem grande autoridade. Lê-se aí que o apóstolo São Tomé imprecou como punição um gênero de morte horrível a um homem que o havia esbofeteado. Pedira, porém, a Deus, ao mesmo tempo, de

---

[207] At 5,1-10.
[208] Isto é, os maniqueus.
[209] 1Cor 5,5.

poupar sua alma na outra vida. Esse homem, tendo sido logo depois morto por um leão, a sua mão foi decepada do corpo e levada por um cão junto à mesa onde o apóstolo tomava refeição. Nós não podemos admitir a autoridade desse livro,[210] pois não faz parte do cânon da Igreja católica, mas é lido pelos maniqueus, que o têm em grande honra, como se contivesse em toda sua pureza a exata verdade. E não sei por qual obcecação enfurecem-se eles numa incompreensível cegueira contra os castigos corporais que o Antigo Testamento relata. Ignoram o espírito que presidiu a esses castigos e as situações em que foram realizados.

Norma a ser seguida

66 Logo, nessa espécie de injúrias que são expiadas por revide, eis a regra que os cristãos devem seguir: que a injúria recebida não degenere em ódio, mas que, por sentimento de compaixão para com a fraqueza do outro, estejam de coração dispostos a suportar até novos ultrajes. Contudo, não negligenciem o dever da correção fraterna, que pode ser exercido por meio de conselhos pela devida autoridade ou pelo poder judicial.

Há outro tipo de injúrias, das quais se pode reclamar plena reparação. São elas de duas espécies: uma relativa a valores materiais e outra quanto a ações.

Como exemplo da primeira, o Senhor nos dá o caso da túnica e da capa. E como exemplo da segunda espécie,

---

[210] Isto é, o *Evangelho apócrifo de São Tomé*. O ciclo de Tomé constituiu-se em Edessa, na Mesopotâmia. Surgiram ali o *Evangelho de Tomé*, em meados do séc. II; os *Salmos de Tomé*, adotados mais tarde pelos maniqueus, e que são em parte composições judeu-cristãs, escritos também no séc. II; e os *Atos de Tomé*, datados do séc. III (cf. J. DANIÉLOU e H. MARROU, *Nova História da Igreja*, Vozes, 1984³, vol. 1, p. 72).

o daquele homem que, além de ser forçado a percorrer uma milha, recebeu o conselho de andar outras duas. Com efeito, pode-se restituir o preço de uma veste tomada, e aquele a quem tu prestaste um serviço poderá ele também te prestar um semelhante. A menos, contudo, que se prefira fazer esta interpretação: a bofetada recebida na face exprimiria toda a maldade dos malfeitores, que não pode ser reparada a não ser pelo revide. O exemplo da veste compreenderia as injúrias que podem ser reparadas sem revide algum.

É por essa razão, talvez, que o Senhor acrescentou: "Se alguém quer pleitear contigo", para indicar que aquilo que nos queiram tirar pela autoridade da justiça não constitua um ato de violência que clame necessariamente por vingança.

A terceira espécie de injúrias deriva das duas precedentes, e acontece quando a reparação é possível, com ou sem revide. Com efeito, quem exige com violência ou fora de uma sentença legal um serviço ao qual não tem direito algum constrange maldosamente outra pessoa por meios injustos a socorrê-lo ou merece sanção por esse abuso de extorsão de serviço.

Ora, em relação a todas essas circunstâncias, o Senhor quer que o cristão se mostre cheio de paciência e misericórdia e se disponha sempre a sofrer, com coração generoso, até novos abusos.

Ao encontro do irmão

67 Não prejudicar alguém, porém, é pouco. Fazer todo o bem possível, eis o que é preciso. Por isso, o Senhor acrescenta: "Dá ao que te pede e não voltes as costas ao que te pede emprestado".²¹¹ Diz ele: "Dá ao que te pede", e não: "Dá tudo o que te pedem". É para ser dado somente o que for honesto e justo. Por acaso darias uma soma de dinheiro a quem quer se servir dela para oprimir um inocente? Consentirias a um ato de impureza? Mas para não prosseguir com inúmeros exemplos numa matéria inesgotável, não se há de dar senão o que for inofensivo para ti ou para outro, conforme uma justa apreciação. E quando julgares teu dever recusar a alguém o que ele te pede, explica-lhe o motivo de tua recusa. Assim não despedirás ninguém sem ele ter recebido alguma coisa. Assim, darás sempre a todo aquele que te pede, sem que dês tudo o que ele pede. Por vezes, é possível que lhe dês algo bem melhor, fazendo-o compreender quanto seu pedido fora improcedente.

O empréstimo a Deus

68 O preceito que segue, "Não voltes as costas ao que te pede emprestado",²¹² tem por objeto as disposições interiores da alma, "pois Deus ama a quem dá com alegria".²¹³

Todo homem que recebe alguma coisa recebe emprestado, ainda que não tenha nada a devolver. Deus dará de volta àqueles que recebem a caridade de outros, e a mais do valor da oferta feita. Todo homem que faz ato de benevolência dá emprestado a Deus.

Contudo, se alguém quiser entender por emprestar apenas o que foi dado com obrigação de devolução, é preciso dizer que o Senhor, nas suas palavras, compreende as duas

²¹¹ Mt 5,42.
²¹² Mt 5,42.
²¹³ 2Cor 9,7.

maneiras de empréstimo. Pois ou damos gratuitamente o que ofertamos ou fazemos um simples empréstimo com a esperança da recuperação. Ora, a maioria dos homens que estão dispostos a doar gratuitamente, em vista das recompensas divinas, mostra-se receosa de outorgar um empréstimo como se nada tivesse a receber de Deus. Como se os homens é que tivessem de pagar o que foi emprestado... É, pois, com razão que a autoridade divina nos exorta a esse benefício, dizendo-nos: "Não voltes as costas ao que te pede emprestado", isto é, não voltes as costas a quem te pede, sob o receio de que teu dinheiro fique sem fruto, e não tenhas de receber a devolução de Deus. É ele que prestará contas. Pois quando ages para obedecer a um preceito de Deus, tua ação não pode ficar infrutuosa aos olhos daquele que te deu ordem para fazê-lo dessa maneira.

Do amor ao próximo ao amor dos inimigos

69 Continua o Senhor e diz: "Ouvistes que foi dito: amarás o teu próximo e odiarás o teu inimigo. Eu, porém, vos digo: amai os vossos inimigos, fazei bem aos que vos odeiam e orai pelos que vos perseguem e pelos que vos maltratam; desse modo, vos tornareis filhos do vosso Pai que está nos céus, porque ele faz nascer o seu sol igualmente sobre maus e bons, e cair a chuva sobre justos e injustos. Com efeito, se amais aos que vos amam, que recompensa tendes? Não fazem também os publicanos a mesma coisa? E se saudais apenas os vossos irmãos, que fazeis de mais? Não fazem também os gentios a mesma coisa? Portanto, deveis ser perfeitos como o vosso Pai celeste é perfeito".[214]

---

[214] Mt 5,43-48.

Quem poderá cumprir os preceitos anunciados anteriormente, sem esse amor que Deus nos manda ter por nossos inimigos e por aqueles que nos perseguem? Pois a perfeição da misericórdia com a qual é atendida toda alma extenuada de pena e cansaço não vai além desse amor aos inimigos. É por isso que o Senhor termina com estas palavras: "Sede perfeitos como o vosso Pai celeste é perfeito". Todavia, assim se deve entender: Deus é a perfeição como convém a Deus, e o homem aspira a ser perfeito quanto lhe é possível ser.

"Amarás o teu próximo e odiarás o teu inimigo"

70 A justiça dos fariseus já apresentava certo progresso à da antiga Lei. A prova é que existem os que respondem pelo ódio até àqueles que lhes têm amor. Por exemplo, os filhos devassos que detestam os seus pais, quando estes procuram refrear-lhes a libertinagem.

Quem ama o seu próximo já sobe algum grau, ainda que odeie o seu inimigo. Mas o mandamento daquele que veio dar pleno cumprimento à Lei, e não a revogar,[215] vem conduzir à perfeição a benevolência e a bondade, elevando-a até o amor do inimigo. Pois o primeiro grau — apesar de não ser sem importância — é tão reduzido que o temos em comum com os publicanos.

Aliás, aquela expressão da Lei antiga, "Odiarás o teu inimigo", há de ser entendida não como mandamento dado aos justos, mas como concessão feita aos imperfeitos.

[215] Mt 5,7.

Contradições nas Escrituras?

71 Surge aqui uma dificuldade que nos parece impossível passar em silêncio. É que se encontram nas Sagradas Escrituras muitos textos que, ao serem estudados, séria e prudentemente, parecem contradizer a ordem do Senhor. Exorta-nos ele a amar os nossos inimigos, fazer o bem aos que nos odeiam e rogar por aqueles que nos perseguem. Contudo, efetivamente, encontram-se nos profetas numerosas imprecações contra os inimigos, as quais até parecem maldições. Por exemplo, a do salmo: "Torne-se a sua mesa diante deles um laço, em tribulação e em ruína",[216] e tudo mais o que segue. Igualmente, as palavras de outro salmo: "Fiquem seus filhos órfãos e sua mulher, viúva".[217] Assim como o que o salmista acrescenta antes ou depois dessas palavras, em predição ao traidor Judas.

Muitas outras passagens encontram-se por toda parte nas Escrituras que podem parecer contrárias ao preceito do Senhor e ao do Apóstolo, que diz: "Abençoai os que vos perseguem; abençoai e não amaldiçoeis".[218] E está escrito que o próprio Senhor maldisse as cidades que não receberam sua palavra.[219] E o referido Apóstolo diz de certo operário Alexandre, que lhe havia feito muito mal, as seguintes palavras: "O Senhor lhe retribuirá segundo as suas obras".[220]

72 É fácil resolver essas dificuldades. O profeta, por essas imprecações, pretende anunciar, em forma

---

[216] Sl 69(68),23.
[217] Sl 109(108),9.
[218] Rm 12,14.
[219] Mt 11,20; Lc 10.13.
[220] 2Tm 4,14.

imprecatória, o que haveria de suceder no futuro. Não é voto nem desejo de seu coração, mas simples previsão. O Senhor e, igualmente, o Apóstolo assim falaram e nas suas palavras não exprimem que desejavam aquele mal, mas apenas o prediziam. Com efeito, as palavras do Senhor "Ai de ti, Cafarnaum!" não significam outra coisa que algo de infeliz haveria de suceder a essa cidade. Pois o Senhor não desejava com malevolência o que haveria de sobrevir, mas sim o previa com o seu olhar divino. E o Apóstolo, do mesmo modo, não disse a respeito de Alexandre: "O Senhor lhe retribua", mas: "O Senhor lhe retribuirá segundo as suas obras".[221] Tais palavras exprimem predição, não imprecação.

Do mesmo modo, a respeito daquela hipocrisia dos judeus, como falamos acima,[222] Paulo previa a sua ruína iminente, ao dizer: "Deus te ferirá, parede caiada!".[223]

É costume dos profetas predizer o futuro sob forma de imprecação. Assim também empregam os verbos no tempo passado ao vaticinar muitos acontecimentos que ainda haveriam de vir. Por exemplo, diz o salmo: "Por que se embraveceram as nações e os povos meditaram coisas vãs?".[224] O salmista não diz isso recordando o passado, mas anunciando o porvir. E assim também acontece com este outro salmo: "Repartiram entre si as minhas vestes, lançaram sorte sobre minha túnica".[225] Contudo, ninguém desaprova essa maneira de falar, a não ser aqueles que não compreendem que tal variedade de figuras na linguagem em

---

[221] 2Tm 4,14.
[222] Ver, acima, 1,58.
[223] At 23,3.
[224] Sl 2,1.
[225] Sl 22(21),19.

O pecado que leva à morte

73 A questão precedente agrava-se mais por esta passagem de São João: "Se alguém vê seu irmão cometer um pecado que não o conduz à morte, que ele ore e Deus dará a vida a esse irmão, se, de fato, o pecado cometido não conduz à morte. Existe um pecado que conduz à morte, mas não é a respeito desse que eu digo para que ore".[226]

São João ensina-nos, pois, claramente, que entre nossos irmãos existem alguns pelos quais não estamos obrigados de rezar. E, todavia, o Senhor manda-nos rezar até mesmo por nossos perseguidores.[227] Essa dificuldade não pode ser resolvida, a não ser admitindo que haja entre os nossos irmãos alguns que podem se tornar culpados de pecados mais graves do que o da perseguição a inimigos.

Quando vem nomeado "irmão", é para ser entendido "cristão", como se pode provar por grande número de textos da Escritura. Em parte alguma se vê mais claramente isso do que nestas palavras do Apóstolo: "O marido não cristão é santificado pela esposa, e a esposa não cristã é santificada pelo irmão".[228] São Paulo não esclareceu: "por um nosso irmão", pois julgava ser evidente, designando sob o nome de irmão tratar-se de cristão, ainda que casado com mulher não crente. Por essa razão, diz ele pouco depois: "Se o não cristão quer separar-se, separe-se! O irmão ou a irmã não estão ligados em tal caso".[229]

---

[226] 1Jo 5,16.
[227] Mt 5,44.
[228] 1Cor 7,14.
[229] 1Cor 7,15.

Considero que leva à morte o pecado de um irmão quando, após ter conhecido Deus pela graça de nosso Senhor Jesus Cristo, ele ataca a comunhão fraterna e, inflamado pelo ardor da malevolência, declara-se contra a própria graça que o reconciliara com Deus.[230]

Ao contrário, não leva à morte o pecado em que a caridade não tenha sido destruída. Isso se dá quando alguém, por fraqueza de ânimo, não demonstra ao irmão os deveres de caridade devidos pela fraternidade, entretanto não lhe retira seu amor.

Por qual motivo teria o Senhor exclamado na cruz: "Pai, perdoai-lhes; não sabem o que fazem"?[231]

Aqueles homens ainda não tinham recebido a graça do Espírito Santo e, portanto, não pertenciam à sociedade fraterna dos santos! Está dito também nos Atos dos Apóstolos que o bem-aventurado Estêvão orou por aqueles que o lapidavam, pois eles ainda não tinham recebido a fé em Jesus Cristo e não combatiam assim contra a graça comum da união fraterna.[232]

A meu parecer, o motivo pelo qual o apóstolo Paulo não orou por Alexandre[233] foi porque esse homem já era do

---

[230] Santo Agostinho coloca nas suas *Retractationes* uma ressalva a respeito da definição dada neste capítulo sobre o pecado que leva à morte. Diz ele: "Eu defini o pecado de um irmão capaz de o levar à morte, sobre o qual fala o apóstolo João: 'Não é a respeito do pecado que conduz à morte que eu digo para que se ore' (1Jo 5,16)...". Conclui assim: "Sem dúvida, eu não afirmei isso (de modo categórico), pois de início havia dito que era uma opinião minha. Contudo, deveria ter anexado: 'Isso caso ele terminar a vida nessa atroz perversidade de espírito. Pois, na verdade, um pecador, por pior que seja, enquanto permanecer nesta vida, não deve nos levar a desesperar dele. E não há temeridade alguma em se rezar por aquele de quem não se perdeu a esperança'". Agostinho atenua assim a condenação eterna, dizendo que ela é unicamente o fato de quem persevera no pecado (cf. *Retractationes* 1,19,7).

[231] Lc 23,34.
[232] At 7,59.
[233] Cf., acima, 1,71.

número dos irmãos, e por um sentimento de inveja havia agredido a união fraterna. Seu pecado levou-o, assim, à morte. Aos que não romperam o vínculo da caridade, mas somente sucumbiram por temor, o Apóstolo roga a Deus que os perdoe. "Alexandre, o caldeireiro, deu provas de muita maldade para comigo. O Senhor lhe retribuirá segundo as suas obras. Tu, guarda-te também dele, porque se opôs fortemente às nossas palavras".[234] Paulo dá a conhecer, em seguida, aqueles por quem ora, dizendo: "Na primeira vez em que apresentei a minha defesa, ninguém me assistiu, todos me abandonaram. Que isto não lhes seja imputado".[235]

O pecado de Pedro e o de Judas

74 Essa diferença entre pecados é o que distingue a traição de Judas da negação de Pedro. Não que se deva recusar o perdão ao arrependido. Isso seria ir contra aquela recomendação do Senhor que nos manda conceder sempre o perdão a nosso irmão que o solicita.[236] Mas a enormidade do crime de Judas era tal que ele não soube se abaixar até a humildade da oração. Sua consciência, entretanto, o forçou a reconhecer e confessar seu pecado. Com efeito, é verdade que Judas diz: "Pequei, entregando um sangue inocente".[237] Contudo, o desespero o leva bem mais facilmente a se enforcar do que a humildade o conduz a pedir o seu perdão. É preciso, pois, distinguir a que espécie de arrependimento Deus concede o perdão. Com efeito, há muitos que se empenham a se acusar, irritam-se contra si mesmos, como se

---

[234] 2Tm 4,14.15.
[235] 2Tm 4,16.
[236] Lc 17,3; Mt 18,21-22.
[237] Mt 27,4.

tivessem grande desgosto de haver pecado. Contudo, não chegam à humildade do coração, isto é, até a contrição sincera do coração e à súplica do perdão. Pode-se crer que tal disposição do espírito, consequência da enormidade de seu pecado, já é como um início de condenação.

O pecado contra o Espírito Santo

75 Ora, talvez seja este o que se chama de pecado contra o Espírito Santo. Isto é, o que procura destruir por malícia e inveja a caridade fraterna, após ter recebido a graça do Espírito Santo. Pecado esse, conforme a declaração do Senhor, que não será perdoado nem neste mundo nem no outro.[238]

Essa explicação leva-nos a examinar se os judeus cometeram tal pecado contra o Espírito Santo quando acusaram o Senhor de expulsar os demônios em nome de Belzebu, príncipe dos demônios.[239] Mas é preciso considerar se essa acusação é dirigida ao próprio Senhor, pois ele disse de si mesmo em outra passagem: "Se chamaram Belzebu ao chefe da casa, quanto mais chamarão assim aos seus familiares!".[240] Ou talvez tenham falado desse modo levados por violento ressentimento de malevolência, cheios de ingratidão pelos grandes benefícios recebidos. Poder-se-ia pensar que, pelo excesso mesmo dessa inveja, pecaram contra o Espírito Santo; se bem que eles ainda não eram cristãos. Essa consequência não decorre das palavras do Senhor. É verdade, porém, que ele diz: "Se alguém disser uma palavra contra o Filho do Homem, ser-lhe-á perdoado; mas se disser

---

[238] Mt 12,32.
[239] Mt 12,24; Mc 3,22.
[240] Mt 10,25.

contra o Espírito Santo, não lhe será perdoado, nem neste mundo nem no outro".[241]

Podem-se considerar essas palavras como uma exortação a receber a graça oferecida, mas uma vez recebida que não venham a recair no pecado como acabavam de fazer. Com efeito, haviam pronunciado uma palavra de blasfêmia contra o Filho do Homem. Isso poder-lhes-ia ter sido perdoado, se quisessem se arrepender, crendo nele, e teriam então recebido o Espírito Santo. Mas se após o terem recebido fomentassem ainda malevolência na comunhão fraterna, procurando destruir a graça que lhes fora concedida, esse pecado não lhes seria mais perdoado, nem neste mundo nem no outro.

Na verdade, se o Senhor tivesse considerado os homens como condenados, sem nenhuma esperança de volta, ele não teria continuado a lhes dar conselhos, como o fez logo a seguir: "Ou declarais que a árvore é boa e o seu fruto é bom, ou declarais que a árvore é má e o seu fruto é mau".[242]

Rezar por todos, sem distinção?

76 Seja bem estabelecido que o preceito de amar nossos inimigos, de fazer o bem aos que nos odeiam e de rezar pelos que nos perseguem não está ligado para nós à obrigação de rezar por certos pecados cometidos por alguns de nossos irmãos. Evitamos assim, por nossa ignorância, pôr a Escritura em contradição consigo mesma — o que seria impossível.

Mas assim como há certas pessoas por quem é preciso se abster de rezar, haverá outras contra quem havemos de

---

[241] Mt 12,32.
[242] Mt 12,33.

rezar? É ponto ainda não suficientemente esclarecido. Está dito de modo geral: "Abençoai e não amaldiçoeis",²⁴³ e ainda: "A ninguém pagueis o mal com o mal".²⁴⁴ Todavia, não rezar por alguém não é rezar contra essa pessoa. Pode acontecer que tu vejas o castigo dele ser certo e sua salvação, inteiramente sem esperança, e então tu te abstenhas de rezar por ela. Isso não por sentimento de ódio, mas porque compreendes a inutilidade de teu esforço, e não queres expor tua oração a ser rejeitada pelo justo juiz.

Mas o que pensar daqueles contra quem sabemos que certos santos rezaram não para obter a conversão — isso seria antes rezar por eles —, mas em vista da eterna condenação?

Não falo aqui da oração que o profeta dirigiu contra o traidor do Senhor.²⁴⁵ Nesse caso, como dissemos acima, foi uma predição do futuro, mais do que um desejo de punição. Tampouco da oração do Apóstolo contra Alexandre,²⁴⁶ fato que já explicamos suficientemente.

Referimo-nos, porém, à oração que lemos no Apocalipse de São João, na qual os mártires pedem a Deus que vingue o derramamento de seu sangue.²⁴⁷ Por outro lado, Estêvão, o primeiro mártir, rogou a perdoar aqueles que o lapidavam.²⁴⁸

A "vingança" dos mártires

77 Ora, nada tem que deva nos espantar essa oração dos santos mártires, que pede vingança pelo seu

---

²⁴³ Rm 12,14.
²⁴⁴ Rm 12,17; 1Pd 3,9.
²⁴⁵ Cf. Sl 109(108),9; ver, acima, 1,71.
²⁴⁶ 2Tm 4,14. Ver, acima, 1,71.
²⁴⁷ Ap 6,10.
²⁴⁸ At 7,59.60.

sangue derramado. Não é dirigida contra os próprios homens, mas contra o reino do pecado. Quem ousaria contradizer isso? De fato, que vingança pura e santa essa dos mártires, cheia de justiça e misericórdia: a de ver destruído o reino do pecado sob cuja tirania tantos sofreram. É a destruição desse reino que o Apóstolo aponta, ao dizer: "Que o pecado não impere mais em vosso corpo mortal".[249] Ora, o reino do pecado é destruído e derrubado simultaneamente por dois modos. Ou pela conversão dos que submetem a carne ao espírito, ou pela condenação daqueles que perseveram no pecado, aos quais a justiça divina assinala um lugar onde se encontrarão na impossibilidade de prejudicar aos justos que reinam com Cristo.

Considerai, pois, o apóstolo Paulo! Não vos parece que ele como que vinga em sua pessoa o mártir Estêvão, ao exclamar: "É assim que pratico o pugilato, mas não como quem fere o ar. Trato duramente o meu corpo e reduzo-o à servidão".[250] O que combatia em si e enfraquecia, o que dirigia com sabedoria após ter triunfado, era o mesmo corpo que lhe tinha servido de instrumento para perseguir Estêvão e os outros cristãos.

Quem, pois, poderia provar que tal não seja a vingança que os santos mártires pedem a Deus? Pois bem, poderiam ter eles pedido, com toda justiça, como vingança pessoal, o fim desse mundo injusto, no qual suportaram tantos horrores.

Rezando assim, pedem por seus inimigos susceptíveis de serem curados, mas sem, contudo, rezar contra aqueles que recusam com obstinação a cura que lhes é oferecida.

---

[249] Rm 6,12.
[250] 1Cor 9,26-27.

Pois Deus, que os castiga, não é carrasco cruel, e sim juiz repleto de sabedoria e o justo ordenador de todas as coisas.

Sem dúvida alguma, amemos nossos inimigos, façamos o bem aos que nos odeiam e oremos pelos que nos perseguem.

Sede imitadores de Deus

78 As palavras que seguem: "... deste modo vos tornareis filhos de vosso Pai que está nos céus",[251] devem ser entendidas no mesmo sentido que estas outras de São João: "Ele deu-lhes o poder de se tornarem filhos de Deus".[252]

Não há senão um só Filho de Deus por natureza, infinitamente afastado do pecado. Quanto a nós, receberemos o poder de nos tornar filhos de Deus se cumprirmos seus mandamentos. Assim, conforme a doutrina do Apóstolo, esta filiação é uma adoção que nos dá direito à herança eterna, pela qual nos tornamos co-herdeiros de Cristo.[253]

Tornamo-nos, pois, filhos de Deus pela regeneração espiritual e somos adotados para possuir o Reino de Deus não como estrangeiros, mas como criaturas suas e obra de suas mãos. Assim, por um primeiro benefício, ele nos tira do nada para nos dar o ser por sua onipotência. Por um segundo benefício, ele nos adota para nos dar direito, como filhos seus, de partilhar com ele, na medida de nossos méritos, a vida eterna. Eis por que ele não diz: "Fazei isso porque sois filhos", mas: "Fazei isso para vos tornardes filhos do Pai que está nos céus".[254]

---

[251] Mt 5,45.
[252] Jo 1,12.
[253] Rm 8,17; Gl 4,5.
[254] Mt 5,45.

Ser filho de Deus

79 Ora, chamando-nos assim por seu Filho único, ele chama-nos a nos tornarmos semelhantes a ele. Acrescenta, pois: "Vosso Pai que está nos céus faz nascer o seu sol igualmente sobre maus e bons e cair a chuva sobre justos e injustos".[255]

Esse sol tu podes entender, não daquele que é visível a nossos olhos corporais, mas daquela sabedoria da qual é dito: "Ela é o clarão da luz eterna".[256] Do mesmo modo, "o sol da justiça nasceu para mim".[257] E ainda: "Para vós que temeis o nome do Senhor, nascerá o sol da justiça".[258]

A chuva pode também ser tomada como o orvalho que espalha nas almas a verdadeira doutrina, porque ela se manifesta aos bons e aos maus, e Cristo foi anunciado a uns e outros.

Ou bem, se preferirdes, podeis ver nesse sol aquele que brilha não somente aos olhos corporais dos homens, mas também aos dos animais; e a chuva, essa mesma que faz crescer os frutos destinados ao sustento do corpo. Tal interpretação parece-me a mais provável, porque o sol espiritual não se levanta senão para os bons e para os santos. Para os maus, ele excita lamentos amargos que lemos no livro da Sabedoria: "A luz da justiça não raiou para nós".[259] Do mesmo modo, a chuva espiritual não cai senão sobre os bons. Já que para os maus ela está figurada naquela passagem da vinha à qual Deus faz esta ameaça: "Mandarei às nuvens que não derramem sobre ela a chuva".[260]

---

[255] Mt 5,45.
[256] Sb 7,26.
[257] Ml 3,20.
[258] Ml 3,20.
[259] Sb 5,6.
[260] Is 5,6.

Todavia, qualquer que seja a interpretação adotada, será sempre uma manifestação da grande bondade de Deus, que é proposta à nossa imitação, se quisermos ser filhos seus. Pois quanto alívio não são para nós, nesta vida, o astro luminoso e a chuva material. Que coração haveria tão ingrato que não compreende isso? E vemos que Deus concede esse benefício igualmente aos justos e aos pecadores, nesta vida.

O Senhor não diz simplesmente: "Faz nascer o sol sobre maus e bons", mas "o seu sol", o que significa: aquele que ele fez, fixou no céu, que não tirou de nenhum outro elemento. Do mesmo modo fez os outros astros, como está escrito no Gênesis.[261]

E ele, que tem direito de chamar seu tudo o que criou do nada, ensina-nos, dessa maneira, com que generosidade devemos dar até a nossos inimigos os dons que não foram criados por nós, mas que recebemos de sua munificência.

Bem-aventurados os misericordiosos

80 Ora, quem poderá estar disposto a suportar injúrias da parte dos fracos, em vista da salvação deles? Quem prefere ser vítima da iniquidade, mais do que pagar o mal com o mal? Quem dá a outro homem o que este lhe pede, tendo a possibilidade? Ou, pelo menos, dá-lhe um bom conselho, testemunho de sua benevolência? Quem não se afasta de quem vem lhe pedir emprestado? Quem ama seus inimigos e faz o bem aos que o odeiam e reza pelos que o perseguem?

Quem será capaz desses generosos esforços, a não ser o homem perfeitamente misericordioso?

---

[261] 1,16.

Esse é o único conselho que nos imuniza contra o mal, pela graça daquele que disse: "Porque o que eu quero é a misericórdia, e não o sacrifício".[262]

"Bem-aventurados os misericordiosos, porque alcançarão misericórdia."[263]

Acredito, porém, ser tempo agora de o leitor respirar um pouco, cansado deste extenso volume, e retomar as forças para meditar as verdades que serão consideradas no próximo livro 2.

---

[262] Os 6,6.

[263] Mt 5,7. Observamos que Santo Agostinho termina o livro I referindo-se à 5ª bem-aventurança: a dos misericordiosos. Como já assinalamos na introdução, ele escalonou as oito bem-aventuranças por todo o comentário deste sermão. Apontemos a relação: 1) a dos pobres em espírito foi tratada especialmente nos caps. 9 e 10; 2) a dos mansos, no cap. 11; 3) a dos aflitos, no cap. 12; 4) a dos que têm fome e sede de justiça, do cap. 13 ao 18; 5) a dos misericordiosos, do cap. 19 ao 23. No livro II, ele tratará com mais insistência sobre as duas últimas bem-aventuranças: 6) a dos puros de coração, do cap. 1 ao 22; 7) a dos pacíficos, do cap. 23 ao 25. O livro 1 refere-se mais à vida ativa, e o livro 2, à vida contemplativa: a vida dos puros de coração que veem a Deus, e dos construtores da paz, que serão chamados filhos de Deus.

LIVRO 2
(Mt 6 e 7)

Sexta bem-aventurança — os puros
A simplicidade de coração

1 Findou-se o nosso livro 1 com considerações sobre a misericórdia. Sucede-se o presente livro 2 com reflexões sobre a pureza de coração. Essa pureza é a do olhar com que contemplamos a Deus. Convém, pois, cuidar de tal transparência da vista, com atenção proporcional à dignidade daquele a quem nos é concedido contemplar. Mas nossos olhos, mesmo purificados parcialmente, riscam de pegar a poeira que acompanha habitualmente as nossas boas ações. Assim, por exemplo, acontece com o vão louvor humano. Por certo, é pernicioso viver desordenadamente, mas ao fazer profissão de vida virtuosa, o esforço de evitar os elogios será como se declarar contrário aos costumes do mundo. E este mundo é tanto mais miserável quanto menos manifesta estima à vida virtuosa e santa. Em consequência, se aqueles entre os quais convives não te elogiam ao te ver viver santamente, eles estão errados. Mas, caso te louvem, tu és que corres perigo. A não ser que tenhas o coração tão simples e puro que não leves em consideração os elogios humanos, ao executares tuas boas ações. E aqueles que louvam as boas obras, que o façam por lhes agradar mais louvar a virtude do que exaltar as pessoas. Deverias viver retamente, ainda que ninguém te louvasse. Além disso, compreende que os mesmos elogios que te tributam só serão proveitosos aos que te louvam se pretenderem não te exaltar por tua boa conduta, mas sim para glorificar a Deus, cujo templo santíssimo é todo aquele que vive bem. É assim que se cumpre o que diz Davi: "No Senhor se gloriará a minha alma. Ouçam-no os humildes e alegrem-se".[1]

Aquele, pois, que tem o coração puro quanto ao bem que executa não visa os elogios humanos, nem se propõe obtê-los, isto é, nada faz com a intenção de procurar os louvores dos homens. O bem poderia ser simulado pela procura desse louvor, pois, não podendo ver o fundo do coração, podem vir a elogiar coisas falsas. Quem faz isso — isto é, os que simulam bondade — possui coração duplo. Logo, não possuem coração simples, coração puro, a não ser que, passando por cima dos louvores humanos ao fazer o bem, procurem somente agradar a Deus, que é o único a penetrar no fundo da consciência. Tudo o que procede de uma consciência pura é tanto mais digno de louvor quanto menos visa os louvores humanos.

Não procurar os elogios dos homens

2 Diz o Senhor: "Guardai-vos de praticar a vossa justiça diante dos homens, para serdes vistos por eles".[2] Isto é, guardai-vos de praticar a justiça com o fim de que os homens vos vejam, para encontrardes nisso a vossa satisfação. "Se o fizerdes, não recebereis a recompensa de vosso Pai que está nos céus."

O Senhor não disse: "Se fordes vistos pelos homens", mas: "Se fizerdes o bem só para serdes vistos por eles". Caso

---
[1] Sl 34(33),3.
[2] Mt 6,1.

contrário, como poderia se realizar o que foi dito no começo deste sermão: "Vós sois a luz do mundo. Não se pode esconder uma cidade situada sobre um monte. Nem se acende uma lâmpada e se coloca debaixo do alqueire, mas no candelabro, e assim ela brilha para todos os que estão na casa. Brilhe do mesmo modo a vossa luz diante dos homens"?[3] Entretanto, o Senhor não estabelece aí o fim das ações, pois acrescentou: "... para que, vendo as vossas boas obras, glorifiquem vosso Pai que está nos céus".[4] Mas eis que na presente passagem[5] ele censura tal procedimento, o que vem a significar: se agirdes só para serdes vistos pelos homens, se for posta aí a finalidade das vossas boas obras, ou seja, se esse motivo for o único a inspirar as vossas ações. E após haver dito: "Guardai-vos de praticar a vossa justiça diante dos homens, para serdes vistos por eles", o Senhor nada mais acrescenta. Pelo que claramente está demonstrado que ele não proibiu que se faça o bem, diante dos homens, mas que o façam somente com a finalidade de serem vistos, pretendendo colocar aí o único fim de seu intento.

3 Com efeito, diz o Apóstolo: "Se eu quisesse ainda agradar aos homens, não seria servo de Cristo".[6] Contudo, em outro lugar ele estimula o contrário: "Procurai agradar a todos em todas as coisas, assim como eu mesmo me esforço".[7] Aqueles que não compreendem julgam haver aí uma contradição. Entretanto, declarando que não quer agradar aos homens, o Apóstolo simplesmente pretende

---

[3] Mt 5,14-16.
[4] Mt 5,14-16.
[5] Mt 6,1.
[6] Gl 1,10.
[7] 1Cor 10,33.

dizer que não praticava o bem com a finalidade de agradar a eles, mas sim para agradar a Deus, e levar assim os seus corações ao amor do Senhor.

Paulo tinha, pois, razão ao dizer que não procurava agradar aos homens, porque sua intenção era agradar a Deus. Mas, por outro lado, o Apóstolo recomendava também, com razão, procurarem agradar aos homens, não por se propor essa finalidade como recompensa de suas boas obras, mas porque é impossível agradar a Deus se não dermos o exemplo de todas as virtudes aos que desejamos levar à salvação. Pois ninguém pensa em imitar aquele cuja conduta não lhe causa admiração. Tomo um exemplo: assim como poderia alguém dizer, sem nenhum absurdo: "Na busca de um navio, não é o navio que eu procuro, mas a pátria aonde ele vai me conduzir", do mesmo modo o Apóstolo pôde dizer convenientemente: "Nessa obra em que procuro agradar aos homens, não é a eles, como tais, que eu viso, mas a Deus, porque não pretendo a estima deles, por eles mesmos, mas para chamar após a mim os que desejo ver salvos".

Falando das oferendas feitas pelos santos, diz ainda o Apóstolo: "Não que eu busque presentes; o que busco é o fruto que se credite em vossa conta".[8] O que significa: a oferenda que pretendo de vós não é a dádiva por ela mesma, mas o vosso aproveitamento. Esse único fato bastaria para provar a extensão do progresso que eles tinham feito diante de Deus: o fato de oferecer de bom coração o que o Apóstolo lhes pedia, não pela alegria de dar, mas para realizar a comunhão da caridade na fraternidade.

---

[8] Fl 4,17.

4 Ao dizer, em seguida: "Se o fizerdes, não receberão a recompensa de vosso Pai que está nos céus",[9] o Senhor declara que não cuidemos de buscar aplausos humanos como recompensa de nossas obras, isto é, não pensemos que com isso poderemos ser felizes.

A esmola em segredo

5 "Por isso, quando deres uma esmola, não te ponhas a trombetear em público, como fazem os hipócritas nas sinagogas e nas ruas, com o propósito de serem elogiados pelos homens."[10]

Não desejes, diz o Senhor, chamar a atenção sobre ti, como fazem os hipócritas. É evidente que eles não possuem no coração os sentimentos que ostentam aos olhos dos homens. Tais hipócritas simulam, representam o papel de personagens diversas, como os atores de teatro. Com efeito, quem desempenha, por exemplo, o papel de Agamenon, na tragédia desse nome, ou qualquer outra personagem histórica ou mítica, realmente não é aquela própria pessoa, mas finge sê-lo. Por isso, é chamado comediante. Assim, na Igreja, ou em toda e qualquer manifestação da vida humana, quem pretende parecer o que não é torna-se hipócrita. Finge ser justo, não o sendo de fato. Procura os louvores humanos como único fruto de suas boas obras. Então, esses louvores podem ser apresentados também aos hipócritas que, ao querer passar por bons, enganam aqueles de quem ambicionam os elogios. Mas de Deus, que examina o fundo dos corações, eles hão de receber o castigo de suas falácias. "Já

---

[9] Mt 6,1.
[10] Mt 6,2.

receberam a sua recompensa",[11] diz o Senhor. E merecerão ouvir esta sentença muito justa: "Apartai-vos de mim, vós que praticais a iniquidade".[12] Vós vos servistes de meu nome, mas não fizestes as minhas obras.

Em consequência, aqueles que dão esmolas sem outro fim do que serem exaltados pelos homens já receberam sua recompensa. Não precisamente por serem louvados, mas porque sua intenção ao agir estava voltada para os elogios humanos, como acima foi exposto. Esses louvores não devem ser apetecidos por quem age retamente, mas sim decorrer da boa ação reconhecida pelos outros. Os que louvam possam também imitar a quem age bem, e isso para o seu próprio proveito, não para o aproveitamento de quem louvam.

A mão esquerda

6 "Antes, quando deres uma esmola, não saiba a tua mão esquerda o que faz a tua direita."[13]

Se entendes que a mão esquerda significa aqui os infiéis, parecerá a ti não haver culpa alguma em querer agradar aos fiéis. Não obstante, nos está vedado pretender os louvores de quem quer que seja, como fruto da boa ação. E pelo que se refere a que te imitem, aqueles que tiverem aprovado a tua boa conduta, não hás de dar bom exemplo unicamente aos fiéis, mas também aos infiéis. Isso para que, com os louvores de tuas boas obras, glorifiquem a Deus e cheguem à salvação.

Contudo, se entendes que a mão esquerda significa aqui um inimigo, como se estivesse dito: "Que teu inimigo ignore

---

[11] Mt 6,2.
[12] Mt 7,23.
[13] Mt 6,3.

quando dás uma esmola", por qual motivo então o mesmo Senhor misericordiosamente curou a muitos homens, na presença dos judeus, seus inimigos? Por qual razão o apóstolo Pedro, compadecido daquele homem aleijado que estava à porta do templo, chamada Formosa,[14] curou-o, atraindo sobre si e seus discípulos a ira dos inimigos?

Enfim, se nosso inimigo tivesse de ignorar que damos esmolas, como conseguiríamos ocasião de cumprir aquele preceito: "Se o teu inimigo tiver fome, dá-lhe de comer; se tiver sede, dá-lhe de beber"?[15]

7 Há, além disso, terceira interpretação adotada por certos espíritos rudes. Ela é tão absurda e ridícula que eu não a lembraria se a experiência não me houvesse mostrado que esse erro é seguido por número bastante grande de pessoas. Pretendem elas que, aqui, a mão esquerda significa a própria esposa. Como acontece na administração da dispensa doméstica, as mulheres deixam dificilmente escapar o dinheiro de suas mãos, e certos maridos, para evitar disputas, precisam esconder as esmolas que a caridade os leva a fazer aos pobres. Como se somente os homens fossem cristãos e que esse preceito de caridade não fosse também para as mulheres... A quem a mão esquerda da mulher deveria então esconder as suas obras de misericórdia? Poder-se-ia dizer que o homem é a mão esquerda da mulher? Seria o maior dos absurdos! Seria, então, para se pensar que um para outro é essa mão esquerda? Nesse caso, se um dos cônjuges faz esmola dos bens domésticos contra a vontade do outro, não reinaria mais entre eles

---

[14] At 3,2.
[15] Pr 25,21; Rm 12,20.

um casamento cristão. Pois se um dos dois, para cumprir o preceito divino, quisesse fazer esmola contra a intenção expressa do outro, isso seria necessariamente em oposição à vontade de Deus, e eles deveriam ser postos no rol dos infiéis. Ora, conforme o preceito dado aos esposos, pelo exemplo de uma vida santa e pura, o marido fiel deve ganhar a Cristo a sua esposa infiel e, igualmente, a mulher fiel o seu marido infiel. E não esconder um ao outro suas boas obras, que constituirão para ambos estímulo poderoso para crescerem na fé cristã.

Ninguém deve tampouco cometer roubo para ser agradável a Deus. Imaginemos que a fraqueza de um dos dois esposos o force a ocultar do outro o conhecimento de uma obra sua inaceitável. Nada há aí de injusto e ilícito.

Em conclusão, não se pode dizer que a mão esquerda signifique a mulher, o que não se pode facilmente conciliar com o contexto. Podemos, aliás, encontrar no mesmo capítulo o que o Senhor quis dar a entender por mão esquerda.

Como dar esmolas

8 "Guardai-vos de praticar a vossa justiça diante dos homens para serdes vistos por eles. Se o fizerdes, não recebereis a recompensa de vosso Pai que está nos céus."[16]

Até aqui, o Senhor discorre sobre a justiça de modo geral. Agora, ele vai entrar em pormenores. A esmola é, com efeito, uma parte relativa à justiça.

Assim, o Senhor logo acrescenta: "Por isso, quando deres uma esmola, não te ponhas a trombetear em público,

---

[16] Mt 6,1.

como fazem os hipócritas nas sinagogas e nas ruas, com o propósito de serem elogiados pelos homens".[17] Essas palavras correspondem às precedentes: "Guardai-vos de praticar a vossa justiça diante dos homens, para serdes vistos por eles"; e às que se seguem: "Em verdade, vos digo: já receberam a sua recompensa" e ainda àquelas que precederam: "Se o fizerdes, não recebereis a recompensa de vosso Pai que está no céu". E ele continua: "Quanto a ti, quando deres uma esmola...". O que vem a significar: "Quanto a ti... Não deves agir como eles!"? O que, pois, me é recomendado? "Quanto a ti, quando deres uma esmola, não saiba a tua mão esquerda o que faz a tua direita."[18]

Os hipócritas dão esmolas de maneira que sua mão esquerda fique sabendo o que faz a direita. O Senhor condena isso na conduta deles, e nos proíbe de o fazer. Ora, o que ele condena é agirmos dessa maneira para obter os louvores dos homens. Por esse motivo, parece que o significado mais natural da expressão "mão esquerda", nessa passagem, é a própria complacência nos louvores humanos. Pois a mão direita significa a intenção de cumprir os preceitos divinos. Em consequência, quando o desejo de elogios se introduz na consciência da pessoa que dá esmola, a mão esquerda como que se faz ciente da obra da direita. Portanto, a afirmação "Não saiba a tua mão esquerda o que faz a tua direita" significa: não se introduza em tua consciência o desejo de lisonjas humanas, ao pretenderes observar o preceito divino de dar esmolas.

---

[17] Mt 6,2.
[18] Mt 6,3.

SANTO AGOSTINHO

Agir sem alarde

9 Acrescenta o Senhor: "... para que a tua esmola fique em segredo".[19] O que quer dizer "fique em segredo" senão numa boa consciência, na qual o olhar humano não pode penetrar, nem a palavra revelar? Muitas são as maneiras de se dizerem mentiras... Se, pois, a mão direita age no interior, em segredo, a mão esquerda, que simboliza tudo o que é exterior, manifesta as coisas visíveis e efêmeras.

Permaneça, portanto, tua esmola na própria consciência. Aí grande número de pessoas dá esmolas, pela boa intenção, mesmo não tendo dinheiro ou qualquer outro recurso para atender os necessitados. Muitas outras, pelo contrário, dão esmolas exteriormente, e não interiormente. São todos os que querem parecer generosos por ambição, ou por alguma outra consideração humana. Nestes, parece que só a mão esquerda é que age.

Além dessas, há outras pessoas que se mantêm em lugar intermédio, entre os dois extremos. Fazem esmolas com a intenção voltada para Deus, e contudo também se mistura nessa boa vontade a ambição de louvores humanos ou algum outro desejo fútil e leviano.

O Senhor proíbe-nos deixar a mão esquerda agir sozinha, com vigor tanto maior que também nos proíbe que ela venha a se misturar nas obras da mão direita. Portanto, não somente devemos evitar dar esmolas por motivos interesseiros, como também nossa intenção deve dirigir-se unicamente a Deus, sem que alguma cobiça de vantagens temporais venha a se envolver.

Trata-se, pois, de purificar nosso coração. Se ele não for simples, não estará puro. Mas como poderá ser puro se

---

[19] Mt 6,4.

procurar servir a dois senhores? Se não purificar seu olhar, voltando-o somente para os bens da eternidade, sem o que o olhar fica obscurecido pela busca dos bens perecíveis e frágeis.

"Para que tua esmola fique em segredo; e teu Pai, que vê o que está oculto, te recompensará publicamente."[20]

Fazemos a observação de que essa palavra "publicamente"[21] não aparece nos textos gregos mais antigos. Por esse motivo, não nos pareceu oportuno dar alguma explicação sobre ela.

A oração em segredo

10 "E quando orardes, não sejais como os hipócritas, porque eles gostam de fazer oração pondo-se em pé nas sinagogas e nas esquinas, a fim de serem vistos pelos homens."[22]

O mal não é ser visto pelos homens, mas orar com o fim de ser visto por eles. Será supérfluo repetir tantas vezes a mesma coisa, uma vez que já vimos a única regra a ser observada: não é para se temer e evitar que os homens saibam o que fazemos de bem. O que se há de evitar é fazê-lo com a intenção de buscar a aprovação deles, como recompensa.

Emprega aqui o Senhor a mesma expressão anterior: "Em verdade, vos digo: já receberam a sua recompensa".[23] Manifesta com essas palavras uma advertência para que não se procure recompensa, tal como a que satisfaz os insensatos, ao serem louvados pelos homens.

---

[20] Mt 6,4. Publicamente: *palam*, no latim.
[21] *Palam*.
[22] Mt 6,5.
[23] Mt 6,5.

Como rezar

11 "Mas tu, quando orares, entra no teu quarto e, fechando a porta..."[24]

Que quarto será esse a não ser o próprio coração, como o indica o salmo: "Do que pensais nos vossos corações, compungi-vos no retiro de vossos leitos".[25]

E o Senhor prossegue: "E fechando a porta, ora ao teu Pai ocultamente...". Não basta entrar no quarto. Se a porta ficar aberta aos importúnios, ela dá entrada às futilidades exteriores que vêm perturbar nosso recolhimento. Dissemos que vêm de fora para significar as realidades passageiras e sensíveis que penetram pela porta, isto é, pelos nossos sentidos corporais, pois uma multidão de vãs imagens perturba nossa oração. Em consequência, é preciso fechar a porta: resistir às solicitações dos sentidos corporais, para que uma oração toda espiritual se dirija ao Pai. Oração essa feita no íntimo do coração, onde em segredo rezamos ao Pai.[26]

"E o teu Pai, que vê o que está oculto, te recompensará."[27] Se o Senhor termina desse modo essa frase, é porque não se propõe aí admoestar-nos para rezar, mas sim como havemos de rezar. Do mesmo modo, mais acima, não mandou dar

---

[24] Mt 6,6.
[25] Sl 4,5.
[26] Podemos imaginar como Agostinho devia ter sido frequentador dessa oração recomendada por Jesus, a da porta fechada, diante do Pai, que unicamente vê no segredo. Aquela oração que o olhar limpo e simples lança sobre a vida eterna, e que o puro amor da sabedoria ilumina e purifica totalmente! João Paulo II, na sua Carta Apostólica publicada por ocasião do XVI Centenário da Conversão de Santo Agostinho, salienta: "O bispo de Hipona foi homem de oração — antes, dir-se-ia, homem feito de oração —, e anunciou a todos com incrível perseverança a necessidade da oração. Descreveu-lhe a natureza tão simples e, no entanto, tão complexa...". E nesse momento, dá a referência desta passagem do *De Sermone Domini in monte* (cf. João Paulo II, *op. cit.*, 5).
[27] Mt 6,6.

esmolas, mas ensinou com que espírito havemos de fazê-lo. Isso porque ele quer a pureza do coração. E uma só coisa é capaz de dar essa pureza: a intenção única e simples dirigida para a vida eterna pelo puro amor da sabedoria.

Discrição na oração

12 "Nas vossas orações, não useis de vãs repetições, como fazem os gentios, porque entendem que é pelo palavreado excessivo que serão ouvidos."[28]

É próprio dos hipócritas dar-se em espetáculo em suas orações e não ter outro escopo do que a aprovação dos homens. Assim, também é próprio dos pagãos, isto é, dos gentios, imaginar que à força de palavras serão ouvidos em suas orações. Na verdade, toda essa abundância de palavras vem dos gentios, que se preocupam mais de exercitar sua língua do que de purificar seu coração. Esforçam-se eles em aplicar também esse linguajar frívolo na oração para tentar dobrar a Deus. Julgam que alguém pode incliná-lo com o fluxo de palavras. Assim como se faz junto a um juiz humano, para obter sentença favorável.

"Não sejais como eles", diz o único e verdadeiro Mestre, "porque o vosso Pai sabe do que tendes necessidade antes de lhe pedirdes".[29]

Com efeito, se é preciso empregar uma multidão de palavras para instruir e ensinar a um ignorante, que necessidade há delas ao nos dirigir àquele que conhece tudo? Todas as coisas existentes falam dele pelo seu ser e o proclamam, apresentando-se como obra sua. E nada do que

---

[28] Mt 6,7.
[29] Mt 6,8.

existe se oculta à sua ciência e sabedoria. A ele, as coisas que passaram, como as que hão de passar, estão imutavelmente presentes.

13 Mas como o Senhor nos ensinou a orar com palavras, ainda que poucas — todavia palavras ditas por ele mesmo —, pode-se perguntar que necessidade sente alguém dessas poucas palavras diante daquele que sabe todas as coisas antes que elas aconteçam. E como dissemos, sabe daquilo de que necessitamos antes de o pedirmos. A isso seja respondido primeiramente que não é com palavras que nós devemos procurar obter de Deus o que desejamos, mas com os sentimentos de nosso coração, com a reta intenção de nossos pensamentos. Tudo acompanhado de amor e afeto sincero. Mas nosso Senhor resumiu para nós todas essas coisas a fim de que, confiando-as à memória, as recordemos no momento da oração.

A oração: fonte de paz e purificação

14 Entretanto, pode-se perguntar ainda, quer oremos com palavras, quer com afetos, qual é a necessidade de fazermos oração, uma vez que Deus já sabe com antecedência quais são as nossas precisões? Acontece que a intenção mesma de orar acalma e purifica o nosso coração, torna-nos mais capazes de acolher os dons divinos que nos são infundidos espiritualmente. Deus não atende nossas orações só pelo desejo que tem de nossas súplicas. Ele está sempre pronto a conceder-nos a sua luz. Não uma luz visível, mas a da inteligência e do espírito. Nós é que nem sempre estamos dispostos a acolhê-la, por estarmos inclinados para outros bens e atraídos pela cobiça das coisas temporais, e assim envolvidos em trevas.

Na oração, efetua-se a conversão de nosso coração a Deus, a ele que está sempre disposto a conceder-nos seus dons, se formos capazes de recebê-los. E nesse mesmo movimento de conversão opera-se a purificação do olho interior, à medida que são excluídos os desejos de bens temporais.

A partir desse momento, o olhar de nosso coração torna-se simples e capaz de suportar a claridade da pura luz que procede de Deus, e resplandece inalterável e sem ocaso. E não somente suportar essa luz, como também permanecer nela, sem dificuldade e com gozo inefável. Esse gozo, em toda verdade e pureza, será levado à perfeição na vida bem-aventurada.

A oração dominical[30]

Pai-nosso!

15 Já é tempo de considerar que oração nos é prescrita por aquele de quem aprendemos o que devemos pedir, e obtemos o que pedimos.

---

[30] Como já foi anotado na introdução deste livro (p. 13-14), este comentário ao Sermão da Montanha é, sem dúvida, um dos primeiros sermões de Agostinho como padre. No decorrer de seus quarenta anos de ministério, teve ele frequentes ocasiões de explicar oralmente a oração dominical a seu povo, sobretudo porque isso fazia parte da preparação imediata ao batismo. Após a entrega (*traditio*) dos artigos do credo, era a vez da devolução e recitação de cor do mesmo (*redditio*). Seguia-se o mesmo método com a oração dominical. Os catequizandos denominados competentes, após terem escutado as explicações do bispo, deviam recitar oralmente o *Pater* diante da assembleia. Temos conservados de Santo Agostinho cinco sermões completos sobre essa catequese tão importante. São os *s.* 55 ao 59. Todos eles magníficos e frequentemente citados através dos tempos. Neles, o bispo de Hipona revela-se consumado pregador e mestre, cheio de espontaneidade, em diálogo direto com seus discípulos queridos. Além desses sermões, especialmente consagrados à explicação do *Pater*, Agostinho cita, frequentemente, textos da oração dominical em várias de suas obras. Foram contadas 355 citações! E sobre as bem-aventuranças, aparecem 330 citações!

Diz o Senhor: "Portanto, orai desta maneira: Pai nosso que estás nos céus, santificado seja o teu Nome, venha o teu Reino, seja realizada a tua vontade na terra, como é realizada nos céus. O pão nosso de cada dia, dá-nos hoje. E perdoa-nos as nossas dívidas, como também nós perdoamos aos nossos devedores. E não nos exponhas à tentação, mas livra-nos do mal".[31]

Em toda súplica, a primeira coisa a ser procurada é a obtenção da benevolência daquele a quem é dirigida a petição. Costuma-se ganhá-la com algum encômio, colocando-se um louvor no início da súplica. Para tanto, nada mais nos é determinado por nosso Senhor do que pronunciarmos estas palavras: "Pai nosso que estás nos céus".

Muitas coisas têm sido ditas em louvor de Deus. Quem quer que leia a Sagrada Escritura poderá encontrar tais louvores de modo variado e extenso. Entretanto, em parte alguma se encontra algum preceito ordenando ao povo de Israel que se dirija a Deus como Pai e o invoque como Pai nosso.

Deus, no Antigo Testamento, deu-se a conhecer como Senhor mandando em súditos, isto é, homens que ainda viviam conforme a carne. Digo isso me referindo ao tempo em que os judeus recebiam os preceitos da Lei, com ordem de os observar. Os profetas, porém, testemunham muitas vezes que o mesmo Deus e Senhor nosso poderia também ter se manifestado como Pai deles, se não se tivessem afastado dos mandamentos dele. Pode-se constatá-lo em certas passagens da Escritura: "Criei filhos e engrandeci-os, porém eles me desprezaram".[32] "Eu disse: sois deuses, e todos filhos

---

[31] Mt 6,9-13.
[32] Is 1,2.

do Excelso."[33] E pelo profeta Malaquias: "Se eu sou vosso pai, onde está a minha honra? E se eu sou vosso Senhor, onde está o temor que me é devido?".[34]

E assim em muitas outras passagens, nas quais os judeus são censurados por se terem recusado, por suas prevaricações, a serem filhos. Excetuam-se os textos em que profeticamente foi declarado a respeito do povo cristão que haveria de ter Deus por Pai. Eis estas palavras evangélicas: "Deu-lhes o poder de se tornarem filhos de Deus".[35] E o apóstolo Paulo, que também diz: "Enquanto o herdeiro é menor, em nada difere de um escravo".[36] E logo a seguir faz menção de havermos de receber o espírito de adoção filial "pelo qual clamamos *Abba*, Pai!".[37]

16 Ora, o fato de nossa vocação à herança eterna para virmos a ser co-herdeiros de Cristo e nos tornar filhos por adoção[38] não se baseia em nossos próprios méritos, mas é efeito da graça de Deus. É essa a graça que mencionamos no início dessa oração, ao dizermos: "Pai nosso!".

Com esse nome, inflama-se o amor, pois o que pode ser mais amado pelos filhos do que o seu Pai? E ao chamarem os homens a Deus de "Pai nosso", aviva-se também neles o afeto suplicante e a certeza de obterem o que vai ser pedido. Antes mesmo de pedir qualquer coisa, já recebemos tão grande dom, qual seja o de podermos chamar a Deus de "Pai nosso". Com efeito, o que não concederia Deus a seus filhos suplicantes, havendo já lhes outorgado a filiação divina?

---

[33] Sl 82(81),6.
[34] Mt 1,6.
[35] Jo 1,12.
[36] Gl 4,1.
[37] Gl 4,6.
[38] Rm 8,23.

Finalmente, com quanto cuidado aquele que diz "Pai nosso" deve velar para não se mostrar indigno de tal Pai!

Com efeito, se um homem do povo fosse autorizado por senador idoso a chamá-lo de pai, sem dúvida alguma tremeria e não se atreveria a fazê-lo facilmente, tendo em vista a inferioridade de sua estirpe, a indigência de sua condição e a humildade de sua pessoa. Então, quanto mais haverá de tremer alguém por chamar a Deus de Pai se a lealdade de sua alma e a sordidez de seus costumes são tão grandes que poderiam provocar em Deus maior repugnância ao vê-lo aproximar-se dele do que aquele senador sentiria perante o aspecto do indigente.

Afinal de contas, o senador estaria desprezando no mendigo aquilo que a ele próprio poderia suceder, pela instabilidade das coisas humanas. Deus, ao contrário, nunca poderia sucumbir em nada de sórdido. Agradeçamos, pois, à misericórdia divina que determinou o termos por Pai. Privilégio que obtemos sem nenhum dispêndio de nossa parte, mas como único efeito de nossa boa vontade.

Nesta mesma ordem de ideias, são admoestados os homens ricos e até mesmo os de pobre condição conforme o mundo em que, ao se fazerem cristãos, não se encham de orgulho diante dos pobres de origem humilde, porque é justamente em companhia deles que haverão de dizer a Deus "Nosso Pai". E não poderão dizê-lo, verdadeira e piedosamente, a não ser que se reconheçam como irmãos.

Que estás no céu

17 Que o novo povo chamado à herança eterna empreste, pois, a voz do Novo Testamento e diga:

"Pai nosso que estás nos céus". Isto é, que está nos santos e nos justos.

Na verdade, Deus não está encerrado em lugar algum. Por certo, o céu é o elemento mais excelente deste mundo. Não obstante, é algo material e não pode existir a não ser em algum espaço. Mas se alguém imaginar que Deus reside no céu, por ser a região mais elevada do universo, poder-se-ia arguir então que as aves têm mais valor do que nós, por viverem mais próximas de Deus. Ora, não está escrito que Deus está mais perto dos homens que residem nas alturas, ou seja, nas montanhas. Ao contrário, lemos no salmo: "O Senhor está perto daqueles que têm coração atribulado".[39] E a tribulação é, antes, própria da humildade.

Como ao pecador foi dada a denominação terra, ao ser dito "Porque és terra e em terra te hás de tornar",[40] assim pode-se, em oposição, chamar o justo de céu. Com efeito, dos justos está dito: "Pois o templo de Deus é santo e esse templo sois vós".[41] Por conseguinte, se Deus habita em seu templo e os santos são o seu templo, com razão as palavras "que estás nos céus" podem ser interpretadas: que estás nos santos.

Essa comparação é muito adequada para fazer ver que espiritualmente há tanta distância entre os justos e os pecadores como materialmente existe entre o céu e a terra.

18 É para exprimir esse pensamento que, quando oramos, nos voltamos para o Oriente, onde o céu

---
[39] Sl 34(33),19.
[40] Gn 3,19.
[41] 1Cor 3,17.

começa.⁴² Não como se Deus ali habitasse e tivesse deixado as outras partes do mundo. Ele está presente em todo lugar, sem ocupar espaço e lugar, unicamente pelo poder de sua majestade. Nosso espírito é advertido por essa invocação a que se volte em direção à natureza mais perfeita, que é Deus, ao mesmo tempo que o nosso próprio corpo, que é terrestre, se volta para o elemento criado mais perfeito, que é o céu.

Convém, na verdade, e aproveita muitíssimo ao progresso da religião que todos, pequenos e grandes, tenham sentimentos dignos sobre Deus. E, por isso, aqueles que ainda estão cativos das belezas terrenas e não podem se figurar nada de incorpóreo estimam mais o céu do que a terra. É tolerável, pois, a ideia daqueles que, se fazendo ainda de Deus uma ideia corpórea, pensem que ele está antes no céu do que na terra. Quando algum dia chegarem a conhecer que a dignidade da alma excede a do corpo celeste, buscarão a Deus no íntimo da alma, mais do que em algum corpo, ainda que celeste. E isso ainda mais quando conhecerem a distância existente entre os justos e os pecadores. Assim, enquanto ainda são carnais, as suas ideias não se atrevem a colocar Deus na terra, mas no

---

⁴² F. Van der Meer, em sua famosa obra *Saint Augustin, pasteur d'âmes*, faz uma interessante observação a respeito desta passagem do *De Sermone Domini in monte*: "Em um de seus primeiros sermões, Agostinho explica por que os cristãos, quando rezam de pé, se voltam para o leste, ao dizer estas palavras: *Que estás nos céus*. É a leste que se levantam os astros. Não pretendemos, por certo, que Deus habite unicamente lá, nem que sua presença seja menos real em outro lugar; mas o céu é mais elevado e mais nobre do que a terra, e nossa atitude exprime simplesmente que nossa alma tende para as alturas, em direção daquele que é mais elevado do que tudo mais". Afirma, então, Van der Meer que essa explicação lhe parece um pouco pobre, em comparação com a concepção antiga e tradicional, que via no Oriente o lugar da ascensão de Cristo, de sua volta gloriosa e como o lugar da eterna beatitude. De fato, o Oriente era considerado como o símbolo do Reino de Deus, reino de verdadeira luz, do Sol da justiça. Cf. VAN DER MEER, *op. cit.*, vol. 2, p. 101, nota 81.

céu. Depois de mais esclarecidos na fé e na compreensão, buscarão a Deus de preferência na alma dos justos do que na dos pecadores.

Com razão, pois, entenda-se que as palavras "Pai nosso que estás nos céus" significam que ele está no coração dos justos, onde Deus habita como em seu santo templo. Por aí também quem ora há de querer ver habitar em si mesmo aquele a quem ora, e nessa nobre ambição será fiel à justiça que é o melhor modo de convidar Deus a vir estabelecer sua morada na própria alma.

Santificado seja o teu nome

19 Vejamos agora que coisas pedir. Já vimos quem é aquele a quem se pede e onde ele reside.

Acima de tudo, o que se vai pedir é o seguinte: "Santificado seja o teu nome". Isso não significa que esse nome não é santo, mas se pede para que ele seja venerado como santo por todos os homens. O que quer dizer: que Deus seja conhecido por todos, de tal maneira que o tenham pelo que há de mais santo. Ofendê-lo será o que mais se há de temer neste mundo.

Tampouco por ter sido dito "Deus é conhecido na Judeia; grande é o seu nome em Israel",[43] de modo que se entenda Deus ser menor num lugar e maior em outro. Seu nome é grande, lá onde for pronunciado com o respeito devido à sua majestade.

Assim, pois, é santo o seu nome ali onde, com veneração e temor de o ofender, ele vier a ser nomeado. E isso é o que acontece presentemente, quando o Evangelho, dando-o a

---

[43] Sl 76(75),2.

conhecer em diversas nações, faz respeitar o nome do Deus único, por intermédio de seu Filho.

Venha o teu Reino

20 Em seguida, temos o segundo pedido: "Venha o teu Reino". O próprio Senhor ensina-nos que o dia do Juízo virá quando o Evangelho tiver sido proclamado a todas as nações,[44] o que está relacionado com a santificação do nome de Deus.

Como no pedido anterior, aqui as palavras "Venha o teu Reino" não significam que Deus não esteja reinando atualmente. Talvez alguém opine que signifiquem: Venha o teu Reino, na terra? Como se Deus, na verdade, não reinasse já agora na terra, e nela não tivesse sempre reinado, desde a criação do mundo.

Portanto, "que venha o teu Reino" quer dizer: que ele seja manifestado aos homens. Pois do mesmo modo que a luz, ainda que presente, não se irradia para os cegos e para aqueles que fecham os olhos, assim também o Reino de Deus, ainda que permanente na terra, está oculto para os que não o conhecem.

Contudo, a ninguém será possível desconhecer o Reino de Deus quando o seu Filho unigênito vier sobre o céu, não só de modo espiritual como também visivelmente, em forma humana — o Homem-Senhor,[45] para julgar os vivos e os mortos.

---

[44] Mt 24,14.

[45] *Homem-Senhor*: *Homo-Dominicus*. Essa é uma expressão usada para marcar a natureza humana de Cristo. Muitos escritores ortodoxos já se tinham servido dela antes de Agostinho. Por exemplo, Santo Atanásio, no Oriente, e São Jerônimo, no Ocidente. Santo Agostinho reproduziu-a sem desconfiança neste capítulo. Nas suas *Retractationes*, porém, censura-se de a ter empregado. Diz textualmente: "Não vejo se se pode corretamente chamar com o nome de *Homo-Dominicus* aquele que é o media-

Depois desse julgamento, isto é, depois de feita a separação entre justos e pecadores, Deus habitará de tal forma nos justos que eles não precisarão ser ensinados por outras pessoas. Pois está escrito: "Todos serão ensinados por Deus".[46] Então, a vida bem-aventurada será plena nos santos, por toda a eternidade. Tal como acontece com os anjos do céu — santíssimos e felicíssimos, iluminados por Deus unicamente e, portanto, sábios e felizes — conforme o que o próprio Senhor prometeu aos seus: "Na ressurreição serão todos como os anjos no céu".[47]

Seja realizada a tua vontade na terra como nos céus

21 Eis por que, depois daquela petição "Venha o teu Reino", segue-se logo esta: "Seja realizada a tua vontade na terra, como é realizada nos Céus".[48]

Isso significa: como se realiza a tua vontade pelos anjos que estão nos céus, os quais se acham estreitamente unidos a ti, e gozam de ti, sem que nada obscureça sua sabedoria, nem miséria alguma impeça sua felicidade. Assim, que se cumpra tua vontade pelos teus santos que estão na terra, cujos corpos são formados da terra. Eles hão de ser retomados da terra para passar por uma transformação que os tornará dignos de habitar nos céus.

---

dor entre Deus e os homens, Jesus Cristo, homem, visto que ele é o Senhor de todos. Quem, na sua família santa, não poderia também ser nomeado *Homo-Dominicus*? É verdade que, ao falar desse modo, eu segui o exemplo de certos comentadores dos livros santos. Mas em toda parte em que escrevi essa fórmula, preferiria não a ter empregado. Pois vi a seguir que não devia ser usada, se bem que a rigor ela possa ser justificada" (*Retractationes* 1,19,8). Por essa revisão, nós constatamos a grande preocupação de Santo Agostinho com o termo próprio, bem ortodoxo. É essa uma das suas características. Dá assim prova de severidade acentuada na escolha do vocabulário exegético. Cf. G. BARDY, *op. cit.*, p. 74 e 572.

[46] Is 54,13; Jo 6,45.
[47] Mt 22,30.
[48] Mt 6,10.

A esse pedido refere-se também aquela aclamação dos anjos: "Glória a Deus nas alturas e paz na terra aos homens de boa vontade".⁴⁹ Isto é, quando a nossa boa vontade começar a responder ao chamado de Deus, a vontade de Deus estará sendo cumprida perfeitamente em nós, como ela é cumprida nos anjos do céu, e nenhuma adversidade virá se opor à nossa felicidade e paz.

De maneira semelhante, as palavras "Seja realizada tua vontade" podem muito bem ser entendidas do modo seguinte: que teus preceitos sejam obedecidos na terra como no céu, isto é, pelos homens, assim como pelos anjos. Com efeito, o mesmo Senhor assegurou que a vontade de Deus é feita quando seus mandamentos são observados, ao dizer: "O meu alimento é fazer a vontade daquele que me enviou".⁵⁰ E também quando disse: "Desci do céu não para fazer a minha vontade, mas a vontade de quem me enviou".⁵¹ E ainda ao afirmar, apontando para os discípulos com a mão: "Aqui estão a minha mãe e os meus irmãos, porque aquele que fizer a vontade de meu Pai que está nos Céus, esse é meu irmão, irmã e mãe".⁵²

Em consequência, aqueles que fazem a vontade de Deus veem realizar-se neles essa mesma vontade não por eles terem agido sobre a vontade de Deus, mas sim porque fazem o que ele quer, isto é, agem conforme a vontade divina.

22 Apresenta-se também outro sentido para as palavras: "Seja realizada tua vontade na terra, como é realizada nos Céus": assim como acontece com os justos

---

⁴⁹ Lc 2,14.
⁵⁰ Jo 4,34.
⁵¹ Jo 6,38.
⁵² Mt 12,49-50.

e santos, também aconteça com os pecadores. E pode-se entender isso de dois modos.

Primeiro: que nessa petição oremos também por nossos inimigos. Podem-se acaso considerar de outro modo aqueles cuja conduta se opõe à dilatação da fé cristã e católica? De modo que as palavras "Seja realizada tua vontade na terra, como é realizada nos Céus" equivalem a dizer que, assim como os justos fazem a tua vontade, também os pecadores obedeçam a ela e se convertam a Deus.

O segundo modo a ser entendida essa petição do Pai-nosso é que nela se pede ser outorgado a cada um o que lhe é devido. Isso acontecerá no julgamento final. Aos justos será dado o prêmio; aos pecadores, a condenação. Então os cordeiros serão separados dos cabritos.[53]

23 Há ainda outra interpretação nada absurda, mas bem conforme à nossa fé e esperança, pela qual entenderemos, por céu e terra, o espírito e a carne. Pois disse o Apóstolo: "Assim, pois, sou eu mesmo que pela razão sirvo à lei de Deus, e pela carne à lei do pecado".[54] Vemos aí a vontade de Deus se cumprir na mente, isto é, no espírito. "Quando a morte for absorvida pela vitória e este ser mortal tiver revestido a imortalidade"[55] — o que sucederá na ressurreição da carne. Quando o corpo receber aquela imutabilidade prometida aos justos, conforme o ensino do mesmo Apóstolo, será feita então a vontade de Deus na terra como no céu.

Isto é, como o espírito não resistirá mais a Deus, mas fará perfeitamente a vontade dele, que assim o corpo não re-

---

[53] Mt 25,33.
[54] Rm 7,25.
[55] 1Cor 15,54.

sista ao espírito ou alma, a qual se sente agora atormentada pela enfermidade do corpo e propensa aos hábitos carnais. Dar-se-á a suprema paz na vida eterna, porque não somente teremos o desejo de fazer o bem, como também o realizaremos plenamente. Pois agora diz o Apóstolo: "O querer o bem está ao meu alcance; não, porém, o praticá-lo".[56] A razão é porque não se faz a vontade de Deus na terra como no céu, isto é, não se pratica a obediência na carne como no espírito. Em tudo a vontade de Deus se faz, mesmo em nossa miséria, quando na carne sofremos pela nossa condição mortal. A nossa natureza mereceu isso, pelo seu pecado. Portanto, se há de pedir que, como no céu, assim também se faça na terra a vontade de Deus. O que significa: assim como nosso coração se compraz na lei de Deus, segundo o homem interior,[57] assim também, uma vez realizada a transformação de nosso corpo, parte alguma de nós mesmos venha pôr obstáculos por meio de dores ou prazeres terrestres ao nosso deleite de cumprir a vontade de Deus.

24 Podemos, por outro lado, sem faltar à verdade, interpretar as palavras "Seja realizada tua vontade na terra, como é realizada nos Céus" da seguinte maneira: que essa vontade seja realizada na Igreja como ela se realiza em nosso Senhor Jesus Cristo — naquele homem que sempre cumpriu fielmente a vontade de seu Pai, assim como na esposa com quem se uniu. Com efeito, de modo adequado, o céu e a terra podem significar o varão e a esposa, porquanto a terra só frutifica quando fertilizada pelo céu.

---

[56] Rm 7,18.
[57] Rm 7,22.

O pão nosso de cada dia dá-nos hoje

25 O quarto pedido é: "O pão nosso de cada dia dá-nos hoje".[58] O pão cotidiano pode significar aqui diversas coisas: 1) Todas as coisas necessárias para o sustento da vida presente. A esse respeito foi declarado: "Não vos preocupeis com o dia de amanhã".[59] Essa recomendação explica ter sido acrescentado o "dá-nos hoje". 2) Ou então significa o sacramento do corpo de Cristo que recebemos todos os dias. 3) E ainda, a refeição espiritual da qual o mesmo Senhor disse: "Trabalhai não pelo alimento que se perde, mas pelo alimento que perdura até a vida eterna".[60] "Eu sou o pão descido do céu."[61]

Entretanto, é bom examinarmos entre esses três sentidos qual o mais provável.

Poderá alguém se admirar de que precisemos pedir a Deus para conseguirmos as coisas necessárias para esta vida do corpo, como, por exemplo, o alimento e a roupa, havendo dito o Senhor: "Não andeis preocupados, dizendo: Que iremos comer? Ou que iremos beber? Ou que iremos vestir?".[62] Ora, poderá alguém ficar sem preocupação diante dessas coisas que deseja obter e que deve pedir a Deus, com toda atenção? A esse respeito refere-se o Senhor quando falava do quarto cujas portas deveriam ser fechadas, ao se orar. E ainda estas palavras: "Buscai, em primeiro lugar, o Reino de Deus e a sua justiça, e todas estas coisas vos serão acrescentadas".[63]

---

[58] Mt 6,11.
[59] Mt 6,34.
[60] Jo 6,27.
[61] Jo 6,41.
[62] Mt 6,31; Lc 12,22.
[63] Mt 6,33; Lc 12,31.

Evidentemente, o Senhor não diz: buscai em primeiro lugar o Reino de Deus e depois buscai essas coisas, mas sim: "e todas essas coisas vos serão acrescentadas", isto é, sem que preciseis procurá-las. Contudo, eu não vejo como se possa dizer, na verdade, que quem pede a Deus com empenho não procure aquilo que deseja obter.

26 Quanto ao sacramento do corpo do Senhor, para não entrar em questão com muitos irmãos do Oriente que não participam diariamente da ceia do Senhor, mesmo que seja esse pão denominado cotidiano.. Pois para que se silenciem nesta questão e não venham a se defender apoiando-se na autoridade eclesiástica, visto que os responsáveis de suas igrejas não se opõem, e assim não são acusados de desobediência ao agir dessa maneira, nem de causar escândalo. Tudo isso prova que naquelas regiões do Oriente não se dá esse sentido às palavras da oração dominical "pão de cada dia". De outra forma, eles seriam arguidos grandemente de culpa por não receberem cada dia o pão consagrado.

Mas conforme ficou dito, para não discutirmos nenhuma dessas opiniões, diremos que todo aquele que reflete verá claramente que nós recebemos do Senhor uma forma de oração, à qual não podemos transgredir, acrescentar ou omitir o que quer que seja.

Assim sendo, quem se atreveria a afirmar que devemos rezar a oração dominical somente uma vez ao dia? Ou ainda a rezarmos duas ou três vezes, a ser mesmo suficiente só naquela hora em que recebemos o corpo de Cristo, sem pronunciarmos essa súplica nas horas restantes? Pois não podemos dizer: "dá-nos hoje", o que já recebemos, a não ser que estejamos coagidos de celebrar esse sacramento só no fim do dia.

27 Em vista disso, resta-nos que entendamos por pão cotidiano o alimento espiritual, a saber, os preceitos divinos, sobre os quais convém meditarmos e praticarmos cada dia. É acerca deles que o Senhor admoesta: "Trabalhai não pelo alimento que se perde, mas pelo alimento que perdura até a vida eterna".[64]

Ora, esse alimento é chamado cotidiano durante esta nossa vida temporal que se desenrola pelos dias que se passam e sucedem sem cessar, enquanto os afetos da alma se alternam, dirigindo-se ora para o alto, ora para o que é inferior, isto é, ora para as coisas espirituais, ora para as carnais.

Assim como qualquer ser que em certo tempo se refaz com alimentos, e em outro padece de fome, necessitamos todos os dias do pão para nos saciar a fome e restaurar as forças abatidas. Nosso corpo, enquanto estiver nesta vida, isto é, antes de sua transformação, tem necessidade de reparar com o alimento as energias perdidas no desgaste contínuo. Assim também nossa alma, por sofrer como que certa diminuição no amor de Deus, cansada por efeito das afeições temporais, necessita restaurar-se com o alimento dos preceitos divinos.

Dizemos: "Dá-nos hoje". A palavra "hoje" é empregada para expressar o tempo que nossa vida mortal dura. Pois depois desta vida seremos de tal modo saciados com o alimento espiritual, por toda a eternidade, que esse pão não mais será chamado cotidiano. Lá não mais existirá esta mobilidade do tempo que faz com que os dias se sucedam aos dias, levando-nos a dizer "cada dia".

[64] Jo 6,27.

Havemos de entender tudo isso, conforme aquelas palavras do salmo: "Hoje, se ouvirdes a voz do Senhor".[65] O Apóstolo interpreta essas palavras na Epístola aos Hebreus, do seguinte modo: "Enquanto ainda se disser 'hoje'",[66] isto é, enquanto vivermos aqui na terra. Assim também se há de entender o "dá-nos hoje".

Contudo, se alguém quiser interpretar este pedido da oração dominical, em relação ao alimento necessário para o corpo, ou ao sacramento do corpo do Senhor, convém que admita juntamente todos os sentidos aqui explicados e reconheça que pedimos, ao mesmo tempo, o pão cotidiano necessário ao corpo, o sacramento visível e o pão invisível da Palavra de Deus.

E perdoa-nos as nossas dívidas, como também nós perdoamos aos nossos devedores

28 Vem em seguida o quinto pedido que diz: "E perdoa-nos as nossas dívidas, como também perdoamos aos nossos devedores".[67]

É claro que o Senhor denomina dívidas, aqui, aos pecados. No mesmo sentido ele disse: "Em verdade te digo: Dali não sairás enquanto não pagares o último centavo".[68] E ele chamou de devedores aqueles sobre os quais foi anunciado que tinham perecido na queda da torre, como também aqueles cujo sangue o rei Herodes misturara com o dos sacrifícios.[69] Perguntou-lhes se eles acreditavam que esses homens eram mais pecadores do que os outros. E acrescentou: "Não,

---

[65] Sl 95(94),7.
[66] Hb 3,13.
[67] Mt 6,12.
[68] Mt 5,2
[69] Lc 13,1-5.

eu vos digo, mas se não vos converterdes, perecereis todos de modo semelhante".[70]

Consequentemente, o Senhor dá-nos aqui uma ordem para perdoar não precisamente em questão de dinheiro, mas em relação às ofensas que possam nos fazer, até em questão pecuniária. Em referência a perdoar dívidas monetárias, esclareceu-nos mais acima, naquele outro preceito em que disse: "Aquele que quer pleitear contigo para tomar-te a túnica, deixa-lhe também a veste".[71] Não é mandado, portanto, perdoar a dívida em dinheiro a todo e qualquer devedor que nos deve alguma coisa, mas àquele que, recusando pagar, chega ao extremo de querer também levantar uma disputa. Diz o Apóstolo: "Um servo do Senhor não deve brigar".[72] Por conseguinte, é preciso perdoar a dívida àquele que não quer devolver o devido, nem voluntariamente nem por solicitação nossa. Com efeito, ele se recusa a pagar por um dos motivos seguintes: ou porque não tem possibilidade para isso, ou porque é avarento e cobiça o bem alheio. Ora, em ambos os casos há indigência. No primeiro, carência de bens materiais e no segundo, pobreza moral. Quem quer que perdoe a dívida a tal devedor, perdoa a um pobre necessitado e age cristãmente cumprindo aquela regra que nos prescreve estarmos dispostos a perder o que nos é devido. Mas se modesta e mansamente são empregados todos os meios para o reembolso, não se visando tanto o interesse de recobrar o dinheiro como o de corrigir a um homem ao qual por certo é pernicioso não satisfazer sua dívida, tendo com

---

[70] Lc 13,1-5.
[71] Mt 5,40.
[72] 2Tm 2,24.

que o fazer. Com isso, não se pecará e ainda se fará aproveitar muitíssimo ao devedor que, querendo beneficiar-se do dinheiro alheio, poderá até vir a perder a sua fé. Perda tanto maior quanto incalculável.

Pelo que se deduz que esta quinta petição, na qual dizemos: "Perdoa-nos as nossas dívidas", não se refere precisamente ao dinheiro, mas a que perdoemos todas aquelas ofensas que alguém tenha feito contra nós, inclusive, porém, em matéria monetária. Realmente te ofende aquele que recusa devolver o dinheiro que te deve, tendo a possibilidade de o fazer. Ora, se tu não perdoas esse pecado, como poderás dizer: "Perdoa-nos as nossas dívidas, como também nós perdoamos aos nossos devedores"? Mas, ao contrário, se o perdoas, reconheces que a todo aquele a quem se manda rezar desse modo deves também perdoar as dívidas monetárias.

29 Pode-se ainda examinar se, ao dizermos: "Perdoai-nos as nossas dívidas, como também nós perdoamos aos nossos devedores", estamos convencidos de termos violado essa regra, ao recusarmos perdoar aqueles que nos pedem perdão. Visto que nós mesmos pedimos perdão a um Pai cheio de bondade, no desejo de sermos perdoados.

Observemos ainda que, naquele preceito em que nos é mandado orar por nossos inimigos, não está incluído: orar por aqueles que nos pedem perdão. É porque, se alguém tem essa disposição de ânimo, já não é nosso inimigo. Por outro lado, de modo algum poderá alguém dizer que ora por aquele a quem não quer perdoar.

Logo, é necessário confessar que devemos perdoar todas as ofensas cometidas contra nós se quisermos que nos sejam perdoadas por nosso Pai as ofensas de que somos culpados diante dele. No tocante à vingança, parece-me já ter dito suficientemente acima.⁷³

Não nos deixes cair em tentação

30 A sexta petição diz: "E não nos exponhas⁷⁴ à tentação". Alguns códigos dizem: "Não nos deixes cair em tentação".⁷⁵ Julgo que essas palavras se equivalem, pois ambas foram traduzidas de um mesmo termo grego.⁷⁶

Ao rezar a oração, há quem diga: "não permitas que sejamos induzidos na tentação", a fim de explicar melhor o sentido desta palavra: "induzir". Por si mesmo, Deus não induz ninguém na tentação, mas permite que caia nela aquele a quem, por ocultos e justos desígnios, priva de seu auxílio, como castigo. Por vezes, julga-se que alguém mereceu ficar privado do auxílio divino por faltas manifestas. Contudo, uma coisa é ser tentado, e outra sucumbir na tentação. Pois, sem tentação, nenhum homem pode ficar provado, nem a seus próprios olhos, conforme está escrito: "Que sabe aquele que não foi provado?".⁷⁷ Nem tampouco aos olhos dos outros, como diz o Apóstolo: "E vós não mostrastes desprezo nem desgosto, em face da vossa provação na minha carne",⁷⁸ isto é, pela humildade e enfermidade de minha parte. Por aí conheceu o Apóstolo que os gálatas estavam firmes, porquanto, apesar daquelas tribulações, que segundo a carne haviam acontecido ao Apóstolo, a caridade não diminuíra neles.

---

⁷³ Cf. acima, 1,56-68.
⁷⁴ *Inferas.*
⁷⁵ *Inducas.*
⁷⁶ *Eisenénkes.*
⁷⁷ Eclo 34,9.11.
⁷⁸ Gl 4,14.

Quanto a Deus, ele nos conhece bem, antes mesmo das tentações, pois ele sabe de todas as coisas antes que aconteçam.

31 Quanto a estas palavras: "O senhor vosso Deus vos põe à prova, para se tornar manifesto se o amais ou não",[79] a expressão "para se tornar manifesto" deve ser entendida no seguinte sentido: para vos tornar conhecido. É assim que classificamos de "dia alegre" o dia que nos trouxe alegria; e como "frio paralisante" um frio que nos enregela. E quantas outras expressões desse gênero encontramos empregadas no uso comum ou na linguagem dos doutos ou mesmo nas Sagradas Escrituras.

É o que não entendem os hereges[80] que repelem o Antigo Testamento e pretendem que as palavras "O Senhor vosso Deus vos prova" devem ser atribuídas à ignorância. Como se no Evangelho não se dissesse do próprio Senhor: "Ele falava assim para pô-lo (a Filipe) à prova, porque sabia o que iria fazer".[81] Com efeito, se o Senhor conhecia o coração daquele a quem provava, o que queria ele saber ao prová-lo? Evidentemente, agiu desse modo para que aquele a quem provava se conhecesse a si mesmo, e condenasse a sua desconfiança. No caso, Filipe, ao ver a multidão saciada com o pão multiplicado pelo Senhor; ele que havia julgado não terem nada para comer.[82]

32 Logo, não pedimos aqui que não sejamos tentados, mas que não sucumbamos à tentação. Assim como

---

[79] Dt 13,3.
[80] Os maniqueus.
[81] Jo 6,6.
[82] Jo 6,1-13.

alguém, obrigado a passar por uma prova de fogo, pedisse não para o fogo não o atingir, mas para não ser abrasado. Com efeito, "O forno prova os vasos do oleiro, e a prova de tribulação, os homens justos".[83]

Vemos assim que José foi tentado por seduções impuras e não sucumbiu à tentação.[84] Suzana foi igualmente submetida à mesma tentação, e tampouco foi arrastada nem vencida pela tentação.[85] Desse modo deu-se com muitas outras pessoas de ambos os sexos. Temos, principalmente, o exemplo de Jó.

O exemplo da provação de Jó

Aqueles hereges, inimigos declarados do Antigo Testamento, pretendem ridicularizar com sacrílegas expressões a admirável fidelidade de Jó para com seu Deus e Senhor. Contestam eles, de preferência, aquela passagem que narra Satanás ter pedido a Deus permissão para tentar Jó.[86]

Pedem esses maniqueus esclarecimentos sobre esse ponto a homens incompetentes, incapazes de explicar como pôde Satanás falar com Deus. Não veem — e é impossível vê-lo, por estarem obcecados pela superstição e espírito de contenda — que Deus não ocupa lugar no espaço, com as dimensões de um corpo. Assim, não pode estar presente num lugar e noutro não; ter aqui uma parte de seu ser e ali outra. Ao contrário, ele está presente em toda parte, por sua majestade, sem estar dividido em parcelas, perfeito em todos os lugares. Mas se eles entendem

---

[83] Eclo 27,6.
[84] Gn 39,7.
[85] Dn 13,923.
[86] Jó 9-12.

de modo material aquilo que o Senhor diz: "O céu é o meu trono e a terra é o escabelo de meus pés",[87] expressões que o próprio Senhor confirma ao dizer: "Não jureis nem pelo céu, porque é o trono de Deus, nem pela terra, porque é o escabelo de seus pés",[88] o que há para se espantar que o demônio, estando sobre a terra, se pusesse aos pés de Deus e em sua presença lhe dirigisse a palavra? Quando poderão eles compreender que não existe alma alguma, sendo capaz de raciocínio, por perversa que seja, a cuja consciência Deus não possa falar? Quem inscreveu a lei natural no coração do homem, a não ser Deus? É a respeito dessa lei que o Apóstolo fala: "Quando os gentios, não tendo Lei, fazem naturalmente o que é prescrito pela Lei, eles, não tendo Lei, para si mesmos são a Lei; eles mostram a obra da Lei gravada em seus corações, dando disso testemunho sua consciência e seus pensamentos que, alternadamente, se acusam ou defendem... no dia em que Deus — segundo o meu evangelho — julgará, por Jesus Cristo, as ações ocultas dos homens".[89]

Ora, uma alma racional — mesmo cega pela paixão — chega a pensar e raciocinar. Nessa circunstância não se deve atribuir a ela mesma o que há de verdadeiro em seu raciocínio, mas sim à luz da verdade que a ilumina, ainda que fracamente e na proporção de sua capacidade. Como, pois, se pode estranhar que se diga que a alma perversa do demônio, se bem que desgarrada pelas más paixões, tenha ouvido a voz de Deus? Isto é, da mesma verdade ouviu ele tudo o que de verdadeiro pensou sobre Jó, aquele varão justo, no momento em que queria tentá-lo? Todavia, tudo

---

[87] Is 66,1.
[88] Mt 5,34-35.
[89] Rm 2,14-16.

o que houve de falso naquele julgamento deve-se imputar àquelas más paixões pelas quais o demônio mereceu o nome de caluniador.

Comumente, é também por meio de criaturas corporais e visíveis que Deus fala aos bons, como aos maus, sendo ele o Senhor e o administrador de todas as coisas e ordenador delas, segundo a capacidade de cada um. Assim, serviu-se ele dos anjos que em figura humana apareceram aos homens, e dos profetas que sempre começavam por dizer: "Eis o que diz o Senhor!". Então, por que se há de espantar de ser dito que Deus falou com o demônio, talvez não no próprio pensamento deles, mas por intermédio de alguma criatura escolhida para esse mister?

33 E não se imaginem esses hereges que o fato de ter Deus falado com o demônio fosse uma deferência da parte de Deus para com ele, como uma recompensa devida a seus méritos. Pois o Senhor falou com um espírito angélico, ainda que néscio e cheio de paixões, como falaria a uma alma humana néscia e cheia de paixões. Ou então digam eles mesmos, como Deus falou com aquele rico, cuja estúpida avareza quis repreender, dizendo: "Insensato, nesta mesma noite ser-te-á reclamada a alma. E as coisas que acumulaste, de quem serão?".[90]

É bem certo que o Senhor pronunciou essas palavras que se encontram no Evangelho, ao qual esses hereges, com boa ou má vontade, se submetem. Mas se eles se chocam de que Satanás tenha pedido a Deus permissão para tentar a um justo, não os obrigo a explicar o fato, mas peço-lhes que me declarem a razão pela qual o mesmo Senhor disse no Evange-

---

[90] Lc 12,20.

lho a seus discípulos: "Eis que Satanás pediu insistentemente para vos peneirar como trigo", e dirigindo-se a Pedro: "Eu, porém, orei por ti, a fim de que tua fé não desfaleça".[91]

Porquanto, ao explicarem essa passagem, dão a si mesmos a solução que pretendem que eu lhes declare. Mas se são incapazes de me explicar isso, não se atrevam a reprovar temerariamente em outro livro das Escrituras o que admitem sem dificuldade no Evangelho.

Diversidade de tentações

34 Logo, Satanás tenta não em virtude de seu próprio poder, mas por permissão de Deus, que quer ou castigar os homens por seus pecados ou prová-los e exercitá-los em sua misericórdia.

Importa também distinguir a natureza das tentações em que cada um incorre. Porque aquela na qual caiu Judas, que vendeu o Senhor, não é igual àquela em que caiu Pedro, o qual, atemorizado, negou o seu Mestre.

Há também, assim me parece, tentações denominadas humanas, como sucede, por exemplo, quando alguém, animado de boas intenções, entretanto, fracassa em algum projeto, levado pela fraqueza humana. Ou quem se irrita contra um irmão, no desejo de o corrigir, transpassando algo dos limites que a mansidão cristã prescreve. Sobre essas tentações, disse o Apóstolo: "As tentações que vos acometeram tiveram medida humana". Ao que acrescentou: "Deus é fiel; não permitirá que sejais tentados acima de vossas forças. Mas, com a tentação, ele vos dará os meios de sair dela e a força para a suportar".[92]

---

[91] Lc 22,31-32.
[92] 1Cor 10,13.

Por aí manifesta-se claramente que não devemos pedir a Deus para não sermos tentados, mas para que não caiamos na tentação. Porque cairíamos nas tentações se elas fossem de tal natureza fortes que não as pudéssemos suportar. Mas como tais tentações perigosas, nas quais é funesta a queda, têm sua origem nas prosperidades ou adversidades temporais, aquele que não se deixa seduzir pelo encanto das prosperidades também não será abatido pelo golpe das adversidades.

Mas livra-nos do mal

35 A sétima e última petição é: "Mas livra-nos do mal". Com efeito, temos de orar não somente para que sejamos preservados do mal não cometido ainda — o que se pediu na sexta petição —, mas também para que sejamos libertos daquele mal em que já estamos imersos. Tendo conseguido essas duas coisas, não teremos mais a recear tentação alguma, nem temer mal algum.

Não podemos esperar que suceda tal benefício, plenamente nesta vida, enquanto dura nossa condição mortal, à qual nos conduziu a sedução da serpente. Não obstante, devemos esperar que aconteça algum dia, e essa é a esperança que não se vê, da qual fala o Apóstolo: "Acaso alguém espera o que vê?".[93]

Apesar disso, os fiéis servos de Deus não devem desesperar de obter a sabedoria concedida já nesta vida presente. Consiste ela em nos afastarmos, com extrema diligência, de tudo o que, por revelação de Deus, compreendemos dever ser evitado. E apetecermos, com ardentíssima caridade, tudo aquilo que por revelação de Deus entendemos que deve ser apetecido.

---

[93] Rm 8,24.

Assim, quando a morte tiver despojado o homem do peso dessa mortalidade, ele gozará em tempo oportuno, sem restrição alguma, da felicidade perfeita apenas iniciada nesta vida, para a posse da qual tendem agora todos os seus esforços.

Duração das três primeiras petições

36 Convém considerar e enaltecer a distinção existente entre as sete petições da oração dominical. Nossa vida atual se desenrola no tempo e na esperança da vida eterna. Ora, as coisas eternas prevalecem em dignidade às temporais.

O objeto das três primeiras petições subsistirá por toda a eternidade, ainda que se inicie nesta vida transitória.

A santificação do nome de Deus começou a se verificar com o humilde advento do Senhor. A vinda de seu Reino se manifestará plenamente quando ele vier cheio de luz e glória. Isso sucederá não no fim dos tempos, mas antes que se acabe este mundo. E o perfeito cumprimento de sua vontade, assim na terra como no céu — seja que por céu e terra entendamos os justos e os pecadores, seja o espírito e a carne, seja o Senhor e a sua Igreja, ou todas essas coisas conjuntamente. Tudo isso realizar-se-á para nossa plena felicidade e, consequentemente, no final dos tempos.

Portanto, todos esses três pedidos durarão eternamente. Pois, efetivamente, a santificação do nome de Deus será eterna. Seu Reino não terá fim. E nossa perfeita felicidade possui a promessa de vida eterna. Logo, permanecerão unidas em toda a sua perfeição essas três aspirações naquela vida que nos é prometida.

Síntese das quatro últimas petições

37 Quanto às outras quatro petições, parece-me que se relacionam com esta vida temporal.

A primeira: "O pão nosso de cada dia dá-nos hoje". Pelo fato mesmo de se dizer pão cotidiano, quer signifique o pão espiritual, quer o sacramental, quer o pão visível do alimento corporal, relaciona-se evidentemente com o tempo presente. A esse tempo que se chama "hoje". Não que o alimento espiritual não seja eterno, mas porque esse pão que é denominado cotidiano pela Escritura é apresentado à alma pela palavra ou por outros sinais sensíveis. E, certamente, nenhuma dessas coisas será necessária na eternidade quando "Todos serão ensinados por Deus",[94] e perceberão a inefável luz da verdade, não por movimentos de corpos que a manifestem, mas pela intuição de puro entendimento. Talvez por esse motivo tenha sido empregada a palavra "pão", e não "bebida". Porque, como o pão precisa ser partido e mastigado para ser assimilado tal como o alimento, assim a Escritura precisa ser rompida e meditada para sustentar a alma, ao passo que a bebida, preparada de antemão, passa ao interior do corpo, conservando sua natureza própria, de modo que, nesta vida, a verdade é como pão que se denomina cotidiano. Mas na outra vida, talvez, não haja senão bebida, sem trabalho algum, sem som de alguma palavra, nem necessidade de ser partido e mastigado, mas haurido apenas, na contemplação da verdade, pura e resplendente.

Quanto aos pecados, agora é que nos são perdoados, e agora, também, que perdoamos as ofensas dos outros. Esse é o objeto da segunda das quatro petições finais. No outro mundo não será preciso pedir perdão dos pecados, porque lá eles não mais serão cometidos.

---

[94] Jo 6,45; Is 54,13.

SANTO AGOSTINHO

As tentações nos atormentam sempre nesta vida passageira. Mas lá, elas não existirão, pois se cumprirá o que diz o salmo: "Tu os esconderás no secreto de tua face".[95]

Enfim, segue-se o mal de que pedimos para ser libertos. Essa mesma libertação do mal pertence certamente a esta vida. A ela, por nossa culpa, a divina justiça nos submeteu à morte, da qual somos libertos por sua misericórdia.

Os dons do Espírito Santo, os pedidos do Pai-nosso, as bem-aventuranças[96]

38 O número setenário de petições parece-me concordar com aquele outro número setenário das bem-aventuranças, do qual todo este sermão deriva.

---

[95] Sl 31(30),21.

[96] A estrutura deste comentário ao Sermão da Montanha está sabiamente construída sobre três setenários: as bem-aventuranças, os dons do Espírito Santo e as súplicas do Pai-nosso. São sete graus de uma ascensão em espiral, que permitem atingir a perfeição evangélica. O número sete, conforme o simbolismo do tempo, já era bastante conhecido por todos. Daí Santo Agostinho não se referir a ele, aqui. Para ajustar o Sermão da Montanha à estrutura setenária, o autor obriga-se a fazer algumas contorções ao texto bíblico. As oito bem-aventuranças são reduzidas a sete. A oitava torna-se um retorno à primeira, numa síntese final (cf. 1,12). Quanto aos dons do Espírito, cita-os em ordem inversa à apresentada por Isaías, começando pelo temor de Deus e acabando com a sabedoria. Enfim, os seis pedidos do *Pater* tornam-se sete, pelo desdobramento do sexto, isolando-o do "livra-nos do mal". Eis, em síntese, a correlação mencionada:

Dons do Espírito	*Bem-aventuranças*	*Súplicas do Pater*
1. Temor de Deus	Os pobres de espírito	Santificado teu nome
2. Piedade	Os mansos	Venha o teu Reino
3. Ciência	Os que choram	Faça-se tua vontade
4. Fortaleza	Os esfomeados	Dá-nos o pão cotidiano
5. Conselho	Os misericordiosos	O perdão das ofensas
6. Entendimento	Os limpos de coração	Não cairmos em tentação
7. Sabedoria	Os filhos de Deus	Livra-nos do mal

João Paulo II, na Carta apostólica *Augustinum Hipponensem*, salienta essa correlação, no item 5, sobre "A caridade e as ascensões de espírito", notas 205 e 206.

Com efeito, se o temor de Deus torna bem-aventurados os pobres de espírito, porque deles é o Reino dos Céus, peçamos que o nome de Deus seja santificado entre os homens por esse temor casto que permanece por todos os séculos.

Se a piedade faz bem-aventurados os mansos, porque eles possuirão em herança a terra, peçamos que venha o Reino de Deus em nós mesmos; que nos amansemos e não resistamos à sua voz; e venha o céu sobre a terra, com o glorioso advento do Senhor. Então, nos alegraremos e seremos felizes ao ouvirmos: "Vinde, benditos de meu Pai, recebei por herança o Reino preparado para vós desde a fundação do mundo".[97] Pois diz o profeta: "No Senhor, se gloriará a minha alma. Ouçam-no os humildes e alegrem-se".[98]

Se a ciência dá aos que choram o segredo da bem-aventurança, porque serão consolados, peçamos que se faça a vontade de Deus, assim na terra como no céu. Porque quando o corpo, simbolizado como terra, se conformar com o espírito, representado como céu, numa plena e perfeita paz, nós não choraremos mais. Pois o único motivo para chorarmos nesta vida é o combate interior que nos força a dizer: "Percebo outra lei em meus membros que peleja contra a lei de minha razão".[99] Em seguida, o Apóstolo declara seu pesar com voz lacrimosa: "Infeliz de mim! Quem me libertará deste corpo de morte?".[100]

Se é a fortaleza que faz que sejam bem-aventurados os que têm fome e sede de justiça, porque serão saciados, roguemos que o nosso pão cotidiano nos seja dado hoje, para

---

[97] Mt 25,34.
[98] Sl 34(33),3.
[99] Rm 7,23.
[100] Rm 7,24.

que, fortalecidos e sustentados por esse alimento, possamos chegar àquela plena fartura.

Se é o conselho que faz que sejam bem-aventurados os misericordiosos, porque eles alcançarão misericórdia, perdoemos as ofensas aos nossos devedores e peçamos que nos sejam perdoadas as nossas.

Se é o entendimento que faz que sejam bem-aventurados os limpos de coração, porque eles verão a Deus, roguemos para não sermos induzidos na tentação de cair na duplicidade de coração, que nos faz buscar os bens temporais e perecíveis, em vez de procurarmos simplesmente o Bem único, que deveria ser o fim de todas as nossas ações. Com efeito, as tentações que se originam nos acidentes, que os homens consideram como insuportáveis calamidades, nada poderão contra nós se soubermos triunfar daquelas outras coisas que seduzem os homens, por neles colocarem toda a sua felicidade e alegria.

Se é a sabedoria que faz que sejam bem-aventurados os pacíficos, porque serão chamados filhos de Deus, peçamos que ele nos livre na santa liberdade dos filhos de Deus, para podermos, com o espírito de adoção, clamar: *"Abba, Pater!"*.[101]

Um pedido comprometedor

39 Não esqueçamos ainda que, entre essas sete fórmulas de oração que o Senhor nos prescreveu, há uma que ele julgou oportuno recomendar-nos especialmente. É aquela que se refere à remissão dos pecados. Por aí ele quer nos formar à misericórdia — que é o único meio para esca-

---

[101] Rm 8,15; Gl 4,6.

parmos de nossas misérias. Com efeito, em nenhuma outra fórmula nós rezamos desse modo, como se estivéssemos fazendo um pacto com Deus, ao dizer-lhe: "E perdoa-nos as nossas dívidas, como também nós perdoamos aos nossos devedores".

Ora, se não observarmos esse pacto, nenhum fruto tiraremos de nossas orações, visto que o Senhor acrescentou: "Se perdoardes aos homens os seus delitos, também o vosso Pai celeste vos perdoará; mas se não perdoardes aos homens, o vosso Pai também não perdoará os vossos delitos".[102]

Retomada da explicação do sermão

O jejum e a pureza de coração[103]

40 Em seguida, vem o preceito sobre o jejum a exigir a mesma pureza de coração, sobre a qual estamos tratando. É necessário prevenir-se a fim de que não se introduza furtivamente nesta ação de jejuar nem ostentação nem desejo de vanglória humana, que tornam o coração duplo e o privam da pureza e da simplicidade necessárias para nos unirmos a Deus. Para isso, ordenou o Senhor: "Quando jejuardes, não tomeis um ar sombrio, como fazem os hipócritas, pois eles desfiguram o rosto para que seu jejum seja percebido pelos homens. Em verdade vos digo: já receberam sua recompensa. Tu, porém, quando jejuares,

---

[102] Mt 6,14.15.
[103] Vários são os textos extraídos do *De Sermone Domini in monte* escolhidos para figurar nas lições de Matinas, do antigo Breviário romano. Eis a relação:
— Todo este capítulo sobre o jejum era lido na Quarta-feira de cinzas;
— 1,23 — A regra perfeita de vida cristã — na festa de Todos os Santos;
— 1,16 e 17 — O sal da terra e a luz do mundo — no comum dos doutores;
— 1,21 — A justiça dos fariseus e a nova justiça — no 5º dom. comum;
— 2,47 — Ninguém pode servir a dois senhores — no 14º domingo comum.

unge a cabeça e lava o rosto, para que os homens não percebam que estás jejuando, mas apenas o teu Pai, que está presente em segredo; e o teu Pai, que vê o que está oculto, te recompensará".[104]

Está claro que essas recomendações tendem a centralizar toda a nossa atenção nas alegrias interiores, para que não nos conformemos com este século. Assim seria se buscássemos nas coisas exteriores a nossa recompensa. Viríamos a perder a promessa da beatitude, a qual será tanto mais segura e firme quanto mais estiver profundamente impresso em nós o chamado de Deus para nos tornar conformes à imagem do seu Filho.[105]

Atitudes hipócritas

41 Sobre esse ponto é preciso, de modo especial, levar em conta que alguém poderia tirar vanglória não somente do brilho e pompa de suas vestes, como também de seu desalinho, como sinal de penitência. Isso seria tanto mais perigoso quanto mais estivesse oculto sob um manto de piedade, à procura de enganar os outros.

Consequentemente, quem procura brilhar pelo cuidado desmesurado de seu corpo, o luxo de suas vestes ou por outros artifícios ostensivos demonstra claramente que é escravo das pompas do mundo. Não poderia enganar a ninguém, desse modo, ao ostentar aparente imagem de virtude. Mas quem professa o cristianismo, ostentando extraordinário desasseio e miséria, para atrair os olhares dos outros, sem estar forçado a isso por necessidade, só

---

[104] Mt 6,16-18.
[105] Rm 8,29.

poderá provar se age assim por menosprezo do supérfluo, ou alguma ambição secreta, por meio de seus outros atos. O Senhor nos recomenda precaver-nos contra os lobos disfarçados sob peles de ovelha, dizendo: "Pelos seus frutos os conhecereis".[106] Com efeito, se as tentações vieram pô-los à prova, despojando-os das vantagens que visavam ou haviam conseguido, então, necessariamente, ficará manifesto se se trata de lobo escondido sob pele de ovelha ou ovelha em sua própria pele.

Contudo, o cristão não deve procurar atrair o olhar de admiração dos homens, com ornamentos supérfluos, sob o pretexto de que os hipócritas, muitas vezes, utilizam-se de trajes simples para enganar os incautos. Assim, a ovelha não deve jamais deixar sua pele, ainda que alguma vez o lobo se revista dela.

Perfumar a cabeça

42 Ouço, com frequência, perguntarem-me qual o sentido destas palavras: "Tu, porém, quando jejuares, unge a cabeça e lava o rosto, para que os homens não percebam que estás jejuando".[107]

Seria sem sentido nos ser prescrito lavar o rosto, pois o fazemos, por costume, cada dia. Nem termos a cabeça perfumada ao jejuarmos. Todos estão de acordo que fazer isso seria indecoroso. É preciso, pois, entender que essa recomendação de perfumar a cabeça e lavar o rosto refere-se ao interior. Ungir a cabeça indica a alegria interna, e lavar o rosto significa a pureza de coração. Portanto, perfuma-se

---

[106] Mt 7,16.
[107] Mt 6,17.18.

a cabeça aquele cuja alma e espírito estão em festa. Com efeito, pela palavra "cabeça", com razão, todos nós designamos a principal faculdade da alma, a que dirige e governa todas as demais.

É o que acontece com aquele que não procura sua alegria fora, nas lisonjas humanas. Pois o corpo deve obedecer, e não mandar. Sem dúvida, "Ninguém jamais quis mal à sua própria carne",[108] como ensina o Apóstolo falando do amor que deve o marido para com sua esposa. Mas o varão é a cabeça da mulher, como ele mesmo tem Cristo por cabeça.[109]

Logo, tenha a alma em festa aquele que jejua; tenha perfumada a cabeça, em conformidade com esta recomendação evangélica. Pois jejuando dessa maneira, rompe com os prazeres do mundo, para submeter-se a Cristo. Terá lavado seu rosto, quer dizer, purificado seu coração, para poder contemplar a Deus sem o véu das fraquezas contraído pelo pecado. Possuirá firmeza e estabilidade, pois estará puro e simples, sem duplicidade alguma.

Assim diz Isaías: "Lavai-vos, purificai-vos, tirai de diante dos meus olhos a malícia dos vossos pensamentos".[110] Devemos, pois, lavar nosso rosto dessas imundícies que ofendem o olhar de Deus. O Apóstolo afirma: "E todos nós que, com a face descoberta, refletimos como num espelho a glória do Senhor, somos transfigurados nessa mesma imagem".[111]

---

[108] Ef 5,29.
[109] 1Cor 11,3.
[110] Is 1,16.
[111] 2Cor 3,18.

A reta intenção

43 Muitas vezes, as preocupações com as necessidades da vida presente ofendem e mancham nosso olho interior. A maioria das vezes, tornam o nosso coração duplo. Assim, até nas coisas em que parece estarmos fazendo o bem em favor dos homens, talvez não o façamos com o coração animado por aquele motivo exigido pelo Senhor. Isto é, não agimos por espírito de caridade, e sim movidos pelo desejo de obter dos outros alguma vantagem nas necessidades da vida presente. Ora, ao fazer o bem aos outros, devemos nos propor conseguir-lhes a salvação eterna, e não um proveito temporal para nós mesmos. Por isso, pedimos: "Inclina o meu coração para os teus preceitos, e não para a avareza".[112] Porque: "A finalidade desta admoestação é a caridade que procede de um coração puro, de uma boa consciência e de uma fé sem hipocrisia".[113] Aquele, pois, que auxilia a seu irmão em vista das próprias necessidades temporais evidentemente não age por caridade, porque não atende a quem deve amar como irmão, mas sim a si mesmo. Ou, para dizer melhor, tampouco será em seu próprio favor, porque se é feito com um coração duplo, isso será impedimento para a contemplação de Deus, em cuja visão está unicamente a felicidade verdadeira e eterna.

O verdadeiro tesouro

44 Jesus continua insistindo sobre a purificação de nosso coração: "Não ajunteis para vós tesouros na terra, onde a traça e o caruncho os destroem, e onde os la-

---
[112] Sl 119(118),36.
[113] 1Tm 1,5.

drões arrombam e roubam, mas ajuntai para vós tesouros nos céus, onde nem a traça nem o caruncho destroem e onde os ladrões não arrombam, nem roubam; pois onde está o teu tesouro aí estará também o teu coração".[114]

Se teu coração estiver preso na terra, isto é, se agir por interesse temporal, como poderá ser ele puro? Estará preso à poeira do caminho. Se, ao contrário, fixar-se no céu, será puro, porque tudo lá é puro. Todo objeto se deteriora ao se misturar a outro, de natureza inferior, ainda que não tendo esse outro objeto impurezas pela própria natureza. Por exemplo, não vem a prata mais pura alterar o ouro ao qual se mistura? Assim, o gosto das coisas terrenas perturba nossa alma. Entretanto, a terra em si mesma é pura, no plano que ocupa na criação.

Ora, neste texto não tomamos o céu em sentido material, porque tudo o que é material deve ser considerado da mesma natureza que a terra. Quem ajunta tesouros para o céu deve, de certo modo, desapreciar todo o criado. O céu do qual aqui se faz menção é o do salmista: "O mais alto dos céus é para o Senhor".[115] Trata-se do firmamento espiritual, onde devemos colocar nosso coração e nosso tesouro. Esse é o que sempre permanece, e não o céu de que foi dito: "Passarão o céu e a terra".[116]

O olho: lâmpada do corpo

45 O Senhor mostra com clareza como todos esses preceitos tendem a purificar o coração ao dizer: "A lâmpada do corpo é o olho. Portanto, se o teu olhar estiver

---

[114] Mt 6,19-21.
[115] Sl 115,16 (113B,24).
[116] Mt 24,35.

são, todo o teu corpo ficará iluminado; mas se o teu olho estiver doente, todo o teu corpo ficará escuro. Pois se a luz que há em ti são trevas, quão grandes serão as trevas!".[117]

É necessário entender esse texto de modo a nos convencer bem de que nossas ações serão puras e agradáveis a Deus se as fizermos com coração simples, isto é, com a intenção sobrenatural, movidos unicamente pela caridade, como foi dito acima. Porque "a caridade é a plenitude da Lei".[118]

Esse olho significa a intenção com a qual fazemos tudo quanto empreendemos. Se ela for pura e reta, se tiver em vista apenas aquilo que deve orientar todas as nossas ações e feitas em conformidade com ela, necessariamente serão boas.

O Senhor denomina "todo o teu corpo" o conjunto de nossas atividades. E o Apóstolo chama de "membros nossos" certas ações que ele desaprova e manda-nos exterminar, dizendo: "Mortificai os vossos membros terrenos: fornicação, impureza, paixão, desejos maus, cupidez e a avareza que é idolatria",[119] assim como as demais ações desse gênero.

46 Logo, não se deve considerar na vida de uma pessoa o que ela faz, mas a intenção com a qual o faz. Essa é, na verdade, "a luz que há em nós". Pois ela nos manifesta claramente se agimos com intenção reta, já que "tudo é manifesto pela luz".[120]

Quanto aos nossos atos de relacionamento com os outros, fica-nos, contudo, obscuro o resultado das ações. Por isso, o Senhor os chama de "trevas".

[117] Mt 6,22-23.
[118] Rm 13,10.
[119] Cl 3,5.
[120] Ef 5,13.

Por exemplo, se dou uma esmola a um pobre que mendiga, não sei como ele se utilizará desse donativo, e o que irá lhe acontecer. Poderá fazer mau uso dele e sofrer algum dano maior. Entretanto, ao dar a esmola, essa não foi a minha intenção, nem a minha vontade.

Se a minha intenção for reta, terei consciência disso. Eis por que é chamada "luz". E essa luz irradia-se sobre todo o meu agir, qualquer que seja o resultado. Diz-se luz porque cada um sabe claramente o que o move à ação. E o resultado é chamado "trevas" porque é incerto e desconhecido.

Se ajo, porém, com intenção condenável, a própria luz se torna trevas. Isso quando a luz não for simples, e em vez de se elevar em direção ao céu, ela abaixa-se para a terra, tornando o coração duplo. Produz-se então verdadeira escuridão. "Pois se a luz que há em ti são trevas, quão grandes serão as trevas!"[121]

Se acontecer que a intenção do coração que te faz agir conscientemente estiver manchada pelo apego às coisas efêmeras da vida, com maior razão esta tua ação, de resultado incerto, estará impura e tenebrosa. Também se alguém tirar proveito do que tenhas feito com tua intenção ambígua, serás julgado pela intenção, e não pelo resultado mais ou menos proveitoso dela.

Os dois senhores: Deus e o dinheiro

47 As palavras "Ninguém pode servir a dois senhores"[122] aplicam-se também à intenção, pois o Senhor explica seu pensamento, acrescentando: "Com efeito,

---

[121] Mt 6,23.
[122] Mt 6,24.

ou odiará um e amará o outro, ou se apegará ao primeiro e desprezará o segundo". Meditemos suas palavras com cuidado. Ele mesmo declara quem são esses dois senhores, continuando: "Não podeis servir a Deus e ao dinheiro". Emprega aqui o Evangelho a palavra hebraica "mammonae", nome que os hebreus dão às riquezas. Igual sentido tem essa palavra na língua púnica, pois significa lucro. Servir a Mammon é servir àquele cuja perversidade o faz colocar-se à frente das coisas da terra. Foi designado pelo Senhor: "O príncipe do mundo".[123] Portanto, ou odiará um, isto é, o dinheiro, e amará o outro, isto é, Deus; ou se apegará ao primeiro e desprezará o segundo.

Com efeito, todo aquele que é escravo das riquezas se submete a amo duro e malévolo. Pois, escravizado pela cupidez, está submetido à escravidão do demônio, sem que o ame, porém. Pois quem pode amar o demônio? Contudo, tem de se submeter a ele. Assim acontece, por exemplo, com o homem hospedado em um grande palácio, que se liga a uma escrava de lá. Sofre por causa dessa paixão uma dura escravidão, ainda que não tenha nenhuma afeição pelo dono do palácio, cuja escrava ama.

A opção necessária

48 "Ou desprezará o segundo..." O Senhor não diz: odiará, pois talvez ninguém, em consciência, possa odiar a Deus.[124] Alguém, porém, poderá não ter para com ele

---

[123] Jo 12,31; 14,30.
[124] Agostinho, nas suas *Revisões*, retifica esta sua afirmação: "Vejo que não deveria ter dito que ninguém pode odiar a Deus, pois há muitos homens dos quais está escrito: 'A soberba daqueles que te odeiam aumenta continuamente'" (Sl 74[73],23) (*Retractationes*, 1,9,8).

a devida consideração, isto é, não o temer bastante, como se estivesse plenamente seguro de sua bondade a ampará-lo.

O Espírito Santo convida-nos a deixar essa falsa segurança, dizendo por um profeta: "Filho, não amontoes pecados sobre pecados, e não digas: 'A misericórdia do Senhor é grande'".[125] E ainda: "Ignoras que a benignidade de Deus te convida à penitência?".[126] Pois haverá algum ser mais misericordioso do que aquele que perdoa a todos os pecadores que se convertem e que nutre "o ramo selvagem com a seiva da oliveira"? Mas também que severidade maior pode haver do que essa de não poupar os ramos naturais, mas os cortar por causa de sua incredulidade?[127]

Quem quer amar a Deus e fugir de tudo o que o ofende, saiba que não pode servir a dois senhores! Deve desprender-se e purificar seu coração de toda duplicidade! Só assim terá sentimentos dignos de Deus e o procurará na simplicidade de seu coração.[128]

Confiança em Deus

49 "Por isso vos digo: não vos preocupeis com a vossa vida, quanto ao que haveis de comer, nem com o vosso corpo, quanto ao que haveis de vestir."[129]

O Senhor não quer que nosso coração se divida na procura do supérfluo, sequer do necessário. Nem que nossa intenção se desvie de seu verdadeiro fim, ainda que pareçamos agir por motivo de misericórdia. Isto é, quando

---

[125] Eclo 5,5-6.
[126] Rm 2,4.
[127] Rm 11,17-24.
[128] Sb 1,1.
[129] Mt 6,25.

queremos ser vistos como dedicados aos outros, mas, na realidade, procurando aí a nossa própria vantagem, e não o bem alheio. Não nos julguemos tampouco inocentes, por não pretendermos o supérfluo, mas somente o necessário.

O Senhor admoesta-nos que recordemos que Deus, ao nos criar e formar, dando-nos alma e corpo, deu-nos muito mais do que o alimento e a roupa. Nesse cuidado, ele não quer que nosso coração perca a sua retidão e se divida, pois diz: "Não é a vida mais do que o alimento?". Tudo a fim de que entendais que aquele que vos deu a vida vos dará muito mais facilmente o alimento. Não é "o coração mais do que a roupa"? Portanto, o corpo vale muito mais do que a veste. Igualmente, é preciso compreender que aquele que deu o corpo vos dará bem mais facilmente com o que o vestir.

50 Costuma-se indagar, nesta passagem, que relação possa existir entre o alimento e a alma, visto que o alimento é material, e a alma, espiritual. Mas deve-se entender que aqui está empregada a palavra "alma" para designar esta vida da qual o alimento material é o sustento. Em sentido semelhante está dito em outro lugar: "Quem ama sua vida a perde".[130]

Se "alma" aí não significasse a vida presente, a qual é preciso sacrificar para se adquirir o Reino de Deus, como fizeram os mártires de maneira tão evidente, haveria contradição com aquela outra passagem que diz: "Que aproveitará ao homem se ganhar o mundo inteiro, mas arruinar a sua vida?".[131]

---

[130] Jo 12,25.
[131] Mt 16,26.

Os pássaros do céu

51 "Olhai as aves do céu: não semeiam nem colhem, nem ajuntam em celeiros. E, no entanto, vosso Pai celeste as alimenta. Ora, não valeis vós mais do que elas?"[132] O que quer dizer: vós valeis muito mais do que elas. Com efeito, um ser racional como o homem está colocado na ordem da natureza, em grau muito mais elevado do que os seres privados de razão, como as aves.

"Quem dentre vós, com as suas preocupações, pode aumentar, por pouco que seja, a sua estatura?"[133] "E com a roupa, por que andais preocupados?"[134] Aquele que tem o poder de fazer crescer o vosso corpo até a estatura atual velará também para vesti-lo. Não é vossa vontade nem vosso esforço que fazem crescer vosso corpo. Podeis vos esforçar para aumentar um côvado que seja, mas em vão. Deixai, pois, o cuidado de vos dar as vestes àquele que deu a estatura que possuís.

Os lírios dos campos

52 Faltava ser-nos dado também um exemplo sobre as vestes, assim como havia sido feito em relação ao alimento. Por esse motivo, o Senhor prossegue, dizendo: "Aprendei dos lírios dos campos como crescem, e não se ma-

---

[132] Mt 6,26.
[133] Que versão do Novo Testamento foi a utilizada por Santo Agostinho? Não o sabemos com exatidão. Nesta passagem, ele emprega o texto latino: "Quis autem vestrum curam potest adiucere ad staturam suam cubitum unum?", tal como se encontra na Vulgata. Encontramos em nossos evangelhos atuais traduções próximas disto: "Quem dentre vós, com as suas preocupações, pode prolongar, por pouco que seja, a duração da sua vida?". Prefere-se verter o termo grego *eliki* por tempo de vida, isto é, idade, em vez de estatura.
[134] Mt 6,27-28.

tam de trabalhar nem fiam. E, no entanto, eu vos asseguro que nem Salomão, em todo seu esplendor, se vestiu assim como um deles. Ora, se Deus veste assim a erva do campo, que existe hoje e amanhã será lançada ao forno, não fará ele muito mais por vós, homens fracos na fé?".[135]

Esses exemplos não devem ser tomados como simples alegoria. Tampouco devemos investigar o que significam as aves do céu e os lírios dos campos. Essas comparações emprestadas a criaturas inferiores possuem como finalidade fazer-nos compreender verdades de ordem mais elevada.

Acontece o mesmo com o exemplo daquele juiz iníquo que não temia a Deus, nem tinha respeito para com os outros.[136] Apesar disso, cedeu às contínuas pressões de uma viúva. Não por sentimento de compaixão pela humanidade, mas para se desembaraçar de suas impertinências. Pois esse juiz iníquo de modo algum pode representar a Deus, sequer de forma alegórica. Contudo, o Senhor quis que daí deduzíssemos a grande solicitude que tem Deus para conosco, ele que é bom e justo, visto que um homem injusto demonstrou atenção para com quem o cansava com suas reclamações, ainda que fazendo para livrar-se desse aborrecimento e insistência.

A prioridade na busca do Reino

53 "Por isso, não andeis preocupados, dizendo: Que comeremos? Ou que vestiremos? De fato, são os gentios que estão à procura de tudo isso: o vosso Pai celeste sabe que tendes necessidade de todas essas coisas. Buscai,

---

[135] Mt 6,28-30.
[136] Lc 18,1-8.

em primeiro lugar, o Reino de Deus e sua justiça, e todas essas coisas vos serão acrescentadas."[137]

O Senhor manifesta-nos aqui, bem claramente, que não devemos buscar o alimento e a roupa como se fossem os nossos principais bens, a ponto de nos esforçar unicamente em vista deles. Na verdade, eles nos são muito necessários, mas na sentença seguinte o Senhor declara a diferença existente entre os bens que devem ser o objeto de nossos desejos e o necessário que é preciso receber: "Buscai, em primeiro lugar, o Reino de Deus e a sua justiça, e todas essas coisas vos serão acrescentadas". Em consequência, o Reino de Deus e sua justiça são os nossos verdadeiros bens, os quais devemos buscar e neles colocar a finalidade de tudo o que empreendemos. Mas como é preciso lutar para chegar àquele Reino, e há coisas indispensáveis para a vida neste mundo, o Senhor diz: "Todas estas coisas vos serão acrescentadas, mas buscai em primeiro lugar o Reino de Deus e sua justiça".

Dizendo que se busque o Reino como prioridade, indica ele que o restante deve lhe estar subordinado não na ordem do tempo, mas na da estima. O Reino de Deus deve ser buscado como nosso bem próprio, e as coisas da terra como uma necessidade da vida, em vista do verdadeiro bem.

Viver para evangelizar

54 Sendo assim, não devemos evangelizar para comer, mas comer para evangelizar. Porque, se evangelizamos para comer, manifestamos menos apreço pelo Evangelho do que pelo alimento. Desse modo, seria o comer o nosso bem, e a pregação do Evangelho, uma simples necessidade.

---

[137] Mt 6,31-33.

O apóstolo Paulo reprova isso quando diz que teria na verdade direito a usar da permissão concedida pelo Senhor àqueles que anunciam o Evangelho para dele viver,[138] o que significa: tirar do Evangelho as coisas necessárias para a vida. Entretanto, ele não fez uso desse direito. E eram muitos os que buscavam ocasião de se valer e negociar o Evangelho. Desejando cortar com esse abuso, o Apóstolo se submete ao trabalho com suas mãos para garantir o seu sustento.[139] Em alusão a isso, ele diz em outro lugar: "O que faço, continuarei a fazê-lo a fim de tirar todo pretexto àqueles que procuram algum".[140] Ainda que, como os outros bons apóstolos, ele não tivesse vivido do Evangelho conforme a permissão do Senhor, nem por isso teria colocado nessa retribuição o fim de sua pregação. Antes, seu alimento havia de estar subordinado à pregação, o que quer dizer, como acima foi exposto, que ele não evangelizava para ganhar o alimento e tudo o mais que é necessário à vida, mas que se servia dessas coisas para poder evangelizar, por amor e não por necessidade.

O Apóstolo mostra sua reprovação dizendo ainda: "Não sabeis que aqueles que desempenham funções sagradas vivem dos rendimentos do templo, e aqueles que servem ao altar têm parte do que é oferecido sobre o altar? Da mesma forma, o Senhor ordenou àqueles que anunciam o Evangelho que vivam do Evangelho. De minha parte, porém, não me vali de nenhum desses direitos".[141] Palavras que indicam ter sido essa situação permitida e não ordenada pelo Senhor. Caso contrário, Paulo teria sido culpado de desobediência

---

[138] 1Cor 9,14.
[139] At 20,34.
[140] 2Cor 11,12.
[141] 1Cor 9,13-15.

a um preceito expresso. Prossegue dizendo: "Nem escrevo estas coisas no intento de reclamá-las em meu favor. Antes morrer que... Não! Ninguém me arrebatará esse título de glória".[142]

Disse isso porque tinha decidido ganhar seu sustento com o trabalho de suas mãos, para tirar todo pretexto àqueles que buscavam uma ocasião para negociar com o Evangelho. Continua o Apóstolo: "Anunciar o Evangelho não é título de glória para mim". Isto é, caso eu evangelizasse para obter essas coisas e pusesse a finalidade da pregação na comida, na bebida e na roupa. Mas por qual motivo, então, não era motivo de glória para ele o anunciar o Evangelho? "É antes uma necessidade que se me impõe." O que significa: a razão de evangelizar não é para ter com que viver ou para adquirir ou tirar algum proveito temporal da pregação das verdades eternas. Se assim fosse, não anunciaria o Evangelho por amor, mas por necessidade. E acrescenta: "Ai de mim, se eu não anunciar o Evangelho!".[143]

Mas como anunciar o Evangelho? Por certo, buscando sua recompensa no mesmo Evangelho e no Reino de Deus. Poder-se-á assim evangelizar, não forçado pelas necessidades, mas por ato de livre escolha.

E o Apóstolo finaliza toda essa passagem afirmando: "Se eu o fizesse por iniciativa própria, teria direito ao salário; mas já que o faço por imposição, desempenho um encargo que me foi confiado".[144] O que quer dizer: se eu anunciar o Evangelho obrigado, levado pela carência daquelas coisas necessárias à vida, serão outros os que receberão por mim

---

[142] 1Cor 9,13-15.
[143] 1Cor 9,16.
[144] 1Cor 9,17.

o prêmio do Evangelho, pois com minha pregação chegarão ao amor do Evangelho. E eu não o receberia, pois não teria amado o Evangelho por ele mesmo, mas sim pelos benefícios a serem auferidos, isto é, as vantagens temporais. E seria um mal alguém anunciar o Evangelho não com o espírito filial, mas como servo incumbido de administrar o bem alheio, sem receber nada além do alimento. Isso não seria a participação do Reino de Deus, mas apenas dons exteriores destinados ao sustento da mísera condição desta vida presente.

Em outra passagem, contudo, o Apóstolo denomina o evangelizador de dispensador.[145] Com efeito, um servo elevado à dignidade de filho adotivo pode muito bem dispensar a seus semelhantes o bem que recebeu na qualidade de co-herdeiro. Mas ao dizer aqui: "Mas já que o faço por imposição, desempenho encargo que me foi confiado",[146] ele quer designar um dispensador distribuindo o bem alheio sem nada receber de recompensa para si mesmo.

55 Com efeito, todo objeto que é buscado em vista de outro, indubitavelmente, é inferior àquele ao qual se busca com prioridade. Portanto, a superioridade está no fim, e não no meio. Daí que, se nós buscamos o Evangelho e o Reino de Deus por causa do alimento, damos a isso a prioridade sobre o Reino, de modo que, se não necessitássemos do alimento, não o buscaríamos. Isso seria buscar primeiramente o que é secundário, dar a preferência às necessidades temporais e pôr em segundo plano o Reino. Mas se, ao contrário, o motivo da busca de alimento é para obter o Reino dos Céus, cumprimos o preceito que diz: "Buscai em

---

[145] Cf. 1Cor 4,1.
[146] 1Cor 4,2.

primeiro lugar o Reino de Deus e a sua justiça, e todas essas coisas vos serão acrescentadas".[147]

Tudo vos será dado em acréscimo

56 Na verdade, se buscamos em primeiro lugar o Reino de Deus e sua justiça, isto é, se ordenamos para esse fim todas as outras coisas, não devemos temer que nos falte o necessário nesta vida para chegarmos ao Reino de Deus. Pois já foi dito: "O vosso Pai celeste sabe que tendes necessidade de todas essas coisas".[148]

Em razão disso, após ter afirmado: "Buscai em primeiro lugar o Reino de Deus", o Senhor não acrescenta "Buscai em seguida as outras coisas, já que elas são indispensáveis à vida presente", mas completa: "E todas essas coisas vos serão acrescentadas". Havereis de as obter se as buscardes sem impedimento, isto é, se ao buscá-las vós não vos afastardes da única meta, nem vos propuserdes outros fins, de modo a buscardes o Reino de Deus por ele mesmo, e as coisas necessárias pelo Reino de Deus. Dessa maneira, elas não vos hão de faltar. Porque "não podeis servir a dois senhores".[149] E a dois senhores se propõem servir aqueles que buscam o Reino dos Céus como bem precioso, mas juntamente com os bens da terra.

Ora, ninguém pode ter um olho simples, nem servir a um só Senhor e Deus, a não ser que todas as demais coisas, mesmo as indispensáveis à vida, estejam dirigidas para o único fim: o Reino de Deus.

Assim como todo soldado recebe sua ração e seu soldo, desse mesmo modo todos os que evangelizam recebem seu

---

[147] Mt 6,33.
[148] Mt 6,32.
[149] Mt 6,24.

alimento e sua roupa.¹⁵⁰ Acontece, porém, que nem todos os soldados lutam pelo interesse do Estado. Há entre eles muitos que o fazem só pelo salário que recebem. Assim, também, nem todos os ministros de Deus visam o bem da Igreja no desempenho de seu ministério. Há entre eles os que buscam vantagens temporais, como subsistência e soldo, ou ainda se propõem outras finalidades. Ora, repetimos: "Não podeis servir a dois senhores".

Em consequência, devemos fazer o bem a todos, com coração simples, em vista somente do Reino dos Céus, e não visar nosso interesse e recompensa temporal; nem a isso somente, nem juntamente com o Reino dos Céus.

O Senhor designou todas essas recompensas temporais com a palavra: "crastino",¹⁵¹ dizendo: "Não vos preocupeis, portanto, com o dia de amanhã".¹⁵² O amanhã situa-se no tempo, onde o porvir sucede-se ao passado. Vejamos além do tempo, a eternidade. Logo, quando fizermos alguma boa obra, não nos proponhamos coisas temporais, mas eternas. Nesse caso, nossa ação será boa e perfeita.

"Pois o dia de amanhã se preocupará consigo mesmo", diz o Senhor. Isso significa: tomai o alimento, a bebida e a roupa, a seu tempo, isto é, quando a necessidade se fizer sentir. Todas essas coisas serão obtidas, pois nosso Pai sabe que delas necessitamos.

---

[150] A. Sage, em seu livro *La Règle de saint Augustin commentée par ses écrits*, lembra esta passagem da explicação do Sermão da Montanha: "Como todo soldado recebe ração e soldo, assim todo evangelista, todo servo de Deus, recebe víveres e soldo". Aplicando à Regra, parágrafo 5, sobre a repartição dos bens, diz: "Vosso superior distribua a cada um alimento e roupa...". Não se serve a Deus para isso, mas Deus não esquece aqueles que o servem na simplicidade de seu coração, em vista do Reino (A. SAGE, *op. cit.*, p. 107).
[151] O dia de amanhã.
[152] Mt 6,34.

E prossegue o Senhor dizendo: "A cada dia basta o seu mal",[153] porque a necessidade mesma de se alimentar é algo de indispensável. Julgo que por isso ele deu a essa necessidade o nome de mal. Para nós é como um castigo. Faz, com efeito, parte dessa fragilidade que merecemos pelo pecado.[154] Não torneis essa nossa pena ainda mais pesada. Já é bastante padecermos a servidão de nossas limitações. Não procuremos compensá-la com o serviço de Deus.

A legitimidade do cuidado cotidiano

57 Nessa matéria, devemos tomar muito cuidado para não julgarmos como tendo desobedecido ao preceito divino, o servo de Deus que se inquieta com o dia de amanhã, ao procurar prover-se do necessário para si e para os que lhe estão confiados.[155]

Porque o próprio Senhor, a quem, entretanto, os anjos serviam,[156] para não dar ocasião de escândalos, ao constatarem que seus servidores procuravam as coisas necessá-

---

[153] *Militia*.

[154] Nas *Retractationes*, Agostinho fará uma observação acerca dessa passagem: "Ao dizer isso, eu não fiz atenção a que aos primeiros homens, no paraíso, foram dados alimentos corporais, antes que tivessem merecido o castigo, pelo pecado. Eram eles assim imortais, num corpo que ainda não se tornara espiritual e continuava animal. E em tal imortalidade serviam-se de alimentos corporais". Assim, o que fora explicado, a necessidade de alimentação ser um mal, por consequência do pecado, agora é rejeitado (cf. *Retractationes* 1,1,19).

[155] Lembremos uma nova aplicação deste comentário do Sermão da Montanha na explicação dada por A. Sage em seu *La Règle de saint Augustin commentée par ses écrits*: "É dever do superior que ocupa o lugar de Deus de se preocupar, numa total confiança na divina Providência, do necessário a ser distribuído a seus irmãos. Todos os religiosos devem, sem dúvida, preocupar-se também com ganhar seu pão ao suor de seu rosto. Ninguém está dispensado do trabalho. Mas cabe antes de tudo ao superior prover às necessidades de sua comunidade. Não se pode, em nome do Evangelho, censurar-lhe esse cuidado" (A. SAGE, *op. cit.*, p. 107).

[156] Mt 4,11.

rias para a vida, dignou-se ter uma bolsa com dinheiro, de onde pudessem tirar o que fosse preciso. Essa bolsa, diz o Evangelho, tinha Judas como responsável e como ladrão.[157]

Do mesmo modo, pode-se pensar que o apóstolo Paulo preocupava-se com o dia de amanhã quando escreveu: "Quanto à coleta em favor dos santos, segui também vós as normas que estabeleci para as igrejas da Galácia. No primeiro dia da semana, cada um de vós ponha de lado o que conseguir poupar; desse modo, não se esperará a minha chegada para se fazerem as coletas. Quando aí chegar, mandarei, munidos de cartas, aqueles que tiverdes escolhido para levar vossas dádivas a Jerusalém; e, se valer a pena que eu mesmo vá, eles farão a viagem comigo. Irei ter convosco depois de passar pela Macedônia, pois hei de atravessar a Macedônia. É possível que eu me demore convosco ou mesmo passe o inverno entre vós, para que me deis os meios de prosseguir a viagem. Não quero ver-vos apenas de passagem; espero ficar algum tempo convosco, se o Senhor o permitir. Entrementes, permanecerei em Éfeso até o Pentecostes".[158]

Igualmente, está escrito nos Atos dos Apóstolos que os fiéis procuravam víveres para o futuro, em previsão de uma fome iminente: "Naqueles dias, alguns profetas desceram de Jerusalém a Antioquia. Um deles, chamado Ágabo, levantou-se e, sob a ação do Espírito, pôs-se a anunciar que viria uma grande fome em todo o mundo. Veio ela, de fato, no reinado de Cláudio. Os discípulos decidiram então enviar, cada um conforme as suas posses, auxílios aos irmãos que moravam na Judeia. Assim fizeram, enviando-os aos anciãos por mãos de Barnabé e de Saulo".[159]

---

[157] Jo 12,6.
[158] 1Cor 16,1-8.
[159] At 11,27-30.

E lemos ainda no mesmo livro dos Atos que, estando o apóstolo Paulo prestes a partir em viagem, as provisões a ele oferecidas para o percurso não foram somente para um único dia...[160]

Ele mesmo escreve, numa de suas epístolas: "O que furtava não mais furte, mas trabalhe com as suas próprias mãos, realizando o que é bom, para que tenha o que partilhar com o que tiver necessidade".[161]

É verdade que alguns, por não compreenderem o sentido das palavras, julgam haver aí uma transgressão daquele preceito do Senhor: "Olhai as aves do céu: não semeiam nem colhem, nem ajuntam em celeiros. Aprendei dos lírios do campo como crescem, e não se matam de trabalhar e fiar",[162] já que o Apóstolo mandou aos fiéis que trabalhassem com suas próprias mãos, de modo a ter com que subsistir e também auxiliar os outros.[163]

Muitas vezes, ele diz de si mesmo que trabalhou com suas mãos de dia e de noite a fim de não pesar sobre ninguém.[164] E está escrito ainda nos Atos dos Apóstolos que ele foi morar com Áquila, porque ambos eram do mesmo ofício e assim podiam trabalhar juntos e ganhar com o que viver.[165] Paulo não parece ter imitado as aves do céu, nem os lírios dos campos...

Por essas várias passagens das Escrituras e muitas outras do mesmo gênero, vê-se com suficiente clareza que nosso Senhor não desaprovou o esforço de se procurarem

---

[160] At 28,10.
[161] Ef 4,28.
[162] Mt 6,26-28.
[163] 1Ts 2,9.
[164] 2Ts 3,8.
[165] At 18,2.3.

recursos ou socorros com os meios humanos. Reprovou, sim, o fato de servirem a Deus para obter tais vantagens temporais.

O combate pelo Reino

58 Por conseguinte, todo esse preceito reduz-se à seguinte regra: na provisão das coisas materiais, não percamos de vista o Reino de Deus; e ao lutar pelo Reino, não nos proponhamos como fim as coisas temporais. Porque ainda que alguma vez venham a nos faltar os recursos materiais — o que Deus permite por vezes para nos provar —, não será enfraquecido, porém, o nosso ideal, mas antes exercitado e provado, e sairá até robustecido. Com efeito, dizia o Apóstolo: "Nós nos gloriamos também nas tribulações, sabendo que a tribulação produz a perseverança, a perseverança uma virtude comprovada, a virtude comprovada a esperança. E a esperança não decepciona, porque o amor de Deus foi derramado em nossos corações pelo Espírito Santo que nos foi dado".[166]

Na relação feita pelo Apóstolo das tribulações e sofrimentos, ele não só mencionou as prisões, os naufrágios e muitos outros males desse gênero, mas também a fome, a sede, o frio e a nudez que padeceu.[167] Ao ler tais coisas, não imaginemos que lhe faltaram as promessas do Senhor a ponto de passar fome, sede e nudez, quando buscava o Reino de Deus e sua justiça. Pois disse-nos o Senhor: "Buscai, em primeiro lugar, o Reino de Deus e a sua justiça, e todas estas coisas vos serão acrescentadas".[168]

---

[166] Rm 5,3-5.
[167] 2Cor 11,23-27.
[168] Mt 6,33.

Aquele médico, a quem nós nos entregamos totalmente e de quem temos as promessas para a vida presente e futura, sabe quando nos há de conceder ou retirar esses bens, conforme julga nos ser conveniente. Ele nos governa e dirige nesta vida, consolando-nos e exercitando-nos, em vista de nos estabelecer e confirmar no eterno descanso.

Quando um homem retira o alimento a seu animal de carga, por isso cessa de cuidar dele ou, antes, não age desse modo para curá-lo mais depressa?

Não julgar

59 Não se pode saber com que intenção procura alguém os meios de subsistência para esta vida; ou os coloca em reserva quando tais recursos não lhe são necessários no momento. Pode ser que o tenha feito movido por coração simples e puro, ou talvez com duplicidade de coração. Com razão, pois, o Senhor acrescentou: "Não julgueis para não serdes julgados. Pois com o julgamento com que julgais sereis julgados, e com a medida com que medis sereis medidos".[169]

Nessa passagem, julgo que o Senhor manda-nos simplesmente interpretar no melhor sentido possível aqueles atos em que nos é duvidosa a intenção com que foi executada a ação. Quando o Senhor diz "Pelos seus frutos os conhecereis",[170] essas palavras aplicam-se às ações cujo objetivo é manifesto. Não poderiam ter sido feitos com boa intenção, por exemplo, os delitos contra o pudor, as blasfêmias, os roubos, a embriaguez e outros vícios semelhantes. Sobre eles podemos julgar, na opinião do Apóstolo:

---

[169] Mt 7,1-2.
[170] Mt 7,16.

"Acaso compete a mim julgar os que estão fora? Não são os de dentro que vós tendes de julgar?".[171]

Quanto à natureza dos alimentos a serem consumidos, cada um com intenção reta, coração sincero e sem vício de concupiscência, pode usar indiferentemente de tudo o que é próprio ao homem. O mesmo Apóstolo não quer que aqueles que comem carne e bebem vinho sejam julgados por quem se abstém dessa espécie de alimento. Diz aos romanos: "Quem come não despreze aquele que não come, e aquele que não come não condene aquele que come; porque Deus o acolheu. Quem és tu que julgas o servo alheio? Que ele fique em pé ou caia, isso é lá com seu patrão".[172]

Esses cristãos de Roma queriam, pois, simples homens que eram, julgar ações dessa natureza, que talvez procedessem de reta intenção, elevada e simples; ou também de intenção condenável. Além disso, queriam proferir sentença sobre as disposições secretas do coração. Ora, acerca dessa questão só Deus se reserva o julgamento.

Tudo será desvendado por Deus

60 A essa recomendação relaciona-se o que diz o Apóstolo em outra passagem: "Por conseguinte, não julgueis prematuramente, antes que venha o Senhor. Ele porá às claras o que está oculto nas trevas, e manifestará os desígnios dos corações. Então, cada um receberá de Deus o louvor que lhe é devido".[173]

Assim, existem certas ações ambíguas, das quais ignoramos com que intenção foram feitas. Elas podem proceder

---

[171] 1Cor 5,12.
[172] Rm 14,3-4.
[173] 1Cor 4,5.

de boa ou de má intenção. Seria temerário julgá-las e, mais ainda, condená-las. Virá o tempo em que serão julgadas: "Quando o Senhor puser às claras o que está oculto nas trevas". O mesmo Apóstolo diz também em outro lugar: "Existem homens cujos pecados são evidentes, antes mesmo do juízo; ao passo que os de outros, só o são após".[174] Chama de pecados evidentes aquelas ações cuja intenção é manifesta. Esses pecados precedem ao julgamento, isto é, não será temerário o juízo que se fizer sobre eles. Os pecados que aparecerão após o julgamento são os ocultos que serão manifestos claramente, só a seu tempo. Será assim também com as boas obras. Diz ainda o Apóstolo: "Do mesmo modo, as boas obras são evidentes; e as outras, não se podem manter ocultas".[175]

Limitemo-nos a julgar o que é evidente e deixemos de julgar o que está oculto, deixando-o a Deus. Pois as ações, boas ou más, não poderão ficar ocultas. Dia virá em que serão desvendadas.

O juízo temerário a ser evitado

61 Duas são as circunstâncias em que devemos evitar os julgamentos temerários: quando nos é desconhecida a intenção com que alguma coisa é feita, e quando ignoramos aonde chegará aquele que agora nos parece ser bom ou mau. Assim, por exemplo, se um homem, queixando-se vivamente de dor de estômago, se dispensa de jejuar, e tu, não dando crédito ao que ele diz, atribuis essa opção ao vício da gula, julgas temerariamente. Do mesmo modo,

---

[174] 1Tm 5,24.
[175] 1Tm 5,25.

acontecerá se admitires que sua gula e embriaguez são coisas manifestas, mas ao repreendê-lo, o consideras incorrigível e incapaz de melhorar. Ainda aí fazes juízo temerário.

Não condenemos, pois, os atos dos quais ignoramos a intenção com que foram feitos. Nem repreendamos aqueles que manifestamente agem mal, desesperando-nos da emenda do pecador. Evitaremos dessa maneira o juízo do Senhor: "Não julgueis para não serdes julgados".

62 Entretanto, alguém poderá estranhar estas palavras: "Pois com o julgamento com que julgais sereis julgado, e com a medida com que medis sereis medidos".[176]

No caso de julgarmos temerariamente, virá Deus a nos julgar dessa mesma maneira? Ou acaso, se nós medirmos com uma medida injusta, usará Deus também uma medida injusta para conosco? Creio que a palavra "medida" deve significar aqui o mesmo que "julgamento". De modo algum Deus poderá julgar temerariamente, nem medir alguém com medida injusta. Essas palavras querem dizer que a temeridade com que julgardes o próximo, culpando-o, vos será necessariamente matéria de castigo. A menos que alguém imagine que a injustiça cause dano só naquele contra quem se dirige, mas mal algum naquele de quem ela procede. Ao contrário, a injustiça, muitas vezes, não causa mal algum naquele que sofre a injúria, mas necessariamente naquele que a comete. Assim, por exemplo, que mal causou aos mártires a injustiça dos perseguidores? Mas prejudicou, e muito, aos mesmos perseguidores. Porque, ainda que alguns deles se tenham convertido, sua maldade os cegava durante o tempo em que exerciam a perseguição. Igualmente, de modo geral,

---

[176] Mt 7,2.

o juízo temerário é inofensivo àqueles contra quem se dirige, mas a mesma temeridade certamente é funesta a seu autor.

Nesse mesmo sentido, penso poder interpretar as seguintes palavras: "Todos os que pegam a espada, por ela perecerão".[177] Quantos feriram com a espada, entretanto não morreram pela espada, como não morreu o mesmo Pedro. Mas talvez alguém possa imaginar que esse apóstolo se livrou de tal castigo graças ao perdão de seus pecados? Mas nada há de mais absurdo do que considerar pior a pena de morte pela espada, pela qual Pedro não morreu, do que o suplício da cruz, com o qual o fizeram padecer.

Mas o que dizer dos ladrões crucificados com o Senhor? Pois um mereceu o perdão e foi crucificado ainda assim, e o outro não.[178] Acaso esses dois ladrões haviam crucificado a todos os quais haviam assassinado, e por esse motivo mereceram padecer o mesmo suplício? Seria ridículo pensar assim. Que significam, pois, estas palavras: "Todos os que pegam a espada, pela espada perecerão", a não ser que cada um morre do pecado que cometeu?

A trave e o cisco no olho

63 O Senhor admoesta-nos nesta passagem que nos acautelemos contra o juízo temerário e injusto. Ele quer que façamos todas as coisas com coração simples, visando a Deus somente. Como nos é desconhecida a intenção de muitas ações, seria temerário julgá-las.

Aqueles que mais repreendem os outros são os que preferem censurar e condenar o próximo, mais do que corrigir-

---

[177] Mt 26,52.
[178] Lc 23,53.

-se e emendar-se. Isso denota orgulho e mesquinhez. Com razão, pois, o Senhor acrescenta: "Por que reparas no cisco que está no olho do teu irmão, quando não percebes a trave que está no teu?".[179]

Assim, pode acontecer no caso de um homem que, ao pecar por cólera, é repreendido com ódio por ti. Há tanta distância entre a raiva e o ódio como entre o cisco e a trave.[180] O ódio, com efeito, é a ira enraizada, que recebe reforço pela duração prolongada. Daí a razão de ser chamada trave.

Pode acontecer que tu te zangues com alguém ao querer que ele se corrija. Contudo, se o odeias, a correção dele será impossível.

64 Prossegue o Senhor dizendo: "Ou como poderás dizer ao teu irmão: 'Deixa-me tirar o cisco de teu olho', quando tu mesmo tens uma trave no teu? Hipócrita, tira primeiro a trave do teu olho e então verás bem para tirar o cisco do olho do teu irmão".[181] O que significa: dissipa primeiramente o ódio de tua alma, depois poderás trabalhar na correção daquele a quem amas. Com razão, é

---

[179] Mt 7,3.
[180] A partir desta presente explicação do Sermão da Montanha (Mt 7,3-5), em que Agostinho assimila o cisco com a raiva, e a trave com o ódio, essa interpretação lhe ficou constante até o fim da vida. É o que observa o L. VERHEIJEN, OSA, em sua obra *Nouvelle approche de la règle de saint Augustin*, p. 121. Lemos na Regra dos Servidores de Deus (v. 1): "Discussões — ou não surjam entre vós ou se acabem quanto antes. De outro modo, a ira crescendo se torna ódio, transformando o cisco em trave e tornando a alma homicida". Sobre esse mesmo tema, comenta Clodovis BOFF, *A via da comunhão de bens* — a regra de Santo Agostinho comentada na perspectiva da teologia de libertação (p. 150): "O cisco vira trave — uma questão insignificante se transforma num drama. Agostinho é psicólogo finíssimo. De fato, o ódio usa óculos grossos e escuros: enxerga tudo preto e aumentado!".
[181] Mt 7,4-5.

chamado hipócrita quem não procede desse modo. Pois é função própria dos homens justos e benévolos repreender os vícios. Ao querer agir na reprimenda dos outros, os maus usurpam um papel que não lhes pertence. Assemelham-se aos comediantes que ocultam sob uma máscara a própria identidade e, graças a isso, tentam parecer o que não são na realidade. Sob o nome de hipócritas, portanto, são designados aqui os homens farsantes. E realmente é terrível e molesto esse tipo de comediantes, que por ódio ou inveja denunciam os vícios alheios, para com isso mostrarem-se como sábios conselheiros.

Portanto, devemos proceder com piedade e prudência, de modo que nos examinemos primeiramente quando a necessidade nos obrigar a repreender ou corrigir a alguém. Perguntemo-nos se aquele vício apontado não é de tal natureza que nunca o tivemos, ou se é dos que já nos libertamos. Também se nunca o cometemos, pensemos que somos humanos e podemos vir a cometê-lo. Caso o tenhamos tido no passado, e agora nos sintamos livres dele, suscitemos a consciência de nossa fragilidade, para que a indulgência, e não o ódio, nos dite a censura ou a correção.

Nossa repreensão seja de proveito para a emenda do culpado, e não aconteça que com ela o outro se perverta ainda mais — pois o resultado é incerto. Entretanto, precisamos estar seguros da sinceridade de nossos olhos, isto é, da retidão de nossa intenção.

Se, refletindo, encontramos em nós mesmos defeito idêntico ao que nos dispúnhamos repreender no outro, não o repreendamos, nem corrijamos. Choremos antes com o culpado e convidemo-lo não a ceder às nossas admoestações, mas a empreender juntamente conosco o esforço da emenda.

O discernimento

65 Dizia o Apóstolo:
"Ainda que livre em relação a todos, fiz-me servo de todos, a fim de ganhar o maior número possível. Para os judeus, fiz-me como judeu, a fim de ganhar os judeus. Para os que estão sujeitos à lei, fiz-me como se estivesse sujeito à lei — se bem que não esteja sujeito à lei —, fiz-me como se vivesse sem a lei, ainda que não viva sem a lei de Deus, pois estou sob a lei de Cristo, para ganhar aqueles que vivem sem a lei. Para os fracos, fiz-me fraco, a fim de ganhar os fracos. Tornei-me tudo para todos".[182]

Certamente, ao falar assim, o Apóstolo não o fazia por dissimulação, como pretenderam alguns que queriam cobrir sua detestável hipocrisia sob a autoridade de tal modelo. Mas ele assim agia por caridade, com a qual olhava como própria a fraqueza daquele a quem desejava socorrer. É o que o próprio Paulo começa por dizer: "Ainda que livre em relação a todos, fiz-me servo de todos, a fim de ganhar o maior número possível".[183] E para nos fazer compreender que a caridade, e não a dissimulação, o fazia compadecer-se dos homens fracos, como todos nós o somos, diz em outra passagem: "Vós fostes chamados à liberdade, irmãos. Entretanto, que a liberdade não sirva de pretexto para a carne, mas pela caridade colocai-vos a serviço uns dos outros".[184]

Tal propósito não pode suceder, a menos que cada um considere como própria a enfermidade do próximo e suporte com paciência até que dela se livre a pessoa de quem espera a cura.

---

[182] 1Cor 9,19-22.
[183] 1Cor 9,19.
[184] Gl 5,13.

Resoluções finais

66 Em consequência, raras vezes havemos de aplicar repreensões e somente o faremos por grave necessidade. E isso de tal modo que nelas não busquemos nosso interesse próprio, mas o serviço de Deus, visto que Deus unicamente é o nosso fim último. Assim, que nada façamos com coração duplo, o que significa: retiremos de nosso olho a trave da inveja, da malícia e da hipocrisia, antes de procurar retirar o cisco do olho de nosso irmão.

Veremos, então, com "os olhos de pomba",[185] os da esposa de Cristo, a Igreja gloriosa[186] que Deus escolheu para si, sem manchas nem rugas, isto é, pura e simples.[187]

Dizer sempre a verdade em qualquer ocasião?

67 Algumas pessoas, desejosas de obedecer aos preceitos de Deus, podem interpretar mal a palavra "simplicidade" e imaginar que haverá igualmente culpa em afirmar falsidades como em ocultar, por vezes, uma verdade. Por aí serão levados a revelar a certas pessoas verdades que elas não poderiam suportar. Desse modo, causar-lhes-ão dano maior do que se essas verdades fossem guardadas em perpétuo silêncio. Foi para obviar a esse erro que o Senhor teve o cuidado de acrescentar: "Não deis aos cães o que é santo, nem atireis as vossas pérolas aos

---

[185] Ct 4,1.
[186] Comenta Agostinho esta passagem: "Quando São Paulo fala da Igreja sem manchas nem rugas (Ef 5,27), parece ter em vista a Igreja da terra. Sabia bem, porém, que essa fórmula não era para ser entendida ao pé da letra", assim se expressou no texto do *De Sermone Domini in monte*. Agora, nas *Retractationes*, ele anexa: o Apóstolo visa à Igreja do céu, a Cidade de Deus que será realizada após a vinda de Cristo (cf. *Retractationes* 1,19,9).
[187] Ef 5,27.

porcos, para que não as pisem e, voltando-se contra vós, vos estraçalhem".[188]

O mesmo Senhor jamais mentiu em coisa alguma. Manifestou, contudo, ter ocultado certas verdades, ao dizer: "Tenho ainda muito a vos dizer, mas não podeis agora compreender".[189] E o apóstolo Paulo também diz: "Quanto a mim, irmãos, não vos pude falar como a homens espirituais, mas tão somente como a homens carnais, como a crianças em Cristo. Dei-vos a beber leite, não alimento sólido, pois não o podíeis suportar. Mas nem mesmo agora podeis, visto que ainda sois carnais".[190]

A profanação do que é santo

68 A respeito desse preceito que nos proíbe dar o que é santo aos cães e atirar as nossas pérolas aos porcos, precisamos examinar com atenção o que se entende por coisas santas e igualmente por pérolas, cães e porcos.

É santo aquilo que não se pode violar, profanar ou corromper, sem cometer crime. A vontade torna-se culpada dessa tentativa sacrílega, ainda que a coisa santa fique ela mesma inviolável e incorruptível, por sua natureza.

As pérolas são os bens espirituais que é preciso ter em alta estima. Como elas se encontram naturalmente em lugar oculto, devem ser tiradas como das profundezas do mar. Só são achadas ao quebrar a concha da alegoria que as esconde. Assim, pode-se pensar que a coisa santa e a pérola designam aqui uma só e mesma realidade. É coisa santa porque não pode ser profanada e é pérola porque não deve ser menosprezada.

---

[188] Mt 7,6.
[189] Jo 16,12.
[190] 1Cor 3,1-2.

Ora, os homens tentam corromper aquilo que não querem deixar íntegro. E desprezam o que consideram vil e abaixo de si mesmos. Por essa razão, é dito que é pisoteado tudo aquilo que se despreza. Como os cães lançam-se para despedaçar e não deixam nada inteiro daquilo que agarram, diz o Senhor: "Não deis aos cães o que é santo". Ainda que a coisa santa não possa ser corrompida nem despedaçada, continuando sempre íntegra e inviolável. Entretanto, é preciso considerar a intenção dos que se opõem com inimizade encarniçada para aniquilar a verdade, como se tal fosse possível.

Quanto aos porcos, ainda que não despedacem com os dentes, como os cães, contudo sujam, pisoteando tudo o que encontram. Por isso, prossegue o Senhor: "Nem atireis as vossas pérolas aos porcos, para que não as pisem e, voltando-se contra vós, vos estraçalhem".

Logo, sem incongruência, cremos que se pode denominar cães aos opositores da verdade, e porcos aos que a desprezam.

69

"E, voltando-se contra vós, vos estraçalhem." É para se notar que não está dito que eles estraçalham as próprias pérolas, mas sim a vós. Porque pisando as pérolas, ainda que se voltem para ouvir alguma verdade, é, contudo, a pessoa que atirou as pérolas que eles querem destruir.

Realmente, será difícil encontrar algo que possa ser agradável àqueles que pisoteiam as pérolas. Eles desapreciam as verdades divinas que foram descobertas com grande trabalho e sacrifício. Eu não vejo como possa alguém instruir a tais homens, sem se deixar levar à indignação e ao pesar. Ambos, o cão e o porco, são animais impuros. Portanto, quando se há de evitar revelar alguma coisa àqueles que não estão em condições de compreender, é melhor obrigá-los a buscar o que lhes está oculto do que expor ao desprezo o que lhes é manifesto.

Com efeito, por qual motivo recusariam realidades evidentes e importantes, a não ser por ódio e desprezo? Devido a esse ódio, eles se assemelham aos cães; e devido ao desprezo, aos porcos.

Toda impureza procede do apego às coisas efêmeras, isto é, ao amor às coisas deste mundo, ao qual nos é mandado renunciar, para que possamos permanecer puros.

Quem deseja ter o coração puro e simples não se deve julgar culpado por ocultar alguma coisa a alguém incapaz de compreender. Entretanto, por isso, não se há de julgar ser permitido mentir. Ao ocultar o que é verdadeiro, não se segue que se diga mentira.[191]

Logo, é necessário trabalhar primeiramente para retirar os obstáculos que impedem ao irmão a compreensão da verdade. E se esses obstáculos vêm de alguém manchado pelo pecado, é preciso procurar purificá-lo, quanto pudermos, por nossas palavras e obras.

70

O próprio nosso Senhor ensinou certas verdades que muitos de seus ouvintes não quiseram aceitar — ou por oposição ou por desprezo. Não havemos de pensar, por aí, que ele dava as coisas santas aos cães, nem

---

[191] Santo Agostinho sempre se distinguiu por sua lealdade radical, e grande respeito pela verdade. Vemo-lo aqui dizer: "Se por vezes convém ocultar a verdade, por motivo de caridade nunca é permitido dizer coisas falsas". No seu tratado *Contra mendacium* 15, do ano 419 — que se seguiu 25 anos após o seu *De mendacio* —, ele continua a afirmar: "Se, pelo fato de alguém não ser coparticipante de nossa fé e sacramento, se ocultem a ele algumas verdades, contudo não nos está permitido enganá-lo dizendo mentiras".

que atirava as pérolas aos porcos. Ele se dirigia não àqueles de seus ouvintes que eram incapazes de compreendê-lo, mas àqueles que o podiam entender. A impermeabilidade dos primeiros não era motivo para que os últimos fossem negligenciados. Se certos elementos queriam tentá-lo, fazendo-lhe perguntas, ele lhes respondia, de tal modo que ninguém podia contradizê-lo. Na verdade, esses tais destilavam veneno, em vez de se nutrirem com o alimento que lhes era proporcionado. Outros, contudo, que ali se encontravam, bem dispostos, tinham ocasião de ouvir muitas coisas proveitosas.

Digo isso para que, caso alguém não puder responder a uma questão, não venha a se desculpar dizendo que não convém dar coisas santas aos cães, nem atirar pérolas aos porcos. Aquele que puder responder, responda. Ao menos em consideração pelos que ficariam tentados de perder a esperança, imaginando que a questão proposta seja insolúvel. Isso no caso de se tratar de verdades úteis e que fazem parte da doutrina da salvação.

As pessoas ociosas costumam apresentar muitas questões supérfluas, inúteis, vãs e até nocivas. Todavia, convém responder-lhes alguma coisa. Mas devemos declarar-lhes a razão pela qual não convinha apresentar tais questões.

Enfim, ao se tratar de perguntas inúteis, é preciso responder aos que nos perguntam. Assim fez o Senhor quando os saduceus lhe perguntaram acerca de uma mulher que teve sete maridos, a qual deles ela pertenceria depois da ressurreição. Ele respondeu que na ressurreição homem algum teria mulher, pois então não se casariam, mas seriam como os anjos do céu.[192]

---

[192] Mt 22,23-33; Mc 12,18-27; Jo 20,27-40.

Por vezes, convém interrogar alguma outra coisa àquele que pergunta, a fim de que, ao responder, talvez a própria questão lhe fique esclarecida. Caso ele se negue a responder, não parecerá mal aos presentes que a pergunta feita fique sem resposta. Foi o que aconteceu com Jesus quando os fariseus lhe perguntaram, para tentá-lo, se deviam pagar tributo a César. Ele lhes perguntou também de quem era a imagem impressa na moeda apresentada. E porque responderam à questão dizendo ser a imagem de César, eles mesmos, de certo modo, responderam o que haviam indagado. Dessa mesma resposta tirou o Senhor a conclusão e lhes disse: "Pois devolvei o que é de César a César, e o que é de Deus a Deus".[193]

Em outra ocasião, quando os príncipes dos sacerdotes e os anciãos do povo perguntaram-lhe com que autoridade fazia aquelas coisas, fez-lhe uma pergunta acerca do batismo de João. E como não quiseram responder, porque viam que a resposta se voltaria contra eles, já que não ousavam falar mal de João por causa dos presentes, o Senhor respondeu: "Nem eu vos digo com que autoridade faço estas coisas".[194] Isso pareceu muito justo a todos os presentes, visto que os príncipes e anciões disseram não saber o que conheciam perfeitamente, e não ousavam declarar. Realmente, era muito normal que, desejando uma resposta à sua questão, interrogassem primeiramente a si mesmos aquilo que queriam que lhes fosse respondido. Eles mesmos por certo, teriam obtido a resposta desejada. Com efeito, haviam enviado sacerdotes e levitas a perguntar a João quem era ele. Ora, dito mais claramente, eles mesmos eram os enviados: os

---

[193] Mt 22,15-22.
[194] Mt 21,23-27.

sacerdotes e levitas que pensavam ser João o Cristo. João negou formalmente e prestou testemunho do Senhor.[195] Se o tivessem querido confessá-lo, com esse testemunho eles mesmos se instruiriam para compreender com que autoridade fazia Cristo aquelas coisas. Mas eles fingiram ignorá-lo e perguntaram para ter ocasião de caluniar o Senhor.

Eficácia da oração

71 No momento em que o Senhor pediu não darem coisas santas aos cães e não atirarem pérolas aos porcos, um ouvinte poderia apresentar-se e objetar de lhe estarem proibindo dar o que não possuía. Convicto de sua ignorância e fraqueza, diria: "Quais são as coisas santas que não devo dar aos cães? Ou as pérolas que me são proibidas de atirar aos porcos? Não tenho consciência de possuir nada disso". Bem oportunamente, pois, o Senhor acrescentou: "Pedi e vos será dado, buscai e achareis, batei e vos será aberto; pois todo o que pede, recebe; o que busca acha, e ao que bate se lhe abrirá".[196]

A petição tem como objetivo obter a saúde e a força da alma, a fim de poder cumprir os mandamentos. A busca propõe-se descobrir a verdade, pois a vida bem-aventurada consiste na ação e no conhecimento. Ora, a ação exige o livre exercício das forças da alma. E a contemplação deseja manifestação clara da verdade das coisas. É preciso, pois, pedir uma coisa e procurar outra, a fim de se obter a primeira e encontrar a segunda. Contudo, nesta vida, o conhecimento é antes um itinerário que se deve seguir, mais do que a posse

---

[195] Jo 1,19-27.
[196] Mt 7,7-8.

do próprio bem que se há de possuir. Só quando alguém tiver encontrado o verdadeiro caminho chegará à posse do bem; o qual, entretanto, só se abrirá a quem bater.

72 Para esclarecer a distinção entre essas três proposições: pedir, procurar e bater, tomemos um exemplo. Suponhamos um homem enfermo dos pés e que não pode andar. Será necessária, em primeiro lugar, a cura de seu mal. Fortificar-se para que possa caminhar. Esse é o objetivo do preceito: pedi. Mas de que lhe aproveitará poder andar e até correr, se se perder em caminhos extraviados? Portanto, é preciso também, em segundo lugar, encontrar o caminho que o levará à meta.

Uma vez encontrado o caminho, porém, caso ele tenha chegado à casa onde se propõe habitar, e encontrá-la fechada, de nada lhe servirá ter pedido para andar e ter chegado até lá, se não lhe abrirem. Eis por que o Senhor recomenda: batei![197]

Perseverar na oração

73 Quão grande esperança nos deu e continua a nos dar aquele cujas promessas não enganam. Diz ele,

---

[197] Anota o nosso autor em suas *Retractationes*: "A propósito da palavra do Senhor: 'Pedi e vos será dado, buscai e achareis, batei e ser-vos-á aberto' (Mt 7,7), eu pensei que seria preciso explicar — certamente com muito esforço — a distinção entre essas três fórmulas. Contudo, todas as três referem-se de preferência ao primeiro pedido — a petição. Aliás, é o que mostra o Senhor quando conclui a frase toda com uma só palavra, dizendo: 'Quanto mais o vosso Pai, que está nos céus, dará coisas boas aos que lhe pedem!' (Mt 7,11). Com efeito, ele não diz aí: 'aos que pedem, aos que buscam, aos que batem'" (*Retractationes* 1,19,9). O renomado agostinólogo G. Bardy comenta: "Por vezes, as explicações que Santo Agostinho propõe nas *Retractationes* parecem sutis demais, e ficamos tentados a lamentar que ele tenha mudado de opinião. Aqui vemos que ele julga as distinções feitas no texto muito complicadas e laboriosas. Acontece que abandona assim um comentário sutil por um motivo pouco convincente. Foi pena..." (G. BARDY, *op. cit.*, p. 94).

com efeito: "Pois todo o que pede, recebe; o que busca acha, e ao que bate se lhe abrirá".[198] É, portanto, indispensável a perseverança para obter o que pedimos; encontrar o que buscamos, e fazer com que nos abram quando batemos.

O Senhor segue o mesmo procedimento que usou no exemplo das aves dos céus e dos lírios dos campos, para alimentar ali nossa esperança de que o sustento e a roupa não haveriam de nos faltar, e para elevar nosso espírito das realidades cotidianas às realidades mais altas. De modo semelhante diz agora: "Quem dentre vós dará uma pedra a seu filho, se este lhe pedir pão? Ou quem lhe dará uma cobra, se este lhe pedir peixe? Ora, se vós que sois maus sabeis dar boas dádivas aos vossos filhos, quanto mais o vosso Pai, que está nos céus, dará coisas boas aos que lhe pedem!".[199]

Como podem os maus dar "boas dádivas"? São chamados aqui de maus os que ainda se mostram amantes deste mundo, como os pecadores. Contudo, as coisas que eles concedem, consideram boas, conforme o próprio parecer, porque as julgam assim. Mas ainda que sejam coisas boas, na ordem natural, são bens efêmeros, e partilham as fraquezas desta vida. E ainda que sejam boas, são dadas por pessoa má, e não lhe pertencem de fato. Pois como diz o salmo: "Do Senhor é a terra, e tudo o que ela encerra".[200] "Ele que fez o céu e a terra, o mar e todas as coisas que neles há."[201]

Logo, com quanta confiança devemos esperar que Deus nos conceda os bens que lhe pedimos, ele que não se pode enganar dando-nos uma coisa por outra. Posto que nós também, que somos maus, sabemos dar o que nos pedem.

[198] Mt 7,8.
[199] Mt 7,9-11.
[200] Sl 24(23),1.
[201] Sl 146(145),6.

Não enganamos a nossos filhos, mas qualquer bem que lhes dermos não é bem nosso, mas vem de Deus.

A regra de ouro

74 A retidão de conduta dá-nos a coragem e a força para encetarmos o caminho em direção da sabedoria. Leva-nos à pureza e à simplicidade do coração.

O Senhor assim termina o que estava desenvolvendo: "Portanto, tudo aquilo que quereis que os homens vos façam de bem, fazei-o vós a eles, porque isto é a Lei e os Profetas".[202]

Lê-se nos exemplares gregos: "Tudo aquilo que quereis que os homens vos façam, fazei-o vós a eles". Penso que textos latinos acrescentaram a expressão "de bem" para melhor explicitar o pensamento. Poderiam autorizar-se dessa passagem para abonar uma ação condenável. Por exemplo, se alguém quisesse beber em excesso, até a embriaguez. Mas seria ridículo de se justificar por aí quem procurasse beber ou excitasse outrem a beber em excesso, até ficar bêbado. Para evitar essa interpretação e para maior clareza, foi acrescentada a expressão "façam de bem". Se faltar nos exemplares gregos será bom completar. Mas quem se permitiria corrigir o texto grego? É preciso, pois, admitir que a recomendação está plena e completa, mesmo sem essa adição.

A expressão "tudo aquilo que quereis" não deve ser tomada aqui em sentido ordinário e banal, mas em seu sentido forte. A vontade livre não concebe a não ser o bem. Quando se trata do mal, não se fala de vontade, mas de paixão. Não que a Escritura aplique sempre as palavras em seu sentido próprio, mas quando é preciso ela as emprega assim, por ser impossível a compreensão de outro modo.

---

[202] Mt 7,2.

Toda a Lei

75 "Tudo aquilo que quereis que vos façam, fazei-o vós a eles." Esse preceito parece se referir ao amor do próximo, e não ao amor de Deus, ainda que em outro lugar o Senhor afirme: "Desses dois mandamentos dependem toda a Lei e os Profetas".[203] Se ele houvesse dito: "Tudo aquilo que quereis que vos façam, fazei-o vós também", os dois mandamentos estariam reunidos nessa única fórmula. Com efeito, acrescentar-se-ia logo que cada um quer ser amado de Deus e dos homens. Prescrever a alguém de "fazer o que quer que lhe façam" equivale a lhe prescrever de amar a Deus e ao próximo. Mas como o Senhor designa expressamente: "Tudo aquilo que quereis que os homens vos façam, fazei-o vós a eles", parece que não deseja dizer mais do que: "Amarás a teu próximo como a ti mesmo".[204]

É preciso também não passar por cima do que ele acrescenta: "Isso é a Lei e os Profetas". Ao falar desses dois mandamentos, o Senhor não diz somente: "Eles contêm a Lei e os Profetas", mas: "Toda a Lei e os Profetas", isto é, todas as profecias. Não anexando aqui nenhuma precisão, ele reserva um lugar especial ao outro mandamento: o do amor a Deus.

Nesse momento, ele conclui os preceitos referentes à pureza do coração. Como nós corremos o risco de ter coração duplo, principalmente em relação aos que não podem ler dentro de nós, foi necessário esse conselho. Por certo, ninguém gosta de ser tratado com duplicidade de coração. Ora, para chegar a ter coração simples, é preciso evitar todo desejo de receber alguma recompensa temporal dos outros,

---

[203] Mt 22,40.
[204] Mt 22,39.

e agir com aquela pureza de intenção que nós já analisamos longamente, mais acima, ao falar sobre o olho simples.

Síntese da explanação sobre a pureza do coração[205]

76 O olho assim purificado, tendo se tornado simples, será capaz de ver e contemplar a luz interior, pois esse olho é o do coração. Isso exige que se faça o bem não com a finalidade de agradar os homens, levados pela vanglória ou ostentação, mesmo se acontecer de sermos estimados por eles. Procurar unicamente a salvação dos irmãos e a glória de Deus! Também não visar os recursos necessários a esta vida terrena. O olho do coração acautele-se de não julgar com temeridade a intenção e a vontade dos outros, quando estas não estão manifestas com evidência. Enfim, dedicar-se aos outros com o desinteresse que cada um deseja receber. Isto é, sem visar vantagem alguma temporal.

Tal é o coração puro e simples com o qual é preciso procurar a Deus. "Bem-aventurados os puros de coração, porque verão a Deus."[206]

Sétima bem-aventurança — os pacíficos

A porta estreita

77 Como são poucos os que conseguem atingir tal ideal, começa o Senhor por falar sobre a busca e a posse

---

[205] Como já foi assinalado acima (n. 263, p. 124), Agostinho estende-se ao longo de toda a explicação do Sermão da Montanha sobre a temática das bem-aventuranças. Neste livro 2, de 1 a 76, ele insiste na tecla da pureza do coração. Vimo-lo amiúde mencionar a simplicidade do olho interior e da pureza do coração, alertando para o perigo da duplicidade de intenções.

[206] Mt 5,8.

da sabedoria — a árvore da vida. Para buscar e possuir, isto é, para contemplar a sabedoria, foi preparado o olho do coração por tudo o que já foi dito igualmente, para se poder descobrir o caminho apertado e a porta estreita.

Assim prossegue ele: "Entrai pela porta estreita, porque larga é a porta e espaçoso o caminho que conduz à perdição. E muitos são os que entram por ele. Estreita, porém, é a porta e apertado o caminho que conduz à vida. E poucos são os que o encontram".[207]

Essas palavras não significam que o jugo do Senhor seja duro e seu fardo, pesado, mas que raros são os que estão dispostos a se esforçar até o fim. Falta-lhes a fé naquele que clama: "Vinde a mim todos os que estais cansados sob o peso do vosso fardo e eu vos darei descanso. Tomai sobre vós o meu jugo e aprendei de mim, porque sou manso e humilde de coração, e encontrareis descanso para as vossas almas, pois o meu jugo é suave e o meu fardo é leve".[208]

Observe-se que este sermão começou precisamente falando sobre os humildes e mansos de coração.[209] Numerosos são os que rejeitam e raros os que acolhem esse jugo tão suave e esse fardo tão leve. Eis por que o caminho que leva à vida torna-se apertado e estreita a porta que nos dá acesso a ela.

Os falsos profetas

78 É preciso tomar cuidado contra aqueles que prometem a sabedoria e o conhecimento da verdade, a qual não possuem. Tais são os hereges. Geralmente, querem

---

[207] Mt 7,13-14.
[208] Mt 11,28-30.
[209] Cf. I, 1,3.4.

ser tomados pelo pequeno número dos que estão na verdade. O Senhor, porém, impede que sejam considerados como os "poucos" que encontraram a porta estreita e o caminho apertado, pois acrescenta: "Guardai-vos dos falsos profetas, que vêm a vós disfarçados de ovelhas, mas por dentro são lobos ferozes".[210]

Esses últimos não enganam o olho simples que sabe reconhecer a árvore pelos seus frutos. Foi dito, com efeito: "Pelos seus frutos os reconhecereis".[211] Em seguida, o Senhor anexou comparações: "Por acaso colhem-se uvas dos espinheiros ou figos dos cardos? Do mesmo modo, toda árvore boa dá bons frutos, mas a árvore má dá frutos ruins. Uma árvore boa não pode dar frutos ruins, nem uma árvore má dar bons frutos. Toda árvore que não produz bons frutos é cortada e lançada ao fogo. É pelos frutos, portanto, que os reconhecereis".[212]

Pelos frutos os reconhecereis

79 O maior erro a ser evitado nessa matéria é o daqueles[213] que pensam essas árvores significarem duas naturezas: a de Deus e outra, que não é a de Deus, nem vem de Deus. Eu já tenho tratado bastante sobre esse erro em outros livros. E se ainda não foi suficiente, eu o farei ainda. Agora, porém, mostrarei que esse erro não se pode apoiar na comparação dessas duas árvores. Primeiramente, por estar bem claro que o Senhor referiu-se aqui aos homens. Quem quer que leia as palavras precedentes e as seguintes não poderá

---

[210] Mt 7,15.
[211] Mt 7,16.
[212] Mt 7,16-20.
[213] Os maniqueus.

senão se espantar da cegueira desses hereges. Fixam-se eles nestas palavras: "Uma árvore boa não pode dar frutos ruins, nem uma árvore má dar bons frutos". Por aí opinam que uma alma má não pode se tornar boa, nem uma alma boa tornar-se má. Como se o Senhor tivesse dito: uma árvore boa não pode chegar a ser má, nem uma árvore má chegar a ser boa. Ora, o que o texto diz é: "Uma árvore boa não pode dar frutos ruins, nem uma árvore má dar bons frutos". A árvore designa a alma, isto é, o próprio homem. Os frutos são as suas obras. Não pode, por conseguinte, o homem que é mau fazer obras boas, nem o homem que é bom executar obras más. Portanto, se o homem mau quiser agir bem, é preciso que primeiramente se torne bom. Isso é o que o Senhor expressa em outro lugar, de modo mais claro, dizendo: "Ou bem plantais uma árvore boa, ou plantais uma má".[214]

Ora, se essas duas árvores significassem as duas naturezas de que falam esses hereges, não seria dito: "plantai".[215] Pois quem entre os homens pode criar uma natureza? Além do mais, depois de ter feito ali menção das duas árvores, o Senhor acrescentou: "Raça de víboras, como podeis falar coisas boas se sois maus?".[216] Logo, enquanto alguém é mau, não pode produzir bons frutos; se produzisse bons frutos, já não seria mau.

Assim, pois, pode-se dizer com muita verdade: é impossível a neve ser quente, porque a partir do momento em que começa a esquentar, já não é neve, mas água. Pode acontecer que a neve já não seja neve, mas nunca poderá ser que a neve seja quente. Do mesmo modo, talvez aquele

---

[214] Mt 12,33: "Aut facite arborem bonam, aut facite arborem malum".
[215] *Plantai*: "facite".
[216] Mt 12,34.

que foi mau já não o seja; não pode, porém, ser que um homem mau faça o bem. Ainda que alguma vez o homem mau realize alguma coisa de útil, nesse caso não é a ele que o atribuímos, mas à ação da divina Providência. Como está dito dos fariseus: "Portanto, fazei e observai tudo quanto vos disserem, mas não imiteis as suas ações, pois dizem, mas não fazem".[217] Eles ensinavam uma boa doutrina, mas isso servia aos que os escutavam e levavam à prática, mas não para eles mesmos.

Diz o Senhor: "Os escribas e fariseus estão sentados na cátedra de Moisés".[218] Portanto, por providência divina, pregando a lei de Deus, podiam fazer o bem a seus ouvintes, sem o fazer a si mesmos. De tais homens está dito em outro lugar: "Semearam trigo e colheram espinhos".[219] Isso porque ensinavam o bem, e eles mesmos faziam o mal. Por conseguinte, aqueles que os escutavam e praticavam os seus ensinamentos não colhiam uvas dos espinhos, mas através dos espinhos. Colhiam as uvas da vinha. Como se alguém metesse a mão através da sebe e colhesse um cacho de uvas rodeado de espinhos. Esse cacho, evidentemente, não era fruto dos espinhos, mas da vinha.

As obras dos hipócritas

80 Por certo, com muita razão, pode-se perguntar a que espécie de fruto quis o Senhor chamar-nos a atenção, para conhecermos a natureza da árvore. Muitos, com efeito, consideram como frutos o que é apenas a pele das ovelhas, e assim se deixam enganar pelos lobos. Tais

---

[217] Mt 23,3.
[218] Mt 23,2.
[219] Jr 12,13.

sinais são, por exemplo: os jejuns, as orações e as esmolas. Obras essas que podem ser feitas de modo idêntico por bons e hipócritas. De outra maneira não teria o Senhor dito acima: "Guardai-vos de praticar a vossa justiça diante dos homens, para serdes vistos por eles".[220] Logo após essa recomendação, ele fala daquelas três espécies de boas obras: a esmola, o jejum e a oração. Com efeito, muitos dão aos pobres esmolas em abundância, não por misericórdia, mas apenas por ostentação. E muitos oram, ou melhor, parecem orar, pois não procuram agradar a Deus, mas buscam só a estima dos homens. E muitos outros jejuam e fazem alarde de admirável austeridade aos olhos dos que pensam serem essas obras difíceis e dignas de louvor. Com fraudes desse gênero, seduzem com aparências enganosas, para ludibriar, matar e roubar os que não distinguem os lobos sob peles de ovelhas.

Por conseguinte, jejum, oração e esmolas não são os frutos pelos quais o Senhor adverte-nos a conhecer uma boa árvore. De fato, quando essas coisas procedem de coração reto e sincero, serão peles de ovelhas. Contudo, quando se praticam com coração mau e imbuído de erro, escondem lobos. Malgrado isso, as verdadeiras ovelhas não devem repudiar sua pele, ainda que os lobos a usem para a dissimulação.

Os maus e os bons frutos

81 Por quais frutos, então, poderemos reconhecer uma árvore má? O Apóstolo no-lo ensina: "As obras da carne são manifestas: fornicação, impureza, libertinagem,

---

[220] Mt 6,1.

idolatria, feitiçaria, ódio, rixas, ciúmes, homicídios, ira, discussões, discórdia, divisões, inveja, bebedeiras, orgias e coisas semelhantes a estas, a respeito das quais eu vos previno: os que tais coisas praticam não herdarão o Reino de Deus".[221]

E por quais frutos reconheceremos uma árvore boa? O mesmo Apóstolo no-lo diz, igualmente: "Mas o fruto do Espírito é amor, alegria, paz, longanimidade, benignidade, bondade, fé, mansidão, autodomínio, castidade".[222]

Deve-se ter em conta que a palavra "alegria"[223] está posta aí em seu sentido próprio. Pois não se pode dizer com propriedade que os homens maus conheçam a verdadeira alegria. Eles apenas experimentam o prazer.

Do mesmo modo, dissemos acima que a palavra "vontade"[224] havia sido empregada ali, em seu sentido próprio, pois ela não é aplicável a homens maus, como foi aplicada naquela passagem: "Tudo aquilo que quereis que os homens vos façam, fazei-o vós a eles".[225] O sentido próprio da palavra "gaudium" só os bons o conhecem. É o que o profeta Isaías afirma: "Não há gozo para os ímpios, diz o Senhor".[226]

De maneira semelhante foi dito acima: "fé"[227] não para significar qualquer fé, mas a verdadeira. Quanto às outras virtudes que o Apóstolo enumera, encontramos certas aparências exteriores nas pessoas más e impostoras. Essas aparências, porém, não podem enganar aqueles cujo

---

[221] Gl 5,19-21.
[222] Gl 5,22-23.
[223] *Gaudium*.
[224] Ver, acima, 2,74.
[225] Mt 7,12.
[226] Is 57,21: "Non est gaudere impiis, dicit Dominus".
[227] *Fides*.

olho interior, puro e simples sabe discernir a verdade da falsidade.

Com admirável lógica foi explicado pelo Senhor, primeiramente, a necessidade de termos o olho interior purificado e, em seguida, de que coisas devemos nos precaver.

Os frutos do Evangelho

82 Ainda que alguém tenha o seu olho interior purificado, isto é, possua coração simples e sincero, ninguém consegue penetrar no coração dos outros. Ora, as tentações revelam aquilo que nem as ações, nem as palavras manifestam. São duas as espécies de tentação: ou procedem do desejo de conseguir algum proveito temporal ou vêm do receio de perder tais vantagens.

Todo aquele que busca a sabedoria, isto é, "Cristo, em quem se acham escondidos todos os tesouros da sabedoria e do conhecimento",[228] precisa se precaver para não ser enganado pelos hereges, que se utilizam do nome de Cristo, ou pelas pessoas mal instruídas e amantes deste mundo. É contra esse risco que o Senhor nos admoesta, dizendo: "Nem todo aquele que me diz 'Senhor, Senhor' entrará no Reino dos Céus, mas sim aquele que pratica a vontade de meu Pai que está nos céus".[229]

Não pensemos que, para produzir os frutos de que se falou acima, baste alguém dizer a Deus "Senhor! Senhor!" e que a esse sinal possamos reconhecer uma boa árvore. Porque os frutos consistem em fazer a vontade do Pai que está nos céus, conforme o exemplo que o mesmo Senhor se dignou nos dar.

[228] Cl 2,3.
[229] Mt 7,21.

Conciliação entre dois textos difíceis

83 Com razão poderá alguém encontrar dificuldades para conciliar esta passagem com aquela outra do Apóstolo: "Eu vos declaro que ninguém falando com o Espírito de Deus diz: 'Anátema seja Jesus!'. E ninguém pode dizer: 'Jesus é Senhor!', a não ser no Espírito Santo".[230]

Com efeito, não podemos dizer que aqueles que, tendo o Espírito de Deus e perseverando até o fim, não entrarão no Reino dos Céus. Tampouco podemos afirmar que não tenham em si o Espírito Santo aqueles que, apesar de clamar "Senhor!", não entrarão no Reino dos Céus. Portanto, como explicar o que foi dito: "Ninguém pode dizer: 'Jesus é Senhor', a não ser no Espírito Santo"? Só admitindo que o Apóstolo empregou aqui o verbo dizer em seu sentido estrito e rigoroso, para dar a entender a vontade e o entendimento de quem assim falava.

E o Senhor, ao contrário, empregou o mesmo verbo em sentido genérico, ao declarar: "Nem todo aquele que me diz 'Senhor! Senhor!' entrará no Reino dos Céus". Com efeito, aquele que não entende sequer aquilo que diz tem somente a aparência de dizer alguma coisa. De maneira própria e rigorosa, só diz aquele que com o som de sua voz expressa essa vontade e o fundo de seu pensamento. É igualmente nesse sentido próprio que, pouco acima, ao numerar os frutos do Espírito Santo, o Apóstolo inclui a palavra "alegria".[231] Sentido bem diferente daquele empregado ao ser dito: "(A caridade) não se alegra com a injustiça, mas se regozija com a verdade".[232] Como se alguém pudesse se alegrar com

---

[230] 1Cor 12,3.
[231] *Gaudium.*
[232] 1Cor 13,6.

a injustiça. Pois tal alegria seria a agitação de um espírito turbado, não o gozo que somente os justos possuem.

Logo, aqueles que não penetram com o entendimento, nem praticam com a vontade aquilo que dizem, apenas têm a aparência de dizer. Expressam-se somente com a voz. É nesse sentido que declara o Senhor: "Nem todo aquele que me diz: 'Senhor, Senhor!' entrará no Reino dos Céus". Ao contrário, só o dizem verdadeira e propriamente aqueles cuja vontade e entendimento estão em harmonia com as palavras que pronunciam. É conforme esse significado que afirma o Apóstolo: "Ninguém pode dizer: 'Jesus é Senhor', a não ser no Espírito Santo".[233]

Os verdadeiros discípulos

84 Um ponto importante se liga a este assunto: aqueles que aspiram à contemplação da verdade não devem apenas evitar os que se valem do nome de Cristo, sem o imitar; mas igualmente, precaver-se contra o fascínio do maravilhoso. Quanto a isso, o Senhor mesmo nos põe de sobreaviso, ainda que o milagre se opere em favor dos infiéis. É preciso não identificar a sabedoria invisível com o prodígio visível.

Acrescenta, portanto, o Senhor: "Muitos me dirão naquele dia: 'Senhor, Senhor, não foi em teu nome que profetizamos e em teu nome que expulsamos demônios e em teu nome que fizemos muitos milagres?'. Então, sem rodeios, eu lhes direi: Nunca vos conheci; apartai-vos de mim, vós que praticais a iniquidade".[234] Logo, o Senhor

---

[233] 1Cor 12,3.
[234] Mt 7,22-23.

reconhecerá como seus somente aqueles que praticaram a justiça. Pela mesma razão, proibiu a seus discípulos que se alegrassem com que os demônios lhes tivessem obedecido. E disse-lhes: "Alegrai-vos antes, porque vossos nomes estão inscritos nos céus".²³⁵

Creio que ele se referia àquela cidade da Jerusalém celeste, na qual somente serão admitidos os justos e os santos. Pois diz o Apóstolo: "Então não sabeis que os injustos não herdarão o Reino de Deus?".²³⁶

85 Poderia suceder de alguém objetar que os maus não possam fazer esses milagres visíveis e crer que seja mentira o que dizem a Cristo: "Em teu nome profetizamos, em teu nome expulsamos demônios e em teu nome fizemos muitos milagres". Pois aquele que assim pensa, leia todas aquelas coisas que fizeram os mágicos no Egito ao se oporem a Moisés, o servo de Deus.²³⁷ E se não quiserem ler essa passagem, porque os mágicos não agiram em nome de Cristo, leiam o que o mesmo Senhor disse sobre os pseudoprofetas: "Então, se alguém vos disser: 'Olha, o Messias aqui!' ou 'ali', não creiais. Pois hão de surgir falsos Messias e falsos profetas que apresentarão grandes sinais e prodígios de modo a enganar, se possível, até os eleitos. Eis que eu vo-lo predisse".²³⁸

Bem-aventurados os pacíficos

86 Portanto, como é necessário ter o olho puro e simples para encontrar o caminho da sabedoria, em vol-

---

²³⁵ Lc 10,20.
²³⁶ 1Cor 6,9.
²³⁷ Ex 7,8.
²³⁸ Mt 24,23-25.

ta do qual os maus e perversos desenvolvem tantas seduções e erros! Escapar às suas armadilhas, chegar a uma paz segura e à morada imutável da sabedoria! Pois é para temer que ao calor da discussão e da disputa não se veja mais claramente, o que é percebido apenas por um pequeno número. É para se temer ainda que o estrépito dos contestadores venha a ser considerado de pouca monta, talvez por se fazer parte deles. Lembremos aqui o que diz o Apóstolo: "Um servo do Senhor não deve brigar; deve ser manso para com todos, competente no ensino, paciente na tribulação. É com suavidade que deve educar os opositores, na expectativa de que Deus lhes dará não só a conversão para o conhecimento da verdade, mas também o retorno à sensatez".[239]

"Bem-aventurados os pacíficos, porque serão chamados filhos de Deus."[240]

Construir sobre a rocha

87 Finalmente, devemos prestar grande atenção à impressionante conclusão que o Senhor deu a este sermão, ao dizer: "Assim, todo aquele que ouve estas minhas palavras e as põe em prática será comparado a um homem sensato que construiu a sua casa sobre a rocha".[241]

Pois não se pode dar solidez ao que se ouve e entende senão ao se pôr em prática. E sendo Cristo a rocha, como

---

[239] 2Tm 2,24-25.
[240] Mt 5,9.
[241] Mt 7,24. Este comentário termina com o texto apresentado no início da obra (Mt 7,24-27). Trata-se de um convite insistente para se passar com decisão da palavra aos atos, a fim de se construir sobre a rocha. Não nos contentarmos somente em escutar os preceitos do Senhor, mas levá-los à prática. Pois ouvi-los sem passar à execução seria construir sobre a areia... A coerência é fundamental para Agostinho!

apregoam muitos testemunhos das Escrituras,[242] edificar sobre Cristo é pôr em prática seus ensinamentos.

"Caiu a chuva, vieram as enxurradas, sopraram os ventos e deram contra a casa, mas ela não caiu, porque estava alicerçada na rocha".[243] Quem assim age não teme as superstições perniciosas — essa é a interpretação pejorativa da chuva —; nem as vociferações dos homens — comparadas aqui aos ventos —, nem os apegos da carne que se estendem como as enxurradas que inundam a terra.

O homem que se deixa seduzir pela prosperidade é derrubado por esses três tipos de adversidades. Nada tem a temer de tudo isso aquele que possui sua casa fundada sobre a rocha. Isso significa: quem não apenas ouve os preceitos do Senhor, mas também os põe em prática. Pelo contrário, está perigosamente exposto a todos esses danos quem, entendendo, não cumpre os preceitos divinos. Este levanta um edifício sem base.

Consequentemente, acrescenta o Senhor: "Por outro lado, todo aquele que ouve estas minhas palavras, mas não as pratica, será comparado a um insensato que construiu a sua casa sobre a areia. Caiu a chuva, vieram as enxurradas, sopraram os ventos e deram contra a casa, e ela caiu. E foi grande a sua queda! Aconteceu que, ao terminar Jesus essas palavras, as multidões ficaram extasiadas com o seu ensino, porque os ensinava com autoridade e não como os seus escribas".[244]

O profeta parece ter em vista isso, quando diz no salmo: "Eu os porei a salvo e lhes inspirarei confiança. As palavras

---

[242] 1Cor 10,4.
[243] Mt 7,25.
[244] Mt 7,26-29.

do Senhor são palavras sinceras, são prata purificada no fogo, acendrada no crisol, refinada sete vezes".[245]

Esse número sete inspirou-me a relacionar todos os preceitos apresentados com aquelas sete sentenças que o Senhor expressou no início deste sermão, ao falar sobre as bem-aventuranças, e também com aquelas sete operações do Espírito Santo enumeradas pelo profeta Isaías.[246]

Quer se adote esta classificação, quer se prefira outra diferente, trata-se de cumprir estes ensinamentos que aprendemos do Senhor, se quisermos edificar sobre a rocha.

---

[245] Sl 12(11),6-7.
[246] Is 11,2-3.

A FÉ E AS OBRAS

OCASIÃO, DATAÇÃO, DIVISÃO

Heres Drian de O. Freitas

Ocasião e datação da obra

Em suas *Retractationes*, Agostinho oferece-nos a circunstância em que nasceu a obra que temos em mãos: alguns fiéis leigos, dedicados ao estudo das Escrituras, enviaram-lhe alguns escritos em que se defendia a distinção entre fé, sem a qual não é possível salvar-se, e agir bem, sem o qual é possível salvar-se. Para esses fiéis leigos estudiosos, Agostinho compõe o *De fide et operibus*.[1]

Quem eram esses fiéis, que escritos enviaram a Agostinho e quem era(m) seu(s) autor(es) é ainda matéria em discussão. Há muito tempo, várias hipóteses, carentes de evidências, vêm sendo levantadas: os fiéis seriam Flávio Marcelino e outros nobres italianos refugiados na África ou na Palestina, e os destinatários reais da obra — aqueles a quem o bispo de Hipona opõe-se em seu texto — seriam Jerônimo, ou Ambrósio, ou o Ambrosiaster, ou Joviniano, ou mesmo um grupo de convertidos, catequistas e catecúmenos, de ambiente e cultura muito secularizados.[2] Independentemente de quem fossem, não é impossível, porém,

---
[1] 2,38 [CCL 57,121].
[2] Os defensores destas várias possibilidades são indicados em A. PIERETTI, "Introduzione", NBA 6/2, 1995, 678-9.

que os fiéis leigos, com dificuldade de contra-argumentar, tenham, enviando os escritos, pedido a ajuda de Agostinho; e tanto os "solicitantes" da obra como seus destinatários reais poderiam estar envolvidos na ainda embrionária polêmica pelagiana.[3]

A datação da obra, fixada em 413,[4] além de um relativamente útil *terminus post quem* para este propósito em *A fé e as obras* 21,[5] está estipulada sobretudo a partir de sua situação nas *Retractationes*: entre *O espírito e a letra*[6] e o *Breviculus conlationis cum Donatistis*. Isso, porém, não sem apresentar alguma dificuldade, já que esta última obra é datada do início do inverno de 411/412.[7] Dando crédito ao atento exame cronológico de S. Lancel,[8] talvez devêssemos antecipar para 412 a datação do *A fé e as obras*.

Divisão

A divisão da obra, de um só livro, talvez não seja evidente até que se chegue ao parágrafo de sua síntese conclusiva (49). Aí, de fato, Agostinho identifica três questões afronta-

---

[3] Cf. V. H. DRECOLL, "Fide et operibus (De -)", AL 2, 1305-11, col. 1308-8.

[4] Cf. *Ibidem*, col. 1306; F. G. CLANCY, SJ, "Fide et operibus, De", AthAg, 359-60, p. 359. Para mais ampla bibliografia quanto à referida datação, ver A. PIERETTI, "Introduzione", NBA 6/2, 1995, 677.

[5] Agostinho aí se refere à composição de *O espírito e a letra* [PatrPaulus 12], que alguns manuscritos do *A fé e as obras* dizem ter sido recente. Acerca dessa obra, ver G. BONNER, "Spiritu et littera, De", AthAg, 815-6.

[6] PatrPaulus 12. Normalmente datado em 412; cf. E. PORTALIÉ, "Augustin (Saint)", em DTC 1/2,2296; K. URBA / J. ZYCHA, "Praefatio", CSEL 60,VI; G. BONNER, "Spiritu et littera, De", AthAg, p. 815; W. GEERLINGS, *Augustinus. Leben und Werk. Eine bibliographische Einführung*, Paderborn: Schöningh, 2002, p. 102; G. MADEC, *Introduction aux "Révisions" et à la lecture des œuvres de saint Augustin*, Paris: Institut d'Études Augustiniennes, 1995, p. 106-7,

[7] Cf. S. LANCEL, "Breviculus conlationis cum Donatistis", AL 1, 681-4, col. 682.

[8] Cf. *Idem*, *Actes de la Conférence de Carthage en 411*, SC 194, 1972, 353-4.

das: a presença dos bons e dos maus *permistamente* na Igreja (3-8), se aos catecúmenos se ensina somente a fé em vista do batismo e se só depois deste o como comportar-se (9-20), se basta o sacramento do batismo para chegar à vida eterna, sem mudar de vida (21-48). Já em sua Introdução (1-2), porém, Agostinho apresenta as questões a responder (1).

Na terceira parte, uma relativamente longa seção (31-48) parece destoar do quadro, mais marcadamente sacramental-soteriológico, inserindo duas subseções distintas na argumentação, ou, e talvez mais propriamente, um duplo desdobramento argumentativo: o bispo de Hipona desenvolve implicações pastorais[9] (31-38) e uma exegese suplementar que evidencie a distinção entre a fé morta — meramente *contenutística*, sem obras — e a que opera pela caridade, única a, em Cristo, salvar (39-48). Por fim, a síntese conclusiva (49).

---

[9] Cf. A. PIERETTI, "Introduzione", NBA 6/2, 1995, 681.

A FÉ E AS OBRAS

Agostinho de Hipona

Receba o batismo quem foi instruído sobre como viver conforme esse sacramento

1 Para alguns, parece lícito admitir todos ao lavacro da regeneração[1] em Jesus Cristo Senhor nosso, mesmo sem o desejo de mudar a vida má e torpe, conhecida por seus erros tão evidentes, e mesmo se declarassem abertamente querer manter tal conduta. Se alguém, por exemplo, relaciona-se com uma meretriz, não lhe seja pedido imediatamente que se afaste dela para então aproximar-se do batismo, mas, ainda que confesse publicamente estar com ela e que assim continuará, seja admitido e batizado; não seja impedido de tornar-se membro de Cristo, ainda que queira continuar com a meretriz.[2] Depois, então, seja-lhe ensinado quão mau é esse pecado e, já batizado, seja-lhe ensinado o modo de mudar para melhor seus costumes.

Acreditam ser mau e inapropriado primeiro ensinar ao cristão como deve viver e, depois, batizá-lo; consideram que o sacramento do batismo deve preceder os ensinamentos sobre o modo de vida; e, querendo o batizado guardar e observar esses ensinamentos, o fará com proveito. Caso não o queira, guarde a fé cristã, sem a qual perecerá eter-

---

[1] *Lavacro da regeneração*: o batismo.
[2] Cf. 1Cor 6,15.

namente, em qualquer loucura ou pecado que permaneça vivendo; [mas] será salvo, como pelo fogo,[3] como quem construiu sobre o fundamento que é Cristo não com ouro, prata e pedras preciosas, mas com madeira, feno e palha,[4] isto é, não com costumes justos e castos, mas com costumes iníquos e sem pudor.

Há certa "piedade" humana que se opõe à Verdade

2 Tendem a essa opinião movidos pelo fato de ver não admitidos ao batismo homens que repudiaram suas mulheres e casaram-se com outras, ou mulheres que abandonaram seus maridos e casaram-se com outros homens. O Cristo Senhor afirma, sem sombra de dúvida, que tais uniões não são casamentos, mas adultérios.[5] Estes tais não puderam negar ser adultério o que a própria Verdade confirmou que é; ainda assim queriam aceitar a admissão ao batismo daqueles a quem viam laçados, prisioneiros que prefeririam viver ou também morrer sem sacramento algum — se não fossem admitidos ao batismo — a liberar-se, rompendo a corrente do adultério.

Comovidos por certa piedade humana, abraçaram a causa daqueles de tal modo que pensaram dever-se admitir ao batismo facínoras, pervertidos, mesmo sem terem sido repreendidos com alguma proibição, corrigidos com alguma instrução, ou incitados a mudar de vida com alguma penitência. Pensavam aqueles que, se assim não fizessem, pereceriam eternamente; e se assim fizessem, mesmo se perseverando em seus pecados, seriam salvos pelo fogo.

---

[3] Ver também *Enquirídio* 112, neste volume.
[4] Cf. 1Cor 3,11-12.
[5] Cf. Mt 19,9.

Tolerar os maus não implica qualquer redução na disciplina eclesiástica

3 Respondendo a estes, digo primeiramente: que ninguém aceite aquelas passagens da Escritura que falam da mistura — agora ou em época vindoura — dos bons com os maus na Igreja,[6] como se tais textos falassem da dissolução ou da omissão da severidade da disciplina e da diligência, pois deveria considerar-se enganado pela própria opinião, e não instruído por aqueles escritos.

De fato, Moisés, o servo de Deus, tolerava com grande paciência aquela mistura do povo, e, mesmo assim, a muitos puniu com a espada. Também Fineias, o sacerdote, transpassou com a lança os flagrados em adultério,[7] o que significa que se deve fazer algo como a degradação[8] ou a excomunhão neste tempo em que, na disciplina da Igreja, cessou a espada visível. E o beato Apóstolo, mesmo em dor, é muito tolerante com os falsos irmãos,[9] excitados pelos estímulos diabólicos da inveja, e lhes permite anunciar o Cristo.[10] Ele não pensa, porém, em deixar impune aquele que possuiu a mulher de seu próprio pai, e, uma vez reunida a Igreja, ordena-o a abandonar Satanás para a destruição da carne, para que o espírito seja salvo no dia do Senhor Jesus.[11] E esse mesmo Apóstolo abandonou outros a Satanás para que aprendessem a não blasfemar,[12] e não em vão

---

[6] Cf. Mt 13,28ss. e 13,47.
[7] Cf. Nm 25,5-8.
[8] *Degradação*: pena aplicável ao clero; corresponderia à atual *reductio ad statum laicalem*.
[9] Cf. 2Cor 11,26.
[10] Cf. Fl 1,15-18.
[11] Cf. 1Cor 5,1-5.
[12] Cf. 1Tm 1,20.

disse: "em uma carta escrevi que não vos misturásseis com os fornicadores, e não me referia aos fornicadores deste mundo, ou aos avaros, ou aos ladrões, ou aos servidores de ídolos deste mundo, se assim fosse, deveríeis sair deste mundo. Escrevi, sim, que não vos misturásseis com quem se diz irmão, mas é fornicador, servidor de ídolos, avaro, maledicente, ou é ébrio ou ladrão; com estes, não deveis nem sentar-vos à mesa. Por acaso cabe a mim julgar esses de fora? Não são os que estão dentro que vós julgais? Os de fora, Deus os julgará. Afastai o mal de vós!".[13]

Alguns entendem esse "de vós" como se cada um devesse afastar o mal de si mesmo, isto é, que ele mesmo seja bom. Entenda-se [essa expressão], porém, desse modo ou deste outro: pela severidade da Igreja, sejam os maus punidos com a excomunhão, e que cada um afaste o mal de si através de correções e admoestações. No entanto, não há ambiguidade lá onde manda não misturar-se com aqueles irmãos que são lembrados por alguns dos vícios mencionados acima, ou seja, que são conhecidos por tais vícios.

Ele mostra com qual espírito e com qual caridade deve ser usada esta severidade misericordiosa não só quando diz: "para que o espírito seja salvo no dia do Senhor Jesus",[14] mas também de modo evidente quando diz: "se alguém não obedece nossa palavra nesta carta, que se tome nota e que ninguém se misture com ele, para que se envergonhe; ele, porém, não seja tido como um inimigo, mas seja corrigido como um irmão".[15]

---

[13] 1Cor 5,9-13.
[14] 1Cor 5,5.
[15] 2Ts 3,14-15.

O exemplo de tolerância e de disciplina de Cristo

4 O Senhor mesmo é um exemplo singular de paciência, pois suportou o diabo entre os doze apóstolos até a paixão; e disse: "deixai que um e outro cresçam até o tempo da colheita, para não acontecer que, ao arrancar o joio, arranqueis também o trigo";[16] e aquela rede que representa a Igreja, ele predisse que conteria peixes bons e ruins até a praia, isto é, o fim dos tempos;[17] e outras passagens, quando falou abertamente ou por metáforas da mistura de bons e maus. Mas não por isso pensa que se deve omitir a disciplina da Igreja; pelo contrário, chamou atenção para a necessidade desta quando disse: "prestai atenção: se teu irmão pecou contra ti, vai e corrige-o a sós. Se ele te ouvir, terás ganho teu irmão, mas se não te ouvir, toma mais uma ou duas pessoas contigo, para que toda a questão seja decidida pela palavra de duas ou três testemunhas. Caso ele não lhes dê ouvidos, dizei-o à Igreja. Se não der ouvidos à Igreja, trata-o como um gentio ou um publicano".[18]

Depois da ameaça gravíssima dessa severidade disse em outro passo: "o que desligardes na terra será desligado no céu, e o que ligardes na terra será ligado no céu".[19] Proíbe também de dar o que é santo aos cães.[20] Nem o Apóstolo contraria o Senhor quando diz: "repreende aquele que peca diante de todos, para que os outros também temam";[21] ainda que esse último diga: "corrige-o a sós". Tem que se fazer ambas as correções, uma e outra, como nos mostra a diversidade da doença

---

[16] Mt 13,29-30.
[17] Cf. Mt 13,47ss.
[18] Mt 18,15-17.
[19] Cf. Mt 18,18.
[20] Cf. Mt 7,6.
[21] 1Tm 5,20.

daqueles que não devemos deixar que se percam, mas devemos corrigi-los e curá-los: um deve ser curado de um modo, o outro, de outro modo. Assim, na Igreja há o modo de tolerar e ignorar os pecadores, mas há também o modo de castigar, de corrigir, de não admitir à comunhão ou excluir dela.

Moderação: necessária para se evitarem certos erros

5. Os homens, porém, erram, pois não observam a medida: quando já começaram a andar em uma direção, não ligam mais para os testemunhos da autoridade divina, que podem levá-los a desistir daquela intenção e colocar-se ali onde está a medida, que provém da verdade e da moderação. E isso não atinge somente o que agora estamos tratando, mas também outras coisas.

Assim, alguns que conhecem os testemunhos divinos da Escritura, que ensina que se deve honrar um só Deus, acreditaram um só ser o Pai, o Filho e o Espírito Santo.[22] Outros, pelo contrário, influenciados por uma doença adversa, enquanto se atinham aos textos que falam sobre a Trindade, não conseguiam entender como um Deus pode ser "Um", se o Pai não é o Filho, o Filho não é o Pai, nem o Espírito Santo é o Pai ou o Filho; criam que se deveria afirmar a diversidade das substâncias.[23]

Alguns, observando o louvor da Escritura à santa virgindade, condenaram o matrimônio;[24] enquanto outros,

---

[22] Isto é, sem a distinção das pessoas da Trindade. Agostinho pode ter em mente Sabélio (cf. *De trinitate* 7,9 [CCL 50,259]) e talvez Noeto (cf. *De haeresibus* 41 [CCL 46,307-9]) e seus seguidores.

[23] Subordinacionistas, como Ário (cf. *De trinitate* 5,4 [CCL 50,208], *passim*) e os arianos.

[24] Maniqueus (cf. *De moribus* 1,78-80 [CSEL 90,83-7]; ver também *De haeresibus* 46,13 [CCL 46,317]), provavelmente. Mas também, para não ultrapassar o elenco agostiniano

acompanhando de perto os textos que falavam das castas uniões, igualaram o valor da virgindade e do matrimônio.[25]

Uns, lendo que "é bom abster-se de carne e de vinho",[26] e outras passagens parecidas, concebem impura a criatura de Deus e o alimento desta;[27] enquanto outros, quando leem "tudo o que Deus criou é bom, e nada é desprezível, se tomado com ação de graças",[28] caíram na voracidade e na bebedeira,[29] não conseguindo afastar de si os vícios, ou substituindo-os por vícios contrários, ou maiores, ou mais graves.

A paciência ajuda o fiel a firmar-se na fé e na caridade na Igreja

6 Assim é também nesse assunto de que tratamos. Alguns, observando os preceitos da severidade — pelos quais somos impelidos a corrigir os inquietos,[30] a não dar o que é santo aos cães,[31] a considerar pagão aquele que despreza a Igreja,[32] a arrancar do corpo o membro que escandaliza[33] —, perturbam de tal modo a Igreja que antes do tempo se esforçam por separar o joio e, cegados por tal erro, são eles mesmos a separar-se da unidade de Cristo. Foi isso que nos

---

de heresias, encratitas (ou tacianos: cf. *De haeresibus* 25 [CCL 46,301]), adamianos (cf. *De haeresibus* 31 [CCL 46,304]), e priscilianistas (cf. *De haeresibus* 70,2 [CCL 46,334]). Desses últimos, porém, Agostinho veio a saber somente mediante a *Anakephalaiosis* de Epifânio de Salamanina — ou quem por ele. A respeito destes, ver "Encratismo", DPAC 474.

[25] Joviniano e seus seguidores (cf. *De peccatorum meritis* 3,13 [CSEL 60,139-40]).
[26] Rm 14,21.
[27] Maniqueus (cf. *De haeresibus* 46), tacianos (cf. *De haeresibus* 25), priscilianistas (cf. *De haeresibus* 70).
[28] 1Tm 4,4.
[29] Cerintianos (cf. *De haeresibus* 8) e jovinianistas (cf. *De haeresibus* 82).
[30] Cf. 2Tm 2,25.
[31] Cf. Mt 7,6.
[32] Cf. Mt 18,17.
[33] Cf. Mt 5,29.

aconteceu com o cisma de Donato. Não falo daqueles que souberam que Ceciliano foi atacado com acusações não só não verdadeiras, mas caluniosas,[34] por um mortífero pudor em seu juízo pernicioso, mas daqueles dos quais dizemos: mesmo se aqueles tais — por causa dos quais vós não estais mais na Igreja aguentando aqueles que vós não pudestes, nem minimamente, corrigir ou apartar — foram maus, deveríeis ter permanecido na Igreja.

Outros correm um risco contrário, pois, uma vez que a mistura dos bons com os maus na Igreja pôde ser vista, demonstrada ou predita e que, aprendidos os preceitos da paciência — que nos fazem tão firmes que, se for visto o joio na Igreja, não impedem nem a fé nem a caridade, de modo que, visto o joio na Igreja, nós mesmos não nos afastamos dela —, pensam que deve ser abandonada qualquer disciplina da Igreja, e concedem aos responsáveis pela comunidade uma segurança, certamente perversa, como se a única obrigação destes fosse dizer o que se deve fazer e o que evitar, e não cuidar do que faz o outro.

A sã doutrina ensina a moderação entre textos extremos, a suportar os maus, a permanecer na Igreja, a não descuidar da disciplina

7 Nós, porém, consideramos que pertence a uma sã doutrina regular a vida segundo a norma de ambos os tipos de textos da Escritura, para que, pela paz na Igreja, toleremos os cães e não demos a estes, quando a paz estiver assegurada, o que é santo.

---

[34] Sobre Donato e o donatismo, ver "Donatismo", DPAC 426-31, p. 426-7 (o evento acima recordado pelo Hiponense acerca de Ceciliano). Ver também *De haeresibus* 69,1 [CCL 46,331].

Quando, então, por negligência dos responsáveis, ou por alguma outra necessidade escusável, ou por algum fato escondido, encontramos os maus na Igreja, maus que não podemos nem corrigir nem conter com a disciplina eclesiástica, então — não se ascenda em nosso coração a ímpia e perniciosa presunção, através da qual julgamos dever-nos separar deles, para que não sejamos contaminados pelos seus pecados, e para que consigamos atrair a nós discípulos puros e santos, segregados da unidade como um consórcio de pecadores — venham em mente aquelas palavras das Escrituras, aqueles oráculos divinos, aqueles exemplos claríssimos, com os quais foi demonstrado e prenunciado que na Igreja os maus e os bons estarão misturados até o fim dos tempos, até o tempo do juízo, e na unidade e na participação dos sacramentos as ações dos maus não serão nocivas aos bons, pois estes não estão de acordo com as ações daqueles.

Quando, porém, aqueles por quem a Igreja é governada exercem o poder da disciplina sobre os maus e os ímpios, na salva paz da Igreja, para que não durmamos na preguiça e na indolência, sejamos excitados por outros preceitos pungentes que pertencem à severidade da punição, para que nossos passos estejam no caminho do Senhor, tendo como guia e como protetor ambos os tipos de testemunhos das Escrituras, para que não tropecemos em nome da paciência, nem nos irritemos com a desculpa da diligência.

Admita-se ao batismo quem estiver disposto a assumir suas exigências

8 Vejamos com moderação o que é aqui tratado segundo uma sã doutrina: se algum homem deve ser admitido ao batismo sem uma atenção que vigie se algo de santo está sendo dado aos cães, de modo que não se vejam excluídos de um sacramento tão santo adúlteros declarados e intencionados a perseverar no erro.

Sem dúvida não seriam admitidas pessoas que, se no mesmo dia em que estão para receber esta graça, tendo já dado seus nomes, são purificadas com abstinência, jejum e exorcismos, confessassem abertamente querer dormir com suas legítimas e verdadeiras esposas, e isso, ainda que lícito em outro momento, sem nenhuma continência naqueles poucos e solenes dias.[35] Como, então, pode ser admitido a esses santos mistérios o adúltero que recusa corrigir-se, se não é admitido o cônjuge que recusa observar uma regra?

Instrua-se primeiro, depois realize-se o sacramento

9 Primeiro, dizem, batizemo-lo; depois seja ensinado o que concerne à boa vida e aos costumes. Assim se faça quando alguém está para morrer, pois bastam poucas palavras que contenham o essencial[36] para que creia e receba o sacramento. Assim, caso deixe esta vida, deixe-a livre de todos os pecados passados. Se, ao invés, pede o sacramento alguém são e com tempo para o aprendizado, qual outro momento mais oportuno se poderia encontrar para que ouça como deve viver e como se tornar pessoa de fé que aquele em que o espírito está bem atento e ansioso pela fé na religião?

Ou então deixamos de lado a tal ponto nossos sentimentos, de modo que nós mesmos não lembramos quanto

---

[35] Ver, abaixo, n. 43.

[36] *Que contenham o essencial*: literalmente, *que contenham tudo*. Obviamente, tudo o que é essencial à fé: o *Credo*.

fomos atentos e solícitos aos preceitos daqueles que nos catequizavam quando pedíamos o sacramento da fonte e por essa razão éramos chamados de pedintes?[37] Ou não observamos os outros, que cada ano acorrem ao lavacro da regeneração, e no mesmo dia em que são catequizados, são examinados e avaliados com relação às suas disposições em reunir-se, que fervor têm em aprofundar os ensinamentos e quanta atenção colocam neles? Se então não for esse o tempo de dizer qual tipo de vida corresponde a tão grande sacramento que desejam receber, quando será?

Não é que, se após receber o batismo perseverarem em seus pecados, não serão homens novos, mas velhos? Se é assim, antes se lhes diga de maneira absurda: "revesti-vos do homem novo", e, uma vez revestidos, se possa dizer: "abandonai o homem velho", quando o Apóstolo, respeitando a justa ordem, diga: "abandonai o homem velho, e revesti-vos do homem novo",[38] e o próprio Senhor diz: "ninguém põe remendo de pano novo em roupa velha, nem se põe vinho novo em odres velhos".[39]

De fato, a que serve todo o tempo no qual trazem o nome e o grau dos catecúmenos, senão para que ouçam como deve ser a fé e a vida do cristão, de modo que, após terem provado a si mesmos, só então comam da mesa do Senhor e bebam de seu cálice? Pois "quem come e bebe indignamente, come e bebe a sua condenação".[40] Isso foi instituído pela Igreja por todos os tempos para a salvação, para que os que vêm a Cristo recebam o grau de catecúmeno; porém, se torna muito mais intenso e preciso naqueles dias

---

[37] *Pedintes*: *competentes*, no latim. Ver, a respeito, abaixo, n. 43.
[38] Col 3,9-10.
[39] Mt 9,16-17.
[40] 1Cor 11,29.

em que são chamados pedintes, quando já deram seu nome para receber o batismo.⁴¹

A jovem que, sabendo, se casa com um homem anteriormente casado se torna adúltera

10 E se, por acaso, dizem, uma jovem sem sabê-lo se casasse com um homem já casado? Se jamais vier a saber, então não será nunca adúltera. Porém, se o souber, passará a ser adúltera no momento em que se deitar com o homem de outra. Assim é no direito de propriedade: uma pessoa é justamente considerada possuidora de um bem em boa-fé até que saiba que possui um bem de outrem, pois quando vier a sabê-lo, se não renuncia a tal bem, mostra má-fé e com razão é chamada de injusta.

Afastemo-nos do sentimento certamente não humano, mas claramente fútil, pelo qual lamentamos serem corrigidas as ações desonrosas, como se rompessem uniões conjugais, sobretudo "na cidade do nosso Deus, no seu monte santo",⁴² isto é, na Igreja, onde não somente o vínculo [do matrimônio], mas também o sacramento⁴³ é tido com tanto

---

⁴¹ *Grau de catecúmeno... pedintes.* À iniciação no catecumenato não seguia, necessariamente — não, pelo menos, imediatamente —, o batismo do catecúmeno. No tempo de Agostinho, a preparação para o batismo previa dois momentos, um remoto, outro imediato. O primeiro poderia estender-se por até dois anos. Nesse período o candidato ao batismo era chamado catecúmeno ou ouvinte. Passada a primeira catequese, ou instrução inicial, aqueles que seriam batizados na Páscoa pediam o batismo no início da Quaresma, quando iniciavam também uma preparação mais intensa para o batismo com jejuns, penitências, continência sexual. Aqueles que pediam o batismo (*pedintes*, em nossa tradução) eram chamados *competentes* na África, *electi* (eleitos) em Roma, *illuminati* no Oriente. A esse respeito, vejam-se os verbetes "catecúmeno (catecumenato)" e "catequese", DPAC, respectivamente, 271-2 e 267-5.

⁴² Sl 48(47),2.

⁴³ *Vínculo* e *sacramento*: Agostinho pode estar a aludir ao matrimônio em si e a seu significado de sinal da união entre Cristo e a Igreja (cf. NBA 6/2, 1995, 709, n. 26-8).

respeito, que não é lícito a um marido ceder sua esposa a outro, como se diz ter feito Catão no tempo da república romana, não só sem nenhum sentimento de culpa, mas também com louvor.[44]

Não convém falar a longo sobre isso, já que aqueles a quem respondo não ousam afirmar que isso não é pecado nem que não é um adultério, para não reconhecer, abertamente, que se opõem ao Senhor e ao santo Evangelho. Estes, porém, querem primeiramente que tais pessoas sejam admitidas a receber o sacramento do batismo e à mesa do Senhor, mesmo se recusaram, em alta voz, qualquer correção; e mais, que não é absolutamente necessário adverti-las sobre estas coisas, mas basta ensiná-las futuramente. De modo que se tiverem aceitado viver conforme os preceitos e corrigido sua culpa, sejam considerados trigo, e se, ao invés, desdenharem, sejam considerados e tratados como joio, pois bem mostram que não defendem tais pecados, ou os consideram leves ou como se nada fossem. De fato, qual cristão de boa esperança poderia considerar o adultério um crime sem importância, ou como se nada fosse?

A fé precede os preceitos morais, que são os mesmos tanto para os batizandos como para os fiéis

11 Mas esses tais creem encontrar nas Escrituras uma ordem na qual esses pecados são corrigidos e tolerados, e sustentam que os Apóstolos assim fizeram, e tomam de seus escritos textos nos quais se diz que primeiro introduzem a doutrina da fé para só depois apresentar os preceitos morais.

---

[44] Cf. PLUTARCO, *Cato minor* 25,4-5.

A partir desses textos, querem entender que, aos que estão por ser batizados, devem-se apresentar somente as regras da fé, para que depois, já batizados, aprendam os preceitos que levam a uma mudança de vida. Como se lessem outros escritos dos Apóstolos que fossem dirigidos aos que estão por ser batizados, e que tratassem unicamente da fé; e também outros que, dirigidos aos já batizados, contenham os maus costumes que devem ser evitados e os bons costumes que devem ser praticados. Porém, consta que os Apóstolos endereçaram seus escritos aos cristãos já batizados; por que, então, fazem parte de seus escritos ambos os discursos, isto é, o que diz respeito à fé e o que diz respeito à boa vida? Ou talvez queiram que não demos nem um nem outro aos que estão por ser batizados, e que deixemos ambos para os já batizados? Se parece absurdo, reconheçam que, em suas cartas, os Apóstolos introduziram ambos os discursos completamente.

Se, porém, na maioria das vezes trataram primeiro da fé e depois do que pertence à boa vida, fizeram-no porque o homem não pode seguir a vida boa se a fé não a precede. Qualquer coisa tenha feito o homem que pareça reta, não deve ser vista como tal se não se refere à piedade que é devida a Deus. Se alguns estultos e menos sábios creem que as cartas dos Apóstolos são escritas aos catecúmenos, hão de convir que aos ainda não batizados devem ser apresentados os preceitos morais que concordem com a fé, junto com as regras dessa mesma fé. A não ser que queiram convencer-nos — o que seria ignorância — de que a primeira parte das cartas apostólicas, que trata da fé, seja dirigida aos catecúmenos, e a segunda parte, que trata do modo como devem viver os cristãos, dirigida aos fiéis.

De nenhuma das cartas apostólicas pode-se deduzir que os que estão por ser batizados devam ser instruídos [somente] na fé, e os batizados [somente] nos costumes da vida moral; pois os Apóstolos, na primeira parte de suas cartas, deram importância à fé, e depois exortaram os fiéis a viver bem. Ainda que uma coisa venha primeiro e a outra depois, ambas fazem parte de um só contexto, tanto para os catecúmenos quanto para os fiéis, tanto para os que estão por ser batizados quanto para os já batizados.

Assim, anuncie-se a extremamente sã e atenta doutrina, para que ambos, catecúmenos e batizados, sejam instruídos, não a esqueçam, professem-na e nela sejam confirmados. Portanto, às cartas de Pedro e às cartas de João, das quais citam alguns passos, acrescentem-se também as de Paulo e as dos demais apóstolos; por esse motivo, aceite-se que se diz primeiro sobre a fé e depois dos costumes, e isso, se não erro, expus muito claramente.

Pedro anuncia aos batizandos tanto a fé quanto a penitência

12 Assim, afirmam eles, nos Atos dos Apóstolos, àqueles que se fizeram batizar depois de ouvir a palavra, três mil em um dia, Pedro fala como se lhes fosse anunciada só a fé com a qual devem crer no Cristo. Quando foi dito: "Que devemos fazer?". Respondeu-lhes Pedro: "Fazei penitência, e cada um de vós seja batizado em nome de Jesus Cristo para a remissão dos vossos pecados. Então recebereis o dom do Espírito Santo".[45] Mas por que não percebem que foi dito "fazei penitência"? Nessas palavras está o incentivo

---

[45] At 2,37-38.

para quem é batizado a abandonar a velha vida e revestir-se da nova. Como pode ser frutuosa a penitência que é guiada por obras mortas se persevera no adultério e em outros pecados que encobrem o amor deste mundo?

A penitência é feita para que se possa mudar de vida

13 Mas, dizem, quis que eles fizessem penitência pela infidelidade, pela qual não creram em Cristo. É uma opinião errada — para não usar um termo mais forte —, quando se ouve dizer "fazei penitência", que esta se faz somente para a falta de fé. A doutrina do Evangelho diz que se deve transformar a vida velha em vida nova, e isso inclui também o que diz o Apóstolo: "quem antes roubava, não roube mais",[46] e tudo mais que explique o que é abandonar o homem velho e revestir-se do novo.

De fato, nas próprias palavras de Pedro, se quisessem prestar atenção, poderiam ter encontrado um ensinamento. De fato, depois de dizer "fazei penitência, e cada um de vós seja batizado em nome de Jesus Cristo para a remissão dos vossos pecados. Então recebereis o dom do Espírito Santo. Pois para vós é a promessa, assim como para vossos filhos e para todos aqueles que estão longe, isto é, para quantos o Senhor, nosso Deus, chamar", quem escreveu o livro ainda diz: "Com muitas outras palavras conjurava-os, dizendo: 'Salvai-vos desta geração perversa'. Aqueles, pois, que acolheram sua palavra, fizeram-se batizar. E acrescentaram-se a eles, naquele dia, cerca de três mil pessoas".[47] Quem, até aqui, não consegue entender que "com muitas outras pa-

[46] Ef 4,28.
[47] At 2,38-41.

lavras", omitidas pelo escritor, para que não se alongasse muito, Pedro assim pregava para que se libertassem dessa geração perversa, uma vez que esse mesmo trecho breve indica como Pedro insistia com palavras persuasivas? Sem dúvida, mencionou o principal quando disse: "Salvai-vos dessa geração malvada".

Para que assim fosse, Pedro exortou-os com muitas outras palavras. Nessas suas outras palavras estava a condenação das obras mortas, das quais são capazes os que amam este mundo e a louvação da boa vida, que é a vida que devem levar e seguir aqueles que se livram dessa geração malvada. Pois então, se querem e tentam afirmar que se livra dessa geração malvada quem só crê em Cristo, ainda que perseverem nas ações desonrosas e até na declaração do adultério. Se dizer isso não é lícito, saibam os que estão por ser batizados não só no que devem crer, mas também como devem livrar-se dessa geração malvada. Agora, urge que ouçam como devem viver os que creem.

Felipe instruiu o eunuco quanto à fé e quanto aos costumes

14 Dizem: aquele eunuco que Felipe batizou não disse nada além de "creio que Jesus Cristo é Filho de Deus",[48] e logo após essa profissão foi batizado.[49] Então querem que apenas se diga isso para ser imediatamente batizado? Não se diz nada do Espírito Santo, da Santa Igreja, nada da remissão dos pecados, da ressurreição dos mortos, e do próprio Jesus, nada além de que é o Filho de Deus, deixando de

---

[48] At 8,37 e respectiva nota na *Bíblia de Jerusalém*.
[49] Cf. At 8,35-38.

lado a sua encarnação de uma virgem, a paixão, a morte na cruz, a ressurreição no terceiro dia, a ascensão, o estar sentado à direita do Pai. Por acaso essas coisas devem ser omitidas por quem catequiza, e não professadas por quem está sendo ensinado? Se o que disse o eunuco — "creio que Jesus Cristo é Filho de Deus" — parece bastar para que alguém seja batizado, por que não seguimos o seu exemplo? Por que não o imitamos, e não deixamos de lado todas as perguntas restantes que julgamos necessárias no momento do batismo,[50] mesmo quando o tempo disponível para o batismo é pouco e aquele que está por ser batizado possa respondê-las todas, mesmo se não aprendeu de cor o que deveria?

Mesmo se a Escritura nada menciona, deixa entender que, ao batizar aquele eunuco, quando diz "Felipe o batizou",[51] torna claro que todo o rito foi executado segundo uma longa tradição; ainda que por uma questão de concisão a Escritura omita certas partes. Do mesmo modo, também, onde diz que Felipe anunciou ao eunuco o Senhor Jesus, não devemos duvidar de que nesse ensinamento não tenha sido apresentado o que atinge o modo de vida e os costumes destes que creem no Senhor Jesus. Pois isto é anunciar o Cristo, e não somente contar sua vida, mas o que devem observar aqueles que passam a unir-se ao corpo de Cristo. E ainda, dizer tudo o que de Cristo se deve crer, não só de quem é Filho, de onde nasceu segundo a divindade, e de onde foi gerado segundo a carne, o que sofreu e por que, qual é o valor da sua ressurreição, qual dom do Espírito prometeu e

---

[50] Embora nos ritos batismais fosse prescrita a *redditio symboli* — restituição do *Símbolo*, aprendido antes na *traditio symboli* —, a recitação do *Credo* podia ser substituída pela tríplice indagação quanto à fé no Pai criador, no Filho salvador e no Espírito santificador, com a Igreja, a remissão dos pecados, a ressurreição e a vida eterna.

[51] At 8,38.

deu aos fiéis, mas também de quais membros ele quer ser a cabeça, como ele busca esses membros, como ensina, ama, salva, guia à vida e à glória eterna.

Quando se dizem essas coisas — às vezes de modo mais breve e de maneira condensada, outras vezes de modo mais amplo e abundante —, o Cristo é anunciado, e não só a respeito da fé, mas também no que diz respeito aos costumes dos fiéis; nada é omitido.

Como se ensina e se aprende Cristo crucificado

15 Isso pode ser entendido também daquela passagem que lembra o apóstolo Paulo ao dizer: "não quis saber outra coisa entre vós a não ser Jesus Cristo, e Jesus Cristo crucificado".[52] Esses tais creem que assim foi dito como se nada mais tivesse sido ensinado, como se primeiro os coríntios acreditassem, e depois de batizados aprendessem tudo o que tem a ver com a vida e os costumes. Dizem: para o apóstolo, foi mais que suficiente, pois lhes disse que, se têm muitos educadores em Cristo, não têm muitos pais, pois ele mesmo os gerara em Cristo Jesus através do Evangelho.[53]

Então, se ele, que os gerou através do Evangelho — ainda que dê graças por não ter batizado nenhum deles, com exceção de Crispo, Gaio e a família de Estéfanas[54] —, não lhes ensinou nada mais que Cristo crucificado, o que dizer se alguém afirmar que não ouviu falar que Cristo ressuscitou quando foi gerado pelo Evangelho? Então, como explicar o que lhes foi dito: "transmiti-vos, em primeiro lugar, aquilo que eu mesmo recebi: Cristo morreu por nossos pecados,

---

[52] 1Cor 2,2.
[53] 1Cor 4,15.
[54] 1Cor 14-16.

segundo as Escrituras. Foi sepultado, ressuscitou ao terceiro dia, segundo as Escrituras",[55] se nada mais ensinou que Cristo crucificado? Se, porém, não entendem assim, e afirmam também que isso tudo está incluído em "Cristo crucificado", saibam que os homens aprendem muitas coisas em Cristo crucificado, e sobretudo "que nosso homem velho foi crucificado junto com ele, para que fosse destruído este corpo do pecado, e assim não sirvamos mais ao pecado".[56] Por isso diz o Apóstolo de si mesmo: "Não aconteça de gloriar-me senão na cruz de nosso Senhor Jesus Cristo, por quem o mundo está crucificado para mim e eu para o mundo".[57]

Então, prestai atenção e vede como deve ser ensinado e aprendido Cristo crucificado, e sabereis que pertence à sua cruz que também nós, em seu corpo, somos crucificados; daqui se entende toda a repressão das más concupiscências; e por isso, não pode ser que aqueles que se formam na cruz de Cristo vivam declaradamente no adultério. De fato, o apóstolo Pedro do sacramento desta mesma cruz, isto é, da paixão de Cristo, adverte para que deixem de pecar os que se consagram a ela dizendo: "Pois que Cristo sofreu na carne, deveis também vós munir-vos desta convicção: aquele que sofreu na carne rompeu com o pecado, a fim de viver o resto dos seus dias na carne, não mais de acordo com as paixões humanas, mas segundo a vontade de Deus",[58] e outros textos, nos quais consequentemente mostra que pertence a Cristo crucificado, ou seja, ao Cristo que sofreu na carne, aquele que crucificou em seu corpo os desejos carnais, e vive bem de acordo com o Evangelho.

[55] 1Cor 15,3-4.
[56] Rm 6,6.
[57] Gl 6,14.
[58] 1Pd 4,1-2.

No duplo mandamento do amor, não é possível que se tenha um sem o outro

16 Por acaso não pensam que em suas opiniões são válidos aqueles dois preceitos dos quais diz o Senhor que depende toda a Lei e os Profetas? E assim explicam: como o primeiro mandamento diz "amarás ao Senhor teu Deus de todo o teu coração, de toda a tua alma e de todo o teu espírito; o segundo é semelhante a esse: amarás o teu próximo como a ti mesmo",[59] creem que o primeiro atinja os que estão por ser batizados, pois fala do amor de Deus; mas o segundo, creem que atinja os batizados, pois se vê neste a conversão dos costumes humanos. Assim, eles esquecem o que está escrito: "quem não ama seu irmão, a quem vê, a Deus, a quem não vê, não poderá amar?".[60] Na mesma carta está escrito também: "Se alguém ama o mundo, não está nele o amor do Pai".[61] A quem pertencem todos os males do mundo, se não ao amor por este mundo?

É por essa razão que aquele primeiro mandamento, que se pensa que se refira somente aos que estão por ser batizados, sem bons costumes não pode ser observado. Não quero insistir em muitos exemplos, mas estes dois mandamentos, observados com atenção, estão de tal modo ligados entre si que não pode haver no homem amor de Deus se não ama o próximo, nem amor ao próximo se não ama a Deus. Então, para a matéria de que estamos tratando, é suficiente o que expusemos desses dois mandamentos.

---

[59] Mt 22,37-39.
[60] 1Jo 4,20.
[61] 1Jo 2,15.

17 Mas dizem: "O povo de Israel, porém, primeiro foi conduzido para além do mar Vermelho, o que significa o batismo, e depois recebeu a Lei, da qual deveria aprender como viver". Por que, então, ensinamos o Símbolo aos que estão por ser batizados, e depois exigimos que seja repetido? Nada parecido aconteceu com aqueles que Deus, pelo mar Vermelho, libertou dos egípcios. Se, de fato, entendem corretamente, vendo tal instrução prefigurada nos antigos mistérios do sangue do carneiro passado nos batentes das portas e nos ázimos da pureza e da verdade,[62] por que não interpretam, consequentemente, de modo correto, ou seja, que a própria separação dos egípcios signifique o rompimento com os pecados que professam os que estão por ser batizados? De fato, é disso que fala o que é dito por Pedro: "Arrependei-vos, e cada um de vós seja batizado em nome de Jesus Cristo, para a remissão dos vossos pecados".[63] É como se tivesse dito: saí do Egito e atravessai o mar Vermelho.

Está, pois, escrito na Carta aos Hebreus, quando lembra o início dos seus ensinamentos aos que estão por ser batizados, que ali se mencionava a penitência que aparta das obras mortas. Diz assim: "Por isso, deixado o ensinamento elementar sobre Cristo, elevemo-nos à perfeição adulta, sem ter que voltar aos artigos fundamentais: arrependimento das obras mortas e fé em Deus, a doutrina sobre os batismos e a imposição das mãos, a ressurreição dos mortos e o julgamento eterno".[64] Todas essas coisas, então, pertencem à iniciação do neófito, atestam-no claramente as Escrituras. Mas o que é a penitência que afasta das obras mortas,

---

[62] Cf. Ex 12,7ss.
[63] At 2,38.
[64] Hb 6,1-2.

senão o que devemos mortificar para que vivamos? E se o adultério e a fornicação não o são, o que devemos chamar de obras mortas?

Certamente, não basta o afastamento de tais coisas se o lavacro da regeneração não apaga todos os pecados passados que nos perseguem, assim como não teria bastado aos israelitas sair do Egito se aquela multidão de inimigos que lhes perseguia não tivesse desaparecido nas ondas daquele mar que se abriu ao povo de Deus transeunte, libertando-o. Quem, então, declara não querer afastar-se do adultério, como pode ser conduzido pelo mar Vermelho, quando ainda se recusa a abandonar o Egito? E ainda, não se voltam àquela Lei, que após a travessia do mar Vermelho foi dada àquele povo, cujo primeiro mandamento é: "Não terás outros deuses diante de mim. Não farás para ti imagem esculpida de nada que se assemelhe ao que existe lá em cima nos céus, ou embaixo na terra, ou nas águas que estão debaixo da terra. Não te prostrarás diante desses deuses e não os servirás",[65] e todo o resto que se segue a esse mandamento.

Afirmem estes tais, se desejam, contra a sua própria afirmação, que nem o culto de um único Deus nem a proibição da idolatria devem ser pregados aos que estão por ser batizados, mas somente aos batizados; e que aos que estão para receber o batismo não digam que se deve anunciar somente a fé em Deus, e após receber o sacramento deve-se instruir-lhes sobre os costumes de vida, como, por exemplo, o segundo mandamento — que trata do amor ao próximo. Certamente, ambos estão contidos na Lei que o povo recebeu após o mar Vermelho, que é o batismo. Nem foi feita uma divisão dos preceitos de modo que o povo, antes

---

[65] Ex 20,3-5.

de atravessar o mar, fosse instruído sobre a proibição da idolatria, e após a travessia ouvisse que se devem honrar o pai e a mãe, que não se deve cometer adultério, não se deve matar, e outras coisas boas e inocentes que pertencem à conversão dos costumes.

Atenção às Escrituras

18 Se então alguém vem pedir o lavacro santo, declarando que não se afastará do sacrifício aos ídolos, ou talvez o faça quando desejar, se pedir imediatamente e com insistência o batismo e pretender tornar-se templo do Deus vivo, se perseverar não só no culto aos ídolos, mas também no sacerdócio de algum culto nefasto, pergunto a estes se por acaso pensam que alguém assim deve tornar-se um catecúmeno. Dirão, sem dúvida alguma, que tal coisa não deve acontecer, pois não se pode esperar outra coisa de seus corações. Explicarão, declarando segundo os textos da Escritura, que acreditam entender — com o que ousam contradizer-se — que esse tal não deve ser admitido ao batismo, ainda que ele diga, reclamando: "Conheci e venero Cristo crucificado, creio que Jesus Cristo é Filho de Deus; e não me venham pedir nada mais que isso! Aos que gerava pelo Evangelho, o Apóstolo não queria que conhecessem nada mais que Cristo crucificado. Depois da declaração do eunuco de que acreditava que Jesus Cristo era Filho de Deus, Filipe não deixou de batizá-lo em seguida. Por que me proíbem de cultuar os ídolos e nem me admitem ao sacramento de Cristo[66] antes que eu me afaste dessas coisas? Aprendi esse culto quando criança, sou levado por um costume muito

---

[66] *Sacramento de Cristo*: o batismo.

forte; quando puder renunciarei, quando me for conveniente; e se eu não conseguir fazer isso, que eu não me vá desta vida sem o sacramento de Cristo, e que Deus não vos peça que presteis contas de minha alma".

O que creem que se deve responder a quem diz isso? Ou se deve admiti-lo? De modo algum! Não creio que cheguem a tal ponto. Mas então o que responderão a alguém que diga tais coisas e que ainda diga que nada deveria ser-lhe dito sobre deixar a idolatria antes do batismo, como nada ouviu aquele povo antes de atravessar o mar Vermelho, pois a Lei contém esse preceito que o povo recebeu quando já tinha sido liberto do Egito?

Os homens dirão abertamente: tornar-te-ás templo de Deus quando receber o batismo; o Apóstolo, porém, disse: "Que há de comum entre o templo de Deus e os ídolos?".[67] Por que, então, não veem que do mesmo modo deve-se dizer: "Tornar-te-ás membro de Cristo quando receber o batismo; os membros de Cristo não podem ser membros de uma meretriz"? E isso o Apóstolo diz também em outra passagem: "Não vos enganeis: nem os devassos, nem os idólatras — e outros que ele enumera — herdarão o Reino de Deus".[68]

Por que, afinal, não admitimos ao batismo os idólatras e cremos que devem ser admitidos os devassos, quando desses e de outros pecadores o Apóstolo diz: "Eis o que vós fostes, ao menos alguns. Mas vós vos lavastes, mas fostes santificados, mas fostes justificados em nome do Senhor Jesus Cristo e pelo Espírito do nosso Deus"?[69] Por que, então, quando se tem o poder de proibir a ambos, se permite

---

[67] 2Cor 6,16.
[68] 1Cor 6,9-10.
[69] 1Cor 6,11.

ao fornicador que pede o batismo que venha ser batizado, e ao adorador de ídolos não se permite, já que de um e de outro ouço dizer: "Eis o que fostes. Mas vós vos lavastes"?

Mas estes são movidos por aquela certeza da salvação, na qual acreditam, ainda que seja pelo fogo, para aqueles que creram em Cristo e receberam o seu sacramento, isto é, foram batizados, mesmo se foram negligentes na correção dos costumes e viveram de modo indigno. Eu me ocuparei imediatamente, se Deus me ajudar, de como interpretar isso segundo as Escrituras.

João Batista instruía para a conversão

19 Mais uma vez trato aqui da questão segundo a qual lhes parece justo que os batizados sejam advertidos sobre os costumes que são próprios da vida cristã, e que os que ainda estão por ser batizados devem ser introduzidos na fé. Se assim fosse, além de tudo o que dissemos, João Batista não teria dito aos que vinham ser batizados: "Raça de víboras, quem vos ensinou a fugir da ira que está por vir? Produzi, então, fruto digno de arrependimento";[70] e tudo mais que nada tinha a ver com a fé, mas com as obras boas. E aos soldados que diziam "E nós, que precisamos fazer?", não disse "por enquanto, crede e fazei-vos batizar, depois ouvireis o que deveis fazer"; mas, antes, disse, antes prenunciou, como bom precursor, como purificar a estrada para o Senhor que estava por vir em seus corações: "A ninguém molesteis com extorsões; não denuncieis falsamente e contentai-vos com vosso soldo".[71] Do mesmo modo, disse aos publicanos

---

[70] Mt 3,7-8.
[71] Lc 3,14.

que queriam saber o que deveriam fazer: "Não deveis exigir nada além do que vos foi prescrito".[72]

Lembrando brevemente essas coisas, o evangelista — que não podia inserir todo o catecismo — mostrou claramente o que se espera de quem instrui o batizando: ensinar e advertir sobre os costumes. E se tivessem respondido a João: "não produziremos, absolutamente, fruto digno de arrependimento; diremos calúnias, provocaremos, exigiremos o que não nos é devido", e mesmo que depois de tal declaração João os tivesse batizado, nem assim se poderia dizer — eis a questão — que não é no tempo que antecede o batismo que se deve ensinar a conduzir uma boa vida.

É na fé que se cumprem os preceitos divinos

20 Lembrem — para não usar outros exemplos — o que respondeu o próprio Senhor ao rico que lhe perguntara o que deveria fazer para ganhar a vida eterna: "Se queres ganhar a vida eterna, disse, observa os mandamentos". E o rico: "quais?". Então, o Senhor lembrou os preceitos da lei: "não matarás, não cometerás adultério", e os outros. E quando ele disse que assim havia feito desde sua juventude, o Senhor adicionou o preceito da perfeição, ou seja, que vendesse todos os seus bens, e os desse como esmola aos pobres, que tivesse no céu o seu tesouro, e seguisse o Senhor.[73]

Vede, pois, que não lhe foi dito que cresse e que fosse batizado, que alguns pensam ser o único modo de ganhar a vida; mas ao homem foram dados os preceitos morais,

---

[72] Lc 3,13.
[73] Cf. Mt 19,17-21.

que certamente, sem a fé, não podem ser observados nem guardados. Não se pense, porém, que, porque o Senhor parece nada ter dito a respeito da fé, prescrevemos e nos esforçamos para que se anunciem somente os preceitos morais aos homens desejosos da vida eterna; ambos estão mutuamente ligados, como disse antes, pois nem o amor de Deus pode estar no homem que não ama seu próximo, nem o amor ao próximo pode estar no homem que não ama a Deus. Por isso, se algumas vezes a Escritura menciona a doutrina não por inteiro, mas isso ou aquilo, mesmo assim, entenda-se que não há um sem o outro, pois quem crê em Deus deve fazer o que ele manda, e se alguém o faz porque ele mandou, o faz necessariamente porque crê.

A fé age pela caridade

21 Agora, vejamos o que se deve tirar dos corações de pessoas piedosas, para que, por uma segurança perversa, não percam a salvação, se acreditassem que para obtê-la bastasse a fé, e assim negligenciassem o viver bem e o manter-se no caminho de Deus praticando boas obras.

De fato, também no tempo dos apóstolos alguns que não tinham compreendido algumas passagens obscuras do apóstolo Paulo pensaram que ele tinha dito "não haveríamos nós de fazer o mal para que venha o bem?",[74] pois dissera: "A lei interveio para que avultasse a falta; mas onde avultou o pecado, a graça superabundou".[75] O que é verdade, pois os homens, enquanto recebiam a lei, gabavam-se com muita presunção de suas forças, e não pediam com fé a ajuda divina

---

[74] Rm 3,8.
[75] Rm 5,20.

para vencer as más concupiscências e, assim, se cobriram de mais e mais graves pecados, pois também transgrediram a lei. Então, constrangidos por um pecado tão grave, refugiaram-se na fé, para que pudessem fazer por merecer do Senhor, que fez o céu e a terra,[76] a misericórdia do perdão; para que, com a caridade em seus corações, difundida pelo Espírito Santo,[77] pudessem realizar com amor o que era pedido contra as concupiscências deste mundo, segundo tinha sido predito no Salmo: "seus males se multiplicaram, e eles se apressaram".[78] Quando, porém, o apóstolo diz que considera o homem justificado pela fé sem a obra da lei,[79] não o diz para que, uma vez aceita e professada a fé, as obras da justiça sejam desprezadas, mas para que se saiba que cada um pode ser justificado pela fé, mesmo que antes não tenha cumprido as obras da lei.

De fato, as obras da lei seguem a justificação, e não a precedem para justificar quem as pratica. Disso, porém, não convém falar amplamente, sobretudo porque dediquei a esse assunto um livro, longo, que escrevi [há pouco][80] sob o título de *O espírito e a letra*.[81]

Pois então, como essa opinião já tinha aparecido, outras epístolas apostólicas — de Pedro, de João, de Tiago, de Judas — objetam justamente contra essa intenção, para que veementemente afirmem que a fé sem obras é inútil. Assim como também o próprio Paulo definiu não uma fé qualquer, que crê em Deus, mas uma fé salvífica e plenamente evan-

---

[76] Cf. Sl 120,2.
[77] Cf. Rm 5,5.
[78] Sl 15,4.
[79] Cf. Rm 3,28; Gl 2,16.
[80] Constante em alguns manuscritos, mas omitida na edição crítica do CSEL.
[81] PatrPaulus 12, 2001², 17-109.

gélica, cujas obras são frutos da caridade: "a fé, se diz, que age pela caridade".⁸² Daí que aquela fé, que a alguns parece ser suficiente para a salvação, não é de nenhuma utilidade, como se diz: "Ainda que eu tivesse toda a fé, a ponto de transportar montanhas, se não tivesse a caridade, nada seria".⁸³ Porém, onde opera a caridade da fé, sem dúvida se vive bem; "a plenitude da lei é a caridade".⁸⁴

A salvação é para quem vive retamente

22 É por isso que Pedro, de modo evidente em sua segunda epístola, exorta à santidade de vida e de costumes, e anuncia que este mundo é passageiro e que novos céus e nova terra — que será dada aos justos para que a habitem — são esperados, para que estejam atentos ao modo de viver, para que sejam dignos de tal habitação. Ciente de que alguns iníquos tomaram, em certo momento, algumas passagens obscuras do apóstolo Paulo para que não cuidassem de viver bem, seguros da salvação que reside na fé, o próprio apóstolo Paulo lembrou que alguns trechos de sua epístola são difíceis de entender e que os homens interpretam mal — assim como outros trechos das Escrituras — para sua própria destruição.

Na verdade, o próprio apóstolo, assim como os demais apóstolos, é da opinião de que a salvação eterna não será concedida senão aos que vivem bem. Eis, portanto, o que diz Pedro: "Se todo este mundo está fadado a desfazer-se assim, qual não deve ser a santidade do vosso viver e da vossa piedade, enquanto esperais e apressais a vinda do dia de Deus, no qual

---

⁸² Gl 5,6.
⁸³ 1Cor 13,2.
⁸⁴ Rm 13,10.

os céus, ardendo em chamas, se dissolverão e os elementos, consumidos pelo fogo, se fundirão? O que nós esperamos, conforme sua promessa, são novos céus e nova terra, onde habitará a justiça. Assim, visto que tendes esta esperança, esforçai-vos ardorosamente para que ele vos encontre em paz, vivendo vida sem mácula e irrepreensível. Considerai a longanimidade de nosso Senhor como a nossa salvação, conforme também o nosso amado irmão Paulo vos escreveu, segundo a sabedoria que lhe foi dada. Isso mesmo faz ele em todas as cartas, ao falar nelas desse tema. É verdade que em suas cartas se encontram alguns pontos difíceis de entender, que os ignorantes e vacilantes torcem, como fazem com as demais Escrituras, para a própria perdição. Vós, portanto, amados, sabendo-o de antemão, precavei-vos, para não suceder que, levados pelo engano desses ímpios, venhais a cair da vossa firmeza. Crescei na graça e no conhecimento de nosso Senhor e Salvador Jesus Cristo. A ele a glória agora e até o dia da eternidade".[85]

Os demônios também creem

23 Tiago, por sua vez, perturbou-se tão veementemente com aqueles que julgavam que a fé sem obras leva à salvação que os comparou com demônios, dizendo: "Tu crês que há um só Deus? Ótimo! Lembra-te, porém, que também os demônios creem, mas estremecem".[86] O que de mais breve, mais verdadeiro, de mais forte poderia ter dito? Pois também no Evangelho lemos que os demônios assim disseram, quando confessaram que Cristo é Filho de Deus, e por ele foram repreendidos,[87] o que foi louvado na confissão

---

[85] 2Pd 3,11-18.
[86] Tg 2,19.
[87] Mc 1,24-25.

de Pedro. "Meus irmãos — diz Tiago — se alguém disser que tem fé, mas não tem obras, de que lhe aproveitará isso? Acaso a fé poderá salvá-lo?"[88] Disse também: "A fé sem obras é morta".[89] A que ponto, então, enganam-se aqueles que se propõem a vida eterna com base em uma fé morta!

Uma interpretação equivocada

24 Por essa razão, vale examinar com atenção como devemos tomar aquela frase do apóstolo Paulo, certamente difícil de entender, que diz: "Quanto ao fundamento, ninguém pode pôr outro diverso do que foi posto: Jesus Cristo. Se alguém sobre esse fundamento constrói com ouro, prata, pedras preciosas, madeira, feno ou palha, a obra de cada um será posta em evidência. O Dia a tornará conhecida, pois ele se manifestará pelo fogo e o fogo provará o que vale a obra de cada um. Se a obra construída subsistir, o operário receberá uma recompensa. Aquele, porém, cuja obra for queimada perderá a recompensa. Ele mesmo, entretanto, será salvo, mas como que através do fogo".[90]

Alguns acreditam que se deva interpretar essa passagem de modo que aqueles que parecem edificar sobre o fundamento com ouro, prata, pedras preciosas sejam aqueles que adicionam à fé em Cristo as boas obras; aqueles, porém, que edificam com o feno, madeira, palha, são aqueles que, ainda que tenham fé, não fazem boas obras. Por isso, entendem que esses últimos podem purificar-se como que pelas penas do fogo, para receber a salvação como mérito do fundamento.

---

[88] Tg 2,14.
[89] Tg 2,20.
[90] 1Cor 3,11-15.

As Escrituras lidas em seu conjunto

25 Se assim é, reconheçamos que estes tentam com caridade louvável que todos, sem distinção, sejam admitidos ao batismo, não somente adúlteros e adúlteras, contra o que declarou o Senhor, com a pretensão de falsas núpcias, mas também meretrizes públicas que perseveram nessa horrível profissão, que certamente nem a mais negligente Igreja costuma admitir, a não ser que, antes, ela se afaste da prostituição. Mas, levando em conta esse critério, não vejo por que não possam ser de todo admitidas. Quem, então, não prefere que estas, por causa do fundamento posto, que acumularam madeira, feno e palha, sejam purificadas por um fogo definitivamente mais longo a perecerem eternamente? Mas são falsos aqueles textos desprovidos de ambiguidade e obscuridade, como: "ainda que eu tivesse toda a fé, a ponto de transportar montanhas, se não tivesse caridade, nada seria";[91] e: "se alguém disser que tem fé, mas não tem obras, que lhe aproveitará isso? Acaso a fé poderá salvá-lo"?[92]

É falso também este: "Não vos iludais! Nem os devassos, nem os idólatras, nem os adúlteros, nem os depravados, nem as pessoas de costumes infames, nem os ladrões, nem os avarentos, nem os bêbados, nem os injuriosos herdarão o reino de Deus"?[93] É falso este: "Ora, as obras da carne são manifestas: fornicação, impureza, libertinagem, idolatria, feitiçaria, ódio, rixas, ciúmes, ira, discussões, discórdia, divisões, invejas, bebedeiras, orgias e coisas semelhantes a estas, a respeito das quais eu vos previno, como já vos pre-

---

[91] 1Cor 13,2.
[92] Tg 2,14.
[93] 1Cor 6,9-10.

veni: os que praticam tais coisas não herdarão o Reino de Deus"?[94] Todas essas coisas são falsas se basta que creiam e sejam batizados; ainda que perseverando em tais males, serão salvos pelo fogo; por isso, os batizados em Cristo, mesmo se fizerem tais coisas, possuirão o Reino de Deus.

[Se é como dizem aqueles tais,] foi dito inutilmente: "Eis o que vós fostes. Mas vós vos lavastes",[95] pois, mesmo lavados, assim são. Parece que Pedro também disse inutilmente: "Aquilo que lhe corresponde é o batismo que agora vos salva, não aquele que consiste na remoção da imundície do corpo, mas no compromisso solene da boa consciência",[96] se aos que têm péssimas consciências, repletas de todos os males, não mudados pelo arrependimento de tais males, o batismo torna salvos; por causa do próprio fundamento que é colocado no batismo, estes serão salvos, porém, pelo fogo.

Não vejo, também, por que o Senhor disse: "se queres entrar para a Vida, guarda os mandamentos", e lembrou todos aqueles mandamentos referentes aos bons costumes,[97] já que, mesmo se não os observardes, podereis ganhar a vida somente pela fé, que "sem obras é morta". Ainda, como poderá ser verdade o que dirá àqueles que serão colocados à esquerda: "Ide para o fogo eterno que foi preparado para o diabo e para seus anjos"? Não os repreende porque não creram nele, mas porque não realizaram boas obras.

Sem dúvida, justamente para que ninguém chegue à vida eterna sobre o fundamento da fé que "sem obras é morta", anunciou a separação dos povos que, quando

---

[94] Gl 5,19-21.
[95] 1Cor 6,11.
[96] 1Pd 3,21.
[97] Mt 19,17-19.

misturados, usufruíam do mesmo pasto, para que se manifestasse que aqueles que diriam "Senhor, quando te vimos" sofrendo isso e aquilo "e não te socorremos?" seriam aqueles que creram nele, mas não se prontificaram a realizar boas obras, como se da própria fé morta se pudesse chegar à vida eterna. Ou por acaso irão para o fogo eterno os que não realizaram obras de misericórdia, e não irão os que roubaram os bens de outrem, e não usaram de misericórdia para consigo mesmos, profanando em si o templo de Deus, como se a obra de misericórdia fosse útil para alguma coisa sem o amor?

Diz o Apóstolo: "Se der todos os meus bens aos pobres, e não tiver caridade, nada me adianta".[98] Ou como alguém pode amar o seu próximo se não ama a si mesmo? "Quem, porém, ama a iniquidade, odeia sua alma."[99] Nem poderia dizer-se, como dizem alguns perdendo-se, que se trata de um fogo eterno, não de uma pena eterna; pois pensam que pelo fogo, que será eterno, passarão aqueles que por causa de uma fé morta avançam para a salvação. De modo que o fogo seria eterno, mas não a ação do fogo; ou seja, o seu queimar não seria eterno. Mas o Senhor, enquanto tal, prevendo isso, concluiu dizendo: "Assim irão estes ao fogo que queima eternamente, enquanto os justos iam à vida eterna".[100] O queimar, então, será eterno, como o fogo, e aqueles irão ao fogo, disse a Verdade, aqueles aos quais declarou que faltou não a fé, mas as boas obras.

---

[98] 1Cor 13,3.
[99] Sl 11(10),6.
[100] Mt 25,32-33 e 41-46.

Perversos leem perversamente o texto

26 Se, então, todas essas afirmações, e outras inumeráveis que podem ser encontradas, sem ambiguidade, por toda a Escritura, são falsas, poderia ser verdadeira aquela interpretação sobre a madeira, o feno e a palha, segundo a qual serão salvos pelo fogo os que guardaram e fé em Cristo, mas negligenciaram as boas obras. Porém, se essas afirmações forem verdadeiras e claras, sem dúvida será necessária outra interpretação para avaliar o que Pedro disse do Apóstolo, isto é, que em seus escritos estão alguns passos difíceis de ser entendidos, e que os homens não devem distorcer seus sentidos para seu próprio mal, para que, contra os claríssimos testemunhos das Escrituras, se assegurem os perversos — mais que concordes com a sua perversão — de receber a salvação, mesmo não mudados pela correção ou pela penitência.

A interpretação do próprio Agostinho

27 Talvez, agora, me seria perguntado o que penso sobre essa mesma afirmação do Apóstolo Paulo, e como eu considero que se deva interpretá-la. Confesso que eu preferiria escutar mais doutos e entendidos do assunto, que o expliquem de tal modo a preservar toda a verdade contida tanto nos textos que mencionei como naqueles que não mencionei, mas que a Escritura confirma, de modo claríssimo, que de nada adianta a fé senão aquela da qual falou o Apóstolo, ou seja: "que age pela caridade";[101] sem obras, a fé não pode salvar nem sem o fogo nem pelo fogo; pois, se salva pelo fogo, é ela mesma a salvar. É dito clara-

---
[101] Gl 5,6.

mente: "Se alguém disser que tem fé, mas não tem obras, que lhe aproveitará isso?".[102] Do modo mais breve possível, direi também qual é a minha opinião sobre esse trecho do Apóstolo Paulo difícil de entender; contanto que, no que concerne à minha declaração, considere-se que eu disse que desse assunto preferiria ouvir alguém mais douto.

Cristo é fundamento na estrutura do sábio arquiteto, e isso não requer explicação, pois foi dito claramente: "Quanto a fundamento, ninguém pode pôr outro diverso do que foi posto: Jesus Cristo".[103] E se o fundamento é Cristo, sem dúvida a fé é a fé em Cristo, porque, pela fé, Cristo habita em nossos corações, como diz o mesmo Apóstolo.[104] E se é a fé em Cristo, só pode ser aquela que, como definiu o Apóstolo, "age pela caridade". Essa fé não é como aquela dos demônios, que, ainda que creiam, tremam[105] e confessem que Jesus é Filho de Deus,[106] não pode ser tida como fundamento. Por que, senão porque não é fé, age pela caridade, mas que se expressa pelo temor? E, pois, a fé em Cristo, a fé da graça cristã, ou seja, aquela fé age pela caridade que, colocada como fundamento, não permite que ninguém pereça.

Mas edificar sobre esse fundamento é edificar com ouro, prata, pedras preciosas, madeira, feno, palha? Quanto mais eu tento mais profundamente dissertar sobre essa questão, mais difícil fica compreender essa exposição. Esforçar-me-ei, com a ajuda do Senhor, o mais brevemente que puder, a expor claramente o que penso.

---

[102] Tg 2,14.
[103] 1Cor 3,11.
[104] Ef 3,17.
[105] Cf. Tg 2,19.
[106] Cf. Mt 8,29.

Eis que aquele que perguntou ao bom Mestre o que deveria fazer de bom para ganhar a vida eterna ouviu que, se quisesse obter vida, deveria observar os mandamentos, pois lhe foi dito: "Não matarás, não adulterarás, não roubarás, não levantarás falso testemunho, honra teu pai e tua mãe e amarás teu próximo como a ti mesmo".[107] Fazendo assim, com fé em Cristo, sem dúvida, terá a fé que age pela caridade.

De fato, não poderia amar o próximo como a si mesmo se não tivesse acolhido o amor de Deus, sem o qual não poderia amar a si mesmo. Pois bem, se tivesse feito o que disse o Senhor, "se queres ser perfeito, vai, vende o que possuis e dá aos pobres, e terás um tesouro nos céus. Depois, vem e segue-me",[108] teria edificado sobre aquele fundamento com ouro, prata, pedras preciosas. Não teria cogitado outra coisa senão o que são as coisas de Deus e como agradar-lhe, e essas cogitações são, segundo eu penso, ouro, prata e pedras preciosas.

Ao contrário, se, por afeto carnal por suas riquezas, ainda que dando muita esmola e sem recorrer a fraudes para aumentá-las ou a roubos, e, por medo de diminuí-las ou de perdê-las, não tivesse caído num ato desonroso ou ilícito — pois do contrário teria se subtraído à estabilidade do fundamento —, mas, se por motivo carnal, como disse antes, assim tivesse feito por causa dos bens, se não pudesse viver sem dor sem tais bens, então teria edificado sobre aquele fundamento com madeira, feno e palha; sobretudo se tivesse uma esposa, e por sua causa tivesse pensado coisas do mundo e em como agradá-la.

[107] Mt 19,18-19.
[108] Mt 19,21.

De fato, essas coisas, quando são amadas com afeto carnal, não se perdem sem dor; por isso, quem as tem, ainda que tenha como fundamento uma fé que age pela caridade, mas não anteponha esta àquelas coisas por motivo de cupidez ou por outro motivo, em sua perda, sofre um dano, e consegue a salvação pela dor, que é como o fogo. De dor tão grande por tal dano, quanto menos amou tais coisas, mais seguro se é, ou mesmo se as possuiu como se não as tivesse possuído. Quem, porém, ou para conservá-las ou para consegui-las, comete homicídio, adultério, fornicação, idolatria e outras coisas símiles não será salvo pelo fogo por causa dos fundamentos, mas, tendo perdido o fundamento, será atormentado pelo fogo eterno.

Outra interpretação equivocada

28 Por isso, dizem, para provar que a fé sozinha vale, citando o Apóstolo: "Se o não cristão quer separar-se, separe-se! O irmão ou a irmã não estão ligados em tal caso";[109] isto é, por causa da fé em Cristo, pode-se abandonar a esposa à qual se está legitimamente unido sem culpa, se esta não quiser permanecer com o marido cristão justamente porque é cristão.

Não consideram, em tal caso, o repúdio totalmente justificado se esta disser ao seu marido: "não serei tua mulher a não ser que me acumules riquezas, mesmo se de roubo, e se, continuando a viver como cristão, não praticares tais atos ilícitos, para os quais usavas nossa casa", e qualquer outro ato desonroso ou ilícito que conhecesse no marido, no qual se deleitava, ou no qual saciava a libido, ou se gabava, ou se mostrava.

[109] Cf. 1Cor 7,15.

Então, diante disso que disse a mulher, se o marido realmente se arrependeu das obras mortas e, ao aproximar-se do batismo, tem por fundamento a fé que age pela caridade, sem dúvida gozará mais do amor da divina graça que do corpo da esposa, e amputará decididamente o membro que o escandaliza.

Qualquer que seja a dor do coração que suportará nessa separação, por causa do afeto pelo cônjuge, esse é o dano que deve sofrer, é o fogo através do qual o feno é salvo, enquanto o fogo o queima. Se, porém, já tinha uma esposa como se não a tivesse, não por causa da concupiscência, mas por causa da misericórdia, proporcionando, mais que exigindo, um débito conjugal, que ela também seja salva; certamente não sentirá nenhuma dor quando tal cônjuge se separar dele, pois já não pensava nela senão nas coisas que são de Deus e como agradar a Deus.[110] Enquanto edificava tais pensamentos como ouro, prata e pedras preciosas, na mesma medida não sofria danos, e na mesma medida não sofria danos a estrutura, que não era de feno, e não se queimava em nenhum incêndio.

Se houver outra interpretação, não contraste, como a de Agostinho, com o critério da verdade

29 Seja, pois, que os homens padeçam todas essas coisas somente nesta vida, ou mesmo que depois desta vida tais juízos continuem, a minha interpretação não contrasta, penso, com o critério da verdade. Porém, se existe outra interpretação, que não me ocorre, essa outra deve ser preferida; mas enquanto nos atemos a essa nossa,

---

[110] Cf. 1Cor 7,29-32.

não somos obrigados a dizer aos injustos, aos malvados, aos viciosos, aos parricidas, aos matricidas, aos assassinos, aos fornicadores, aos afeminados, aos ladrões, aos mentirosos e aos que blasfemam, e aos que são adversos à sã doutrina, que isto está de acordo com o Evangelho do Deus bendito:[111] se somente crerdes em Cristo, e aceitardes o sacramento do seu batismo, então, mesmo sem mudar a péssima vida, sereis salvos.

Crer em Cristo é agir pela caridade

30 Nem o caso da mulher cananeia nos permite isso, pois o Senhor deu-lhe o que pedia depois de ter-lhe dito "não fica bem tirar o pão dos filhos e atirá-lo aos cachorrinhos",[112] pois aquele que perscruta os corações a viu mudada quando a louvou. De fato não disse: "Ó, cachorrinho, grande é tua fé!". Mas: "Mulher, grande é tua fé!".[113] Mudou a palavra porque viu mudado o seu afeto, e reconheceu que a correção tinha dado frutos. Seria de admirar se tivesse louvado nela uma fé sem obras; isto é, não uma fé tal que pudesse operar pela caridade, mas uma fé morta, que Tiago, sem a mínima dúvida, classificou como fé de demônios, não de cristãos.

Ora, se não querem entender que essa cananeia mudou seus maus costumes quando Cristo a desdenhou e corrigiu com repreensão, quem quer que encontrem que esteja disposto a crer, mas não a esconder a vida iníqua, aliás, que esteja disposto a torná-la pública sem o desejo de mudar, curem os filhos dessas pessoas, se possível, assim como foi

---

[111] Cf. 1Tm 1,9-11.
[112] Mt 15,26.
[113] Mt 15,28.

curada a filha da mulher cananeia; não os torneis, porém, membros de Cristo até que deixem de ser membros de meretrizes.

Estes, claramente, não interpretam de modo absurdo quando consideram que peca contra o Espírito Santo e que é culpado de um pecado imperdoável aquele que até o fim da vida não quis crer em Cristo; mas se interpretassem de modo correto o que significa crer em Cristo, entenderiam que isso, de fato, não é como ter a fé dos demônios, que é justamente tida como fé morta, mas é ter uma fé que age pela caridade.

Os bons e os maus na Igreja

31 Sendo assim, quando não admitimos ao batismo tais pessoas, não é que tentamos arrancar o joio antes do tempo, mas, acima de tudo, não queremos, como o diabo, semear o joio; não é também que proibimos os desejosos de virem a Cristo de fazê-lo, mas os convencemos de que eles mesmos não querem vir a Cristo; não os vetamos de crer em Cristo, mas demonstramos a eles que não querem crer em Cristo aqueles que dizem não ser adultério aquilo que ele chamava de adultério, ou que creem que os adúlteros podem ser seus membros, quando ele, através do Apóstolo, disse que não podem possuir o Reino de Deus, e que estão em discrepância com a sã doutrina, a qual concorda com o Evangelho da glória de Deus bendito.

Daí que não colocamos esses tais entre os que foram à festa das núpcias, mas entre aqueles que não quiseram ir. Do momento em que, de fato, publicamente ousam contradizer a doutrina de Cristo e opor-se à doutrina do santo Evangelho, estes não são impedidos de vir, mas desprezam a vinda. Porém, os que renunciam a este mundo, pelo menos com palavras, ainda que não com fatos, vêm e são semeados em meio ao trigo, e reúnem-se ao ar livre, e são agregados às ovelhas; vêm à rede, e são misturados aos convidados; uma vez dentro, que se espalhem ou se escondam, então se tem uma razão para tolerá-los; e se não se tem o poder para corrigi-los, não haja a intenção de separá-los.

Prestemos atenção, porém, para que não entendamos a passagem que diz que foram levados às núpcias "todos os que encontraram, maus e bons",[114] de modo a crer que foram levados também os que declararam a intenção de permanecer no mal. Nesse caso, os próprios servos do chefe da casa semearam o joio, e então seria falsa esta passagem: "Foi o inimigo quem o semeou, o diabo".[115] Mas porque esse trecho não pode ser falso, trouxeram "os bons e os maus", seja os que se esconderam, seja os que abertamente se mostraram uma vez acolhidos e já dentro.

Tanto *bons* como *maus* são ditos segundo um comportamento humano no qual se louvam ou se repreendem os que ainda não creram. Assim se explica o fato de o Senhor advertir os discípulos que envia pela primeira vez para anunciarem o Evangelho, para que, em qualquer cidade a que chegarem, procurem quem seja digno e com estes se hospedem até que partam novamente.[116] Certamente, quem será digno senão aquele que é tido como bom pelos seus concidadãos? E quem será indigno senão aquele que se mostra mau?

De ambos os tipos vêm à fé em Cristo, e assim sejam conduzidos os bons e os maus, pois também aqueles maus

[114] Mt 22,2-10.
[115] Mt 13,39.
[116] Cf. Mt 10,11.

não se recusam a fazer penitência pelas obras mortas. Se se recusam, não é que são impedidos quando querem entrar, mas é que eles mesmos, em clara contradição, se afastam da entrada.

Na rede boa do Senhor há peixes bons e maus

32 O servo, então, terá certeza de não ser condenado entre os preguiçosos por não querer investir o dinheiro do seu senhor? Sim, terá; pois, na verdade, foram os preguiçosos que não quiseram aceitar o investimento.[117]

De fato, essa parábola foi dirigida aos que, na Igreja, não querem receber os cargos de administradores, com a desculpa preguiçosa de não querer prestar contas dos pecados dos outros; estes ouvem, mas não agem, isto é, recebem e não dão. Em verdade, quando o administrador fiel e diligente, sempre pronto a investir e ávido pelo lucro do patrão, diz ao adúltero: "não sejas adúltero, se queres ser batizado; crê em Cristo, que diz que é adultério o que fazes, se queres ser batizado; não sejas membro de uma meretriz, se queres tornar-te membro de Cristo"; e aquele, porém, respondeu: "Não obedeço, não faço isso!". É ele que não quer aceitar o verdadeiro dinheiro do senhor, mas prefere inserir sua moeda adúltera no tesouro do patrão.

Se, ao invés, prometesse obedecer e não o fizesse, e se não houvesse depois nenhum modo de corrigi-lo, poderia encontrar-se o que fazer para evitar que fosse inútil aos outros, não podendo ser útil a si mesmo; pois, se na rede boa do Senhor ele continuasse a ser um peixe mau, não poderia em sua rede má pegar peixes do Senhor; ou seja, se levasse

[117] Cf. Mt 25,14 e 30,7.

uma vida má na Igreja, não introduziria nela uma doutrina má. Pois, se defendem estas suas ações ou declaram abertamente que continuarão agindo assim, quando são admitidos ao batismo, parece que não pregam outra coisa senão que fornicadores e adúlteros, ainda que permaneçam em tais iniquidades, possuirão o Reino de Deus, e por mérito de uma fé morta, sem obras, ganharão a vida e a salvação eterna.

Essas são as más redes às quais devem estar atentos os pescadores, se naquela metáfora evangélica por pescadores entendemos bispos, ou eclesiásticos de ordem inferior, pois é dito: "Vinde, e farei de vós pescadores de homens".[118] De fato, com redes boas podem-se capturar peixes bons e maus, e com redes más não se podem capturar peixes bons. Na boa doutrina, justamente, pode-se ser tanto o bom, que ouve e faz, como o mau, que ouve e não faz. Ora, na má doutrina, aquele que nela crê, ainda que não a obedeça, é mau, e se a obedece, é ainda pior.

Os costumes da Igreja estão radicados na verdade

33 É certamente admirável que os irmãos que deveriam afastar-se dessa opinião funesta, nova ou velha que seja, afirmem eles próprios que é uma doutrina nova aquela segundo a qual não devem ser admitidos ao batismo os homens iníquos que permanecem em seus erros, e o fazem aberta e publicamente. Não sei aonde pretendem chegar, quando não permitem que meretrizes e fanfarrões, pessoas que exercem torpes profissões publicamente, a não ser que tenham rompido ou dissolvido tais vínculos, aproximem-se dos sacramentos cristãos; segundo a opinião destes, todos

[118] Mt 4,19.

seriam admitidos se a Santa Igreja não tivesse mantido o seu antigo e vigoroso costume moral, que obviamente provém daquela verdade pura, pela qual se tem certeza de que "quem age de tal modo não possuirá o Reino de Deus".[119] E se não fizerem penitência por essas obras mortas, não lhes seja permitido aproximar-se do batismo. Se por acaso o tiverem obtido escondido, a menos que mudem, não poderão ser salvos.

Quanto aos alcoólatras, avaros, aos que maldizem e aos que possuem outros vícios condenáveis, não podem ser convencidos, ou repreendidos, todavia é possível flagelá-los com preceitos corretíssimos e instruções catecumenais, por isso parece que estes se aproximam do batismo com a vontade mudada para melhor.

Por outro lado, se os adúlteros, que não a lei humana, mas a divina condena, isto é, homens que têm mulheres de outros como se fossem suas, ou se assim fosse com mulheres que têm maridos de outras, percebem que em algum lugar costuma-se admiti-los com negligência, é necessário tentar corrigi-los com princípios retos, ou seja, para que também estes não sejam admitidos.

Não se devem distorcer esses retos princípios com base nessas perversões, a fim de que não se pense que os que pedem o batismo têm que ser instruídos na correção dos costumes e, consequentemente também, todos aqueles que professam publicamente essas coisas torpes e detestáveis, isto é, as meretrizes, vendedores de escravos, gladiadores e outros do mesmo tipo, devem ser admitidos ainda que permaneçam em seus pecados; pecados aqueles que o Apóstolo enumerou, concluindo: "os que agem de tal modo não

---

[119] Gl 5,21; cf. 1Cor 6,9-10.

possuirão o Reino de Deus"; e intervêm veementemente para que, uma vez manifestados tais pecados, não permitam, convenientemente, que recebam o batismo os que resistem e permanecem nestes erros.

O adultério é falta que impede de ser batizado

34 Também quem pensa que com esmolas podem-se facilmente compensar os outros erros não duvida que três destes devem ser punidos com a excomunhão, até que sejam sanadas por uma penitência mais humilhante: a impudicícia, a idolatria e o homicídio. Por enquanto, não há necessidade de perguntar-se sobre a validade dessa opinião, se se deve corrigir ou aprovar, pois assim nos prenderíamos a longo com uma questão cuja resolução é pouco necessária. Basta, todavia, saber que, se nem todas as faltas devem ser admitidas ao sacramento do batismo, entre estas está o adultério; se, porém, somente as três supracitadas devem ser excetuadas, o adultério está entre elas, e foi do adultério que se iniciou esta discussão.

Os casos dúbios

35 Mas, uma vez que parece que, pelo costume dos maus cristãos, que antes eram péssimos, não fosse um mal o fato de que homens se casavam com as mulheres de outros homens, ou que mulheres se casavam com homens de outras, por essa razão, em algumas Igrejas parece ter ocorrido certa negligência, pois na catequese aos pedintes[120] esses vícios não eram nem discutidos nem repreendidos. Assim, aconteceu que se passou também a defendê-los.

---

[120] Aqueles que pedem o batismo.

SANTO AGOSTINHO

Todavia, tais vícios são raros nos batizados, contanto que nós impeçamos sua ocorrência. Esta tal, que alguns pensam ser de negligência, outros de inexperiência e outros, ainda, de ignorância, é provavelmente aquilo que o Senhor chama de sono, quando diz: "Enquanto os homens dormiam, veio o inimigo e semeou o joio".[121]

É preciso considerar que tais vícios não se manifestaram logo nos costumes dos cristãos, ainda que dos maus, já que o beato Cipriano não os nomeia, na epístola sobre *Os lapsos*,[122] ao recordar tais pecados, deplorando-os e reprovando-os — e diz que por causa deles foi provocada a indignação de Deus de modo a permitir que sua Igreja fosse flagelada por uma perseguição intolerável. Ele não cala, porém, sobre outra coisa, confirmando-a como pertencente aos mesmos maus costumes, isto é, unir-se em matrimônio com infiéis, afirmando que é o mesmo que prostituir os membros de Cristo aos gentios, o que nos nossos dias não é considerado pecado.[123] O Novo Testamento nada fala a esse respeito, ou acreditou lícito ou foi deixado como dúvida. Assim como é ambíguo se Herodes casou-se com a mulher do irmão que estava vivo ou do irmão que estava morto. Não nos é claro, portanto, o que João dizia não ser lícito.[124]

---

[121] Mt 13,25.

[122] PatrPaulus 35/1, 2016.

[123] Anos antes, porém, Agostinho advertira a não realizar-se um matrimônio específico entre uma jovem cristã e um jovem pagão (cf. *ep.* 255 [CSEL 57,602-3]). Na obra que temos em mãos, evidentemente, Agostinho expõe uma concepção distinta — amadurecida no *sentire* da e com a Igreja Africana? —, quase repetida, anos mais tarde, em *De adulterinis coniugiis* 1,31 [CSEL 41,378-9], onde acrescenta que, ainda que isso não seja proibido, não é conveniente. Ambrósio (*De Abraham* 1,9,84 [CSEL 32/1,555-6]) e Jerônimo (*Adversus Iovinianum* 1,10 [PL 23,233-4]), porém, defendem o contrário: é proibido.

[124] Cf. Mt 14,3-4.

Também a respeito de uma concubina que tenha declarado não querer unir-se a nenhum homem depois de ter sido repudiada por aquele a quem era unida, com razão se duvida sobre qual dos dois não deve ser admitido ao batismo. Também se alguém repudiou uma mulher flagrada em adultério, e uniu-se a outra, não deve ser tido como aqueles que se divorciam e se casam novamente sem o motivo do adultério. Nas próprias palavras divinas, é obscuro se um ou outro, ou seja, se aquele ao qual sem dúvida é justo repudiar o cônjuge adúltero deve ser, por sua vez, tido como adúltero caso se case novamente. Penso que, em tal caso, este tenha cometido pecado venial. Por esse motivo, aqueles que são manifestamente culpados de impudicícia devem ser proibidos de ser batizados de qualquer modo, a menos que sejam corrigidos pela penitência ou que mudem de vontade. Nos casos duvidosos, porém, há de esforçar-se para que tais uniões não ocorram. De que adianta meter-se em uma situação tão perigosa e ambígua? Se, por outro lado, tais coisas já ocorreram, não sei se os que as cometeram não devem ser admitidos ao batismo.

A ordem com que se deve proceder ao se admitir ao batismo

36 No que diz respeito à doutrina salvífica da verdade, para que não se dê ao pecado mortal uma segurança danosa, nem se atribua a tal pecado uma autoridade funesta, esta é a norma da cura: que os batizandos creiam em Deus Pai, Filho e Espírito Santo, com aquele rito no qual o Símbolo é transmitido, façam penitência pelas obras mortas, não duvidem que o batismo os redima completamente de todos os pecados passados — não que lhes seja consentido pecar, mas que não lhes seja nocivo pecar —, para que sejam redimidos do pecado cometido, e não porque é permitido pecar. Pode-se, então, dizer verdadeiramente de modo espiritual: "Eis que foste redimido, não peques mais"[125] — que o Senhor disse a respeito de uma cura física, pois sabia que aquele a quem havia salvado as debilidades do corpo o atingira também por mérito dos pecados. A um homem adúltero que se apresenta para o batismo, e adúltero se vai tendo recebido o batismo, me admira como estes possam dizer: "Eis que foste redimido". Qual doença então é grave e mortal se o adultério é sanidade?

Permitir o batismo dos adúlteros é exigir da Igreja mais do que lhe fora fixado

37 Mas afirmam que, entre os três mil que os Apóstolos batizaram em um dia, e entre todos os crentes, aos quais eles anunciaram o Evangelho de Jerusalém à Ilíria,[126] havia certamente alguns que estavam unidos a mulheres de outros, ou mulheres unidas com homens de outras. Para esses casos, os apóstolos tiveram que fixar uma regra que logo depois foi observada nas outras Igrejas: a de admitir ao batismo somente os que se corrigissem desses adultérios. Como se igualmente não se pudesse dizer, contra estes [que afirmam tais coisas], que não encontram alguém que foi admitido estando em tal condição! Ou então se poderiam lembrar os pecados de cada um, o que seria coisa sem fim, quando basta relembrar aquela regra geral na qual Pedro, com muitas palavras, exorta os batizandos, dizendo: "Salvai-vos desta geração perversa".[127] Quem, todavia, duvidaria que

---

[125] Jo 5,14.
[126] Cf. Rm 15,19.
[127] At 2,40-41.

pertencem à malvadez dessa geração os adúlteros e aqueles que escolheram permanecer nas mesmas iniquidades?

Pode-se dizer, igualmente, das meretrizes públicas, as quais nenhuma Igreja admite ao batismo se não se livram dessa torpe profissão, que poderiam ser encontradas em meio a tantos milhares de crentes de tantas nações, e que os Apóstolos teriam de fixar regras sobre sua admissão e sobre sua exclusão. Entretanto, a partir de fatos menores, podemos fazer uma ideia dos maiores. Porém, se aos publicanos que vinham pedir o batismo de João foi proibido que exigissem mais do que fora fixado,[128] me espantaria que aos que vinham ao batismo de Cristo fosse permitido o adultério.

A uma fé reta segue uma vida reta

38 Mas eles lembram também que os israelitas cometeram muitos e graves pecados, e derramaram muito sangue dos profetas, e que, todavia, não por esses fatos mereceriam ser destruídos, mas somente pela falta de fé, pois não quiseram crer em Cristo. Assim afirmam sem observar com atenção que não só esse foi o pecado deles, ou seja, o de não crer em Cristo, mas também o de tê-lo matado. Desses pecados, um pertence à incredulidade, o outro à crueldade de um crime. O pecado da incredulidade é contra a reta fé; o da crueldade, contra a boa vida. De ambos os vícios, porém, é livre quem tem fé em Cristo, não com obras mortas, que também nos demônios encontramos,[129] mas a fé da graça, que age pela caridade.[130]

---

[128] Cf. Lc 3,13.
[129] Cf. Tg 2,19-20.
[130] Cf. Gl 5,6.

A violência de que sofre o Reino dos céus não se refere à fé sem obras

39 Essa é a fé da qual é dito: "Reino dos céus está entre vós".[131] De fato, se empossam do Reino os que fazem violência com a fé, obtendo o Espírito da caridade, no qual está a plenitude da lei;[132] pois a letra da lei, sem o amor, lhes tornava réus também de prevaricação. Portanto, não se deve crer que a passagem que diz "O reino dos céus sofre violência, e violentos se apoderam dele"[133] signifique que também os maus, só com o crer e vivendo pessimamente, chegam ao Reino dos céus, mas que aquela acusação de prevaricação que a lei sozinha, isto é, a letra sem o espírito, provocava ordenando é absolvida pela fé, e com a violência da fé se obtém o Espírito Santo, pelo qual foi difundida a caridade nos nossos corações.[134] A lei é levada à plenitude não com o temor da pena, mas com o amor da justiça.

Conhecer a Deus é conhecê-lo pela fé que guarda seus mandamentos, agindo mediante a caridade

40 De modo algum se deixe enganar a mente desguarnecida, pensando conhecer a Deus se professa sua fé nele com uma fé morta, ou seja, sem boas obras, como fazem os demônios; e, com tal profissão, presume que ganhará a vida eterna; pois o Senhor diz: "A vida eterna é esta: que eles te conheçam a ti, o único Deus verdadeiro, e aquele que enviaste, Jesus Cristo".[135] Deve-se ter também em mente a

---

[131] Lc 17,21.
[132] Cf. Rm 13,10.
[133] Mt 11,12.
[134] Cf. Rm 5,5.
[135] Jo 17,3.

passagem onde está escrito: "E sabemos que o conhecemos por isto: se guardamos os seus mandamentos. Aquele que diz 'Eu o conheço', mas não guarda os seus mandamentos é mentiroso, e a verdade não está nele".[136] E que ninguém pense que seus mandamentos dizem respeito somente à fé, ainda que ninguém ousou dizê-lo, sobretudo porque ele falou de mandamentos, para que não perdessem a atenção por causa da quantidade, que resumiu naqueles dois dos quais "dependem toda a Lei e os profetas".[137] Convém dizer que justamente os mandamentos de Deus dizem respeito à fé somente se se entende não uma fé morta, mas uma fé viva que age pela caridade. João mesmo explicou o que tinha dito, adicionando: "Este é o seu mandamento: crer no nome de seu Filho Jesus Cristo e amar-nos uns aos outros".[138]

Pertencer a Deus é não querer pecar

41 Isto é que é útil: crer em Deus com reta fé, adorar a Deus, conhecer a Deus para que ele seja nosso auxílio no bem viver e, se pecarmos, que possamos merecer sua indulgência, não perseverando seguros nas ações que odeia, mas nos afastando delas e dizendo a ele: "Senhor, tem piedade de mim! Cura-me, porque pequei contra ti!",[139] coisas que não podem ser ditas pelos que não creem nele, e que dizem em vão os que, estando tão longe dele, estão fora da graça do Mediador.

Disso está escrito no livro da Sabedoria, que não sei como é entendido por uma funesta presunção: "Mesmo

---

[136] 1Jo 2,3-4.
[137] Mt 22,40.
[138] 1Jo 3,23.
[139] Sl 41(40),5.

pecando, somos teus",[140] porque naturalmente temos um Senhor bom e grande, que quer e pode sanar os pecados dos arrependidos, mas que, ainda assim, pode dissipar os que permanecem no mal. Finalmente, depois de dizer "somos teus", adicionou: "Pois reconhecemos tua soberania", da qual não pode esconder-se ou subtrair-se o pecador; e em seguida disse: "Mas não pecaremos, sabendo que te pertencemos".[141] Quem, porém, refletindo dignamente sobre a morada junto de Deus — à qual todos são destinados e chamados segundo um desígnio —, não se esforçará para viver em modo concorde com tal morada? É, pois, isso que João diz: "Isto vos escrevo para que não pequeis; mas se alguém pecar, temos um advogado, junto do Pai, Jesus Cristo, o Justo. Ele é a vítima de expiação pelos nossos pecados";[142] e o diz não para que, com segurança, continuemos a pecar, mas para que, afastando-nos do pecado, se o admitimos, graças àquele advogado, que os infiéis não possuem, absolutamente não nos desesperemos.

Fé viva e ressurreição para a vida; fé morta e ressurreição para a condenação

42 Dessas palavras, nenhuma condição mais benigna é prometida aos que querem crer em Deus permanecendo nos costumes corruptos, muito menos daquelas palavras do Apóstolo: "Todos aqueles que pecaram sem a Lei, sem a Lei perecerão; e todos aqueles que pecaram com a Lei, pela Lei serão julgados".[143] Nessa passagem, é como

---

[140] Sb 15,2.
[141] Sb 15,2.
[142] 1Jo 2,1-2.
[143] Rm 2,12.

se existisse alguma diferença entre perecer e ser julgado, quando, apesar de as palavras serem diferentes, o significado é o mesmo.

A Escritura frequentemente usa *julgamento* com o significado de condenação eterna, como no Evangelho, onde o Senhor diz: "Vem a hora em que todos os que repousam nos sepulcros ouvirão sua voz e sairão; os que tiverem feito o bem, para uma ressurreição de vida; os que tiverem praticado o mal, para uma ressurreição de julgamento".[144] Aqui não é dito: "isto para os que creram, isso para os que não creram"; mas: "isto para os que agiram bem, isso para os que agiram mal". Certamente, a boa vida é inseparável da fé que age pela caridade; melhor dizendo, a própria fé é a vida boa.

Vemos, portanto, que o Senhor disse ressurreição de julgamento para indicar a ressurreição da condenação eterna. De todos os que ressuscitarão — e sem dúvida ressuscitarão também aqueles que absolutamente não creem, pois estes também estão nos sepulcros —, fez dois grupos, declarando que uns ressuscitarão para uma ressurreição de vida, outros para uma ressurreição de julgamento.

O julgamento é a condenação eterna

43 Mas dizem que nessa passagem não se deve entender aqueles que absolutamente não creem, mas os que serão salvos pelo fogo, que creram ainda que tenham vivido mal, de modo que consideram que a palavra julgamento signifique a sua pena transitória. Ainda que o digam descaradamente, pois o Senhor dividiu em dois grupos, *vida* e *julgamento*, os que ressuscitarão — entre os quais sem

---

[144] Jo 5,28-29.

dúvida estão os incrédulos —, querendo, porém, que fosse subentendido juízo eterno, mesmo não tendo adicionado a palavra *eterno*, o que vale também para a *vida*.

De fato, ele não disse: "na ressurreição da vida eterna", mas quis que fosse entendido assim. Veja-se, contudo, o que responderão ao texto que diz: "quem, porém, não crê já foi julgado".[145] Aqui, sem dúvida, ou entendam que juízo está para condenação eterna, ou então ousem dizer que os incrédulos serão salvos pelo fogo, pois diz: "quem não crê já foi julgado", ou seja, é já destinado ao juízo. E [essa] não é uma promessa com grande benefício para os que creem e vivem indignamente, do momento em que aqueles que não creem não serão destruídos, mas julgados. Pois, se não ousam dizer, não ousem prometer algo mais indulgente àqueles dos quais é dito: "serão julgados pela Lei", pois é claro que *juízo* é muitas vezes usado para definir a condenação eterna. Não só não é mais branda, como também é pior a condição dos que pecam conscientemente.

Estes são os que maximamente aceitaram a Lei, pois está escrito: "Onde não há lei, não há prevaricação".[146] E isso se encontra também em outra passagem: "Não conheceria a concupiscência, se a lei não tivesse dito: não desejar. Acolhendo a ocasião pelo mandamento, o pecado suscitou em mim todo tipo de concupiscência".[147] E muitas outras coisas diz o Apóstolo a esse respeito. A graça do Espírito Santo por Jesus Cristo Senhor nosso livra dessa grave culpa.

Ela, tendo difundido a caridade em nossos corações, doa o amor à justiça, que supera a falta de medida da con-

---
[145] Jo 3,18.
[146] Rm 4,15.
[147] Rm 7,7-8.

cupiscência. Assim, é confirmado não só que não há nada a se entender de modo mais brando, mas que também há algo de mais grave. Por isso, é dito: "aqueles que pecaram com a Lei, pela Lei serão julgados",[148] como aqueles que pecaram sem conhecer a Lei perecerão sem ela. *Julgados*, nessa passagem, não é usado no lugar de condenação transitória, mas no daquela condenação com a qual serão julgados também os que não creem.

Todos precisam da graça

44 Quem usa essa passagem para prometer a salvação pelo fogo aos que, [mesmo] crendo, vivem pessimamente, e lhes diz: "aqueles que pecaram sem a Lei perecerão sem a Lei; aqueles que pecaram com a Lei, pela Lei serão julgados",[149] como se fosse dito que não perecerão, mas serão salvos pelo fogo, não pôde levar em consideração que o Apóstolo tenha dito isso sobre aqueles que pecaram sem a Lei e aqueles que pecaram sob a Lei, referindo-se, respectivamente, aos gentios e aos judeus; para demonstrar que não somente para os gentios, mas para ambos a graça de Cristo, pela qual somos salvos, é necessária, como mostra claramente toda a Epístola aos Romanos.

De fato, também aos judeus, que pecam sob a Lei, dos quais é dito: "pela Lei serão julgados", se não os salva a graça de Cristo, não se prometa a salvação através do fogo, pois deles foi dito: "pela Lei serão julgados". E se não o fazem, para não virem contra si mesmos, pois dizem que os judeus são acusados do gravíssimo crime de infidelidade, por que

---

[148] Rm 2,12.
[149] Rm 2,12.

estendem, no que diz respeito à fé em Cristo, aos infiéis e aos fiéis aquilo que é dito dos que pecam sem a Lei e dos que pecam sob a Lei, como referindo-se a judeus e gentios, para convidar ambos à graça de Cristo?

De fato, não foi dito: "quem pecou sem a fé perecerá sem a fé; quem, porém, pecou sob a fé será julgado pela fé"; mas foi dito: "sem a Lei" e "sob a Lei", para que aparecesse claramente que se tratava de um assunto que se referia aos judeus e aos gentios, e não aos bons e aos maus cristãos.

É falsa qualquer promessa de salvação para quem não vive retamente

45 Já que querem que, naquela passagem, *Lei* esteja para *fé* — o que seria muito inoportuno e absurdo —, então podem claramente ler outra passagem do Apóstolo Pedro a esse respeito.

Falando daqueles que tomaram por pretexto para a carne e por véu para sua maldade o que está escrito: "nós", que pertencemos ao Novo Testamento, "não somos filhos de uma escrava, mas de uma mulher livre, com cuja liberdade Cristo nos libertou",[150] e que, seguros de uma tão grande redenção, tinham acreditado que isso fosse viver livre, considerar lícito o que quer que fosse, sem ligar para o que está escrito: "fostes chamados à liberdade, irmãos; não useis da liberdade para dar ocasião à carne",[151] o próprio Pedro disse: "livres, não tendo a liberdade como um véu para a maldade".[152]

Destes tais ele disse na sua segunda epístola: "Estes são fontes secas, e nuvens agitadas pelo vento, aos quais estão

[150] Gl 4,31.
[151] Gl 5,13.
[152] 1Pd 2,16.

reservadas densas trevas. Falando com a soberba da vaidade, induzem à concupiscência da impudicícia da carne os que tinham acabado de fugir dos que viviam no erro, prometendo a liberdade, sendo eles mesmos servos da corrupção. De fato, quem é vencido torna-se servo de quem o venceu. Se, de fato, afastaram-se das imundícies deste mundo pelo conhecimento do Senhor nosso e Salvador Jesus Cristo, estes são novamente atacados e vencidos, tornando-se piores que antes. Com efeito, lhes seria melhor não ter conhecido o caminho da justiça que, tendo-o conhecido, voltar atrás e desviar-se do santo mandamento que lhes tinha sido transmitido. Aconteceu-lhes o que diz o provérbio: o cão voltou ao seu vômito e a porca lavada a esfregar-se na lama".[153]

Por que, então, se promete contra essa claríssima verdade uma condição melhor àqueles que conheceram o caminho da justiça, isto é, Cristo Senhor, e vivem impiamente, que se não o tivessem absolutamente conhecido, quando é dito abertamente: "com efeito, lhes seria melhor não ter conhecido o caminho da justiça que, tendo-o conhecido, voltar atrás e desviar-se do santo mandamento que lhes tinha sido transmitido"?

Conhecer o Senhor é viver o santo mandamento, isto é, viver retamente

46 Nessa passagem, não se deve entender que "santo mandamento" seja aquele com o qual se ordena que creiamos em Deus — ainda que nesse mandamento tudo esteja contido, se entendermos [aqui] aquela fé dos que creem, [isto é,] aquela que age pela caridade. Mas o apóstolo

---

[153] 2Pd 2,17-22.

abertamente exprimiu o que entendia por "santo mandamento", ou seja, aquele com o qual se ordena que vivamos com castos costumes e nos afastemos das imundícies deste mundo.

De fato, assim diz: "Se, de fato, afastaram-se das imundícies deste mundo pelo conhecimento do Senhor nosso e Salvador Jesus Cristo, estes são novamente atacados e vencidos, tornando-se piores que antes". Não diz "afastaram-se da ignorância de Deus", ou "afastaram-se da incredulidade do mundo", ou outras coisas do mesmo tipo, mas: "das imundícies do mundo", nas quais estão contidos todos os tipos de imundície desonrosa.

Falando, [pouco] antes, com efeito, desse tipo de pessoa, disse: "estando à mesa convosco, têm os olhos cheios de adultérios e incessantes de pecado".[154] Eis por que os chama de "fontes secas": fontes porque receberam o conhecimento de Cristo Senhor; mas secas porque não vivem de acordo com tal conhecimento.

É certamente destes que falou o Apóstolo Judas: "são estes", diz, "a mancha em vossas ceias de amor; sem temor, nutrem a si mesmos, como nuvens sem água",[155] e assim por diante.

Eis, pois, que o que diz Pedro — "estando à mesa convosco, têm os olhos cheios de adultérios" — é o mesmo que diz Judas — "a mancha em vossas ceias de amor". Estes tais, de fato, estão misturados aos bons no banquete dos sacramentos e nos ágapes do povo.

O que Pedro chama de "fontes secas", Judas chama de "nuvens sem água", e Tiago de "fé morta".[156]

---

[154] 2Pd 2,13-14.
[155] Jd 1,12.
[156] Tg 2,20.

A quem não vive retamente
não se prometa nem mesmo uma pena transitória

47 Não se prometa, pois, a pena transitória do fogo aos que vivem torpe e impiamente, porque conheceram o caminho da justiça, aos quais seria melhor não ter conhecido, como confirma a veraz Escritura.[157] Dessas pessoas, naturalmente, diz o Senhor: "a nova condição daquele homem será pior que antes",[158] porque, não acolhendo o Espírito Santo — morador de sua purificação —, fez voltar a si o espírito imundo ainda mais imundo. A menos, de fato, que esses dos quais tratamos devam ser considerados melhores não porque não retornaram às imundícies dos adultérios, mas porque de tais imundícies nunca se afastaram, nem porque, purificados, não se sujaram novamente, mas porque se recusaram a purificar-se.

Com efeito, nem para receber o batismo com consciência aliviada se dignam a vomitar suas antigas imundícies, que novamente engolem como fazem os cães,[159] mas, tenazmente e com coração duro, dirigem-se ao próprio lavacro da santidade, mantendo uma impiedade indigesta; não a ocultam com uma [falsa] promessa ou mentira, mas a ostentam com impudência professa. Sem sair de Sodoma, como a mulher de Ló,[160] novamente voltam às coisas passadas. Desdenham completamente sair de Sodoma. Na verdade, tentam chegar a Cristo na companhia de Sodoma.

O Apóstolo Paulo disse [de si] "que antes fui blasfemo, perseguidor e violento. Mas obtive a misericórdia, porque

---

[157] Cf. 2Pd 2,21.
[158] Mt 12,45.
[159] Cf. 2Pd 2,22.
[160] Cf. Gn 19,26.

agi, sem saber, na incredulidade";[161] e a estes [dos quais tratamos] se diz: "Então, conseguireis mais misericórdia se, cientes, tiverdes vivido mal na mesma fé. Seria demasiado extenso, e quase infinito, querer reunir todos os testemunhos das Escrituras nos quais é claro que a culpa dos que, conscientes, levam uma vida ímpia e iníqua não somente não é mais leve que a dos que inconscientemente o fazem, mas também é mais grave. Assim, basta isso [que aqui foi dito]".

Ao batismo deve corresponder um modo de vida

48 Estejamos diligentemente atentos, então, com o auxílio do Senhor nosso Deus para não tornar os homens seguros no mal, dizendo-lhes que, se foram batizados em Cristo, de qualquer modo que tiverem vivido essa fé, chegarão à salvação eterna. Não façamos cristãos como os judeus [faziam] prosélitos. Aos judeus o Senhor diz: "Ai de vós escribas e fariseus, que percorreis o mar e a terra para fazer um prosélito, e depois de fazê-lo, o fazeis filho da geena duas vezes mais do que vós".[162] Mas, em todo caso, sobretudo guardemos a sã doutrina do Mestre divino, para que o santo batismo seja consoante com a vida cristã e que a nenhum homem a quem falte um dos dois seja prometida a vida eterna. Pois aquele mesmo que disse: "não entrará no Reino dos Céus senão aquele que renascer da água e do Espírito";[163] também disse isto: "não entrareis no Reino dos Céus se a vossa justiça não for maior que a dos escribas e dos fariseus".[164]

---

[161] 1Tm 1,13.
[162] Mt 23,15.
[163] Jo 3,5. Contra a lição de CSEL 41,94, que menciona somente o nascer do Espírito Santo.
[164] Mt 5,20.

A FÉ E AS OBRAS

Desses últimos, de fato, ele disse: "Os escribas e os fariseus se sentam sobre a cátedra de Moisés, e o que vos dizem, fazei; mas não fazei o que eles fazem; pois dizem, mas não fazem".[165] Eis, então, a sua justiça: dizer e não fazer. Por isso quis que nossa justiça fosse superior à deles, [ou seja,] dizer e fazer. Se assim não for, não se entrará no Reino dos Céus.

[Mas isso] não que alguém deva exaltar-se de modo a ousar gabar-se, não digo [somente] diante dos outros, mas nem mesmo pensar consigo mesmo que seja sem pecado nesta vida. Na verdade, se não houvesse alguns pecados tão graves que devessem ser punidos com a excomunhão,[166] o Apóstolo não teria dito: "Unidos, vós e o meu espírito, [esse pecador] seja entregue a Satanás para a destruição da carne, para que o espírito seja salvo no dia do Senhor Jesus".[167] Por isso disse também: "Que eu não chore os muitos que antes pecaram e não fizeram penitência pela imundície e fornicação que cometeram".[168]

Do mesmo modo, se não houvesse alguns pecados que devessem ser curados não com essa humildade de penitência — que na Igreja é dada àqueles que, justamente, são chamados penitentes —, mas com alguns medicamentos de correção, o próprio Senhor não diria: "Corrige-o a sós, tu com ele. Se ele te ouvir, terás ganhado teu irmão".[169]

Por fim, se não houvesse alguns pecados sem os quais não se pode levar esta vida, o Senhor não teria disposto um remédio quotidiano na oração em que ensinou a dizermos:

---

[165] Mt 23,2-3.
[166] Ver, acima, os parágrafos 4 e 34.
[167] 1Cor 5,4-5.
[168] 2Cor 12,21.
[169] Mt 18,15.

"Perdoa-nos as nossas ofensas, como nós perdoamos a quem nos tem ofendido".[170]

Síntese conclusiva

49 Considero que seja suficiente quanto expus de todo o assunto, do qual levantaram-se três questões, das quais a primeira diz respeito à mistura dos bons e dos maus na Igreja, como a do trigo e do joio. Acerca dessas similitudes, deve-se estar atento a não considerar que as que são propostas — como a dos animais imundos na arca,[171] ou qualquer outra de igual significado — o são para que adormeça a disciplina da Igreja, da qual, na figura daquela [da Escritura] mulher foi dito: "São severos os costumes de sua casa".[172] Na verdade, as similitudes são propostas para que não progrida uma temerária loucura, ao invés da severidade da diligência, de modo que se presuma poder, por cismas nefastos, separar bons de maus.

Por essas similitudes e previsões, não foi dado aos bons o conselho da preguiça, com o qual negligenciem o que devem proibir; mas o da paciência, com a qual suportem, salvaguardada a doutrina da verdade, aquilo que [outros] não conseguem corrigir. [Mas] não devem os prepósitos [da Igreja] — porque está escrito que tenham entrado na arca de Noé também os animais imundos[173] — vetar os indecentes fanfarrões, caso que é certamente menos grave que o dos fornicadores, se quiserem receber o batismo.

Na verdade, por essa figura histórica [dos animais imundos na arca], foi prenunciado que na Igreja haveria

---

[170] Mt 6,12.
[171] Cf. Gn 7,2ss.
[172] Pr 31,27.
[173] Cf. Gn 7,2ss.

imundos para motivo de tolerância, não para corrupção da doutrina ou para negligência da disciplina. De fato, não por onde quer que quisessem os animais imundos entraram, com a destruição da configuração da arca, mas permanecendo ela intacta, entraram pela única e mesma porta que o construtor fizera.

A segunda questão é aquela em que, segundo a opinião de alguns, somente a fé deve ser transmitida aos batizandos, mas [só] depois de batizados devem ser instruídos sobre os costumes. Mas foi demonstrado suficientemente, se não erro, que, quando todos os que pedem o sacramento dos fiéis[174] ouvem com mais atenção e solicitude tudo o que lhes é dito, é então que mais compete ao responsável pela admissão ao batismo não calar a respeito da pena com a qual o Senhor ameaça àqueles que vivem mal, e não aconteça que, no próprio batismo, ao qual vêm para serem redimidos de todos os pecados, se tornem réus de pecados ainda mais graves.

A terceira questão é perigosíssima, porque pouco considerada e não tratada segundo a palavra divina. Parece-me que tudo isso tenha surgido naquela opinião na qual se promete aos que vivem ímpia e torpemente que obterão vida e salvação eterna, mesmo que perseverem em tal modo de viver, somente crendo em Cristo e recebendo os seus sacramentos. Isso é contrário à claríssima afirmação do Senhor, que respondeu àquele que deseja a vida eterna: "Se queres a vida [eterna], observa os mandamentos",[175] e lembrou quais eram os mandamentos, ou seja, os pecados a serem evitados; pecados aos quais, não sei como, a salvação eterna é prometida por uma fé que, sem obras, é morta.[176]

---

[174] Isto é, o batismo.
[175] Mt 19,17.
[176] Cf. Tg 2,20.

Dessas três questões, segundo penso, tratei quanto basta e demonstrei que na Igreja os maus devem ser tolerados de modo que não se negligencie a disciplina eclesiástica; que os catequizandos que pedem o batismo não só ouçam e aceitem a fé, mas também de que modo devem viver; que é prometido aos fiéis a vida eterna, não de modo que alguém considere obtê-la mesmo através de uma fé morta, que sem obras não pode salvar, mas por aquela fé da graça que age pela caridade.[177]

Por isso, não se culpem os dispensadores fiéis nem de negligência nem de preguiça, mas antes a contumácia de alguns que se recusam a receber a moeda[178] do patrão e coagem os servos do Senhor a gastar a própria moeda adúltera deles, enquanto esses tais não querem nem mesmo ser maus, quais aqueles dos quais lembra São Cipriano,[179] que só com palavras e não obras renunciam ao mundo, já que estes [de que tratamos] nem com palavras querem renunciar às obras do diabo, e declaram em alta voz que permanecerão no adultério.

Se eles levantarem algo que por acaso não toquei ao tratar [das questões acima], considero que isso não tenha sido importante a ponto de uma resposta minha ser necessária, quer porque não dissesse respeito ao assunto de que tratei, quer porque seria algo tão frágil que poderia ser confutado facilmente com qualquer argumento.

---

[177] Cf. Gl 5,6.
[178] *Moeda*: *pecuniam*.
[179] Cf. CIPRIANO, *De Lapsis* 27.

A FÉ NAS COISAS INVISÍVEIS

CIRCUNSTÂNCIAS, DATAÇÃO, DIVISÃO

Heres Drian de O. Freitas

O *De fide rerum invisibilium*, também conhecido como *De fide rerum quae non videntur* (*A fé nas coisas que não se veem*), teve sua paternidade agostiniana questionada ao longo da história de suas edições modernas, particularmente por não constar nem nas *Retractationes* de Agostinho nem no *Indiculum* de Possídio. Todavia, que a obra seja do Hiponense é atestado por ele mesmo.[1] Sua ausência nas *Retractationes* e no *Indiculum* justifica-se por ter sido, antes de editado e publicado, um sermão pregado por Agostinho para sua assembleia,[2] para que esta se fortalecesse na fé contra os enganos de pagãos, judeus, hereges e maus cristãos.[3] Não temos, contudo, informações quanto a suas circunstâncias específicas.

---

[1] Cf. *ep.* 231,7 [CSEL 57,510].
[2] Cf. *A fé nas coisas invisíveis* 11: "Vós..., que possuís essa fé...". Para ampla argumentação a respeito, ver A. PIERETI, "Introduzione", NBA 6/1, 1995, 299-305, p. 300-1.
[3] Cf. *A fé nas coisas invisíveis* 6 e 11.

A datação da obra é estipulada entre 420-425,[4] pouco depois da Páscoa[5], principalmente a partir de paralelos com o *De civitate Dei*[6] e com o *Enquirídio*.[7]

Composta em um único livro, sua divisão geral — mesmo se não unanimemente apresentada[8] — não comporta problemas intransponíveis, há três partes: introdução (1-4), desenvolvimento (5-10) e conclusão (11). Agostinho introduz (1-4) a questão defendendo o ato de fé como realidade natural social necessária. No núcleo da obra (5-10), o Hiponense trata especificamente da fé cristã e seus sinais: Cristo e, particularmente, enquanto presença d'Ele na história, a Igreja. Conclui (11) exortando a permanecer na fé.

---

[4] E. TESELLE, "Fide rerum inuisibilium (De-)", AL 2, 1318-23, col. 1318. E. PLUMER, "Fide rerum invisibilium, De", AthAg., 361-2, p. 361, preferira, porém, uma datação mais genérica: *ca.* 400, talvez, como outros, acolhendo a proposta de datação dos Maurinos (399) (cf. E. TESELLE, *loc. cit.*); embora haja quem date diferentemente a obra, estendendo-a de 410 a 430 (cf., A. PIERETI, "Introduzione", NBA 6/1, 1995, 300).

[5] Cf. *A fé nas coisas invisíveis* 11: "Vós..., que agora começastes a possuí-la como [realidade] nova...", isto é, que se tornaram fiéis mediante a adesão à fé pelo batismo.

[6] Particularmente quanto à evocação da legislação imperial antipagã (*A fé nas coisas invisíveis* 7 e 10; *De civitate Dei* 17,3ss. [CCL 48,553ss.], 18,27 [617-8] e 18,54 [653-6]), citações bíblicas, argumentação antijudaica (*A fé nas coisas invisíveis* 10; *De civitate Dei* 18,46ss. [CCL 48,643ss.]) e as realidades últimas (*A fé nas coisas invisíveis* 8; *De civitate Dei* 19-22 [CCL 48,657-866]). Os paralelismos indicados nesta nota e os da nota seguinte, além de outros, encontram-se em E. TESELLE, "Fide rerum inuisibilium (De-)", AL 2, 1318-23, col. 1318.

[7] A interpretação de 1Tm 2,4 — o desejo de Deus de que todos se salvem — (*A fé nas coisas invisíveis* 10; *Enquirídio* 103), o testemunho das Escrituras quanto ao que se vê e ao que não se vê (*A fé nas coisas invisíveis* 8ss.; *Enquirídio* 4), a antítese *crer agora — ver na eternidade* (*A fé nas coisas invisíveis* 7ss; *Enquirídio* 20).

[8] As variações encontram-se em A. PIERETI, "Introduzione", NBA 6/1, 1995, 301-2.

A FÉ NAS COISAS INVISÍVEIS

Agostinho de Hipona

A visão da alma é segura e certa

1 Há aqueles que consideram que se deve rir da religião cristã, ao invés de aceitá-la, pois nela é apresentado não o que é visível, mas ao homem é pedida a fé nas coisas que não se veem. Nós, então, para confutar àqueles que consideram prudente não querer crer no que não veem, ainda que sejamos inaptos a mostrar aos olhos humanos a realidade divina na qual cremos, ainda assim mostramos à mente humana que se deve crer também nas coisas que não se veem.

Primeiramente, àqueles cuja demência tornou escravos dos olhos carnais — a tal ponto que acham que não devem crer no que não distinguem através dos olhos — há de chamar-se a atenção para tantas coisas que não só creem, mas também conhecem, e que não podem ser vistas com tais olhos. Há muitas dessas coisas mesmo no nosso espírito, que é de natureza invisível. Para não enumerá-las todas, a própria fé com a qual cremos, ou o pensamento com o qual sabemos crer ou não crer em alguma coisa, não têm relação alguma com a visão desses olhos carnais. O que pode ser tão óbvio, tão evidente, tão seguro à visão interior do espírito? Como, então, não se deve crer naquilo que não podemos ver com os olhos do corpo, quando vemos, sem dúvida alguma, impedidos de usar os olhos do corpo, que cremos ou não cremos?

SANTO AGOSTINHO

Sem fé não há nem relações de afeto nem sociedade

2 "Mas", dizem [aqueles tais], "não há necessidade de conhecer pelos olhos do corpo estas coisas que estão no espírito, que podemos perceber com o próprio espírito. No entanto, as coisas que dizeis para que creiamos [nelas], não as mostrais exteriormente, para que as conheçamos com os olhos do corpo, nem interiormente, para que as conheçamos com o espírito, para que as vejamos com o pensamento". Dizem isso assim, como se a alguém fosse ordenado crer, como se já pudesse ver apresentado a si aquilo em que se crê. De fato, devemos crer em alguma realidade temporal que não vemos, para que mereçamos ver também aquela eterna na qual cremos.

Mas, quem quer que sejas tu que não queres crer senão no que vês, [e] vês com os olhos do corpo os corpos presentes, e com o espírito vês as tuas vontades e pensamentos — que estão no teu próprio espírito —, dize-me, te peço, com quais olhos vês a boa vontade do teu amigo para contigo? Pois nenhuma vontade pode ser vista com os olhos do corpo. Ou, por acaso, vês também com o espírito o que se passa no espírito de outrem? Mas se não vês, como retribuis a boa vontade amiga, se não crês naquilo que não podes ver? Dirás que vês a boa vontade do outro pelas suas obras? Então, verás os feitos e ouvirás as palavras, mas na boa vontade do amigo, que não pode ser vista nem ouvida, crerás.

Com efeito, essa boa vontade não é uma cor ou uma figura posta diante dos olhos, não é um som ou uma cantiga que chega aos ouvidos, nem é algo de teu, sentido pela afeição de teu coração. Então [só] te resta crer no que não vês, no que não ouves e no que não podes perceber dentro de ti, para que tua vida não seja vazia, desprovida de amizade, e para que o amor que te foi oferecido não seja, por sua vez, por ti retribuído. Onde está, então, aquilo que dizias, que não deves crer senão naquilo que vês, ou externamente com o corpo ou internamente com o coração?

Eis que do teu coração crês em um coração que não é teu, e pões a tua fé naquilo para o qual não podes dirigir o olhar, nem da mente nem da carne. Com o teu corpo distingues a face do amigo, com o teu espírito distingues a tua fé. A fé do amigo, porém, não pode ser amada por ti, se em ti, por tua vez, não há aquela fé com a qual creres naquilo que nele não podes ver — embora o homem, porque não tem a caridade, possa enganar fingindo a benevolência, escondendo a maldade; ou, ainda que não pretenda prejudicar[-te], todavia, com expectativa de obter de ti algum benefício, simule [a amizade].

3 Dizes, porém, que por isso crês no amigo, cujo coração não podes ver, porque o provaste nas tuas dificuldades e vieste a saber qual sua disposição para contigo nos teus apuros, quando ele não te abandonou. Por acaso pensas que devamos desejar a nossa [própria] adversidade para provar o amor do amigo para conosco? Não haverá alguém feliz por um amigo certíssimo de modo que desfrute do amor manifesto pelo outro, a não ser que tenha sido infeliz na adversidade, a não ser que tenha sido atormentado pela própria dor ou temor? E como a felicidade de se ter verdadeiros amigos pode ser desejada, ao invés de temida, quando nada, a não ser a infelicidade, pode assegurá-la? E ainda que seja verdade que se pode ter um amigo na prosperidade, é mais certo, todavia, que ele possa ser provado na adversidade.

Mas, certamente, para prová-lo, não te aproximarias de teus apuros se não acreditasses [nele]. Por isso, ao te aproximares [dele] para prová-lo, crês antes de prová-lo. Como, então, não devemos crer no que não pode ser visto? Pois, certamente, se já que cremos nos corações dos amigos quando estes ainda não foram provados, e a partir do momento que temos provas de que são bons, graças aos nossos sofrimentos, então, mais do que ver a boa vontade deles para conosco cremos [nessa boa vontade]. Assim é, só porque há muita fé e podemos ver, pode-se dizer, com os seus olhos aquilo que cremos. Justamente devemos crer, pois não podemos ver.

4 Se essa fé fosse subtraída das relações humanas, quem não daria atenção a tal perturbação [que haveria] nelas e a tão horrendo caos que se seguiria? Quem seria amado com mútua caridade por alguém, quando o próprio amor é invisível e se não devo crer no que não vejo? Assim, toda amizade pereceria, pois esta não é senão amor recíproco. Afinal, o que se poderia receber de amor de quem quer que seja, se não se crê que nada dele seja oferecido? Além disso, perecendo a amizade, não se conservarão no espírito nem vínculo matrimonial, nem laços de consanguinidade, nem de afetividade; pois também nesses vínculos existe, certamente, um sentimento de amizade.

Um cônjuge, então, não poderá retribuir o amor de seu par, já que, sendo amado, não crê porque não pode ver o próprio amor. Os cônjuges não desejarão ter filhos, pelos quais não creem que serão retribuídos mutuamente. E estes, se nascerem e crescerem, tampouco amarão seus próprios genitores, dos quais não verão, nos corações deles, o amor para consigo, porque este é invisível. [Eles não se amarão reciprocamente] se não se crê com fé louvável, mas com temor culpável, naquelas coisas que não podem ser vistas.

Que direi ainda dos outros vínculos — de irmãos, de irmãs, entre genros e sogros, entre aqueles que estão unidos por qualquer vínculo de parentesco ou afinidade —, se o amor dos pais para com os filhos e dos filhos para com os pais é incerto e a intenção, suspeita? Isso enquanto a devida benevolência não for retribuída, porque não se considera que esta seja devida, já que não se crê naquilo que não se vê no outro.

Além disso, se não é engenhosa, é, todavia, odiosa essa cautela com a qual não cremos que somos amados, por não vermos o amor de quem nos ama e não retribuirmos, por nossa vez, àqueles a quem consideramos não ter que retribuir. A tal ponto são perturbadas as relações humanas se não cremos no que não vemos. Elas são pervertidas completamente desde a raiz se não cremos em nenhuma intenção humana que não possamos absolutamente ver.

Abstenho-me de dizer em quantas coisas acreditam — sejam da tradição e da história ou a respeito de lugares onde nunca estiveram — aqueles que nos criticam pelo fato de crermos naquilo que não vemos, e não digam: "Não cremos porque não vimos!". Pois, se dissessem isso, seriam obrigados a dizer-se incertos com relação aos seus genitores, pois nesse caso acreditaram no que foi contado por outros, já que não é possível mostrar aquilo que já passou, e nada recordando daquele tempo [de seu nascimento], acreditaram, todavia, sem dúvida alguma no que lhes foi dito. Se assim não fosse, faltar-se-ia em ímpio desrespeito para com os genitores, enquanto se tenta como que evitar a temeridade de crer no que não podemos ver.

Se, então, não crermos no que não podemos ver, a própria sociedade humana, perecendo de concórdia, não se sustentará. [Assim,] quanto maior fé é preciso colocar nas coisas divinas — embora não as possamos ver —, às quais não aderir seria violar não a amizade de um homem qualquer, mas a própria suprema religião, o que resultaria em profunda infelicidade.

Crê-se a partir de indícios

5 "Mas", dirás, "a benevolência de um homem amigo para comigo, ainda que eu não a possa ver, posso, todavia, rastreá-la por muitos indícios. Vós, porém, quereis que acreditemos naquilo que não foi visto [e] do qual não podeis mostrar nenhum indício." No entanto, não é pouco que, a partir da clareza de alguns indícios, admitas que convém crer em algumas coisas, ainda que estas não possam ser vistas. Assim, já se estabelece que não se deve não crer em tudo que não se pode ver. [Portanto,] cai por terra, refutado e descartado, aquilo que se diz, [isto é,] que não devemos crer nas coisas que não vemos. Muito se enganam, porém, aqueles que consideram que cremos em Cristo sem evidência alguma acerca de Cristo. De fato, quais indícios são mais claros que aqueles que, preditos e realizados, agora vemos?

Vós, que considerais não haver indícios, pois deveis crer naquelas coisas que não haveis visto com relação a Cristo, prestai atenção às coisas que vedes. A própria Igreja vos adverte com voz de maternal amor: "Eu, que maravilhosamente vedes a frutificar e a crescer por todo o mundo,[1] outrora não fui como me vedes. Mas, 'em tua descendência, serão benditas todas as gentes'.[2] Quando Deus abençoou Abraão, deu-me como promessa, pois na bênção de Cristo espalho-me por entre todos os povos".

[1] Cf. Cl 1,6.
[2] Gn 22,18.

A ordem de sucessão das gerações atesta que Cristo é a descendência de Abraão,³ que apontarei brevemente: Abraão gerou Isaac, Isaac gerou Jacó, Jacó gerou doze filhos dos quais brotou o povo de Israel. O próprio Jacó foi chamado Israel. Entre esses doze filhos havia Judá, de onde o nome dos judeus, dos quais nasceu a virgem Maria, que deu à luz Cristo.⁴ E eis que em Cristo, semente de Abraão, podeis ver que são benditas todas as gentes, e vos maravilhais; e ainda temeis acreditar nele, em quem mais deveríeis temer não crer.

Duvidais ou recusais crer no parto de uma virgem, quando mais ainda deveríeis crer que desse modo [conveniente] nasceria o homem Deus? Tende presente que, de fato, foi predito pelo profeta: "Eis que uma virgem conceberá em seu ventre e dará à luz um filho, e seu nome será Emanuel, que significa Deus conosco".⁵ Não duvideis de que uma virgem dê à luz, se quereis crer que Deus nasce, que não deixa de governar o mundo mesmo ao vir na carne entre os homens, que confere fecundidade à mãe, [e] não fere a sua integridade.⁶

Convinha que nascesse homem, permanecendo sempre Deus, aquele que, ao nascer, seria Deus para nós. A respeito dele como Deus, o profeta dissera: "O teu trono, ó Deus, é para sempre, o cetro do teu reino é cetro de retidão; amas a justiça e odeias a iniquidade. Por isso, te ungiu Deus, o teu Deus, com o óleo da alegria, como a nenhum de teus companheiros".⁷ Essa é a unção espiritual com a qual Deus

---

³ Cf. Gl 3,16.
⁴ Cf. Mt 1,1-16.
⁵ Is 7,14; Mt 1,23.
⁶ Ver *A fé o Símbolo* 8 [PatrPaulus 32, 2013, 40]
⁷ Sl 45(44),7-8.

ungiu Deus, isto é, o Pai ungiu o Filho. Por isso sabemos que Cristo é assim chamado, a partir da crisma, isto é, da unção.

[E a Igreja continua, com voz materna, dizendo:] "Eu sou a Igreja, da qual se fala nesse mesmo Salmo, prenunciando como já acontecido o que estava para acontecer: 'à tua direita está a rainha, em veste resplendente, com variedade de cores'",[8] isto é, no mistério da sabedoria, resplendente com a variedade das línguas. "Nesse Salmo, me é dito: 'ouve, filha, vê e inclina teu ouvido: esquece teu povo e a casa de teu pai, o rei se apaixonou pela tua beleza, ele é o Senhor teu Deus. As filhas de Tiro, com presentes, o adorarão, e os ricos do povo suplicarão teu favor. Toda a glória da filha do rei está dentro, em franjas de ouro e variedade de cores. Serão conduzidas ao rei as virgens depois dela, as que estão à sua volta serão levadas a ti; serão levadas em alegria e exultação, serão levadas ao templo do rei. No lugar do teu pai, nasceram-te filhos, faze deles príncipes de toda a terra. Lembrarão do teu nome por todas as gerações. Por essa razão, os povos te exaltarão por toda a eternidade'".[9]

6 Não vedes essa rainha, hoje fecunda de descendentes reais? Ela vê realizado o que ouviu ser-lhe prometido naquilo que lhe foi dito: "Ouve, filha, e vê". Ela, a quem foi dito: "esquece teu povo e a casa de teu pai", deixa os antigos costumes do mundo. Ela, a quem foi dito: "o rei se apaixonou pela tua beleza, ele é o Senhor teu Deus", confessa por toda parte que Cristo é o Senhor. Ela vê as cidades das gentes derramarem preces e oferecerem dons a Cristo, do qual foi dito: "As filhas de Tiro, com presentes, o adorarão".

---

[8] Sl 45(44),10.
[9] Sl 45(44),11-18.

Também os ricos depõem sua soberba e suplicam o auxílio da Igreja, à qual foi dito: "todos os ricos do povo suplicarão teu favor".

Ela [se] reconhece a filha do rei, ao qual lhe foi mandado dizer: "Pai nosso, que estás no céu",[10] e se renova, em seus santos, no homem interior dia após dia;[11] pois dela foi dito: "toda a glória da filha do rei está dentro", ainda que também ofusque os olhos dos estranhos com a fama dos seus pregadores na diversidade das línguas, que são como as franjas resplendentes e vestes com variedade de cores. Depois de difundir o seu bom perfume por todos os lugares, também as virgens são levadas para consagrar-se a Cristo, de quem e a quem se diz: "Serão conduzidas ao rei as virgens depois dela, as que estão à sua volta serão levadas a ti"; e para que não pareça que são levadas como prisioneiras a algum tipo de cárcere, vimos o que foi acrescentado: "Serão levadas em alegria e exultação ao templo do rei".

Ela, a quem se diz: "no lugar dos teus pais nasceram-te filhos, faze deles príncipes sobre toda a terra", dá à luz filhos, dentre os quais considera como pais aqueles que instituiu para si como governantes por toda parte. Tão senhora quanto súdita, ela é mãe que se confia às orações deles. Por isso foi acrescentado: "Lembrarão de teu nome por todas as gerações". Pela pregação desses mesmos pais, na qual seu nome foi lembrado sem interrupção, congregam-se nela tão grandes multidões, que sem cessar prestam louvor à glória daquela à qual foi dito: "Por essa razão, os povos te exaltarão por toda a eternidade".[12]

---

[10] Mt 6,9.
[11] Cf. 2Cor 4,16.
[12] Sl 45(44),11-18.

Se todas essas coisas não se demonstrassem assim tão claras — claras a ponto de os olhos dos inimigos não encontrarem para onde voltar-se para não serem feridos pela clareza desse mesmo indício, e para não serem por esta forçados a admiti-la abertamente —, talvez com razão digais que não vos são mostrados indícios pelos quais, uma vez vistos, possais crer também naquelas coisas que não vedes. Se, porém, vedes essas coisas que foram preditas há muito tempo e que se cumprem com tanta clareza, [e] se a própria verdade declara-se, com seus efeitos antecedentes e consequentes, ó restos de incredulidade, para que acrediteis naquilo que não vedes, envergonhai-vos por aquilo que vedes!

A Igreja: indício da verdade das promessas de Deus

7 "Prestai atenção em mim", vos diz a Igreja, "prestai atenção em mim, pois me vedes, mesmo se não quereis enxergar. Com efeito, aqueles que, naquele tempo, presentes na terra da Judeia, foram fiéis conheceram como realidades presentes o nascimento de Cristo de uma virgem, os milagres, a paixão, a ressurreição, a ascensão, todos os seus ditos e feitos. Vós não vistes [tudo] isso, e por essa razão recusais crer. Vede, então, estas coisas, prestai atenção nelas, pensai nestas coisas que percebeis, que não vos foram contadas como passadas, nem preditas como futuras, mas que são manifestas no presente: acaso vos parece vazio ou insignificante o milagre divino e o considerais nada ou sem sentido, [isto é,] que no nome de um Crucificado move-se toda a humanidade?".

Não vistes o que foi predito e realizado do nascimento humano de Cristo: "Eis que uma virgem conceberá em seu ventre e dará à luz um filho";[13] mas vedes o que foi predito a Abraão e realizado pela Palavra de Deus: "Por tua posteridade serão benditas todas as nações da terra".[14] Não vistes o que foi predito e realizado quanto aos milagres de Cristo: "Vinde e vede as obras do Senhor, que fez prodígios sobre a terra";[15] mas vedes o que foi predito: "O Senhor me disse: Tu és meu filho, eu hoje te gerei; pede, e eu te darei as nações como herança, os confins da terra como propriedade".[16]

Não vistes o que foi predito e realizado quanto à paixão de Cristo: "transpassaram minhas mãos e meus pés, contaram todos os meus ossos; mas me olharam e contemplaram; dividiram entre si as minhas vestes e sortearam minha túnica";[17] mas vedes o que no mesmo Salmo foi prenunciado e agora se vê realizado: "Todos os confins da terra lembrarão e voltarão ao Senhor, diante dele se prostrarão todos os povos, pois ao Senhor pertence a realeza: ele governará as nações".[18]

Não vistes o que foi predito e realizado sobre a ressurreição de Cristo, de acordo com o Salmo que, em seu nome, falava previamente de seu traidor e de seus perseguidores: "Vinham para fora e juntos maldiziam a um só; contra mim sussurravam todos os meus inimigos, cogitavam o mal contra mim, me ofendiam com palavras iníquas".[19] Assim, para mostrar que de nada lhes valeria matar aquele que ressuscitaria, acrescentou, dizendo: "Quem dorme, não

---

[13] Is 7,14.
[14] Gn 22,18.
[15] Sl 46(45),9.
[16] Sl 2,7-8.
[17] Sl 22(21),17-19.
[18] Sl 22(21),28-29.
[19] Sl 41(40),7-9.

pode levantar-se?".[20] E, logo depois, tendo predito com a mesma profecia sobre seu próprio traidor, o que é descrito também no Evangelho, disse: "Aquele que come o meu pão, levantou contra mim o seu calcanhar[21] — isto é, pisoteou-me". Aí acrescentou: "Mas, tu, Senhor, tem piedade de mim e levanta-me, e eu voltarei a eles".[22] Isso se cumpriu: Cristo dormiu e despertou, ou seja, morreu e ressuscitou; ele, que pela mesma profecia, em outro Salmo diz: "Deitei-me e adormeci. Despertei, pois Deus me sustenta".[23]

É certo que não vistes [todas] essas coisas, mas vedes a Igreja dele, da qual igualmente foi dito e realizou-se: "Senhor, meu Deus, a ti acorrem as nações das extremidades da terra, e dizem: nossos pais não herdaram senão mentiras e ídolos; e nisso não há utilidade".[24] Isso certamente vedes, querendo ou não. E se considerais que os ídolos tenham ou tenham tido alguma utilidade, todavia, certamente ouvistes que inúmeros povos gentios, depois de abandonar, recusar ou destruir tais vaidades, disseram: "Nossos pais não herdaram senão mentiras e ídolos; e nisso não há utilidade. Se é o homem que faz para si deuses, eis que estes não são deuses!".[25]

Não julgueis, porém, que as gentes preditas viriam a algum determinado lugar de Deus, pelo fato de ter sido dito: "Para ti acorrem as nações das extremidades da terra". Entendei, se podeis, que os povos das nações não devem vir ao Deus dos cristãos caminhando, mas crendo nele, que é o sumo e verdadeiro Deus. De fato, a mesma coisa foi prenunciada por

---

[20] Sl 41(40),9.
[21] Sl 41(40),10; Jo 13,18.
[22] Sl 41(40),11.
[23] Sl 3,6.
[24] Jr 16,19.
[25] Jr 16,19-20.

outro profeta nestes termos: "O Senhor prevalecerá contra eles! Ele suprimirá todos os deuses das nações da terra; e prostrar-se-ão diante dele, cada uma do seu lugar, todas as ilhas das nações".[26] O que diz aquela profecia "Para ti acorrem as nações" é o que diz esta: "prostrar-se-ão diante dele, cada uma do seu lugar". Então virão a ele não deixando o seu lugar, pois, crendo nele, o encontrarão em seus corações.

Não vistes o que foi predito e cumprido da ascensão de Cristo: "Ó Deus, eleva-te acima do céu", mas vedes o que vem logo em seguida: "e tua glória sobre toda a terra".[27]

Não vistes, no que diz respeito a Cristo, tudo o que aconteceu e passou, porém essas coisas presentes na sua Igreja não negais vê-las. Mostramos a vós ambas as coisas como preditas; mas não vos podemos mostrar ambas as coisas como cumpridas [e] para que sejam vistas, pois não somos capazes de pôr diante dos olhos [de alguém] os acontecimentos passados.

O que se vê realizado
não foi inventado pelos cristãos como profecia

8 Já que através de indícios, que vemos, cremos na intenção, que não vemos, dos amigos, assim [é também com] a Igreja, que agora se vê: ela é indício das coisas passadas e é prenunciadora das coisas futuras, [isto é,] de tudo que se vê apontado em seus escritos — onde ela mesma é prenunciada. Pois as coisas passadas, que já não se podem ver, e as coisas futuras, que ainda não se podem ser, e as coisas do presente, que agora podem ser vistas, eram todas porvir quando foram prenunciadas, e nenhuma delas pudera ser vista naquele momento. Assim, quando as coisas preditas

[26] Sf 2,11.
[27] Sl 108(107),6.

começaram a acontecer, desde as já acontecidas até as que estão acontecendo, o que foi predito de Cristo e da Igreja subseguiu-se numa série ordenada.

A essa série pertencem as coisas que, igualmente preditas, acontecerão: o que diz respeito ao dia do juízo [final], à ressurreição dos mortos, à condenação eterna dos ímpios com o diabo e à eterna felicidade dos justos com Cristo. Por que, então, não crer nas coisas passadas e nas futuras, que não vemos, quando temos as coisas intermediárias, que vemos, como testemunhas de ambas as coisas, já que ouvimos ou lemos prenunciadas antes que acontecessem nos livros proféticos das coisas passadas quanto das presentes e das futuras? A não ser que, talvez, os homens infiéis julguem que [todas] essas coisas foram escritas pelos cristãos, de modo que [todas] elas, nas quais já acreditavam ou que conheciam, tivessem um peso maior de autoridade, considerando que foram prometidas antes que acontecessem.

9 Se nossos inimigos suspeitam disso, que examinem os escritos dos judeus. Neles, lerão essas coisas que lembramos que foram preditas sobre Cristo, no qual cremos, e sobre a Igreja, que vemos, desde o fatigoso início da [propagação da] fé até a beatitude eterna do reino; e [lerão] muitas outras mais, quase inumeráveis, que não mencionamos. Mas, lendo-as, não se admirem com o não entendimento dessas coisas por aqueles que possuem tais livros devido às trevas da inimizade. De fato, foi predito pelos mesmos profetas que eles não entenderiam. Como tudo mais, era preciso que isso se cumprisse, e sofressem a pena merecida segundo um secreto, mas justo, juízo de Deus.

É certo, ele — a quem crucificaram e a quem deram fel e vinagre —, ainda que pendendo no lenho por aqueles que seriam conduzidos das trevas à luz, disse: "Pai, perdoa-lhes, pois não sabem o que fazem";[28] pelos outros, contudo, que por causas mais ocultas abandonaria, predisse muito antes mediante o profeta: "Como alimento deram-me fel, e na minha sede deram-me vinagre para beber. Que a mesa à sua frente torne-se uma armadilha, como recompensa e como motivo de escândalo. Que seus olhos fiquem obscurecidos, que não vejam mais; e suas costas, sempre dobradas".[29] Assim, com os olhos obscurecidos, perambulam com os mais ilustres testemunhos da nossa causa, de modo que, por eles, esta é provada, e, nela, eles mesmos são reprovados.

Isso aconteceu não para que fosse destruída essa seita, a ponto de absolutamente não mais existir, mas para que se espalhasse, levando as profecias da graça recebida entre nós, por todas as terras, de modo que estivesse à disposição de todos nós para convencer mais firmemente os infiéis.

Prestai atenção a como foi profetizado o que digo: "Não os mates" — diz [o profeta] — "para que meu povo não esqueça a tua lei! Com teu poder torna-os errantes".[30] Não foram mortos, então, enquanto não esqueceram aquelas coisas que entre eles se liam e ouviam. Se, porém, esquecessem completamente as Sagradas Escrituras, embora não as entendam, seriam mortos no próprio rito judaico, pois os judeus, nada conhecendo da Lei e dos Profetas, não poderiam tirar proveito destes. Então, eles não foram mortos, mas dispersos, para que, mesmo não tendo a fé com a qual seriam salvos, ainda assim conservassem a memória com que somos ajudados: nas Escrituras, eles são nosso apoio; no coração, são nossos inimigos; nos Livros, são nossas testemunhas.

---

[28] Lc 23,34.
[29] Sl 69(68),22-24.
[30] Sl 59(58),12.

SANTO AGOSTINHO

A Igreja dispersa pelo mundo, o mundo imerso na fé em Cristo

10 Em todo caso, mesmo se não tivéssemos tido testemunhos proféticos precedentes sobre o Cristo e a Igreja, quem não deveria sentir-se levado a crer que a claridade divina repentinamente tenha iluminado o gênero humano quando vemos os falsos deuses serem abandonados e suas estátuas quebradas, seus templos demolidos ou transformados para outro uso, tantos ritos vãos extirpados da tão firme consuetude humana e um único e verdadeiro Deus ser invocado por todos? E isso aconteceu por causa de um homem que pelos homens foi zombado, capturado, acorrentado, flagelado, esbofeteado, ridicularizado, crucificado e morto.

Ele escolheu aqueles discípulos[31] incultos e inexperientes,[32] pescadores[33] e publicanos[34] — pelos quais difundiria seus ensinamentos[35] —, que anunciaram sua ressurreição[36] e [sua] ascensão ao céu, dizendo tê-la visto,[37] e, cheios do Espírito Santo, proclamaram o Evangelho em todas as línguas,[38] que nunca aprenderam. Daqueles que os escutaram, uma parte acreditou; a parte que não acreditou opôs-se ferozmente aos pregadores. Assim, os fiéis que combateram pela verdade até a morte, não repagando o mal, mas sofrendo-o, venceram — não matando, mas morrendo.

---

[31] Cf. Lc 6,13.
[32] Cf. At 4,13.
[33] Cf. Mt 4,18; Mc 1,16.
[34] Cf. Mt 10,3.
[35] Cf. Mt 28,19-20; Mc 16,15.
[36] Cf. Jo 20,24-31; At 2,22-24 e 3,12-15.
[37] Cf. At 1,9.11; Mc 16,19-20; Lc 24,51-52.
[38] Cf. At 2,4-11.

Assim o mundo mudou para essa religião. Assim se converteram a esse Evangelho os corações dos mortais, homens e mulheres, pequenos e grandes, doutos e indoutos, sábios e insipientes, poderosos e fracos, nobres e plebeus, famosos e desconhecidos.[39] E assim a Igreja difundiu-se por entre os povos e cresceu, de modo que não surja contra essa mesma fé católica nenhuma seita perversa, nenhum tipo de erro contrário à verdade cristã que não pretenda e não ambicione gloriar-se do nome de Cristo. Certamente não se permitiria que se espalhassem pela terra [seitas e erros] se a própria oposição [deles] não estimulasse a sã disciplina.

Ainda que nenhuma das tais coisas futuras tivesse sido predita pelos profetas, como aquele crucifixo teria podido realizar tanto, a não ser que Deus tivesse assumido a carne humana? Mas já que um sinal tão grande de amor teve seus precedentes anunciadores e profetas — por cujas vozes divinas foi prenunciado, e assim aconteceu como fora prenunciado —, quem seria tão estulto de dizer que os apóstolos mentiram a respeito de Cristo, que prenunciaram como venturo os profetas que não calaram nem mesmo com relação ao que verdadeiramente aconteceria com os mesmos Apóstolos? Desses, de fato, disseram [os profetas]: "Não há palavras ou discursos nos quais não são ouvidas as suas vozes, por toda a terra se espalham suas vozes, e nos confins das terras as suas palavras".[40]

Certamente vemos isso realizado em todo o mundo, mesmo se ainda não vimos Cristo na carne. Quem, então, a não ser alguém cegado por uma grande ignorância ou endurecido e empedernido por uma grande obstinação recusará

---

[39] Ver *enq.* 103.
[40] Sl 19(18),4-5.

depositar fé nas Sagradas Escrituras que predisseram a fé de todo o mundo?

Exortação a permanecer na fé

11 Vós, porém, caríssimos, que possuís essa fé ou que agora começastes a possuí-la como [realidade] nova, nutri-a, e que ela cresça em vós. Pois como se cumpriu o que muito [tempo] antes foi predito, assim se cumprirão as promessas sempiternas.

Que não vos enganem nem os infrutíferos pagãos, nem falsos judeus, nem enganosos hereges, nem os maus cristãos [que há] dentro da própria Igreja, que são inimigos tão mais nocivos quanto mais íntimos. Pois, para que os fracos não fossem turbados, a profecia divina não calou, lá onde, no Cântico dos Cânticos, o esposo falando à esposa, isto é, Cristo Senhor falando à Igreja, diz: "Como um lírio no meio de espinhos, assim é minha amada em meio às filhas".[41] Não disse em meio às estranhas, mas "em meio às filhas".

"Quem tem ouvidos para ouvir, ouça":[42] também quando a rede que, lançada no mar, reúne peixes de todos os tipos, como diz o santo Evangelho, é trazida à praia, isto é, ao fim do mundo, separe-se dos maus peixes com o coração, não com o corpo; mudando os maus costumes, não rasgando a santa rede; para que os justos, que agora se veem misturados aos injustos, quando na praia começar a separação, recebam não a pena, mas a vida eterna.[43]

---

[41] Ct 2,2.
[42] Mt 13,9.
[43] Cf. Mt 13,47-49.

ENQUIRÍDIO
SOBRE A FÉ, A ESPERANÇA E A CARIDADE

TÍTULO, DATAÇÃO, DIVISÃO

Heres Drian de O. Freitas

Título e ocasião da obra

Enchiridion identificaria, mais que um título propriamente dito, o gênero da obra encomendada a Agostinho;[1] gênero do qual nosso autor não parece de todo convencido,[2] pois preferiu designar esta obra *Liber de fide spe et caritate*.[3] A tradição manuscrita, porém, transmitiu-a como *Enchiridion ad Laurentium*.[4] Mas o leitor encontrará edições contemporâneas da obra que preferem a fusão dessas duas formas: *Enchiridion ad Laurentium de fide, spe*

---

[1] Cf. *Enquirídio* 4, 6 e 122; ver também *Retractationes* 2,63 [CCL 57,140]. Do adjetivo ἐγχειρίδιο', ος, ον (ἐν + χείρ: que se pode ter na mão), o substantivo ἐγχειρίδιον, ου, τό aparece já nos clássicos, referindo-se a um livreto (cf., entre outros até mesmo mais antigos, FILÓSTRATO, *Vitae Sophistarum 2,1* [LCL 134,180]). Com esse significado, entra na literatura patrística latina (cf., por exemplo, RUFINO DE AQUILEIA, *Praefatio in Sexti Sententias* [CCL 20,260]).

[2] Cf. *enq.* 122. Já E. TESELLE, "Fide spe et caritate (De-)", AL 2, 1323-30, col. 1323, n. 4, diz que Agostinho "consente com o termo", embora recorde o contraste entre um manual e as dimensões da referida obra agostiniana; cf., indicação abaixo, n. 7.

[3] *Livro sobre a fé, a esperança e a caridade*; *Retractationes* 2,63 [CCL 57,140]. Igualmente POSSÍDIO, *Indiculum* 10,30 [MA 2,180].

[4] Cf. E. TESELLE, "Fide spe et caritate (De-)", AL 2, 1323-30, col. 1323.

et caritate.⁵ Seu significado de *manual*, todavia, permanece. De fato, é exatamente um livro que possa sempre ter em mãos que Lourenço pede a Agostinho,⁶ cuja hesitação em chamar a obra de manual talvez se deva a suas proporções,⁷ já que, embora seja possível sintetizar o que Lourenço precisa saber, não seria fácil abreviar a exposição de matéria tão importante.⁸

Lourenço — a respeito de quem as informações são exíguas: leigo cristão erudito,⁹ familiarizado com a retórica,¹⁰ irmão do tribuno Dulcício¹¹ — solicita a Agostinho que lhe exponha sinteticamente quatro pontos: *1)* o que seguir o mais próximo possível e o que, devido às heresias, evitar; *2)* "em que medida a razão pode intervir em favor da religião, ou o que não diz respeito à razão, mas à fé somente"; *3)* o que manter em primeiro e o que em último lugar; *4)* qual a síntese e qual o fundamento da fé católica.¹²

---

⁵ Cf., por exemplo, NBA 6/2, 1995, 469 e CCL 46,49 (edição crítica seguida para a tradução aqui oferecida). Há, ainda, outras formas, como *Manual* ou *Da fé, da esperança e da caridade* (*Manuel ou De la foi, de l'espérance et de la charité*; BA 9, 1947, 78-9).

⁶ Cf. *Enquirídio* 4 e 6. Ver também *Retractationes* 2,63 [CCL 57,140].

⁷ Cf. J. RIVIÈRE, "Introduction", BA 9, 1947, 80; E. TESELLE, "Fide spe et caritate (De-)", AL 2, 1323-30, col. 1323, n. 4.

⁸ Cf. *Enquirídio* 2. A matéria é explicitada na titulação agostiniana da obra: fé, esperança, caridade, que indicariam mais a divisão geral da obra (cf. J. RIVIÈRE, "Introduction", BA 9, 1947, 79-80; E. TESELLE, "Fide spe et caritate (De-)", AL 2, 1323-30, col. 1325). Ver, a esse respeito, abaixo, p. 318.

⁹ Cf. *Enquirídio* 1 e 122. As informações sobre Lourenço — talvez as mais seguras — baseiam-se nos acenos do próprio Agostinho; cf. "Laurentius 2", PAC, 629. Além dessas, outras mais específicas constam em antigos manuscritos; cf. A. PIERETTI, "Introduzione", NBA 6/1, 1995, 451, e sua n. 2.

¹⁰ Cf. E. TESELLE, "Fide spe et caritate (De-)", AL 2, 1323-30, col. 1325.

¹¹ Cf. *De octo Dulcitii quaestionibus* 1,10 [CCL 44A,265] "... ad Laurentium filium meum fratrem tuum".

¹² *Enquirídio* 14.

Datação

Não sabemos quanto tempo transcorreu entre a recepção da indagação de Lourenço e a composição da resposta agostiniana;[13] mas, segundo estudiosos, esta última situa-se entre 420 e 422.[14] Internamente temos um *terminus a quo*: em *enq.* 87, Agostinho refere-se a Jerônimo com uma fórmula típica para defuntos (*sanctae memoriae presbyter*), e sua morte deu-se em setembro de 419 ou de 420.[15] Externamente temos um *terminus ante quem* em *De octo Dulcitii quaestionibus*,[16] de 423/424,[17] onde Agostinho reporta *enq.* 67-69.

Considerando-se, porém, a cronologia das *Retractationes*,[18] onde a obra de que tratamos situa-se entre o *Contra Iulianum*[19], datado de *ca.* 421,[20] e o *De cura pro mortuis gerenda*,[21] de *ca.* 423/424,[22] talvez devêssemos deslocar a datação indicada no parágrafo precedente e considerá-la entre 421 e 423/424, pois Agostinho escreve-a entre as duas obras apenas indicadas, isto é, ou iniciando-a contem-

---

[13] Talvez muito tempo; cf. J. RIVIÈRE, *Enchiridion*, BA 9, 1947, 104, n. 2

[14] Cf. E. TESELLE, "Fide spe et caritate (De-)", AL 2, 1323-30, col. 1324.

[15] J. RIVIÈRE, "Introduction", BA 9, 1947, p. 80.

[16] *De octo Dulcitii quaestionibus* 1,10-1 [CCL 44A,265-9].

[17] Cf. E. TESELLE, "Fide spe et caritate (De-)", AL 2, 1323-30, col. 1324. A. PIERETTI, "Introduzione", NBA 6/1, 1995, 451-68, p. 451, porém, situa o *De octo Dulcitii quaestionibus* em 422. L. HOLT, "Octo Dulcitii quaestionibus, De", em AthAg, 594-5, p. 594, assume uma datação mais genérica: *ca.* 425.

[18] Obra em que Agostinho revisa cronologicamente seus escritos; *Retractationes* prologus,3 [CCL 57,7].

[19] *Retractationes* 2,62 [CCL 57,139].

[20] Cf. G. BONNER, "Iulianum, Contra", AthAg, p. 480. M. ZELZER, "Iulianum (Contra -)", AL 3, 812-24, col. 812, situa a referida obra *ca.* 422.

[21] *Retractationes* 2,64 [CCL 57,140].

[22] E. PLUMER, "Cura pro mortuis gerenda, De", AthAg, p. 259, situa-a em *ca.* 422, mas talvez seja preferível datá-la em 423/424; cf. M. KLÖCKENER, "Cura pro mortuis gerenda (De -)", AL 2, 182-8, col. 182.

poraneamente ao *Contra Iulianum* ou ao tê-lo terminado,[23] e a conclui ou concomitantemente ao *De cura pro mortuis geranda* ou antes de começá-lo.

Divisão e articulação

A obra, composta em um único livro, divide-se, em geral, como já o dissemos,[24] em três partes — precedidas de um *prólogo* (1-8) e seguidas de um breve *epílogo* (122) –: uma dedicada à fé (9-113), outra à esperança (114-116), outra à caridade (117-121).

As duas primeiras partes — evidentemente desproporcionais entre si e em relação à terceira — estão articuladas em torno ao Símbolo (*Credo*) e à Oração do Senhor da seguinte maneira: ao longo de toda a primeira — e maior — parte, a fé é apresentada em correspondência com o Símbolo Apostólico: fé no Deus criador (9-22), no Cristo redentor (23-55), no Espírito Santo e na Igreja (56-63), na remissão dos pecados (64-83), na ressurreição da carne e na vida eterna (84-113); a esperança, em correspondência com o conteúdo do Pai-nosso (115-116).

Já na terceira parte (117-121), sem os "moldes" do *Credo* ou do Pai-nosso, a caridade aparece mais como coroamento do percurso realizado na fé e na esperança.

---

[23] Não há — por quanto saibamos — quem a situe antes de 421; cf., por exemplo, G. BONNER, "Julianum, Contra", em AthAg, p. 480; E. PORTALIÉ, "Augustin (Saint)", DTC 1/2, 2298; N. CIPRIANI, "Introduzione", NBA 18, 1985, 402; L. ARIAS, "Introductión", BAC 35, 396; H. J. FREDE, *Kirchenschriftsteller. Verzeichnis und Siegel*, Freiburg: Herder, 1995, p. 212; G. MADEC, *Introduction aux "Révisions" et à la lecture des œvres de saint Augustin*, Paris: Institut d'Études Augustiniennes, 1996, 112; W. GEERLINGS, *Augustinus. Leben und Werk. Eine bibliographische Einführung*, Paderborn: Schöningh, 2002, p. 114.

[24] Cf. acima, n. 8

ENQUIRÍDIO
SOBRE A FÉ, A ESPERANÇA E A CARIDADE

Agostinho de Hipona

Apreço pela sabedoria do destinatário da obra

1 Não há possibilidade, caríssimo filho Lourenço, de exprimir quanto me delicio com teu saber e quanto desejo que sejas sábio; não, porém, daquele tipo de que se comenta: "Onde está o sábio? Onde está o homem culto? Onde está o argumentador deste século?",[1] mas sim como um daqueles dos quais está escrito: "Uma multidão de sábios é a salvação do mundo",[2] como o deseja o Apóstolo àqueles aos quais diz: "Desejo que sejais sábios para o bem e sem malícia para o mal".[3]

[E como ninguém pode existir por si mesmo, assim ninguém pode tornar-se sábio por si mesmo, mas por aquela luz da qual está escrito: "Toda sabedoria vem do Senhor".][4]

---

[1] 1Cor 1,20.
[2] Sb 6,24.
[3] Rm 16,19.
[4] O texto entre colchetes encontra-se em PL 40,231, que segue a edição dos Maurinos, reconhecendo (*loc. cit.*, n. 1) que não consta nos manuscritos mais antigos. Trata-se, de fato, de interpolação (ou de glossa marginal; cf. J. G. KRABINGER, *Sancti Aurelii Augustini Hipponensis Episcopi Enchiridion ad Laurentium*, Tubingae, 1861, p. 4, n. 4), acolhida em edições posteriores, mas recusada em edições críticas contemporâneas, como a do CCL 46, que seguimos.

A verdadeira sabedoria é a piedade

2 A sabedoria do homem, porém, se exprime como piedade. Encontras isso no livro do santo Jó, pois é aí que se lê o que a própria Sabedoria disse ao homem: "A piedade, aí está a Sabedoria".[5] Se ainda quiseres investigar de que tipo de piedade ali se trata, hás de encontrá-lo no termo grego *theosébeia*,[6] ou seja, o culto a Deus. De fato, em grego, piedade também se exprime de outra forma: *eusébeia*, palavra pela qual se indica o culto bom, embora esse significado se refira primordialmente ao culto divino. Mas não há nada mais adequado do que aquela palavra que exprime com evidência o culto a Deus [*theosébeia*], quando se trata de dizer em que consiste a sabedoria humana.

Tu desejas mesmo que eu diga alguma coisa com mais brevidade quando me pedes explicações breves de assuntos importantes? Ou talvez desejes que se exponha isto mesmo para ti, resumindo numa breve explicação qual culto se deva prestar a Deus?

Piedade é culto prestado mediante fé, esperança e caridade

3 Aqui, se eu te responder que Deus deve ser venerado pela fé, pela esperança e pela caridade, certamente dirás

---

[5] Jó 28,28 (LXX).

[6] Tanto *theosébeia*, da Septuaginta, quanto seu correspondente da Vulgata (*timor Dei*) traduzem o hebraico *yir'ah Adni* (temor de, reverência a Deus). Recorrente nas Escrituras (indicações ao final da nota), a expressão, aqui, indica não medo, fobia (ainda que esses termos também traduzam o hebraico), ou pavor, covardia, mas uma tendência interior a não querer descontentar a Deus, acompanhada de reverente gratidão e da disposição a obedecê-lo e servi-lo. Sobre o temor de Deus, nas Escrituras, veja-se, por exemplo, Dt 6,13; Jó 1,1; Pr 3,7; Eclo 1,21; Sl 111(110),10. Acerca de outros medos, como o dos inimigos, por exemplo, ver Ex 14,10; Sl 56(55),1-4; Jr 22,25; ou o da morte, Hb 2,14-15; Lc 8,49-50 etc.

que essa resposta é mais breve do que querias, e daí chegarás a me pedir que te explique brevemente as qualidades de cada uma destas três virtudes, a saber, o que se deve crer, o que se deve esperar e o que se deve amar. Quando eu fizer isso, então terei abordado todas aquelas questões que colocaste na tua carta; se tiveres um exemplar dela à mão, tornar-se-á fácil reencontrá-las e as reler; caso contrário, lembrar-te-ás delas quando eu as mencionar.

As questões de Lourenço se resumem no conteúdo da fé, da esperança e da caridade

4 Como escreves, queres, pois, que eu componha um livro, uma espécie de enquirídio,[7] como se diz, que possas sempre ter em mãos e que contenha tuas questões, isto é: "o que se deve seguir o mais de perto possível, e, sobretudo, o que se deve evitar, por causa das diversas heresias; em que medida a razão pode intervir em favor da religião, ou o que não diz respeito à razão, mas à fé somente;[8] o que se deve manter em primeiro lugar e o que no último; qual seja a síntese completamente definida e qual o fundamento exato e próprio da fé católica".[9]

Tudo isso que procuras, tu poderás saber sem nenhuma dúvida, se conheceres atentamente o que deve ser acreditado, aquilo que deve ser esperado e o que deve ser amado. Essas coisas devem ser seguidas de maneira absolutamente

---

[7] Isto é, uma espécie de manual. Daqui o título normalmente abreviado da obra: *Enchiridion*.

[8] J. RIVIÈRE, em BA 9, 1947, 104-6, n. 3, alerta para a dificuldade de tradução dessa frase, que pode referir-se à fé sem convencimento racional (cf. S. MITTERER, em BKV 49/1, 1925, 393).

[9] Os estudiosos reconhecem nestas palavras a probabilidade de que sejam do próprio Lourenço.

radical. Até diria que são de fato as únicas que se devem seguir na religião: o que a elas se opõe, ou é de todo alheio ao nome de Cristo, ou é herético. Estas é que devem ser defendidas pela razão, tenham elas sido iniciadas pelos sentidos do corpo ou descobertas pela inteligência da mente. Quanto, porém, àquelas verdades que não experimentamos pelos sentidos do corpo, nem conseguimos, no passado nem no presente, atingir pela mente, é preciso acreditar, sem nenhuma dúvida, nos testemunhos daqueles que formularam aquela Escritura que com justiça mereceu ser chamada divina: eles, seja pelo corpo, seja pelo espírito, puderam ver, ou também prever, essas verdades sobrenaturais graças ao socorro divino.

O que se inicia na fé se conclui na visão, e seu fundamento é sempre Cristo

5 Quando, pois, a mente já tiver sido penetrada pela raiz da fé, que age pela caridade[10] através de uma vida boa, ela tenderá a chegar também àquela imagem que manifesta aos corações santos a inefável beleza e cuja visão plena constitui a suprema felicidade. É, sem dúvida, isso que procuras, buscando o que se deve colocar no primeiro lugar e o que alojar no último: o início pertence à fé, e a expressão última é a visão.[11] E essa é também a síntese, completamente definida. Mas o fundamento seguro e próprio da fé católica é Cristo: "Quanto ao fundamento, ninguém pode pôr — diz o Apóstolo — outro diverso do que foi posto: Jesus Cristo".[12]

---

[10] Cf. Gl 5,6.
[11] Cf. 1Cor 13,10-11.
[12] 1Cor 3,11.

Pensar que Cristo esteja com alguns hereges não é razão suficiente para negá-lo como fundamento próprio da fé católica. Pois, se examinarmos bem de perto tudo que se refere a Cristo, descobriremos seu nome ao lado de todos aqueles hereges que querem ser chamados cristãos, mas apenas de nome, não de fato. Provar o que digo seria por demais longo, porque seria necessário lembrar todas as heresias, tanto as do passado, quanto as de hoje, quanto ainda as que puderam existir sob o nome cristão, demonstrando depois, em cada uma delas, quanto isso é verdade. Trata-se de discussão de tal monta que preencheria tantos volumes a ponto de parecer não ter fim.[13]

Abrangência e complexidade da fé pedem um coração inflamado pelo desejo de conhecê-la

6 O que, porém, nos pedes é um enquirídio que se possa tomar na mão e que não pese nas estantes. Voltando, pois, àquelas três virtudes pelas quais afirmamos prestar culto a Deus, a saber, a fé, a esperança e a caridade, seria mais fácil formular o que se deve crer, o que esperar e o que amar. Mas a defesa contra os ataques daqueles que pensam de outra forma requer uma orientação mais abrangente e mais complexa; para que tal aconteça, não basta que a mão segure um pequeno enquirídio: é o coração que deve ser inflamado por um grande esforço na pesquisa.

---

[13] Já por volta de 397, Agostinho tinha afrontado algumas heresias em seu *De agone christiano*. Mais tarde, ao menos em parte, conseguiu apresentar uma breve síntese das heresias de seu tempo, e anteriores, dedicando-a *Deogratias*; trata-se do *De haeresibus*.

Fé, esperança e caridade no Símbolo e no Pai-nosso

7 Toma, por exemplo, o Símbolo da fé e a Oração do Senhor: o que é que se pode ouvir, ou ler, mais resumidamente? O que é que se pode memorizar com mais facilidade? Pelo fato de, como consequência do pecado, o gênero humano estar oprimido por grave infelicidade e necessitar da divina misericórdia, o Profeta, pré-anunciando o tempo da graça de Deus, exclama: "Então, todo aquele que invocar o nome do Senhor será salvo".[14] Por causa disso, existe a necessidade da oração. Mas o Apóstolo, depois de ter recordado esse testemunho profético,[15] para recomendar à própria graça, logo acrescentou: "Mas como poderiam invocar aquele em quem não creram?".[16] Por isso temos o Símbolo da fé. Procura, pois, nesses dois testemunhos, reparar bem naquelas três virtudes: a fé crê, e a esperança e a caridade se transformam em prece; essas duas, porém, não podem subsistir sem a fé; para isso, também a fé reza. É por isso mesmo que assim se disse: "Mas como poderiam invocar aquele em quem não creram?".

Distinção e interdependência das três virtudes teologais

8 Mas o que se pode esperar sem crer? Por outro lado pode-se, porém, crer em algo que não se espera: que cristão, por exemplo, não crê nos castigos dos ímpios sem, todavia, esperá-los? E a qualquer um que creia que tais castigos o ameaçam para logo, experimentando por isso uma reação instintiva de horror, é mais correto falar de temor do que

---

[14] Jl 3,5.
[15] Cf. Rm 10,13.
[16] Rm 10,14.

de esperança. Distinguindo esses dois sentimentos, alguém disse: "A quem teme, seja permitida a esperança".[17] Outro poeta, porém, embora sendo mais apreciado, o expressou de modo pouco apropriado: "Eis que poderia eu esperar tanta dor?".[18] Enfim, alguns versados na arte gramatical se servem dessa citação como exemplo de expressão imprópria, afirmando: "Usou *esperar* em lugar de *temer*". Trata-se, enfim, de fé em coisas más e em boas, porque se crê tanto no bem quanto no mal, e com boa-fé, não com má. E ainda: a fé se refere ao passado, ao presente e ao futuro. Nós, de fato, cremos que Cristo morreu, o que já é passado; cremos que está sentado à direita do Pai, e é presente; e cremos que há de vir para julgar, o que é futuro. Do mesmo modo, a fé se aplica a nós mesmos como aos outros. Cada um de nós, de fato, crê que começou a existir em certo momento, e bem por isso não existe eternamente. Da mesma forma acontece para todos os outros homens e os demais objetos. E cremos em muitas outras coisas que pertencem à esfera religiosa, não somente em relação a outros homens, mas também em relação aos anjos. A esperança, ao contrário, se refere unicamente às coisas boas e somente às futuras que dizem respeito àquele que é o motivo de nelas nutrir esperança.

Sendo essa a situação, por tais motivos dever-se-á distinguir a fé da esperança com base em uma diferença racionalmente justificável, mais que terminológica. O que concerne ao não ver — sejam as coisas nas quais se crê, sejam as que se espera — é comum às duas, à fé e à esperança. É bem verdade que na Epístola aos Hebreus, cujo testemunho é utilizado por insignes defensores da fé católica, a fé é de-

---

[17] LUCANO, *Pharsalia* 2,15.
[18] VIRGÍLIO, *Aeneis* 4,419.

finida como "a garantia dos bens que se esperam, a prova das realidades que não se veem".[19] Por outro lado, se alguém diz que acreditou, isto é, que se acomodou à fé, e não se acomodou às palavras, nem aos testemunhos, nem muito menos a quaisquer argumentações, mas deu fé à evidência das coisas presentes, a sua crença não parece tão absurda, a ponto de poder retomar justamente o seu modo de falar, dizendo-lhe: "Tu viste, então não acreditaste". Não se deve, por isso, concluir — podemos supor — que tudo aquilo em que se crê não se possa ver. Todavia, é melhor que chamemos de fé o que foi ensinado pelas palavras divinas, a saber, crer nas coisas que não se veem.

A respeito da esperança, o Apóstolo também afirmou: "Ver o que se espera não é esperar. Acaso alguém espera o que vê? E se esperamos o que não vemos, é na esperança que o aguardamos".[20] Portanto, crer nos bens futuros não é outra coisa senão esperá-los. E agora, o que dizer do amor, sem o qual a fé é inútil? A esperança, na verdade, sem o amor não pode subsistir. Afinal, como assegura o apóstolo Tiago, "também os demônios creem, mas estremecem";[21] no entanto não esperam, nem amam; mas, antes, crendo naquilo que nós esperamos e amamos, temem eles que possa realizar-se. Por isso, também o apóstolo Paulo aprova e recomenda a fé que opera por meio da caridade,[22] que, aliás, não pode existir sem a esperança. Conclui-se daí que nem o amor pode existir sem a esperança, nem a esperança sem o amor, nem ambos sem a fé.

---

[19] Hb 11,1.
[20] Rm 8,24.
[21] Tg 2,19.
[22] Cf. Gl 5,6.

A fé não se ocupa de conhecer fenômenos naturais, mas a bondade do Criador

9 Quando, pois, se quer saber qual é o objeto da fé religiosa, é inútil enveredar pelos segredos da natureza, à maneira daqueles a quem os gregos chamam *físicos*. Também não se deve ficar preocupado com uma eventual ignorância do cristão a respeito da propriedade e número dos elementos, acerca do movimento, da ordem e dos eclipses dos astros, da configuração do céu, das espécies e da natureza dos animais, dos vegetais, dos minerais, das fontes dos rios, das montanhas, a respeito das dimensões espaciais e temporais, dos sinais que indicam as tempestades ameaçadoras, e de outras centenas de coisas semelhantes que eles descobriram, ou imaginam ter descoberto.

O fato é que nem eles mesmos descobriram tudo isso — apesar de sua genialidade incomum, sua pesquisa apaixonada e sua disponibilidade de tempo livre —, mas aprofundaram algumas coisas baseados em hipóteses puramente humanas, pesquisando outras coisas escorados na experiência histórica; também nos casos a respeito dos quais se gloriam de ter feito descobertas, trata-se mais de probabilidades do que de verdadeiro saber. Ao cristão basta crer que a causa de todas as realidades criadas, tanto as celestes quanto as terrestres, as visíveis ou as invisíveis, deve ser atribuída unicamente à bondade do Criador, que é Deus único e verdadeiro; que não existe nenhuma natureza fora dele, ou que dele não dependa; que ele é a Trindade, quer dizer, Pai e Filho, gerado pelo Pai, e o Espírito Santo, que procede do mesmo Pai; na realidade, o único e mesmo Espírito do Pai e do Filho.

10 Por essa suprema, igual e imutavelmente boa Trindade foram criadas todas as coisas, que, no entanto, não são nem suprema, nem igual, nem imutavelmente boas, mesmo que sejam boas individualmente. Como um todo, elas são, de fato, muito boas,[23] enquanto constituem, todas elas, a admirável beleza do Universo.

O mal: ausência do bem

11 Neste Universo, também aquilo que é chamado mal, devidamente ordenado e colocado em seu lugar, leva a apreciar de forma ainda mais excelsa as coisas boas, porque estas, quando comparadas às coisas más, causam maior agrado e merecem maior admiração. De resto, Deus, na sua onipotência, "Ele, a quem cabe o sumo poder sobre as coisas",[24] como, aliás, também os infiéis reconhecem por ser sumamente bom, não permitiria de modo algum a subsistência de qualquer mal em suas obras, se não fosse onipotente e bom a ponto de extrair o bem até do mal.

Então, que outra coisa será o que se costuma chamar de mal, a não ser a ausência de bem? Para os corpos dos seres vivos, de fato, estar doente ou ferido não significa nada diferente de perder a saúde. De resto, quando se ministram remédios, não é para que os males existentes, quer dizer, as doenças e os ferimentos, saiam de seus lugares e surjam em outra parte, mas para que desapareçam totalmente. Com efeito, um ferimento ou uma doença não são, em si, uma substância, mas um defeito numa substância carnal, já que a carne, esta sim, é uma substância em si e, sem dúvida, um

---

[23] Cf. Gn 1,31.
[24] VIRGILIO, *Aeneis* 10,100.

bem determinado que pode ser afetado por aqueles males, quer dizer, um bem que pode sofrer as privações do bem que é chamado saúde. Assim, do mesmo modo, todos os defeitos das almas são privações de bens naturais: curá-los não significa transferi-los para outro lugar, pois aqueles que lá estavam não estarão mais, já que não existirão com o bem da saúde.

A bondade corruptível das criaturas

12 Afinal, todas as naturezas, pelo fato de o autor delas ser sumamente bom, são boas. Acontece, porém, que, a partir do momento em que elas não sejam suprema e imutavelmente boas, à semelhança de seu Criador, nelas, o bem pode tanto ser diminuído como aumentado. Todavia, a diminuição do bem é um mal; embora, seja qual for o grau de diminuição, se há uma natureza, é necessário que reste algo no qual aquela natureza subsista. De fato, qualquer que seja uma natureza e por pouco que ela seja, não pode consumir-se o bem pelo qual ela é uma natureza, a menos que ela própria se consuma.

É certamente com razão que se deve exaltar uma natureza não atingida pela corrupção; mas, se for incorruptível, essa, que absolutamente não pode ser corrompida, merece ser sem dúvida muito mais exaltada. Quando, certamente, a natureza se corrompe, a sua corrupção é um mal, porque a corrupção a priva de algum bem. Se a corrupção não priva a natureza de bem algum, não a prejudica. Porém, de fato, a prejudica, pois a despoja do bem. Então, enquanto uma natureza puder ser corrompida, existe nela um bem do qual possa ser privada; por isso, se permanecer algo de natureza que não possa mais ser corrompido, então a natureza será incorruptível, e chegará a esse bem tão grande a partir da corrupção.

Se, porém, não deixa de corromper-se, tampouco deixa de ter aquele bem do qual a corrupção possa privar a natureza. Mas se for consumada radical e completamente, então não subsistirá mais nenhum bem, porque não existirá mais nenhuma natureza. Portanto, a corrupção não pode consumir o bem senão consumindo a natureza. Então, cada natureza é um bem: grande se for incorruptível; pequeno, se corruptível. Não se pode, porém, negar que seja um bem, a não ser por tolice ou imperícia. Se a natureza desaparecesse por corrupção, nem a própria corrupção teria futuro, uma vez que não haveria mais a substância onde ela pudesse subsistir.

Não há mal absoluto, mas só em relação ao bem

13 Por isso, se não existisse nenhum bem, não existiria nem mesmo nada daquilo que costuma ser chamado de mal. Mas o bem que está livre de todo mal é um bem total; se, ao contrário, existir um mal no bem, é porque se trata de um bem que se corrompeu ou que é corruptível. Não pode haver mal algum onde não há nenhum bem.

É a partir disso que se chega a uma consequência surpreendente: porque cada natureza, enquanto é natureza, é um bem, afirmar que uma natureza defeituosa é uma natureza má parece equivaler à afirmação de que é um mal aquilo que é um bem, e que não é um mal senão aquilo que é um bem; mas porque cada natureza é um bem, não conheceríamos coisa alguma má se a própria coisa que é má não fosse uma natureza. Portanto, não pode existir o mal, a não ser que haja algum bem; conclusão verossimilmente absurda, ainda que essa concatenação lógica como que nos força inevitavelmente a concordar com ela.

Mas cuidemos de nos precaver para não incidir naquela sentença profética que diz: "Ai dos que ao mal chamam bem e ao bem mal, dos que transformam as trevas em luz e a luz em trevas, dos que mudam o amargo em doce e o doce em amargo".[25] Contudo, o Senhor afirma: "o homem mau, do seu mau tesouro, tira coisas más".[26]

Mas o que é, afinal, um homem mau, a não ser uma natureza má, uma vez que o homem é natureza? Se, no entanto, o homem é um bem porque é uma natureza, o que é um homem mau, senão um bem que se tornou mal? Se, contudo, distinguíssemos as duas realidades, descobriríamos que ele não é um mal por ser homem, nem que é um bem por ser mau; mas é um bem por ser um homem, e é um mal por ser mau. Quem, então, afirma "É um mal ser homem!", ou ainda "É um bem ser mau!", incide naquela sentença profética: "Ai dos que ao mal chamam bem e ao bem, mal",[27] pois acusam uma obra de Deus que é o homem, e louvam um defeito do homem que é a iniquidade. Portanto, cada natureza, mesmo se defeituosa, enquanto natureza é boa, enquanto defeituosa é má.

A coexistência do bem e do mal supera a lógica

14 É bem por isso que, para esses contrários chamados bem e mal, não se aplica aquela regra da dialética segundo a qual se afirma que em nenhuma coisa há, ao mesmo tempo, duas qualidades contrárias. O ar nunca é,

---

[25] Is 5,20.
[26] Mt 12,35.
[27] Is 5,20.

ao mesmo tempo, tenebroso e claro; nenhuma comida ou bebida é, ao mesmo tempo, doce e amarga; nenhum corpo é branco e negro simultaneamente, nem tem defeito onde é perfeito. E isso se reconhece em muitos contrários, praticamente em todos: eles não podem coexistir simultaneamente numa mesma coisa. Mas, mesmo que ninguém duvide que bem e mal sejam contrários, eles não só podem coexistir juntos, como é absolutamente impossível que possa haver um mal sem um bem e fora dele, ainda que possa haver um bem sem um mal.

Um homem ou um anjo, de fato, podem não ser injustos, muito embora seja impossível haver um injusto que não seja homem ou anjo. Tem-se o bem que é o homem e se tem o bem que é o anjo, mas se tem o mal que é o injusto. E essas duas realidades contrárias estão tão juntas que, se não houvesse um bem no qual estar, então o mal nem poderia existir, porque, se não houvesse qualquer coisa de corruptível, a corrupção não só não teria onde se fixar, mas igualmente nem teria de onde brotar; e se isso não fosse um bem, não poderia corromper-se, porque a corrupção não é outra coisa senão a anulação do bem. Portanto, dos bens brotaram os males, que não subsistem senão onde há algum bem, nem poderia haver outra natureza do mal a partir de origem diferente. Se, pois, houvesse tal natureza, ela seria de fato boa enquanto tal; ou então, enquanto natureza incorruptível, seria um grande bem, ou também, enquanto natureza corruptível, não seria absolutamente outra coisa a não ser um bem qualquer, ao qual, corrompendo-lhe o bem, a corrupção pode prejudicar.

15 Quando afirmamos, porém, que os males surgem dos bens, não se pense que tal afirmação se oponha à sentença do Senhor: "Uma árvore boa não pode dar frutos maus".²⁸ De fato, não se podem colher uvas de espinheiros²⁹ — como diz a Verdade —, porque a uva não pode nascer de espinheiros; no entanto vemos, por outro lado, que de uma terra boa podem brotar tanto uvas como espinhos. Desse modo, tal como uma árvore má, uma vontade má não pode produzir frutos bons, quer dizer, obras boas; mas da natureza boa do homem podem surgir uma vontade boa e uma perversa. Certamente não havia de onde nascer uma vontade má, a não ser da natureza boa de um anjo e de um homem. Foi isso que o Senhor mostrou claramente naquele mesmo lugar em que fala da árvore e dos frutos; de fato, ele diz: "Ou declarais que a árvore é boa e o fruto bom; ou declarais que a árvore é má e o seu fruto é mau",³⁰ deixando entender que não podem nascer frutos maus de uma árvore boa ou frutos bons de uma árvore má, embora da mesma terra, da qual ele falava, possam brotar ambos os tipos de árvores.

Para progredir na felicidade, é importante conhecer as causas dos bens e dos males

16 Sendo essa a situação, e visto que apreciamos o célebre verso de Marão: "Feliz aquele que pôde conhecer as causas das coisas",³¹ não nos parece que, para conseguir a felicidade, importaria conhecer as causas dos grandes movimentos físicos no mundo, ocultos nas profundezas mais escondidas da natureza, "lá onde nasce o terremoto, pela força do qual os mares profundos se revoltam, rompendo os seus limites e voltando a acomodar-se em si

---

²⁸ Mt 7,18.
²⁹ Cf. Mt 7,16.
³⁰ Mt 12,33.
³¹ VIRGÍLIO, *Georgica* 2,490.

mesmos",[32] e outras coisas do gênero. Mas devemos conhecer as causas das coisas boas e das más, e isso nos limites concedidos ao conhecimento do homem nesta vida toda cheia de erros e tribulações,[33] mesmo sendo para evadir-se desses mesmos erros e tribulações.

Temos que tender, é certo, para aquela felicidade na qual não sejamos agitados por nenhum incômodo, nem iludidos por nenhum erro. Pois, se tivéssemos por dever conhecer as causas dos movimentos físicos, então o conhecimento das causas da nossa saúde deveria preceder a qualquer outro; mas, se é verdade que interpelamos os médicos por causa de um fato que ignoramos, evidentemente também não deveríamos ter paciência pela nossa incapacidade de conhecer os segredos do céu e da terra que nos escapam?

Embora se deva evitar o erro, nem todo erro é prejudicial

17 Com efeito, ainda que devamos evitar o erro com o maior cuidado possível, não só nas questões maiores, mas também nas menores, e não se pode errar senão por ignorância das coisas, não se pode concluir, sem mais, que erra quem ignora alguma coisa; mas erra aquele que julga saber o que não sabe, porque aceita o falso como se fosse verdadeiro, o que é próprio do erro.[34] Todavia, a matéria em que se erra pesa muitíssimo.

De fato, com justa razão, acerca de uma única e mesma coisa, prefere-se quem sabe a quem não sabe, e quem não erra a quem erra. Mas e acerca de coisas diversas, como quando

---

[32] VIRGÍLIO, *Georgica* 2,479-480.
[33] Cf. CÍCERO, *Hortensius* fragm. 95 (ed. C. F. W. MÜLLER, Leipzig: Teubner, 1890).
[34] Cf. CÍCERO, *Academica* 2,66.

alguém conhece uma coisa e outro conhece outra? O primeiro conhece uma coisa mais útil e o segundo, outra menos útil, ou até nociva; nesse último caso, quem não preferiria aquele que as ignora àquele que as conhece? Pois há certas coisas que é melhor ignorar do que conhecer. Igualmente, para alguns foi vantajoso errar, porém no caminho a ser percorrido a pé, não no dos costumes. Com efeito, a mim mesmo aconteceu de ter me enganado em uma bifurcação e não ir pelo caminho em que a mão armada dos donatistas[35] esperava em emboscada minha passagem; e assim aconteceu de chegarmos aonde íamos por um longo desvio, e, tendo sabido das armadilhas deles, nos felicitarmos por ter errado, e, então, darmos graças a Deus. Por isso, quem duvidaria em preferir um viandante que desse modo erra a um bandido que desse modo não erra?

Talvez por isso o maior dos poetas faça um amante desesperado dizer: "Vi-te, senti-me, me senti perdido, e um erro funesto me arrebatou",[36] pois existe também um erro bom que não só em nada é prejudicial, mas também pode ser de alguma utilidade. Porém, considerando a verdade com mais cuidado, como errar não é outra coisa senão julgar verdadeiro o que é falso e falso o que é verdadeiro, ou mesmo ter como certo o incerto e o incerto como certo, seja esse falso ou verdadeiro, advertimos que isso é tão feio e indecoroso em uma alma como é belo e digno o "sim, sim; não, não",[37] seja falando, seja pensando.

Por isso mesmo, então, é infeliz esta vida na qual vivemos, pois às vezes o erro é necessário para não perdê-la. Longe de mim dizer que é assim aquela vida na qual a

---

[35] *Mão armada dos donatistas*: trata-se dos circunceliões. Possídio, *Vita Augustini* 12, conta acerca do referido episódio.
[36] VIRGÍLIO, *Eclogae* 8,41.
[37] Mt 5,37.

própria Verdade é a vida de nossa alma,[38] onde ninguém engana e ninguém é enganado. Aqui, porém, os homens enganam e se deixam enganar, e são ainda mais infelizes quando enganam mentindo do que quando são enganados acreditando nos que mentem.

A natureza racional, no entanto, recusa a falsidade e evita, tanto quanto possível, o erro, a ponto de não quererem ser enganados nem mesmo aqueles que se deleitam em enganar. O mentiroso, com efeito, não pensa estar no erro, mas sim ter levado a erro aquele que nele confia. Ele não se engana, certamente, naquilo que ocultou com a mentira, se é que sabe o que é verdade; mas nisto se engana: no considerar que sua própria mentira não lhe prejudique, já que todo pecado prejudica mais a quem o comete do que a quem é prejudicado pelo pecador.

Toda mentira, embora haja as mais e as menos graves, é pecado

18 Na verdade, aparece aqui um problema dos mais difíceis e obscuros, sobre o qual já elaboramos um livro volumoso,[39] impulsionados pela necessidade de encontrar uma resposta: os deveres do homem justo admitem em algum caso a possibilidade de mentir?

De fato, alguns avançam até o ponto de defender que, de vez em quando, perjurar e mentir sejam ação boa e piedosa, mesmo no que diz respeito ao culto divino e à própria natureza de Deus.[40] Parece-me certo, porém, que cada

---

[38] Cf. Jo 14,6.
[39] Trata-se do *De mendacio* (*mend.*).
[40] Referência aos priscilianistas. Cf. J. RIVIÈRE, em BA 9, 1941, 133, n. 2; e L. ALICI, em NBA 6/2, 1995, 493, n. 23.

mentira é pecado, mas é de grande importância saber com que propósito e em que assuntos alguém mente. Pois quem mente com a vontade de beneficiar alguém não peca como aquele que mente com vontade de prejudicar alguém, bem como o dano causado por aquele que, mentindo, manda o caminhante para um caminho errado não é equivalente ao daquele que distorce o caminho da vida pela mentira enganosa. Todavia, ninguém que afirme o falso considerando-o verdadeiro deve ser acusado de mentiroso, porquanto, no que depende dele, ele não engana, mas é enganado. Assim, não é preciso culpar por mentira, mas sim por leviandade, aquele que considera coisas falsas como sendo verdadeiras e às quais deu crédito inadvertidamente. Mas, pelo contrário, mente aquele que, no que depende dele, diz como uma verdade aquilo que considera falso. Quanto toca à sua intenção, ele de fato não afirma o verdadeiro, pois não diz aquilo que sente, mesmo se se descobrisse ser verdadeiro aquilo que afirmou; nem está totalmente livre da mentira alguém que afirma com palavras o que é verdadeiro ignorando-o, já que, em sua vontade, sabe que mente.

Portanto, considerando-se apenas a intenção de quem fala, e não a matéria mesma de que se fala, aquele que, estando na ignorância, afirma o falso como sendo verdadeiro é melhor do que alguém que conscientemente cultiva a intenção de mentir ignorando que aquilo que afirma é verdadeiro. O primeiro, afinal, não tem nos lábios algo de diferente daquilo que tem no coração. Já o segundo, independentemente da matéria em si, que ele afirma, uma coisa é o que tem escondido dentro de si, outra é o que expõe com a língua,[41] e este é o mal próprio da mentira.

---

[41] Cf. SALÚSTIO, *De coniuratione Catilinae* 10.

Mas se tomamos em consideração somente as coisas que se afirmam, acaba sendo relevante a própria matéria do engano ou da mentira, no seguinte ponto: ainda que o ser enganado seja um mal menor que o mentir, que diz respeito à vontade humana, é, todavia, de longe, mais tolerável o mentir naquilo que nada tem a ver com a religião do que ser enganado naquelas coisas em cuja fé ou cujo conhecimento são imprescindíveis para que Deus seja adorado. Consideremos, para ilustrar isso com um exemplo, uma pessoa que, mentindo, anunciasse que alguém está vivo, quando este já morreu, e outra que, sendo enganada, acreditasse que Cristo, após um intervalo indeterminado de tempo, iria morrer novamente. Não é incomparavelmente preferível o mentir do primeiro caso do que o ser enganado do segundo? E o induzir alguém naquele erro não é um mal menor do que o ser, por outros, induzido neste?

O erro, com ou sem prejuízo de alguém, é sempre um mal

19 Em certas questões, portanto, o engano em que caímos é um grande mal; em outras, um pequeno; em outras, nenhum mal; e em outras é até mesmo algum bem. De fato, é um grande mal o homem ser enganado de modo a não crer no que orienta para a vida eterna, ou a crer naquilo que leva à morte eterna. Mas é um mal pequeno o enganar-se daquele que, tomando o falso como se fosse verdadeiro, cai em alguns sofrimentos temporais, os quais, no entanto, pela aplicação da paciência cristã, converte em bom uso; como quando alguém, considerando bom um homem que é mau, sofre, desse último, algum mal.

Quem, por outro lado, considera bom um homem que é mau, do qual não sofre nenhum mal, não é enganado para mal algum, nem incorre naquela maldição profética: "Ai dos que dizem que é bom aquilo que é mau".[42] Pois deve-se compreender que isso foi dito das coisas pelas quais os homens são maus, e não dos homens [em si].

Por isso, aquele que afirma que o adultério é algo bom é justamente condenado pela palavra do Profeta. Mas quem afirma que é bom o homem mesmo, a quem considera casto, desconhecendo que ele é adúltero, se engana não em relação à doutrina do bem e do mal, mas sobre os segredos dos comportamentos humanos, chamando de bom o homem no qual considera haver algo que reconhece como bom, e dizendo que é mau o adúltero e que é bom o casto; mas afirma que esse é bom, desconhecendo que é adúltero, não casto. Além disso, se, por engano, alguém escapa de um grande perigo — como eu disse há pouco que nos aconteceu numa viagem[43] —, ao erro humano é acrescentado até mesmo algo de bem.

Mas quando afirmo que, em alguns casos, alguém é enganado sem mal algum, ou mesmo com algum bem, não digo que é o erro em si que não implica nenhum mal, ou que implica algum bem; mas digo do mal que não advém ou do bem que advém quando se erra, quer dizer, das coisas que provenham do erro em si ou das que não resultem dele. Pois o erro em si e por si, grave em matéria grave, leve em matéria leve, é, no entanto, sempre um mal. Quem, com efeito, negaria — a não ser por erro — que é um mal aprovar coisas falsas como verdadeiras, ou reprovar verdadeiras como falsas, ou tomar coisas incertas como certas, ou certas como incertas? Uma coisa, porém, é considerar como bom um homem que é mau, o que é próprio do erro;

---

[42] Is 5,20.
[43] Veja-se, acima, parágrafo 17.

e outra é não sofrer, a partir desse mal, outro mal, se esse homem mau que se considerou bom não provocar nenhum dano. E, igualmente, uma coisa é considerar como próprio caminho aquele que não o é; e outra coisa é que do mal desse erro derive algum bem, como o livrar-se das armadilhas dos homens maus.

Mas nem todo erro é pecado

20 Não sei mesmo se até erros como os seguintes, e outros semelhantes, podem ser chamados de pecados: quando um homem pensa bem de um homem mau, desconhecendo como é realmente; ou quando se nos apresentam, em lugar das que percebemos [ordinariamente] pelos sentidos corporais, imagens semelhantes [às ordinárias, mas] percebidas pelo espírito quase materialmente, ou pelo corpo quase espiritualmente — como pensou o apóstolo Pedro, quando, inesperadamente liberto da prisão e das amarras por obra de um anjo, achava que estava tendo uma visão[44] —; ou quando, com as coisas materiais mesmas, se considera polido o que é áspero, ou doce aquilo que é amargo, ou perfumado o que é fétido, ou que troveja quando, na verdade, é o ruído da carruagem que passa, ou se troque uma pessoa pela outra quando as duas são muito parecidas, como costuma acontecer com gêmeos — donde vem a expressão "erro prazeroso para os pais".[45]

Também não tenho o dever de destrinchar agora uma questão complicadíssima que atormentou os Acadêmicos, homens perspicazes: se o sábio deve dar seu assentimento

---

[44] Cf. At 12,7-11.
[45] VIRGÍLIO, *Aeneis* 10,392.

a algo para não cair no erro, se tivesse assentido ao falso no lugar do verdadeiro, visto que todas as coisas são, conforme defendem, ocultas ou incertas.

Por isso compus três livros, no começo da minha conversão,[46] para que aquilo que eles nos opunham como que na soleira [da fé] não nos fosse um obstáculo; fora particularmente necessário afastar a desesperança de encontrar a verdade, que parece ser fortalecida pelos argumentos deles. Pois consideram que todo erro é pecado, que asseguram que não pode ser evitado a não ser que se suspenda qualquer assentimento. Dizem, de fato, que erra quem quer que dê seu assentimento a coisas incertas; e que nada há de certo nas percepções dos homens, devido a uma indistinguível semelhança com o falso até mesmo naquilo que, de fato, é aparentemente verdadeiro. Com efeito, explicam isso com as mais sutis, mas também mais despudoradas, polêmicas.

Entre nós, no entanto, "o justo vive pela fé".[47] Mas, se se elimina o assentimento, a fé é eliminada; porque sem assentimento não se crê em nada. E há verdades que, embora não sejam vistas, a não ser que se creia nelas, não é possível chegar à vida feliz, que não existe se não é eterna.

Não sei, na verdade, se devemos discutir com eles, que não sabem não só que viverão na eternidade, como nem vivem no presente; chegam até mesmo a dizer que desconhecem o que não podem desconhecer. Pois não é possível que alguém desconheça que vive, já que somente se não vivesse não poderia coisa alguma, nem mesmo desconhecer algo, uma vez que é próprio dos vivos não só o saber, mas também o ignorar. Entretanto, obviamente, ao não assentir

---

[46] *Contra Academicos*, 386.
[47] Rm 1,17. Cf. também Hb 10,38 e Hb 2,4.

ao [próprio] viver, eles creem evitar o encontrar-se em erro, quando mesmo errando se prove o viver, pois só quem não vive não pode errar. Como, portanto, não só é verdadeiro, mas igualmente certo que vivemos, do mesmo modo muitas coisas são verdadeiras e certas, às quais o não assentir, longe de ser sabedoria, mais deve ser chamado de loucura.

Só na felicidade eterna não nos equivocaremos

21 Que se creia, porém, ou não naquelas coisas que não interessam para a conquista do Reino de Deus, quer sejam ou se considerem verdadeiras ou falsas tais coisas, não se deve supor que errar nelas, isto é, trocar uma coisa por outra, é pecado; e se for, é mínimo ou levíssimo. Enfim, qualquer que seja sua natureza e sua gravidade, isso não diz respeito àquele caminho pelo qual vamos a Deus, isto é, o caminho da fé em Cristo que opera pelo amor.[48] Nem constituía, de fato, um desvio daquele caminho aquele "erro prazeroso para os pais"[49] sobre os filhos gêmeos; nem dele se distanciava o apóstolo Pedro no momento em que, julgando ter uma visão, trocava uma coisa pela outra, a ponto de não distinguir, senão quando se afastou dele o anjo pelo qual havia sido libertado, os verdadeiros corpos, entre os quais estava, das imagens de corpos, entre as quais imaginava estar;[50] nem se distanciava daquele caminho o patriarca Jacó, quando acreditava que o filho, que estava vivo, tinha sido morto por uma fera.[51] Em tais e em semelhantes erros, resguardada a fé que temos em

---

[48] Cf. Gl 5,6.
[49] Ver, acima, n. 45.
[50] Cf. At 12,9-11.
[51] Cf. Gn 37,33.

Deus, nós nos enganamos; e, sem abandonar o caminho que a ele conduz, erramos.

Tais erros, mesmo se não são pecados, devem, todavia, ser atribuídos aos males desta vida, que é tão sujeita à transitoriedade[52] que se aprova o falso como verdadeiro, se rejeita o verdadeiro em favor do falso e se toma o incerto como se fosse certo. Embora esses erros sejam estranhos àquela fé verdadeira e certa pela qual tendemos à felicidade eterna, não são, todavia, estranhos àquela miséria na qual ainda nos encontramos. Seguramente, não nos enganaríamos de modo algum em qualquer percepção da alma ou do corpo se já gozássemos daquela verdadeira e perfeita felicidade.

As palavras existem para dizer a verdade

22 Entretanto, deve-se afirmar que toda mentira é pecado, porque o homem, não só quando ele próprio sabe o que é verdadeiro, mas igualmente quando, como todo homem, erra e se engana, deve dizer aquilo que traz no coração, quer seja isso verdadeiro ou considerado tal, quer não o seja. Ao contrário, todo aquele que mente se exprime, com intenção de enganar, contradizendo o que pensa. E, certamente, as palavras foram instituídas não para que os homens se enganem uns aos outros, mas para levar, por elas, seus pensamentos ao conhecimento do outro. Portanto, usar das palavras para enganar [isto é], não para aquilo para o qual foram instituídas, é pecado.

Por isso, nem se há de considerar que haja qualquer mentira que não seja pecado pelo fato de, às vezes, mentindo, podermos favorecer alguém. Afinal, podemos fazer isso

---

[52] Cf. Rm 8,20.

até roubando, se o pobre, ao qual se entrega abertamente [o fruto do roubo], experimenta a vantagem, e o rico, de quem se tira ocultamente, não experimenta desvantagem; nem por isso alguém afirmaria que tal furto não seja pecado. Podemos favorecer alguém até adulterando, se uma mulher se mostrasse a ponto de morrer de amor, se não fosse atendida [em seus desejos], e, caso sobrevivesse, se purificasse pela penitência; nem por isso se negará que tal adultério seja pecado. Se a castidade justamente nos agrada, em que a verdade desagrada, de modo que não se viole, adulterando, para utilidade alheia, a primeira, e se viole, mentindo, a segunda?

Sem dúvida nenhuma, muito progrediram no bem os homens que não mentem senão para a salvação de alguém; não se pode negar. Mas, nesse seu progresso, aquilo que justamente se louva, ou mesmo que, no plano temporal, se recompensa é a benevolência, não o engano; ao qual está bem que se perdoe, mas não que se o louve, sobretudo entre os herdeiros do Novo Testamento, aos quais se diz: "Seja o vosso dizer 'sim', sim; o 'não', não; o que passa disso vem do mal".[53] Porque esse mesmo mal não cessa de introduzir-se nesta condição mortal, os próprios co-herdeiros de Cristo[54] dizem: "Perdoa-nos as nossas dívidas".[55]

A causa eficiente do bem e a causa deficiente do mal

23 Tendo tratado dessas questões com a brevidade aqui necessária, já que devemos estar informados sobre as causas das coisas boas e das más o quanto baste

---

[53] Mt 5,37.
[54] Cf. Rm 8,17.
[55] Mt 6,12.

para o caminho que nos conduz ao reino onde haverá vida sem morte, verdade sem erro e felicidade sem confusão, não devemos duvidar, de forma alguma, de que a causa das coisas boas que nos tocam não é outra senão a bondade de Deus; mas a das más é a vontade — primeiro a do anjo, depois a do homem — de um bem mutável que abandona um bem imutável.

Ignorância e concupiscência: consequências do abandono do bem

24 Esse é o primeiro mal da criatura racional, isto é, a primeira privação do bem. Em seguida, certamente já de modo involuntário, introduzem-se a ignorância das coisas a serem feitas e a concupiscência das nocivas, com as quais se introduzem como companheiros o erro e a dor; quando percebidos como próximos, o movimento da alma que foge desses dois males chama-se medo.

E quando a alma consegue aquilo que desejava, embora isso seja pernicioso e vazio, sem que, no erro, o perceba, ou é subjugada por um prazer doentio, ou deveras desnorteada por uma euforia vazia. Dessas desordens, como que de fontes não de abundância, mas de indigência, procede toda a infelicidade da natureza racional.

Penas do pecado, que toda a humanidade herdou do primeiro homem

25 Natureza que, todavia, em meio a esses seus males, não pôde perder o desejo da felicidade. Na verdade, esses males são comuns aos homens e aos anjos, condenados, segundo sua malícia, pela justiça do Senhor. Mas o homem tem um castigo próprio, pelo qual foi punido também com a morte do corpo. É certo que Deus o ameaçara com o castigo da morte, se tivesse pecado,[56] presenteando-o com o livre-arbítrio, mas de modo tal que sua ordem o guiasse e a perdição o afligisse, e colocando-o na felicidade do paraíso,[57] uma tênue imagem de vida de onde, tendo observado a justiça, se elevasse a realidades melhores.

26 Tendo sido expulso de lá após o pecado, vinculou com o castigo da morte e da condenação também a própria estirpe, que, pecando, tinha contaminado a si própria como que na raiz; assim, qualquer descendente que nascesse dele e de sua esposa, igualmente condenada, ela por quem ele pecara pela concupiscência carnal, à qual correspondeu um castigo equivalente à sua desobediência, traria consigo o pecado original. Por este seria trazido, mediante diversos erros e dores, aquele castigo extremo, sem fim, junto com seus corruptores, mestres e cúmplices, os anjos rebeldes. "Como o pecado entrou no mundo por um só homem e, através do pecado, a morte, assim a morte passou para todos os homens, porque todos, nele, pecaram."[58] Certamente, nessa passagem, o apóstolo chamou de "mundo" todo o gênero humano.

Só a bondade do Criador salva da massa de condenados

27 Assim, pois, estavam as coisas: a massa condenada de todo o gênero humano jazia, ou mesmo se revolvia, entre os males e se precipitava de um mal a outro e, unida àquela parte dos anjos que haviam pecado, sofria

[56] Cf. Gn 2,17.
[57] Cf. Gn 2,15.
[58] Rm 5,12.

merecidos os castigos da sua ímpia deserção. Pertencem, com certeza, à justa ira de Deus aquilo que os maus, com cega e descontrolada concupiscência, fazem com satisfação e aquilo que sofrem com insatisfação por castigos explícitos e manifestos. Todavia, a bondade do Criador não cessa de subministrar também aos anjos maus a vida e uma força duradoura — se lhes fosse tirada tal subministração, morreriam —; nem de formar os germes dos homens, mesmo se nascem de uma estirpe corrupta e condenada; nem de animar e organizar os seus membros, de vivificar seus sentidos, de proporcionar-lhes os alimentos. Pois ela julgou ser melhor fazer o bem a partir do mal, do que não permitir que houvesse mal algum.

E se ela tivesse querido que não houvesse [possibilidade de] restauração alguma dos homens para melhor, assim como não há nenhuma [para a] dos anjos ímpios, não seria justo que a natureza [humana] — que abandonou a Deus; que, usando mal as suas capacidades, desprezou e transgrediu o preceito de seu Criador, que poderia facilmente observar; que, pertinazmente afastada da luz dele, violou em si a imagem de seu Criador; que rompeu a servidão salutar, apartando-se das suas leis — fosse totalmente abandonada por ele para sempre e, conforme o próprio mérito, sofresse um castigo eterno?

Sem dúvida, ele faria isso se fosse apenas justo e não também misericordioso, e se não demonstrasse muito mais evidentemente a sua misericórdia gratuita na libertação dos indignos.

Anjos decaídos e anjos fiéis

28 Tendo, então, alguns anjos abandonado a Deus por seu orgulho ímpio, precipitando-se da suprema habitação celeste na mais profunda escuridão dessa atmosfera, o número restante dos anjos permaneceu com Deus na eterna felicidade e santidade. Pois os outros anjos não descendem de um anjo decaído e condenado, de modo que um mal original os atasse, como os homens, com os vínculos de uma descendência culpada e arrastasse todos a castigos merecidos; na verdade, quando aquele que, por soberba, se tornou o diabo e, por essa mesma soberba, foi derrubado, juntamente com seus cúmplices de impiedade, os outros aderiram ao Senhor com pia obediência, recebendo também o que aqueles primeiros não tiveram [isto é], um conhecimento certo, pelo qual estariam seguros de, em sua estabilidade eterna, jamais caírem.

Os redimidos estarão com os anjos fiéis

29 Aprouve, assim, a Deus, Criador e Senhor do Universo, que, já que não toda a multidão dos anjos se havia perdido abandonando-o, aquela multidão que se perdera permanecesse em perdição eterna; aquela, porém, que persistira com Deus, quando a desertou, gozaria para sempre de sua felicidade futura, conhecida com absoluta certeza; já a outra criatura racional, constituída pelos homens, que tinha sucumbido pelos pecados e os castigos, tanto os originais quanto os pessoais, parcialmente reabilitada, supriria a sociedade angélica, que tinha sido reduzida por aquele desastre diabólico. Foi isto, de fato, que se prometeu aos santos ressuscitados, que serão iguais aos anjos de Deus.[59] Assim, a Jerusalém celeste, nossa mãe, a cidade de Deus, não será fraudada no número de seus

---

[59] Cf. Lc 20,36.

cidadãos, ou quiçá reinará sobre uma multidão ainda mais numerosa.

Não conhecemos, de fato, nem o número de homens santos nem o de demônios imundos, que os filhos da santa mãe, que parecia estéril na terra,[60] sucederão, em lugar dos quais permanecerão naquela paz da qual os outros se afastaram. Contudo, o número desses cidadãos, atual ou futuro, é objeto de contemplação de seu artífice que chama à existência o que antes não existia[61] e tudo dispõe em medida, número e peso.[62]

A redenção não é fruto de méritos, mas da Graça gratuita

30 Mas, de fato, essa parte do gênero humano, a quem Deus promete a libertação e o Reino eterno, pode ser restaurada pelos méritos de suas próprias obras? De modo algum! O que pode fazer de bem uma pessoa que está perdida, a não ser na medida em que tenha sido libertada da sua perdição? [Poderá acaso fazê-lo] por livre-arbítrio da vontade? De modo algum também isso!

Acontece que, abusando do livre-arbítrio, o homem se perdeu e o perdeu. Pois, assim como quem se mata certamente se suicida enquanto vive, mas tendo se suicidado não vive [e], estando morto, não poderia ressuscitar [a si próprio], assim também, quando pecou com o livre-arbítrio, o homem o perdeu com a vitória do pecado: "Pois cada um se tornou escravo daquele por quem foi vencido".[63] Essa, certamente, é uma sentença do apóstolo Pedro; uma vez

---

[60] Cf. Is 54,1.
[61] Cf. Rm 4,17.
[62] Cf. Sb 11,20.
[63] 2Pd 2,19.

que é autêntica, me pergunto: Qual pode ser a liberdade de um escravo vencido senão a de quando lhe deleita o pecar?

Serve livremente aquele que faz com gosto a vontade de seu senhor; e, por isso, quem é escravo do pecado está livre para pecar. Consequentemente, não será livre para agir retamente a não ser que, uma vez liberto do pecado, tenha começado a ser servo da justiça. Essa é a verdadeira liberdade, porque nasce da alegria de agir retamente, e é igualmente uma filial servidão, por causa da obediência ao ensinamento.

Mas, para o homem subjugado e vendido, de onde se originará essa liberdade de agir bem a não ser que o redima aquela voz da qual está escrito: "Se o Filho vos libertar, então sereis verdadeiramente livres"?[64] E, antes que isso comece a acontecer no homem, como alguém se gloria de seu livre-arbítrio por uma boa obra, quem ainda não está livre para agir bem sem se exibir inflado por uma soberba vazia? Não é isso que o Apóstolo reprime, ao dizer: "Pela graça fostes salvos, mediante a fé"?[65]

A fé também é dom

31 E para que os homens não atribuíssem a si mesmos a própria fé, de modo que não entendessem que ela é dom divino, o mesmo Apóstolo diz, em outra passagem, que, para ser fiel, tinha alcançado misericórdia;[66] e aqui também acrescentou e disse: "E isso não vem de vós, mas é dom de Deus! Não vem das obras, para que ninguém se glorie".[67]

---

[64] Jo 8,36.
[65] Ef 2,8.
[66] Cf. 1Cor 7,25.
[67] Ef 2,8-9.

E para que não pensassem que viessem a faltar obras boas para os fiéis, acrescentou de novo: "Pois somos obra dele, criados no Cristo Jesus, em vista das boas obras que Deus preparou, para que as pratiquemos".[68] Chegamos, portanto, a ser verdadeiramente livres enquanto Deus nos molda, quer dizer, nos forma e nos cria, não para sermos homens, o que já fez, mas para que sejamos homens bons; é isso que sua graça ora realiza, para sermos novas criaturas em Cristo,[69] segundo o que foi dito: "Cria em mim, ó Deus, um coração puro".[70] E seu coração, de fato, enquanto coração humano [no sentido] natural, já tinha sido criado por Deus.

Deus prepara a boa vontade humana

32 Do mesmo modo, para que ninguém se vanglorie não das obras, mas do próprio livre-arbítrio da vontade, como se deste resultasse um mérito com o qual, como prêmio devido, a liberdade de praticar o bem fosse retribuída, escuta as palavras que o mesmo arauto da graça diz: "Na verdade, é Deus que produz em vós tanto o querer como o agir, conforme o seu agrado".[71] E em outro lugar: "Portanto, não depende nem de quem quer nem de quem corre, mas de Deus que usa de misericórdia".[72]

Não há dúvida de que um homem, se já está na idade do uso da razão, não poderia crer, esperar e amar se não o quisesse, tampouco chegar a conquistar o prêmio da celeste vocação de Deus sem ter concorrido para isso com sua

---

[68] Ef 2,10.
[69] Cf. 2Cor 5,17.
[70] Sl 51(50),12.
[71] Fl 2,13.
[72] Rm 9,16.

vontade;[73] como, então, é possível que não dependa "nem de quem quer, nem de quem corre, mas de Deus, que usa de misericórdia", a não ser porque a vontade mesma, como está escrito, é predisposta pelo Senhor?[74]

Além disso, se se disse: "Não depende nem de quem quer, nem de quem corre, mas de Deus, que usa de misericórdia", é porque o agir bem depende de ambas, quer dizer, da vontade do homem e da misericórdia de Deus; de modo que assim entendamos esta expressão: "Não depende nem de quem quer, nem de quem corre, mas de Deus, que usa de misericórdia", como se se dissesse que não basta somente a vontade do homem, caso não esteja presente também a misericórdia de Deus. Não basta, então, nem mesmo a misericórdia de Deus sozinha, se não houver também a vontade do homem.

E por isso, se se disse com acerto: "Não depende de quem quer [...] mas de Deus, que usa de misericórdia", porque naquilo em que a vontade do homem sozinha não consegue, por que então, ao contrário, não se diz: não depende de Deus, que usa de misericórdia, mas da vontade do homem, para aquilo que a misericórdia de Deus sozinha não realiza? Certamente, se nenhum cristão ousar afirmar que depende não de Deus, que usa de misericórdia, mas da vontade do homem, para não contradizer claramente o Apóstolo, resta que se entenda justamente isto que foi dito: "Não depende nem de quem quer, nem de quem corre, mas de Deus, que usa de misericórdia" [isto é], que tudo é dado por Deus, que predispõe a boa vontade do homem, ajudando-a, e a ajuda depois de tê-la predisposto.

---

[73] Cf. Fl 3,14.
[74] Cf. Pr 8,35 (LXX).

Com efeito, a boa vontade do homem precede a muitos dons de Deus, embora não a todos; e entre aqueles aos quais não precede se encontra ela mesma. De ambos os casos se lê nas santas Escrituras: "A misericórdia dele me precede"[75] e "A misericórdia dele me acompanhará".[76] Ela precede ao que não quer, para que queira; acompanhará ao que quer, para que não queira em vão. Pois, por que nos é ordenado que rezemos pelos nossos inimigos,[77] certamente aqueles que não querem viver religiosamente, senão para que Deus neles opere também o querer? Do mesmo modo, por que somos exortados a pedir para receber,[78] senão para que faça o que queremos aquele que fez com que queiramos? Portanto, rezamos pelos nossos inimigos, para que a misericórdia de Deus se antecipe a eles, assim como se antecipou também a nós; e rezamos por nós, a fim de que a misericórdia dele nos acompanhe.

A ira de Deus é a justa condenação, da qual só o Cristo Mediador pode livrar

33 O gênero humano estava, pois, sob uma justa condenação, e todos eram filhos da ira, da qual foi escrito: "Nossos dias todos se dissipam, e nós fenecemos por tua ira; nossos anos serão considerados como teia de aranha".[79] Dessa ira também disse Jó: "O ser humano, nascido de mulher, tem a vida curta e está cheio de ira".[80] Dessa ira também o Senhor Jesus disse: "Aquele que crê no Filho tem a vida

---

[75] Sl 59(58),11.
[76] Sl 23(22),6.
[77] Cf. Mt 5,44.
[78] Cf. Mt 7,7.
[79] Sl 90(89),9.
[80] Jó 14,1.

eterna. Aquele, porém, que não crê no Filho não tem a vida, mas a ira de Deus permanece sobre ele".[81] Ele não diz: "a ira virá"; mas: "permanece sobre ele". É certo que com ela nasce todo homem, por isso diz o Apóstolo: "Pois, como os demais, éramos também nós filhos da ira".[82]

Como os homens estivessem nessa ira por causa do pecado original, numa condição tanto mais grave e perniciosa quanto maiores e mais numerosos fossem os pecados [pessoais] que viriam depois, era necessário um mediador, isto é, um reconciliador que aplacasse essa ira pelo oferecimento de um sacrifício único, do qual eram sombra todos os sacrifícios da Lei e dos Profetas. É por isso que diz o Apóstolo: "Se, quando éramos inimigos de Deus, fomos reconciliados com ele pela morte de seu Filho, muito mais agora, seremos salvos da ira no sangue dele, por ele".[83]

Quando, porém, se fala da ira de Deus, esta não se identifica com uma sua perturbação, como a que há na alma de um homem que se enraivece; mas com a punição, que não pode ser senão justa, que recebe o nome de ira como metáfora oriunda das emoções humanas. Quando, portanto, nós nos reconciliamos com Deus pelo mediador e recebemos o Espírito Santo que, de inimigos, nos torna filhos, "Pois todos aqueles que se deixam conduzir pelo Espírito de Deus são filhos de Deus",[84] essa é graça de Deus pelo Senhor nosso Jesus Cristo.

---

[81] Jo 3,36. As palavras que Agostinho atribui ao Cristo são, na verdade, de João Batista. É possível que se tenha confundido pelo fato de Jesus ter dito algo parecido alguns versículos antes (Jo 3,18: crer e não ser julgado; não crer e estar julgado).
[82] Ef 2,3.
[83] Rm 5,10-9.
[84] Rm 8,14.

O mistério do Mediador nascido da Virgem

34 Seria muito extenso dizer tudo quanto é digno desse mediador, por mais que não possa ser exaltado dignamente por um homem. Pois quem explicaria com palavras adequadas que "o Verbo se fez carne e habitou entre nós",[85] para que crêssemos no Filho único de Deus Pai onipotente, nascido por obra do Espírito Santo e da Virgem Maria?

Assim, com certeza, o Verbo se fez carne numa carne assumida pela divindade, não pela divindade transformada em carne. Assim, aqui devemos entender carne como [sinônimo de] homem, numa expressão em que a parte está para o todo, como quando foi dito: "nenhuma carne será justificada pelas obras da Lei",[86] isto é, nenhum homem. De fato, é lícito dizer que não faltou nada à natureza humana naquele seu assumir a carne, mas que assumiu a natureza totalmente livre de qualquer vínculo de pecado; não como a natureza nascida da união dos sexos pela concupiscência da carne, [gravada] com a hipoteca de um delito cuja culpabilidade desaparece pela regeneração, mas como a que convinha nascer de uma virgem; que a fé da mãe, não a libido, concebera; já que se, ao nascer, se tivesse comprometido a integridade dela, ele não mais seria nascido de uma virgem, e — nem convém pensar — seria falso toda a Igreja confessar que ele nasceu da virgem Maria, esta Igreja que, imitando a mãe dele, todos os dias dá à luz seus próprios membros e é virgem.

Lê, se queres, a minha carta sobre a virgindade santa de Maria, dirigida a um homem ilustre, que nomeio com estima e afeto: Volusiano.

---

[85] Jo 1,14.
[86] Rm 3,20.

O Filho: uma pessoa, duas naturezas

35 Assim, Jesus Cristo, Filho de Deus, é Deus e homem: Deus antes de todos os séculos, homem em nosso século; é Deus, porque Verbo de Deus — "e o Verbo era Deus";[87] mas é homem porque, na unidade de sua pessoa, com o Verbo se juntam a alma racional e a carne. Por isso, enquanto Deus, ele próprio e o Pai são um;[88] enquanto homem, porém, o Pai é maior que ele.[89]

Sendo, de fato, único Filho de Deus não pela graça, mas pela natureza, tornou-se também filho do homem para ser igualmente cheio de graça;[90] e ele é sempre um e outro;[91] e, de ambos, é o único Cristo, pois como, em forma divina, não considerou irrenunciável aquilo que era pela natureza, isto é, o ser igual a Deus, despojou-se, porém, assumindo a forma de servo,[92] sem perder ou diminuir a forma divina. Por isso, tanto se tornou inferior como permaneceu igual. Em ambos os casos, é um só, como já foi dito. Mas é um enquanto Verbo, é outro enquanto homem: enquanto Verbo, igual; enquanto homem, inferior; um único Filho de Deus, ao mesmo tempo filho do homem; único filho do homem, ao mesmo tempo Filho de Deus; não, porém, Deus e homem como dois filhos de Deus, mas um único Filho de Deus; Deus sem início, homem a partir de determinado início, o Senhor nosso Jesus Cristo.

---

[87] Jo 1,1.
[88] Cf. Jo 10,30.
[89] Cf. Jo 14,28.
[90] Cf. Jo 1,14.
[91] Isto é, ele é sempre Deus e homem.
[92] Cf. Fl 2,6-7.

A evidência da graça na natureza humana de Cristo

36 Aqui se distingue grandiosa e evidentemente a graça de Deus. Pois que méritos havia no Cristo homem para ter sido assumida tão singularmente na unidade da pessoa do Filho único de Deus? Que boa vontade, que zelo de boa intenção, quais boas obras teriam sido anteriores, pelas quais esse homem merecesse tornar-se uma única pessoa com Deus? Por acaso ele existiu antes como homem, e lhe foi prestado este singular benefício de modo que singularmente fosse digno de ser Deus?

Certamente, quando começou a ser homem, não começou a ser outra coisa senão Filho de Deus, e Filho único; e isso por causa do Deus Verbo que, ao assumir a humanidade, se fez carne, e seguramente era Deus; de modo que, como todo homem é uma só pessoa, quer dizer, constituído de alma racional e carne, assim também Cristo é uma só pessoa: Verbo e homem.

De onde tanta glória à natureza humana, sem méritos precedentes e gratuita, sem dúvida, senão porque nela a grande e única graça de Deus se mostra evidentemente aos que consideram [esse mistério] fiel e razoavelmente, de modo que os homens compreendam que são justificados dos pecados pela mesma graça pela qual o homem Cristo não pode ter pecado algum? Assim o anjo saudou sua mãe, quando lhe anunciou o futuro nascimento: "Ave", disse ele, "cheia de graça!" E pouco depois [acrescentou]: "Encontraste graça junto a Deus".[93] E isso, que é cheia de graça e que encontrou graça junto a Deus, seguramente foi dito para que ela fosse a mãe do seu Senhor, ou melhor, do Senhor de todos.

---

[93] Lc 1,28.30.

A respeito do próprio Cristo, porém, o evangelista João, depois de ter dito que "o Verbo se fez carne e habitou entre nós", acrescentou: "e vimos a sua glória, glória como do unigênito do Pai, cheio de graça e de verdade".[94] Disse que "O Verbo se fez carne", isto é, é "cheio de graça", e que tem a "glória do unigênito do Pai", isto é, é cheio de verdade.

De fato, a própria Verdade, o unigênito Filho de Deus, não por graça, mas por natureza, assumiu, pela graça, a humanidade em uma unidade de pessoa tal, a ponto de ele mesmo poder ser também filho do homem.

A concepção do Filho no seio da virgem: obra do Espírito Santo

37 É certo que o mesmo Jesus Cristo, Filho unigênito, isto é, único de Deus, Senhor nosso, nasceu do Espírito Santo e de Maria Virgem. E com absoluta certeza, o Espírito Santo é dom de Deus e, sem dúvida, ele é mesmo igual a quem o doa; por isso, o Espírito Santo é igualmente Deus, não inferior ao Pai e ao Filho. Assim, portanto, que outra coisa senão a própria graça é demonstrada no nascimento humano de Cristo do Espírito Santo?

Pois quando a Virgem perguntou ao anjo como se realizaria o que ele lhe anunciava, já que ela não conhecia homem, o anjo respondeu: "O Espírito Santo descerá sobre ti, e o poder do Altíssimo te cobrirá com a sua sombra; e por isso, aquele que vai nascer de ti será chamado santo, Filho de Deus".[95] E quando José queria abandoná-la sob suspeita de adultério, sabendo que não era por ele que ela engravidara,

---

[94] Jo 1,14.
[95] Lc 1,35.

recebeu esta resposta do anjo: "Não temas receber Maria como tua esposa; pois aquele que nela foi gerado é do Espírito Santo",[96] isto é, o que suspeitas que seja obra de outro homem é obra do Espírito Santo.

Como entender a geração do Filho por obra do Espírito Santo

38 Todavia, vamos afirmar, por isso, que o pai do Cristo homem seja o Espírito Santo, de modo que Deus Pai tenha gerado o Verbo, e o Espírito Santo, o homem, de cujas duas substâncias temos o único Cristo, filho de Deus Pai enquanto Verbo, e filho do Espírito Santo enquanto homem, e que o Espírito Santo o teria gerado da mãe virgem como se fosse seu pai? Quem ousará dizer isso? Não é necessário apresentar, discutindo, quantas outras coisas absurdas se seguiriam, quando essa mesma [tese] já é tão absurda, que não há ouvidos fiéis aptos a suportá-la. Pois, assim confessamos, o Senhor nosso Jesus Cristo, que é Deus de Deus, mas nasceu como homem do Espírito Santo e da Virgem Maria numa e na outra substância, isto é, na divina e na humana, é o único Filho de Deus Pai onipotente do qual procede o Espírito Santo.

Como, então, dizemos que Cristo nasceu do Espírito Santo, se o Espírito Santo não o gerou? Ou será porque o criou? Porque, do Senhor nosso Jesus Cristo enquanto é Deus, dizemos que "tudo foi criado por meio dele";[97] mas, enquanto é homem, também ele foi criado, como diz o Apóstolo: "Segundo a carne, foi criado da descendência de

---

[96] Mt 1,20.
[97] Jo 1,3.

Davi".[98] Mas, quando a Virgem concebeu e deu à luz aquela criatura — embora isso diga respeito só à pessoa do Filho —, toda a Trindade a criou — pois as obras da Trindade são inseparáveis —; por que [então], em sua criação, somente o Espírito Santo foi nomeado? Ou quando é nomeado só um dos três em alguma atividade, deve-se entender que é agir da Trindade toda inteira? Na verdade, é isso mesmo; e isso pode ser ensinado com alguns exemplos; mas não é o caso de nos prolongarmos mais longamente nesse ponto; pois o que inquieta é isto: como se pode dizer "Nascido do Espírito Santo"[99] quando de modo algum ele é filho do Espírito Santo? De fato, nem mesmo porque Deus fez este mundo é lícito dizer que este seja seu filho, ou que este tenha nascido de Deus; mas justamente podemos dizer que o mundo foi feito, ou criado, ou constituído, ou estabelecido por ele, ou qualquer coisa parecida. Aqui, portanto, quando confessamos que ele nasceu do Espírito Santo e da Virgem Maria, é difícil explicar como não seja filho do Espírito Santo e da Virgem Maria, quando nasceu daquele e desta. Certamente, sem dúvida, não nasceu dele como de um pai, enquanto dela nasceu como de uma mãe.

"Nascer de" nem sempre corresponde a "ser filho de"

39 Não se deve, por isso, conceder que tudo aquilo que nasce de alguma coisa seja logo designado como filho. Prescindirei do fato de que um filho nasce de um ser humano de maneira diferente da que nasce um cabelo, um piolho ou uma lombriga — dos quais nenhum tem um

---

[98] Rm 1,3.
[99] Mt 1,20.

filho; prescindindo, portanto, disso, que é injurioso comparar com uma realidade tão grande, certamente ninguém diria que aqueles que nascem da água e do Espírito[100] são ordinariamente filhos da água, enquanto claramente são chamados de filhos de Deus Pai e da mãe Igreja. Assim, pois, do Espírito Santo nasceu o Filho de Deus Pai, não filho do Espírito Santo. De fato, aquilo que dissemos [há pouco] a respeito do cabelo e de outras coisas vale somente para que tenhamos em mente que nem tudo aquilo que nasce de qualquer coisa pode ser chamado de filho daquilo do qual nasce; assim como não se segue que todos que são chamados filhos de alguém sejam ditos também nascidos dele, como ocorre com os que são adotados. Até mesmo são chamados filhos da Geena[101] aqueles que não nasceram dela, mas que para ela foram preparados, como os filhos do Reino[102] estão preparados para o Reino.

A conjunção das duas naturezas de Cristo: obra da graça gratuita

40 Assim como algo pode nascer de outra coisa de modo que não seja filho dela, e, por outro lado, como nem todo aquele que é chamado de filho nasceu daquele do qual é chamado filho, certamente o modo pelo qual Cristo nasceu do Espírito Santo, não como filho, e de Maria Virgem, como filho, nos apresenta a graça de Deus, pela qual o tal homem, sem qualquer mérito precedente, no próprio início de sua natureza, na qual começou a existir, ligou-se ao Verbo de Deus em tal unidade de pessoa, a ponto de aquele mesmo

---

[100] Cf. Jo 3,5.
[101] Cf. Mt 23,15.
[102] Cf. Mt 8,12.

que era filho do homem ser filho de Deus, e o filho de Deus ser filho do homem; e, assim, na sua assunção da natureza humana, a graça mesma, que não poderia consentir em nenhum pecado, fosse como que natural para aquele homem.

Tal graça tinha de ser significada pelo Espírito Santo, porque ele é propriamente Deus, tanto que podemos também chamá-lo de dom de Deus.[103] Falar suficientemente desse assunto — se é que isso seja possível — requereria muito tempo; é uma discussão assaz prolixa.

Cristo foi feito pecado, mas não cometeu pecado

41 Então, ele foi gerado e concebido sem nenhum prazer da concupiscência da carne e, por isso mesmo, sem contrair originalmente nenhum pecado, também pela graça de Deus foi unido e incorporado de modo admirável e indizível ao Verbo unigênito do Pai na unidade da pessoa; Filho não pela graça, mas pela natureza e, por isso, sem cometer nenhum pecado; todavia, por semelhança com a carne de pecado na qual viera,[104] ele mesmo foi chamado pecado, ele que haveria de sacrificar-se para lavar os pecados.

É certo que na lei antiga eram chamados de pecados os sacrifícios pelos pecados;[105] estes, porém, eram sombras daquele verdadeiro sacrifício que ele se tornou. Por isso, o Apóstolo, depois de ter dito: "Em nome de Cristo, vos exortamos a reconciliar-vos com Deus",[106] disse o que acrescentou imediatamente: "Aquele que não conhecera pecado, tornou-o pecado por nós, para que nele nos tornemos justiça de

---

[103] Cf. Jo 4,10; At 8,20.
[104] Cf. Rm 8,3.
[105] Cf. Os 4,8.
[106] 2Cor 5,20.

Deus".¹⁰⁷ Não disse, como se lê em alguns códices errôneos: "Aquele que não conhecera pecado cometeu o pecado por nós", como se o próprio Cristo tivesse pecado por nós; mas, disse o Apóstolo: "Aquele que não conhecera pecado", isto é, Cristo, Deus "tornou-o pecado por nós", Deus, com quem nos devemos reconciliar, isto é, oferecer sacrifício pelos pecados; sacrifício pelo qual podemos ser reconciliados.

Ele mesmo, portanto, se fez pecado para que fôssemos justiça; não nossa, mas de Deus; não em nós, mas nele próprio; assim como ele manifestou não o próprio pecado, mas o nosso; constituído não em si mesmo, mas em nós, pela semelhança com a carne de pecado¹⁰⁸ na qual foi crucificado; de modo que, como não havia pecado nele, assim, em certo sentido, fosse morto ao pecado enquanto era morto para a carne, na qual havia a semelhança com o pecado; e, já que ele nunca viveu segundo a antiga lógica do pecado, indicasse, com a sua ressurreição, a nossa regeneração da antiga morte no pecado em que estávamos para a vida nova.¹⁰⁹

No batismo, crianças ou adultos, morremos e renascemos

42 É isto mesmo que o grande sacramento do batismo realiza em nós: que quem quer que chegue a essa graça morra ao pecado, assim como é dito que ele morreu para o pecado porque morreu para a carne, quer dizer, para a semelhança do pecado, e viva, qualquer que seja a sua idade, renascendo do lavacro, como Cristo ressuscitando do sepulcro.

---

[107] 2Cor 5,21.
[108] Cf. Rm 8,3.
[109] Cf. Rm 6,3-4; 8,3.

43 Pois, a começar pela menor criança apenas nascida, até o ancião decadente, como ninguém é impedido do batismo, assim não há ninguém que não morra para o pecado no batismo; porém, os pequenos morrem apenas para o pecado original, enquanto os maiores morrem para todos os pecados que, vivendo mal, acrescentaram ao que, ao nascer, contraíram.

O uso do singular pelo plural e do plural pelo singular

44 Todavia, também destes últimos geralmente se diz que morrem ao pecado, quando sem dúvida morrem não apenas a um, mas a muitos e quaisquer pecados que eles cometeram pessoalmente, seja por pensamentos, palavras ou ações; pois também o plural costuma ser identificado pelo singular, assim como disse aquele [poeta]: "Eles satisfazem o ventre com o soldado armado",[110] embora tenham feito isso com muitos soldados.

E em nossas Escrituras se lê: "Roga, pois, a Deus que afaste de nós a serpente";[111] ao dizer isso, não disse "serpentes" que afligiam o povo; e assim outras inumeráveis passagens.

Como, portanto, também aquele único pecado original é designado no plural, quando afirmamos que as crianças são batizadas para a remissão dos pecados, e não dizemos para a remissão do pecado, essa é a figura contrária com a qual é indicado o singular através do plural. Assim foi dito no Evangelho, depois da morte de Herodes: "morreram aqueles que queriam a vida do menino";[112] não foi dito "mor-

---

[110] VIRGÍLIO, *Aeneis* 2,20.
[111] Nm 21,7 (LXX).
[112] Mt 2,20 (LXX e Vulgata).

reu". Também no Êxodo: "Fizeram", diz, "para si deuses de ouro",[113] quando tinham fabricado um só bezerro, do qual disseram: "Aí estão, Israel, os teus deuses, que te fizeram sair do Egito!".[114] Também aqui [nossas Escrituras] usam o plural em lugar do singular.

No pecado do primeiro homem, uma série de pecados

45 Em todo caso, naquele único pecado que, por um só homem, entrou no mundo e passou para todos os homens,[115] pelo qual também as crianças são batizadas, podem ser entendidos numerosos pecados, se dividirmos aquele único pecado como que em seus membros particulares.

De fato, aí está a soberba, com a qual o homem amou mais estar sob seu próprio poder que sob o de Deus; também o sacrilégio, porque não acreditou em Deus; igualmente o homicídio, porque se precipitou na morte; a fornicação espiritual, porque a integridade da mente humana foi corrompida pela persuasão da serpente; e o furto, porque foi roubado o alimento proibido; a avareza, porque o homem desejou mais do que lhe deveria bastar; e qualquer outro pecado pode ser descoberto, com atento exame, naquele único delito.

Os pecados dos pais podem pesar sobre os próprios filhos

46 Afirma-se, não sem razão, que os filhos estão implicados nos pecados dos pais, não só dos primeiros

---

[113] Ex 32,31.
[114] Ex 32,4.
[115] Cf. Rm 5,12.

homens, mas igualmente daqueles dos quais nasceram. A afirmação divina "Castigarei os pecados dos pais nos filhos"[116] de fato os vincula antes que, pela regeneração, comecem a pertencer ao Novo Testamento. Testamento do qual profetizava Ezequiel, quando disse que os filhos não carregariam os pecados de seus pais, nem haveria mais razão de existir em Israel aquela parábola: "Os pais comeram uvas verdes e os dentes dos filhos ficaram embotados".[117] De fato, por isso, quem quer que renasça, é para que nele se anule qualquer pecado com que nasce.

Já os pecados que são cometidos depois pela má conduta podem ser sanados pela penitência, como vemos acontecer também após o batismo. Por isso, a regeneração não foi instituída senão porque a geração é viciosa a tal ponto que também quem nasceu de um matrimônio legítimo se possa dizer: "Em iniquidades fui gerado, em pecados minha mãe me concebeu".[118] Não disse aqui: na iniquidade ou no pecado, embora pudesse afirmá-lo corretamente, mas preferiu falar de iniquidades e de pecados, porque também naquele único pecado que atingiu a todos os homens — e que é tão grave a ponto de que a natureza humana fosse mudada por ele e desviada para a inevitabilidade da morte — se descobrem, como expliquei acima, muitos pecados; e aqueles pecados dos pais, que, embora não possam transformar daquele modo a natureza, vinculam, todavia, os filhos pela culpa, a não ser que venham em seu socorro a graça gratuita e a misericórdia divina.

---

[116] Ex 20,5; Dt 5,9.
[117] Ez 18,2.
[118] Sl 51(50),7 (LXX).

Não se pode afirmar temerariamente a qual geração se estendam tais pecados

47 Mas a respeito dos pecados dos outros pais dos quais cada um descende, desde Adão até o próprio pai, não sem razão pode-se discutir se quem nasce é envolvido pelas más ações e os múltiplos delitos originais de todos eles, de modo que, quanto mais tarde alguém nascer [em sua linha sucessória], tanto pior será sua condição. Igualmente se pode discutir se Deus ameaça fazer pesar sobre os descendentes os pecados dos pais, até a terceira e a quarta geração,[119] não estendendo ulteriormente a sua cólera sobre as culpas dos ascendentes, segundo a medida da sua compaixão. Isso para evitar que aqueles aos quais não é concedida a graça da regeneração sejam esmagados por uma excessiva carga na condenação eterna, se obrigados a contrair os pecados originais de todos os pais que os precederam, desde os inícios do gênero humano, e a expiar os castigos devidos por tais pecados. Ou, ainda, se qualquer outra coisa a respeito de um assunto de tal peso pode ou não pode ser encontrada através de exame e estudo mais atentos das Sagradas Escrituras; mas isso não ouso afirmar levianamente.

Só o Mediador liberta do pecado original

48 Em todo caso, aquele único pecado foi cometido com tal gravidade, em lugar e situação de tanta felicidade, que, em um só homem, original e, por assim dizer, radicalmente, foi condenado o gênero humano todo inteiro. Pecado que não é desfeito e apagado a não ser pelo "único

---

[119] Cf. Dt 5,9.

mediador entre Deus e a humanidade: o homem Cristo Jesus",[120] o único capaz de nascer sem ter necessidade de renascer.

Por que Cristo quis ser batizado por João

49 De fato, os que eram batizados com o batismo de João, de quem também Cristo Jesus recebeu o batismo, não renasciam, mas eram preparados pelo ministério do precursor que afirmava: "Preparai o caminho para o Senhor",[121] o único no qual podiam renascer.

O batismo de Cristo, com efeito, não é feito só na água, como foi o de João, mas também no Espírito Santo,[122] de modo que todo aquele que crê em Cristo possa ser regenerado por este Espírito do qual foi gerado o Cristo que não precisava da regeneração. Por isso surgiu aquela voz do Pai sobre o batizado: "Eu hoje te gerei",[123] que indica não aquele dia temporal em que foi batizado, mas a imutável eternidade, para tornar manifesto que aquele homem pertencia à pessoa do Unigênito. Pois se um dia não começa no final de um ontem, nem termina no começo de um amanhã, tem-se um hoje eterno.

Ele quis, portanto, ser batizado com água por João[124] não para que fosse lavada qualquer iniquidade sua, mas para exemplificar uma grande humildade. Certamente, como o batismo não encontrou nele nada para purificar, assim a morte nada encontrou para castigar. Assim, o diabo — es-

---

[120] 1Tm 2,5.
[121] Is 40,3; Mt 3,3; Lc 3,4.
[122] Cf. Mt 3,11; Mc 1,8.
[123] Sl 2,7; Hb 1,5; 5,5. Cf. Mt 3,17.
[124] Cf. Mt 3,15.

magado e vencido pela verdade da justiça, não pela violência do poder, graças àquele que, sem culpa de pecado algum, matara do modo mais injusto — perdeu do modo mais justo aqueles que detinha pela culpa do pecado.

Uma e outra coisa foram por ele assumidas, quer dizer, tanto o batismo quanto a morte, em vista de uma dispensação divina, não por miserável fatalidade, mas muito mais por misericordiosa vontade, a fim de que um só tirasse o pecado do mundo,[125] assim como um só introduziu o pecado no mundo,[126] isto é, no gênero humano todo inteiro.

Cristo apaga também os pecados acrescentados ao pecado original

50 A diferença é que aquele único homem introduziu um único pecado no mundo, enquanto esse único redentor não tirou somente aquele único pecado, mas apagou, ao mesmo tempo, todos aqueles pecados que encontrou somados àquele primeiro. Por isso o Apóstolo diz: "Não acontece com o dom como com aquele único que pecou, pois desse único veio um julgamento para a condenação, mas o dom da graça, a partir de muitas transgressões, vem para a justificação".[127] Pois, com efeito, aquele único pecado contraído na origem, mesmo que único, nos torna culpáveis para condenação; a graça, por outro lado, justifica de muitas culpas o homem que, além do único pecado contraído com todos na origem, tenha cometido por própria culpa também muitos outros.

---

[125] Cf. Jo 1,29.
[126] Cf. Rm 5,12.18.
[127] Rm 5,16.

Todos os descendentes de Adão estão condenados, exceto os renascidos em Cristo

51 Além disso, o que o Apóstolo diz, um pouco mais adiante, indica satisfatoriamente que não há ninguém nascido de Adão que não esteja submetido à condenação, e ninguém que seja liberto da condenação, a não ser que renasça em Cristo: "Como pela falta de um só veio a condenação para todos os homens, assim por um só veio para todos os homens a justiça para a justificação da vida".[128]

No batismo, morre-se para o pecado, ressuscita-se para uma vida nova

52 Tendo falado dessa pena, vinda por um único homem, e da graça, vinda por um único homem, o quanto considerou que bastasse naquele ponto de sua epístola, ele recomendou, depois, o grande mistério do sagrado batismo na cruz de Cristo, de modo que compreendamos que o batismo em Cristo não é outra coisa senão a imagem de sua morte. A morte de Cristo crucificado, por sua vez, nada mais é do que a imagem da remissão do pecado. Como a sua morte é verdadeira, assim a remissão dos nossos pecados é verdadeira; e como a sua ressurreição é verdadeira, assim a nossa justificação é verdadeira. Pois diz o Apóstolo: "Que, então, diremos? Que permaneceremos no pecado para que a graça abunde?".[129] De fato, dissera antes: "Onde, porém, abundou o pecado, a graça superabundou".[130] Também por isso ele próprio se pôs a

---

[128] Rm 5,18.
[129] Rm 6,1.
[130] Rm 5,20.

questão se, para conseguir a abundância da graça, dever-se-ia perseverar no pecado. Respondeu, no entanto: "Jamais!". E acrescentou: "Se morremos para o pecado, como vamos continuar vivendo nele?".[131]

Depois, para demonstrar que estamos mortos para o pecado, disse: "Acaso ignorais que todos nós, batizados no Cristo Jesus, fomos batizados na sua morte?".[132] Se, por conseguinte, aqui se mostra que estamos mortos ao pecado, porque fomos batizados na morte de Cristo, também os menores que são batizados em Cristo morrem certamente para o pecado, porque são batizados na sua morte. Pois, sem exceção alguma, foi dito que "todos nós, batizados no Cristo Jesus, fomos batizados na sua morte"; e foi dito por isto: para demonstrar que estamos mortos ao pecado.

Os menores, porém, morrem a que pecado, ao renascer, senão ao pecado que trazem ao nascer? Por isso também se refere a eles o que é dito a seguir: "Pelo batismo, então, fomos sepultados com ele em sua morte, para que, como Cristo ressuscitou dos mortos pela glória do Pai, assim também nós vivamos uma vida nova. Pois, se fomos sepultados com ele por uma morte semelhante à sua, seremos semelhantes a ele também pela ressurreição. Sabemos que o nosso homem velho foi crucificado com Cristo, para que seja destruído o corpo sujeito ao pecado, de maneira a não mais servirmos ao pecado. Pois aquele que morreu está livre do pecado. E, se já morremos com Cristo, cremos que também viveremos com ele. Sabemos que Cristo, ressuscitado dos mortos, não morre mais. A morte não tem mais poder sobre ele. Pois

---

[131] Rm 6,2.
[132] Rm 6,3.

aquele que morreu, morreu para o pecado, morreu de uma vez por todas, e aquele que vive, vive para Deus. Assim, vós também, considerai-vos mortos para o pecado, mas vivos para Deus, no Cristo Jesus".[133]

Aqui, de fato, ele tinha começado a dar a prova de que nós não devemos permanecer no pecado para que a graça seja mais abundante, afirmando: "Nós, que já morremos para o pecado, como vamos continuar vivendo nele?". E para mostrar que nós estamos mortos para o pecado, acrescentou: "Acaso ignorais que todos nós, batizados no Cristo Jesus, é na sua morte que fomos batizados?". Assim, encerrou ele toda essa seção como a havia iniciado. Introduziu até a morte de Cristo para poder dizer que ele próprio também morreu ao pecado: a qual pecado, senão da carne, na qual havia não o pecado, certamente, mas uma semelhança de pecado, e que por isso foi chamada de pecado? Aos batizados na morte de Cristo — não só os adultos, mas também as crianças — [o Apóstolo] diz: "Assim vós também", isto é, que sois como Cristo, "considerai-vos mortos para o pecado, mas vivos para Deus, no Cristo Jesus".

A paixão e a ressurreição de Cristo, imagens da vida cristã

53 Por isso, o que se realizou na cruz de Cristo, na sua sepultura, na sua ressurreição ao terceiro dia, na sua ascensão ao céu e ao assentar-se à direita do Pai, aconteceu de tal modo que a vida cristã, que se realiza nessas realidades, se configure a elas não apenas simbolicamente, por palavras, mas também pelos fatos.

---

[133] Rm 6,4-11.

Foi, de fato, por causa de sua cruz que se disse: "Os que pertencem a Jesus Cristo crucificaram a carne com suas paixões e seus desejos";[134] por causa da sepultura: "Pelo batismo fomos sepultados com ele em sua morte";[135] por causa da ressurreição: "como Cristo ressuscitou dos mortos pela glória do Pai, assim também nós vivamos uma vida nova";[136] por causa da ascensão ao céu e do fato de estar sentado à direita do Pai: "Se ressuscitastes com Cristo, buscai as coisas do alto, onde Cristo está entronizado à direita de Deus; cuidai das coisas do alto, não do que é da terra. Pois morrestes, e a vossa vida está escondida com Cristo em Deus".[137]

A segunda vinda de Cristo e o julgamento final dizem respeito ao fim dos tempos

54 Já com respeito ao que professamos que acontecerá no futuro acerca de Cristo — pois ele há de vir do céu para julgar os vivos e os mortos[138] — não pertence à nossa vida que aqui se passa, porque não se trata daquilo que ele já realizou, mas de quanto se deverá realizar no final dos tempos. Isso pertence ao que o Apóstolo acrescentou, em seguida: "Quando Cristo, vossa vida, se manifestar, então vós também sereis manifestados com ele na glória".[139]

---

[134] Gl 5,24.
[135] Rm 6,4.
[136] Rm 6,4.
[137] Cl 3,1-3.
[138] *Credo apostólico*; cf. Mt 25,31ss.
[139] Cl 3,4.

"Vivos" e "mortos", dois termos que se podem entender de dois modos

55 Pode-se entender de dois modos a afirmação de que Cristo julgará os vivos e os mortos. [No primeiro modo,] entendemos como vivos os que ainda não morreram e que, em sua vinda, Cristo ainda encontrará vivendo nesta carne; já como mortos, os que, antes da vinda dele, já abandonaram ou estejam por abandonar o próprio corpo. [No segundo, entendemos] como vivos os justos, como mortos os injustos, porque também os justos serão julgados.

Às vezes, de fato, o julgamento de Deus é posto em sentido negativo, como quando se tem a afirmação: "Aqueles que praticaram o mal irão para a ressurreição do juízo".[140] Às vezes, é posto também sem sentido positivo, conforme aquilo que foi dito: "Deus, pelo teu nome, salva-me, e em teu poder julga-me".[141]

É certamente pelo julgamento de Deus que se faz a separação dos bons e dos maus. Os bons são separados à direita, para serem livrados do mal, não para que se percam com os maus.[142] Por isso clama o Salmo: "Julga-me, Deus"; e [acrescenta,] como que explicando o que disse: "Defende minha causa contra o povo infiel".[143]

O Espírito Santo e a Igreja, templo de Deus

56 Tendo, porém, dito de Jesus Cristo, Filho único de Deus e Senhor nosso, o que é conforme a brevidade da profissão de nossa fé, acrescentamos, como sabes, que

---
[140] Jo 5,29.
[141] Sl 54,3.
[142] Cf. Mt 25,31-46.
[143] Sl 43,1.

nós cremos também no Espírito Santo, para completar aquela Trindade que é Deus. Depois é lembrada a santa Igreja. Daí, dá-se a entender que a criatura racional que faz parte da Jerusalém livre[144] deveria ser colocada em posição subordinada, após a recordação do Criador, isto é, daquela Trindade suprema, porque tudo aquilo que foi dito do homem Cristo diz respeito à unidade da pessoa do Unigênito.

Assim, a reta ordem da profissão de nossa fé exigia que à Trindade se subordinasse a Igreja — como ao habitante a sua casa, a Deus o seu templo, ao fundador a sua cidade —, que, aqui, deve ser considerada na sua totalidade, não só na parte que peregrina na terra, louvando o nome do Senhor do nascer ao pôr do sol[145] e cantando um cântico novo[146] depois da escravidão antiga, mas também naquela parte que está eternamente em comunhão nos céus com Deus, desde que foi fundada e que nunca experimentou o mal de uma queda sua. Esta se conserva feliz nos santos anjos e auxilia, com o socorro necessário, a parte ainda peregrinante; porque ambas serão a única comunidade da eternidade, embora já sejam uma só pelo vínculo da caridade, sendo ela toda instituída para adorar o único Deus. Daí que nem a Igreja toda inteira, nem uma parte sua quer ser adorada em lugar de Deus. Tampouco quer ser Deus para qualquer um que faça parte do templo de Deus, edificado a partir dos deuses criados pelo incriado Deus.[147]

Por isso, se o Espírito Santo fosse criatura, não Criador, então seria uma criatura racional — essa é, de fato, a su-

---

[144] Cf. Gl 4,26.
[145] Cf. Sl 112,3.
[146] Cf. Ap 5,9.
[147] Cf. Sl 82,6; Jo 10,34-35.

prema criatura — e, assim, não seria posto na regra da fé[148] antes da Igreja. Pois nesse caso, também ele pertenceria à Igreja, naquela parte dela que está nos céus; não possuiria um templo, mas também seria ele próprio um templo. Ele, porém, possui um templo, do qual diz o Apóstolo: "Não sabeis que vossos corpos são templo do Espírito Santo, que mora em vós e que recebestes de Deus?".[149] Desse templo, diz ele em outro lugar: "Não sabeis que vossos corpos são membros de Cristo?".[150] Como, então, o Espírito Santo não seria Deus, que possui um templo, ou como seria inferior a Cristo, que tem seus membros como templo? Tampouco o seu templo é um e outro é templo de Deus, como o Apóstolo o identifica: "Não sabeis que sois templo de Deus?". E acrescenta, para prová-lo: "e que o Espírito de Deus habita em vós?".[151]

Deus, portanto, habita em seu templo; não somente o Espírito Santo o habita, mas também o Pai e o Filho. Este também diz de seu próprio corpo, pelo qual se tornou a cabeça da Igreja que está em meio aos homens[152] — para obter ele mesmo o primado sobre todas as coisas[153] —: "Destruí este templo, e em três dias eu o reerguerei".[154] De fato, o templo de Deus, isto é, de toda a suprema Trindade, é a santa Igreja, toda ela, a saber, a que está no céu e a que está na terra.

---

[148] Isto é, no *Credo*.
[149] 1Cor 6,19.
[150] 1Cor 6,15.
[151] 1Cor 3,16.
[152] Isto é, a Igreja peregrina neste mundo.
[153] Cf. Cl 1,18.
[154] Jo 2,19.

A Igreja celeste

57 Mas da Igreja que está no céu, que podemos afirmar senão que ninguém nela é mau, ninguém, por sua vez, de lá caiu ou cairá? E assim é desde que Deus "não poupou os anjos pecadores, como escreve o apóstolo Pedro, mas os precipitou no lugar do castigo e os entregou aos abismos das trevas, onde estão guardados para o juízo".[155]

Confissão do desconhecimento das diferenças entre os anjos

58 Como, porém, é aquela sociedade beatíssima e superior? Quais são aí as diferenças de disposição hierárquica, já que todos são chamados pelo termo geral de anjos — o que certamente se quis indicar ao ser dito que todos, indistintamente, são chamados anjos, como lemos na Carta aos Hebreus: "Pois a qual dos anjos disse alguma vez: senta-te à minha direita?"[156] —, não obstante haver aí também arcanjos? Também esses mesmos arcanjos são chamados virtudes, e por isso foi dito: "Louvai-o, todos os seus anjos, louvai-o, todas as suas virtudes",[157] como se dissesse: louvai-o, todos os anjos, louvai-o, todos os arcanjos.

E como se diferenciam entre si aqueles quatro vocábulos com que o Apóstolo parece ter abraçado a sociedade celeste toda inteira, ao dizer: "tronos, dominações, principados, potestades?".[158] Digam-no aqueles que o puderem; se, contudo, puderem provar o que dizem. Eu confesso que desconheço todas essas coisas. Não tenho certeza nem

[155] 2Pd 2,4.
[156] Hb 1,13.
[157] Sl 148,2.
[158] Cl 1,16.

mesmo disto: se pertencem àquela sociedade o sol e a lua e todas as estrelas, embora alguns os considerem serem corpos luminosos sem sensibilidade e inteligência.

Não é culpável o desconhecimento de como se dão as manifestações angélicas

59 Igualmente, quem explicará com que corpos os anjos apareceram aos homens, a ponto de não só terem se apresentado visíveis, mas também tangíveis? Por outro lado, como os anjos — não com massa corpórea, mas com poder espiritual — apresentam algumas visões não aos olhos físicos, mas aos olhos espirituais da mente? Ou como dizem alguma coisa não ao ouvido exterior, mas dentro da alma humana, como se eles mesmos estivessem aí, como está escrito no livro dos Profetas: "E disse-me o anjo que falava em mim"[159] — não diz, de fato, "que me falava", mas "em mim"? Ou como aparecem durante o sono, falando como em sonhos, como no Evangelho certamente se diz: "Apareceu-lhe em sonho um anjo do Senhor"?[160]

Esses modos de manifestação como que indicam que os anjos não possuem corpos palpáveis, e suscitam a questão dificílima de como patriarcas lhes tenham lavado os pés,[161] e como Jacó tenha combatido com o anjo tão corporalmente tangível.[162]

Quando se investigam tais coisas — e cada qual conjeture como puder —, não inutilmente se pratica um exercício de inteligência, se emprega uma discussão moderada e se

[159] Zc 1,9.
[160] Mt 1,20.
[161] Cf. Gn 18,4; 19,2.
[162] Cf. Gn 32,29-32.

evita o erro dos que julgam saber aquilo que ignoram. Com efeito, que necessidade há de se afirmar, ou de se negar, ou de se definir de modo arriscado tais ou semelhantes coisas, quando são ignoradas sem culpa?

Mas é necessário discernir quanto às seduções aparentemente boas de Satanás

60 É mais importante saber discernir e julgar quando Satanás se transfigura em anjo de luz,[163] a fim de que, enganando-nos, não nos seduza para qualquer perigo fatal. Pois, quando ele engana os sentidos corporais, mas não demove a mente de um pensamento verdadeiro e reto com o qual o fiel orienta a própria vida, não existe perigo algum para a religião; ou como quando ele, fingindo-se de bom, faz ou diz coisas que correspondem aos anjos bons, mesmo sendo tido como bom, não se trata de um erro pernicioso ou contagioso para a fé cristã.

Quando, no entanto, por essas ações alheias à sua natureza ele começa a arrastar para os seus objetivos, então é preciso grande e indispensável vigilância para reconhecê-lo e não segui-lo. Mas quantos são os homens capazes de subtrair-se a todas as suas mortíferas ciladas sem que Deus os ajude e mantenha? E a própria dificuldade dessa realidade é útil, a fim de que ninguém coloque a própria esperança em si mesmo, ou um homem a coloque em outro, mas todos os seus a coloquem em Deus. Certamente, ninguém dentre os piedosos duvidará de que isso é o que mais nos convém.

---

[163] Cf. 2Cor 11,14.

Cristo não morreu pelos anjos, mas a redenção os envolve

61 Essa, portanto, é parte da Igreja de Deus: formada de santos anjos e de virtudes, que se manifestará a nós quando estivermos unidos a ela no fim, para termos igualmente a felicidade eterna. Mas essa parte da Igreja, que peregrina na terra distante daquela, nos é mais conhecida, pois fazemos parte dela e porque ela é composta de homens, como nós. Pelo sangue do Mediador, que não tinha pecado algum, ela foi redimida de todo pecado, e isto é o que ela diz: "Se Deus é por nós, quem será contra nós? Deus não poupou seu próprio Filho, mas o entregou por todos nós".[164]

De fato, Cristo não morreu em favor dos anjos; não obstante seja também para os anjos o que se realiza pela sua morte, a redenção e a libertação dos homens do mal. Pois, de algum modo, ele faz esses últimos retornarem à amizade com os primeiros, após as hostilidades, geradas pelos pecados, havidas entre os homens e os santos anjos. Além disso, essa redenção mesma dos homens repara os danos daquela queda dos anjos.

Por Cristo é restaurada a paz entre o céu e a terra

62 Efetivamente, os anjos santos, instruídos por Deus — em cuja eterna contemplação da verdade são felizes —, conhecem o número suplementar de quantos do gênero humano aquela cidade celeste aguarda para estar completa. Por isso, o Apóstolo disse do desígnio de "recapitular tudo em Cristo, o que existe no céu e na terra".[165] São recapituladas, certamente, as coisas do céu quando o que

---

[164] Rm 8,31.
[165] Ef 1,10.

aí se rompeu entre os anjos é restaurado entre os homens. São recapituladas, por outro lado, as coisas da terra quando os próprios homens, predestinados à vida eterna, são regenerados da antiga corrupção.

Assim, por aquele singular sacrifício — único, [embora] prefigurado na Lei por muitas vítimas — no qual o Mediador foi imolado, foram pacificadas as coisas do céu com as da terra e as coisas da terra com as do céu. Porque, como diz o mesmo Apóstolo: "Deus quis fazer habitar nele toda a plenitude e, por ele, reconciliar tudo consigo, pacificando pela cruz dele tanto o que há na terra como o que há no céu".[166]

Mas a paz celeste supera a nossa compreensão

63 Essa "paz supera", como está escrito, "todo entendimento";[167] não pode ser conhecida por nós a não ser quando a tivermos alcançado. Como, pois, serão pacificadas as coisas do céu a não ser entre nós, isto é, reencontrando a concórdia entre nós? Lá em cima, de fato, sempre há paz, tanto entre todas as criaturas racionais como entre estas e seu Criador; uma paz, como foi dito, que "supera todo entendimento", mas certamente o nosso entendimento, não o daqueles que contemplam sempre a face do Pai.[168]

Nós, porém, por maior que seja a nossa própria inteligência humana, conhecemos parcialmente, e por ora vemos como por um espelho e de modo enigmático.[169] Mas quando formos iguais aos anjos de Deus,[170] então, como eles, vere-

---

[166] Cl 1,19-20.
[167] Cf. Fl 4,7.
[168] Cf. Mt 18,10.
[169] Cf. 1Cor 13,9.12.
[170] Cf. Lc 20,36.

mos face a face, e teremos tanta paz com eles mesmos quanto também eles conosco; pois os amaremos tanto quanto somos por eles amados. Assim, a paz deles será conhecida por nós, pois a nossa será tal e tamanha qual a deles. A paz não superará, então, o nosso entendimento. Mas a paz de Deus, que lá há para nós, superará, sem dúvida, a nossa inteligência e a deles.

De fato, toda criatura racional que é feliz recebe de Deus a felicidade, não ele a recebe da criatura. Desse ponto de vista, se entende melhor o que está escrito: "A paz de Deus supera todo entendimento", de modo que, dizendo "todo entendimento", não se pudesse excetuar o entendimento dos santos anjos, mas só o de Deus. De fato, a paz de Deus não supera o seu entendimento.

Nesta vida, nem mesmo os santos vivem sem pecado

64 Os anjos, todavia, concordam conosco também agora, quando são redimidos os nossos pecados. Por isso, após a menção da santa Igreja, segue, na ordem da nossa profissão de fé, o perdão dos pecados. Por esse perdão é que a Igreja que está na terra se mantém. Por esse perdão não perece o que antes estava perdido e foi encontrado.[171]

Com efeito, prescindindo do dom do batismo que foi dado contra o pecado original, a fim de que o que foi contraído pela geração seja removido pela regeneração — embora ele elimine também todos os pecados atuais, quaisquer que se encontrem em nós, cometidos em pensamento, palavras e ações —; prescindindo, então, [eu disse,] desse grande favor a partir do qual se inicia a renovação do homem, na qual se

---

[171] Cf. Lc 15,32.

é libertado de toda culpa, tanto a inata quanto a adquirida, não se conduz o resto da própria vida, já em idade de uso da razão, por mais que alguém seja forte na fecundidade da justiça, sem o perdão dos pecados, porque os filhos de Deus, enquanto vivem como mortais, conflitam com a morte.

E embora seja justamente dito acerca destes que "Todos aqueles que se deixam conduzir pelo Espírito de Deus, estes são filhos de Deus",[172] todavia eles são impelidos pelo Espírito de Deus — e como filhos de Deus progridem rumo a Deus — de modo que, como filhos do homem, rebaixem-se, por alguns impulsos humanos, a si mesmos também na sua alma, sobretudo porque oprimida pelo corpo corruptível,[173] e, por isso, pequem.

Há, contudo, esta grande diferença: pois, de fato, não porque todo delito é pecado, então todo pecado é também um delito. Por isso, dizemos que a vida dos santos homens, enquanto vivem nesta condição de morte, pode ser achada sem delito; mas, "se dissermos que não temos pecado", diz o grande apóstolo, "enganamo-nos e a verdade não está em nós".[174]

A Igreja administra a penitência e a penitência é para o perdão

65 Mas — quanto a esses mesmos delitos a serem perdoados na santa Igreja, por graves que sejam — aqueles que praticam uma penitência adequada ao próprio pecado não devem desesperar da misericórdia de Deus. Na prática da penitência de um pecado, porém, que foi cometido

---

[172] Rm 8,14.
[173] Cf. Sb 9,15.
[174] 1Jo 1,8.

de tal modo que tenha separado o seu autor até mesmo do corpo de Cristo, não se deve levar em conta tanto a medida temporal quanto a da dor; pois Deus não despreza um coração contrito e humilhado.[175]

Mas porque, geralmente, a dor do coração de alguém permanece oculta ao coração de outro, nem chega ao conhecimento de outros por palavras ou por quaisquer outros sinais, mas está diante daquele a quem se diz: "meu gemido não te é oculto",[176] aqueles que presidem as Igrejas justamente estabeleceram os tempos da penitência, para que seja satisfatória também diante da Igreja, na qual tais pecados são perdoados. Fora dela, certamente, eles não são perdoados; pois somente ela recebeu como garantia o Espírito Santo,[177] sem o qual pecado algum é perdoado, de maneira que aqueles a quem são perdoados consigam a vida eterna.

A remissão dos pecados nesta vida é em vista do julgamento futuro

66 É mais por causa do julgamento futuro que se dá o perdão dos pecados nesta vida, para cuja extensão vale o que foi escrito: "Pesado jugo para os filhos de Adão, desde o dia em que saem do ventre de sua mãe até o dia da sepultura na mãe de todos",[178] de modo que vejamos que também as crianças, mesmo após o lavacro da regeneração, são afligidas pelo tormento de diversos males. Isso para que entendamos que tudo o que é realizado pelos sacramentos

---

[175] Cf. Sl 50(51),19.
[176] Sl 38,10.
[177] Cf. 2Cor 1,22.
[178] Eclo 40,1, conforme o *textus receptus* hebraico.

salutares diz respeito mais à esperança dos bens futuros que à retenção ou à aquisição de bens presentes.

Embora muitos pecados pareçam ser ignorados nesta vida, sem serem punidos por qualquer castigo, as penas deles, na verdade, estão reservadas para o futuro — não em vão, de fato, é chamado dia do juízo aquele em que há de vir o juiz dos vivos e dos mortos —; assim como, pelo contrário, alguns pecados são punidos nesta vida, e se, todavia, são perdoados, certamente no mundo futuro não serão prejudiciais.

A respeito de certas penas temporais que são impostas nesta vida aos pecadores — àqueles dos quais os pecados são cancelados para que não se conservem até o fim —, diz o Apóstolo: "Se nos examinássemos a nós mesmos, não seríamos julgados pelo Senhor. Mas, julgados pelo Senhor, nos corrigimos para não sermos condenados com este mundo".[179]

A fé de um batizado, para ser viva e salvar, age bem pela caridade

67 Alguns creem que também aqueles que não abandonam o nome de Cristo — e são batizados em seu lavacro na Igreja, nem estão separados desta por algum cisma ou heresia —, ainda que vivam em meio a delitos tais que nem a penitência dissolve, nem a esmola redime, mas que muito pertinazmente permanecem neles até o último dia desta vida, salvar-se-ão pelo fogo; isto é, serão punidos segundo a gravidade das perversidades e dos malfeitos por um fogo prolongado, embora não eterno.

---

[179] 1Cor 11,31-32, pouco distinto tanto da *Vulgata* quanto da LXX.

Mas aqueles que creem nisso, mesmo sendo católicos, me parece que se enganam por certa benevolência humana. De fato, consultada a divina Escritura, esta diz outra coisa. Sobre essa questão, porém, escrevi um livro cujo título é *A fé e as obras*. Nele, segundo as santas Escrituras, demonstrei, quanto pude com a ajuda de Deus, que a fé que salva é aquela que o apóstolo Paulo descreveu com suficiente clareza, dizendo: "Com efeito, em Jesus Cristo, não contam nem a circuncisão, nem a incircuncisão, mas a fé que age mediante a caridade".[180] Se, porém, ela não age bem, age mal, sem dúvida, [e,] conforme afirma o apóstolo Tiago, "está completamente morta".[181] Ele diz novamente: "Se alguém diz que tem fé, mas não tem obras, poderá a fé salvá-lo?".[182]

Se, pois, um homem facínora será salvo pelo fogo apenas pela fé, entendendo assim o que diz o beato Paulo: "mas ele mesmo será salvo, como que através do fogo",[183] então a fé poderá salvar sem as obras, e será falso o quanto afirmou seu coapóstolo Tiago. Também será falso aquilo que o mesmo Paulo disse: "Não vos iludais: nem libertinos, nem idólatras, nem adúlteros, nem efeminados, nem sodomitas, nem ladrões, nem gananciosos, nem beberrões, nem maldizentes, nem estelionatários possuirão o Reino de Deus".[184] Se, portanto, os que perseveram em tais crimes serão, assim mesmo, salvos por causa da fé em Cristo, como não estarão no Reino de Deus?

---

[180] Gl 5,6.
[181] Tg 2,17.
[182] Tg 2,14.
[183] 1Cor 3,15.
[184] 1Cor 6,9-10.

Como entender a salvação pelo fogo

68 Mas porque esses testemunhos apostólicos absolutamente explícitos e evidentes não podem ser falsos, aquilo que foi expresso de maneira obscura a propósito daqueles que constroem sobre o fundamento que é Cristo não com ouro, prata e pedras preciosas, mas com madeira, feno e palha[185] — sobre esses foi dito que, atravessando o fogo, serão salvos, porque não hão de perecer graças ao mérito do fundamento —, deve ser entendido de modo a não contradizer esses textos tão explícitos.

Certamente, madeira, feno e palha não sem razão podem significar desejos tais pelas coisas do mundo que, embora licitamente concedidas, não podem ser perdidas sem que a alma experimente dor. Quando, porém, essa dor queima, se Cristo ocupar no coração um lugar fundamental, isto é, que nada se anteponha a ele, e o homem que é queimado por tal dor preferir privar-se dessas coisas que tanto ama, mais do que de Cristo, então ele se salva pelo fogo. Se, porém, no tempo da tentação, preferir possuir mais as coisas temporais e mundanas do que a Cristo, então não o teve como fundamental, porque considerou aquelas coisas em primeiro lugar, já que num edifício nada é mais importante do que o fundamento.

O fogo, de fato, do qual o Apóstolo falou naquela passagem deve ser interpretado tal como aquele pelo qual ambos transitem, quer dizer, tanto aquele que edifica sobre esse fundamento com ouro, prata e pedras preciosas como aquele que edifica com madeira, feno e palha. Pois, tendo afirmado isso, acrescentou: "o fogo provará qual é a obra de cada um;

---

[185] Cf. 1Cor 3,11-12.

se permanecer a obra que edificou, receberá a recompensa; mas aquele cuja obra for queimada sofrerá o prejuízo, mas ele mesmo será salvo, como que através do fogo".[186] O fogo, então, provará não a obra de um só deles, mas a de ambos.

A prova da tribulação é uma espécie de fogo, sobre o qual se escreveu claramente em outro lugar: "Como o forno prova os vasos do oleiro, assim é a prova da tribulação para os justos".[187] Esse fogo realiza nesta vida aquilo que o Apóstolo afirmou a propósito de dois fiéis, a saber: um pensa nas coisas de Deus, em como agradar a Deus, isto é, construindo sobre Cristo como fundamento com ouro, prata e pedras preciosas; mas o outro pensa nas coisas do mundo, em como agradar à esposa,[188] ou seja, edifica sobre o mesmo fundamento com madeira, feno e palha.

A obra do primeiro não é queimada porque não amou coisas cuja perda o atormentaria. É queimada, porém, a obra do segundo, porque não sem dor perecem as coisas possuídas com amor. Mas, porque, se postas a esse homem ambas as situações, preferiria privar-se mais daquelas coisas terrenas do que de Cristo, nem se afastaria de Cristo por medo de perder tais coisas, embora sofra ao perdê-las, certamente se salvaria, porém "como que através do fogo", porque o queima a dor das coisas perdidas que amava, sem, no entanto, abatê-lo ou destruí-lo, munido da solidez e incorrupção do fundamento.

---

[186] 1Cor 3,13-15.
[187] Eclo 27,6; cf. 2,5.
[188] Cf. 1Cor 7,32-33.

O fogo que purifica na eternidade

69 Não é incrível, todavia, que algo do gênero aconteça depois desta vida, e se pode indagar — bem como se isto é certo ou dúbio — se alguns fiéis sejam salvos por certo fogo purificador, de maior ou menor duração, conforme o amor maior ou menor que tiveram por bens passageiros. Não se aplica isso, no entanto, àqueles fiéis dos quais foi dito que "não possuirão o Reino de Deus",[189] a menos que, por penitência adequada, sejam perdoados seus delitos.

Falei de uma penitência adequada, para que não sejam estéreis nas esmolas a que tanta importância dá a Escritura divina, a ponto de o Senhor proclamar que classificará, unicamente pelo seu fruto, quem se sentará à sua direita e, unicamente pela sua esterilidade, quem se sentará à sua esquerda, quando lhes disser: "'Vinde, benditos de meu Pai! Recebei em herança o Reino',[190] mas aos outros dirá: 'Ide para o fogo eterno'".[191]

Sem conversão, esmolas são insuficientes para o perdão de delitos

70 Com razão, é preciso guardar-se bem de pensar que aqueles inomináveis delitos, como os que são cometidos por aqueles que "não possuirão o Reino de Deus", são cotidianamente praticados e, com as esmolas, cotidianamente redimidos.

Na verdade, é preciso que a vida seja mudada para melhor e que, pelas esmolas, Deus torne-se propício quanto aos

---

[189] Cf. 1Cor 6,10.
[190] Mt 25,34.
[191] Mt 25,41.

pecados passados, não como que comprado para que sempre se possa impunemente cometê-los. De fato, "a ninguém ele deu licença para pecar",[192] embora, na sua misericórdia, apague os pecados já cometidos, caso não se negligencie a satisfação correspondente.

A oração do Pai-nosso é suficiente para o perdão de pecados leves

71 Quanto, porém, aos cotidianos pecados breves e leves, sem os quais não se leva esta vida, os repara a cotidiana oração dos fiéis — que o Pai já regenerou pela água e pelo Espírito Santo[193] —, dos quais é próprio dizer: "Pai nosso que estás nos céus".[194] Essa oração apaga completamente os pecados mínimos e cotidianos. Apaga também aqueles dos quais, mesmo se feitos ímpios, a vida dos fiéis se separa, sendo mudada para melhor pela penitência. Assim, como verdadeiramente se diz: "Perdoa as nossas ofensas" — porque não faltam ofensas para ser perdoadas —, verdadeiramente se diga: "assim como nós perdoamos a quem nos tem ofendido",[195] isto é, que se faça o que se diz: porque perdoar a quem pede perdão é também uma forma de esmola.

Os muitos tipos de esmola

72 Por essa razão, isto que o Senhor disse: "Dai esmola, e tudo ficará puro para vós",[196] vale para todas

---

[192] Cf. Eclo 15,21.
[193] Cf. Jo 3,5.
[194] Mt 6,9.
[195] Cf. Mt 6,12.
[196] Lc 11,41.

as obras que se fazem com útil misericórdia. Dá esmola, então, não apenas quem oferece comida ao faminto, bebida ao sedento, veste a quem está nu, hospedagem ao peregrino, esconderijo ao fugitivo, visita ao doente ou ao preso, liberdade ao prisioneiro, correção ao fraco, guia ao cego, consolação ao triste, cura ao doente, orientação a quem erra, conselho a quem duvida e o que for necessário a quem quer que precise, mas também quem oferece perdão ao pecador.

Igualmente, dá esmola aquele que corrige com severidade quem está sob sua autoridade, ou lhe impõe alguma disciplina, mas que, no entanto, perdoa de coração o pecado daquele pelo qual foi prejudicado ou ofendido, ou reza para que o mesmo lhe seja perdoado. Ele dá esmola não só por perdoar e rezar, mas também por corrigir e repreender com alguma pena corretiva, pois oferece misericórdia.

Muitos bens, de fato, são concedidos a alguns contra sua vontade quando se tem em vista o seu bem, não sua vontade; porque se vê que são inimigos de si mesmos, enquanto são mais amigos deles aqueles que eles consideram inimigos; assim, errando, retribuem o bem com o mal; mas o cristão não deve retribuir nem mesmo o mal com o mal.[197] Enfim, há muitas espécies de esmolas com que, ao dá-las, somos ajudados para que nossos pecados sejam perdoados.

Mas o maior deles é o perdão

73 Mas nenhuma delas é maior do que o perdoarmos de coração àquele que pecou contra nós. É menos importante, com efeito, desejar o bem ou mesmo fazer o bem àquele que nada fez de mal contra ti. Mas é muito mais

[197] Cf. Mt 5,44-47; Rm 12,17-21.

importante, e da mais sublime bondade, que ames também o teu inimigo, e que queiras sempre o bem e faças o que puderes de bom àquele que te deseja o mal e, se puder, o pratica contra ti. Isso é ouvir Jesus, que diz: "Amai os vossos inimigos, fazei o bem aos que vos odeiam e orai por aqueles que vos perseguem!".[198]

Mas porque isso é próprio dos filhos perfeitos de Deus, perfeição a que todo fiel deve tender e a cujo desejo deve orientar o espírito humano, orando a Deus, esforçando-se e lutando [consigo mesmo], todavia — porque tão grande bem não é comum em uma multidão igualmente grande quanto a que cremos ser ouvida quando se diz na oração: "Perdoa as nossas ofensas, assim como nós perdoamos a quem nos tem ofendido"[199] —, sem dúvida, as palavras desse compromisso são cumpridas quando o homem que ainda não progrediu a ponto de já amar o [próprio] inimigo ao menos perdoa de coração, quando aquele que ofendeu esse homem lhe implora para ser perdoado; porque também, certamente, quem implora para si o perdão quer ser perdoado, quando reza, dizendo: "assim como nós perdoamos a quem nos tem ofendido", isto é: perdoa as nossas ofensas a nós que te imploramos, assim como nós perdoamos a quem nos tem ofendido e implora nosso perdão.

Quem não perdoa pede para não ser perdoado

74 Na verdade, aquele que pede perdão ao homem a quem ofendeu — se quem o pede é movido por seu próprio pecado — não deve mais ser considerado inimigo, de

---

[198] Mt 5,44.
[199] Mt 6,12.

modo que seja difícil amá-lo assim como era difícil quando se estava sob o peso da inimizade. Quem, porém, não perdoa de coração nem a quem, arrependido do próprio pecado, lhe pede perdão não se iluda de modo algum que os seus pecados sejam perdoados pelo Senhor; pois a verdade não pode mentir. Porventura, a quem ouve ou lê o Evangelho é desconhecido aquele que disse: "Eu sou a Verdade"?[200]

Tendo ensinado a oração, ele recomendou enfaticamente essa sentença, acrescentada à oração: "De fato, se vós perdoardes aos homens as suas faltas, vosso Pai que está nos céus também vos perdoará as vossas faltas. Mas, se vós não as perdoardes aos homens, vosso Pai também não perdoará as vossas faltas".[201] Quem não se abala com um tal trovão não está dormindo, mas está morto. Todavia, ele tem o poder de ressuscitar também os mortos.

A esmola é inútil para quem não se emenda

75 Realmente, os que vivem da maneira mais perversa nem se preocupam em corrigir a conduta de tal vida, mesmo que não deixem de distribuir constantemente esmolas em meio aos próprios crimes e maldades, inutilmente se consolam com isto que o Senhor diz: "Dai esmola, e tudo ficará puro para vós". De fato, não compreendem o alcance dessa expressão. Mas para que a compreendam, considerem a quem o disse.

Sem sombra de dúvida, no Evangelho, foi assim escrito: "Enquanto Jesus estava falando, um fariseu o convidou para jantar em sua casa. Tendo entrado, Jesus se pôs à mesa. Mas

---

[200] Jo 14,6.
[201] Mt 6,14-15.

o fariseu, pensando consigo, começou a perguntar-se por que ele não tinha feito a ablução [ritual] antes da refeição. O Senhor disse-lhe: 'Vós, fariseus, limpais por fora o copo e a travessa, mas o vosso interior está cheio de roubo e maldade. Insensatos! Aquele que fez o exterior não fez também o interior? Antes, dai em esmola o que está dentro, e tudo ficará puro para vós'".[202]

Entenderemos isso como se tudo fosse puro para os fariseus — que não têm fé em Cristo, isto é, que não creram nele e não renasceram da água e do Espírito Santo —, só porque deram esmolas, assim como esses pecadores julgam que elas devam ser dadas? São impuros todos quantos não purificam a fé de Cristo, da qual foi escrito que "purificou o coração deles mediante a fé";[203] e o Apóstolo diz: "Para os impuros e incrédulos, nada é puro; até o seu pensamento e sua consciência estão manchados".[204] Como, então, tudo seria puro para os fariseus, que davam esmolas, mas não eram fiéis? Ou como seriam fiéis, quando não quiseram crer em Cristo e renascer em sua graça? Todavia, é verdade aquilo que tinham ouvido: "Dai esmola, e eis que tudo ficará puro para vós".

A primeira esmola é ser misericordioso para consigo mesmo

76 Quem quiser dar esmola ordenadamente deve começar consigo mesmo e dá-la em primeiro lugar a si próprio. De fato, a esmola é uma obra de misericórdia, e verdadeiramente foi dito: "Pratica misericórdia com tua

[202] Lc 11,37-41.
[203] At 15,9.
[204] Tt 1,15.

alma agradando a Deus".[205] Por isso renascemos, para agradar a Deus, a quem justamente desagrada o pecado que contraímos ao nascer.

Essa é a primeira esmola que oferecemos, já que, graças à misericórdia de Deus compassivo, descobrimo-nos miseráveis nós mesmos, confessando o seu justo julgamento — pelo qual nos tornamos miseráveis e acerca do qual diz o Apóstolo: "o pecado de um só provocou um julgamento de condenação"[206] — e dando-lhe graças por sua grande caridade, da qual esse mesmo Apóstolo, pregador da graça, diz: "A prova de que Deus nos ama é que Cristo morreu por nós, quando éramos ainda pecadores";[207] para que nós, julgando segundo a verdade da nossa miséria e amando a Deus com a caridade que ele mesmo nos deu, vivamos religiosa e retamente.

Enquanto preteriam o julgamento e o amor de Deus, os fariseus ofereciam, na verdade, o dízimo através das esmolas que davam, mesmo que fosse o mínimo de suas rendas, e, apesar disso, não davam esmolas começando por si mesmos e praticando a misericórdia primeiramente consigo mesmos. Em vista dessa ordem da caridade, foi dito: "Amarás teu próximo como a ti mesmo!".[208]

Tendo-os censurado porque se lavavam por fora, enquanto no interior estavam cheios de rapina e iniquidade, o Senhor advertiu que a esmola que purifica interiormente é aquela que o homem deve dar em primeiro lugar a si próprio, dizendo: "Antes, dai esmola do que está dentro, e eis que tudo ficará puro para vós".

---

[205] Eclo 30,24.
[206] Rm 5,16.
[207] Rm 5,8.
[208] Lc 10,27.

Em seguida, para demonstrar o que advertira e o que eles não se preocupavam em fazer, para que não pensassem que ele ignorava as suas esmolas, disse: "Ai de vós, fariseus!", como se dissesse: "Admoestei-vos eu mesmo sobre a esmola que deveríeis dar, pela qual tudo será puro para vós: 'Mas ai de vós que pagais o dízimo da hortelã, da erva-doce e do cominho', de fato conheço essas vossas esmolas, não penseis que minha admoestação agora se refira àquelas coisas; 'mas deixais de lado a justiça e o amor de Deus',[209] a esmola com a qual podeis ser purificados de toda contaminação interior, para que vos sejam puros os corpos que lavais". Pois isso é *tudo*, ou seja, tanto o interior quanto o exterior, como se lê em outra parte: "Limpai o que está dentro, e o que está fora ficará limpo".[210] Mas, para não dar a impressão de desprezar aquelas esmolas que são resultado dos frutos da terra, disse: "Isso é que deveríeis praticar", e é este o julgamento e o amor de Deus: "sem negligenciar aquilo",[211] isto é, as esmolas dos frutos da terra.[212]

A permanência nos próprios pecados torna a esmola inútil para aquele que a dá

77 Não se enganem, pois, aqueles que, mediante polpudas esmolas tiradas de seus produtos ou mesmo do dinheiro, creem comprar para si a impunidade de continuarem na crueldade dos crimes e na devassidão dos vícios. Pois esses tais não se limitam apenas a cometer tais pecados,

---

[209] Lc 11,42.
[210] Mt 23,26.
[211] Lc 11,42.
[212] Ou seja, praticar a esmola interior que purifica a exterior. O dever de ocupar-se da primeira não isenta do praticar a segunda, aliás, é o que dá sentido a esta.

mas os amam a ponto de sempre escolher permanecer neles, desde que possam fazê-lo impunemente.

Quem, no entanto, ama a iniquidade odeia a sua alma,[213] e quem odeia a sua alma não é misericordioso, mas cruel para com ela. Amá-la segundo o mundo é certamente odiá-la segundo Deus. Portanto, se alguém quer dar à sua alma uma esmola pela qual tudo seja puro para ele, a odiará segundo o mundo e amará segundo Deus. Ninguém, todavia, dá uma esmola qualquer sem que receba o poder dá-la daquele que de nada necessita. Por isso foi dito: "Sua misericórdia me precederá".[214]

Não é o arbítrio humano que determina quais pecados são leves e quais são graves

78 Mas quais são os pecados leves e quais são os pecados graves, não se deve pensar conforme o julgamento humano, e sim conforme o divino. Sabemos, de fato, que também pelos mesmos Apóstolos foi concedido perdoar algumas ações, como quando o venerável Paulo disse aos cônjuges: "Não vos recuseis um ao outro, a não ser de comum acordo e por algum tempo, para vos entregardes à oração; e voltai em seguida à convivência normal, para que Satanás não vos tente por vossa falta de domínio próprio".[215] Poder-se-ia pensar que isto não seja pecado, isto é, a união conjugal realizada não para a procriação dos filhos, que é um bem do casamento, mas sim para o prazer carnal, de modo que quem tenha uma frágil capacidade de domínio possa evitar o mal funesto da fornicação, seja em caso de

---

[213] Cf. Sl 11,5.
[214] Sl 59,11.
[215] 1Cor 7,5.

adultério ou de mal de qualquer outra espécie de impureza mortífera — o que é vergonhoso até mesmo mencionar —, que pode arrastar a concupiscência pela tentação de Satanás.

Poder-se-ia pensar, como eu disse, que isso não é pecado, se não tivesse dito: "O que acabo de dizer é uma concessão, não uma ordem".[216] Quem, no entanto, poderá negar que é um pecado quando a autoridade apostólica reconhece que é feita uma concessão para quantos o cometam?

Tal certamente é o caso em que se diz: "Ousará algum de vós, tendo uma questão contra outro, entrar na justiça perante os injustos, em vez de recorrer aos santos?".[217] E um pouco adiante: "Portanto, se tiverdes questões deste mundo, estabelecei como juízes aqueles sem autoridade na Igreja. Digo isso para vossa vergonha! Não há entre vós alguém sábio que possa ser juiz entre irmãos? Mas irmão contra irmão vai a juízo, e isso perante infiéis!".[218] Pois também aqui se poderia pensar que não é pecado o ter um conflito com outro, mas somente o querer ser julgado fora da Igreja, se em seguida o Apóstolo não tivesse acrescentado: "Já é uma grande falta haver processos entre vós".[219]

Para que ninguém, assim, se justificasse dizendo que a própria causa é justa e que sofria uma injustiça, da qual queria livrar-se por uma sentença dos juízes, o Apóstolo foi de imediato de encontro a tais pensamentos e desculpas, dizendo assim: "Por que não tolerais, antes, a injustiça? Por que não tolerais antes ser prejudicados?".[220] Voltemo-nos, assim, às palavras do Senhor, que diz: "Se alguém quiser

---

[216] 1Cor 7,6.
[217] 1Cor 6,1.
[218] 1Cor 6,4-6.
[219] 1Cor 6,7.
[220] 1Cor 6,7.

abrir um processo para tomar a tua túnica, dá-lhe também o manto!".[221] E em outro lugar: "Se alguém tirar do que é teu, não queiras pedir de volta".[222]

O Senhor proibiu, desse modo, que os seus tivessem conflitos com outros homens sobre questões seculares. A partir desse ensinamento, o Apóstolo diz o que constitui culpa. No entanto, quando estabelece que tais controvérsias sejam definidas na Igreja, com irmãos julgando entre irmãos, mas o proíbe rigorosamente fora da Igreja, torna-se manifesto, também aqui, o que é oferecido como concessão a quem é fraco.

Por causa desses e de pecados semelhantes, e de outros mesmo menores que esses, que se dão por faltas em palavras e pensamentos, como o apóstolo Tiago confessa, dizendo: "De fato, todos tropeçamos em muitas coisas",[223] é necessário que diária e frequentemente rezemos ao Senhor e digamos: "Perdoa-nos as nossas dívidas", e não mentimos naquilo que segue: "assim como nós perdoamos aos nossos devedores".[224]

Há pecados que podem parecer leves, mas são graves

79 Há, porém, alguns pecados que se considerariam como levíssimos se nas Escrituras divinas não se demonstrassem como mais graves do que se crê. Quem, de fato, consideraria réu da Geena aquele que diz a seu irmão "louco", se não o dissesse a própria Verdade?[225] Todavia, a Verdade mesma imediatamente ofereceu o remédio para a ofensa, acrescentando o preceito da reconciliação fraterna;

---

[221] Mt 5,40.
[222] Lc 6,30.
[223] Tg 3,2.
[224] Mt 6,12.
[225] Cf. Mt 5,22.

de fato, em seguida diz: "Portanto, quando estiveres levando a tua oferenda ao altar e ali te lembrares de que teu irmão tem algo contra ti",[226] e assim por diante.

Ou quem consideraria qual grande pecado seja o observar dias, meses, anos e tempos, como os observam aqueles que querem ou não começar algo em certos dias, ou meses, ou anos, por considerarem faustos ou infaustos os tempos segundo os vãos ensinamentos dos homens,[227] se não pensássemos na grandeza de tal mal a partir do temor do Apóstolo, que diz a esses tais: "Temo por vós, pois receio que me tenha afadigado inutilmente entre vós!"?[228]

E parecem leves pelo costume de se praticá-los

80 A isso se acrescenta que os pecados, embora graves e terríveis, quando passaram a costumeiros, sejam considerados ou pequenos ou inexistentes, a ponto de não somente parecer que não devam ser ocultados, mas também que se deva celebrá-los e divulgá-los, como está escrito, "o pecador se gloria dos desejos de sua alma e fala bem de quem pratica iniquidades".[229]

Nos Livros divinos, tais iniquidades são designadas *clamor*, como tens [um exemplo] no profeta Isaías, no caso da vinha má: "Esperei que se fizesse justiça, mas houve iniquidade, e não só injustiça, mas clamor".[230] Assim também aquilo que está no Gênesis: "O clamor de Sodoma e de Gomorra cresceu";[231] pois aí aqueles ultrajes não só não

---

[226] Mt 5,23.
[227] Cf. Cl 2,22.
[228] Gl 4,11.
[229] Sl 9,24 (10,3).
[230] Is 5,7.
[231] Gn 18,20.

eram punidos, mas também eram repetidos publicamente, como por lei.

Assim, em nossos dias, então, muitos males, embora não tais quais os de Sodoma e Gomorra, já se tornaram abertamente costumeiros, a ponto de não só não ousarmos excomungar um leigo, mas nem mesmo rebaixar um clérigo. Por isso, quando comentei, alguns anos atrás,[232] a Epístola aos Gálatas, sobre essa mesma passagem em que o Apóstolo diz: "Temo por vós, pois receio que me tenha afadigado inutilmente entre vós",[233] fui impelido a afirmar: "Ai dos pecados dos homens,[234] dos quais nos horrorizamos somente quando não são costumeiros; mas os costumeiros, para cuja purificação foi derramado o sangue do Filho de Deus, por maiores que sejam e lhes causem o fechamento do Reino de Deus, vendo-os, muitas vezes somos obrigados a tolerá-los e, tolerando-os, muitas vezes até somos levados a praticar algum desses! Oxalá, ó Senhor, não pratiquemos todos os que não pudermos impedir!"[235]

Mas percebi que um desgosto excessivo me impelira a dizer algo incautamente.

Ignorância e fraqueza:
causas insuperáveis de pecado sem a graça

81 Agora direi coisas que já disse muitas vezes em outras partes de meus opúsculos: pecamos por dois motivos, seja porque não vemos o que devemos fazer, seja porque não fazemos aquilo que vemos que devemos fazer;

---

[232] Em 394/395.
[233] Gl 4,11.
[234] Cf. Is 1,4.
[235] Cf. *exp. Gal.* 35 [PatrPaulus 25, 2009, 117].

no primeiro dos dois casos, há o mal da ignorância, no outro, o da fraqueza. Convém-nos, certamente, lutar contra eles. Mas evidentemente somos vencidos se não somos ajudados por Deus, de modo a não só vermos o que deve ser feito, mas também, com a saúde restaurada, para que o amor pela justiça vença em nós os amores por aquelas coisas pelas quais pecamos com claro conhecimento, ou desejando possuí-las ou temendo perdê-las. Nesse caso, já não somos apenas pecadores, como o éramos quando pecávamos por ignorância, mas também transgressores da lei, uma vez que já sabemos que não fazemos aquilo que se deve fazer ou fazemos aquilo que não se deve fazer.

Por isso devemos rezar para que nos perdoe não somente se tivermos pecado — razão pela qual dizemos: "Perdoa-nos as nossas dívidas, assim como nós perdoamos aos nossos devedores" —, mas também para que nos sustente para que não pequemos; por isso dizemos: "E não nos deixes cair em tentação".[236] Assim devemos rezar àquele de quem se diz no Salmo: "O Senhor é minha luz e minha salvação";[237] para que a luz suprima a ignorância; e a salvação, a fraqueza.

A penitência é dom divino

82 Porque a própria penitência, quando tem motivo suficiente para que se faça, segundo o costume da Igreja, muitas vezes não é feita por fraqueza, porque também é vergonha o medo de desagradar, enquanto a estima dos homens apraz mais do que a justiça, pela qual alguém se humilha penitenciando-se. Por isso a misericórdia de Deus

[236] Mt 6,12-13.
[237] Sl 27,1.

é necessária não somente quando se faz penitência, mas também para que se faça. Caso contrário, o Apóstolo não teria dito, a respeito de certas pessoas: "que Deus lhes dê a penitência";[238] e para que Pedro chorasse amargamente, o evangelista antecipou-se, dizendo: "Então o Senhor se voltou e olhou para ele".[239]

O pecado contra o Espírito Santo

83 Mas quem não crê que, na Igreja, os pecados são perdoados, despreza a tão grande generosidade do dom divino, e com esta obstinação da mente encerra o último dia, é réu daquele pecado imperdoável contra o Espírito Santo[240] no qual Cristo perdoa os pecados. Abordei essa questão difícil em um breve escrito específico, com toda a clareza de que fui capaz.

A ressurreição da carne

84 Quanto, porém, à ressurreição da carne, não como a de quem reviveu para depois morrer de novo, mas como ressurreição para a vida eterna, assim como a carne do próprio Cristo ressuscitou, não encontro modo de tratar brevemente e de responder a todas as questões que se costumam levantar a esse respeito. Todavia, o cristão deve absolutamente duvidar de que ressurgirá a carne de todos os homens, dos que nasceram e dos que hão de nascer, dos que morreram e dos que hão de morrer.

---

[238] 2Tm 2,25.
[239] Lc 22,61.
[240] Cf. Mt 12,32.

SANTO AGOSTINHO

Os fetos abortados

85 Por isso, em primeiro lugar surge a questão dos fetos abortados, que certamente já nasceram no seio materno, mas não ainda de modo que possam renascer. Porque, se disséssemos que hão de ressuscitar, isso poderia ser aceito que se diga daqueles que já se formaram, mas os abortos informes, quem não tenderia mais a considerar que perecem, como sementes que ainda não foram fecundadas?

Mas quem ousará negar — embora não ouse afirmar — que a ressurreição atuará de modo a complementar o que quer que falte à forma física, e assim não falte a perfeição a que chegaria com o tempo — como não haverá vícios que teria no tempo —, e a sua natureza não seja defraudada naquela conveniência e harmonia a que o tempo teria conduzido, nem enfeada por aquilo de infortúnio e hostil que o tempo tivesse causado, mas se complete o que ainda não era completo, assim como será reparado o que fora viciado?

O início da vida humana

86 Por isso, pode, certamente com o maior cuidado, ser investigado e discutido entre os mais doutos quando se inicia a vida humana no útero, e se há alguma forma de vida, mesmo que oculta, que ainda não se manifesta pelas atividades próprias de um ser vivente — o que não sei se pode ser descoberto pelo homem. Mas negar que viviam aqueles fetos que são cortados e extraídos aos pedaços do útero de mulheres grávidas — para que não morram também as mães, se eles ali forem deixados mortos —, parece excessiva ousadia. Na verdade, desde quando o homem começa a viver, certamente já pode morrer. Mas morto, onde quer que a morte o tenha encontrado, não vejo como não se inclua na ressurreição dos mortos.

As deformações físicas

87 Não se deve crer que aqueles que nascem e vivem deformados, ainda que morram precocemente, ou lhes terão negada a ressurreição ou que ressuscitarão deformados, em vez de terem a sua natureza reintegrada e sanada. Longe de nós, pois, pensar que aquele que há pouco nasceu no Oriente com membros duplos — de quem narraram também irmãos que o viram, absolutamente dignos de fé, e sobre o qual o presbítero Jerônimo, de santa memória, deixou um escrito[241] —, longe de nós pensar, repito, que ressuscitará como um homem com corpo duplo, e não dois homens, como teria sido se tivessem nascido gêmeos.

Assim também todos os demais partos — de qualquer um que, tendo algo ou a mais ou a menos, ou com qualquer acentuada deformidade — que são ditos deformes recobrarão na ressurreição a integridade da figura da natureza humana, de modo que cada uma das almas tenha seu próprio corpo, sem conjunção de membros, embora tenha nascido com quaisquer conjunções, mas cada uma tenha para si os próprios membros, com os quais se satisfaz a integridade do corpo humano.

A integridade do corpo ressuscitado

88 Para Deus, porém, não se perde a matéria terrena da qual é criada a carne dos mortais. Pelo contrário, qualquer que seja o pó ou a cinza em que se dissol-

---

[241] Cf. Jerônimo, *ep.* 72,2.

va, qualquer que seja a exalação ou o vento nos quais se evapore, qualquer que seja a substância de outros corpos ou os próprios elementos nos quais se converta, a comida de quaisquer [outros] seres vivos — até de humanos — em que se reduza e se transforme a sua carne, em um instante ela volta àquela alma humana que a animou antes para que houvesse o homem, e ele vivesse e crescesse.

O corpo ressuscitado: sem qualquer excesso

89 Portanto, a mesma matéria terrena que, separada da alma, compõe o cadáver, na ressurreição não será reparada assim, de modo que seja necessário que aquelas partes que são dissolvidas e convertidas em diversas formas e figuras de outras coisas, embora retornem ao corpo do qual se separaram, voltem às mesmas partes do corpo em que estiveram. Caso contrário, se aos cabelos retorna tudo aquilo que tão frequentemente os cortes extraíram e às unhas tudo aquilo que tantas vezes os cortes extirparam, tem-se a monstruosidade desmedida e inconveniente em que pensam aqueles que, por isso [isto é, essa monstruosidade], não se deve crer na ressurreição da carne. Mas é como se uma estátua de qualquer metal fundível que ou se derretesse no fogo, ou que fosse reduzida a pó, ou difundida numa massa, e um artesão a quisesse refazer dessa mesma quantidade de material: não faz diferença, para sua integridade, qual parte do material é restituída a qual membro da estátua, desde que o todo de que tinha sido constituída esteja restaurado na sua reconstrução. Do mesmo modo Deus, artista de modo admirável e inefável, do todo que constituíra a nossa carne, com admirável e inefável rapidez a reconstituirá. Não importa, para sua reintegração, se os cabelos voltem aos cabelos e as unhas às unhas, ou se aquilo que destes se perdera seja mudado em carne e levado a outras partes do corpo: com a providência cuidadosa do artista, nada se fará de inconveniente.

O corpo ressuscitado: sem qualquer coisa de indigno

90 Não é logicamente consequente que, por isso, a estatura de cada um dos ressuscitados seja diferente, porque fora diferente entre os vivos, ou que os magros revivam com sua magreza ou os gordos com sua gordura. Mas se está no desígnio do Criador que as propriedades e as particularidades reconhecíveis de cada um se conservem em sua figura, e que, porém, sejam restituídos todos iguais nos demais bens corporais, então aquela matéria será modificada em cada um de modo que nada dela se perca e que aquele que, mesmo do nada, pôde fazer o que quis, supra aquilo que tiver faltado a alguém.

Mas se nos corpos dos ressuscitados houver uma desigualdade razoável, como é a das vozes que compõem o canto, isso se fará, para cada um, da matéria de seu corpo, de modo a estabelecer também o homem nas assembleias angelicais[242] sem que nada de inconveniente se lhes apresente. Certamente aí não haverá algo de indigno, mas aquilo que acontecerá será digno, porque não acontecerá se não for digno.

O corpo ressuscitado: corpo incorruptível

91 Ressurgirão, portanto, os corpos dos santos sem qualquer defeito, sem qualquer deformidade, sem

---
[242] Cf. Mt 22,30.

qualquer corrupção, peso ou dificuldade: neles será tanta a habilidade quanto a felicidade. Por isso também são chamados espirituais, mesmo se, sem dúvida alguma, serão corpos, não espíritos. Como agora o corpo é chamado animal,[243] que é mesmo um corpo e não uma alma, assim então o corpo será espiritual, mas será corpo e não espírito. Por isso, quanto se refere à corrupção que agora pesa sobre a alma[244] e aos vícios pelos quais a carne deseja contrariamente ao espírito,[245] então não será carne, mas corpo, porque há também os corpos chamados celestes.[246] Por isso foi dito: "a carne e o sangue não possuirão o Reino de Deus", e, como que explicando isso, disse: "nem a corrupção possuirá a incorrupção".[247] O que disse antes [isto é], "carne e sangue", chamou depois de "corrupção", e o que primeiro é "Reino de Deus" depois é "incorrupção".

Quanto, porém, diz respeito à substância, também então será carne. Por isso, depois da ressurreição, o corpo de Cristo foi chamado de carne.[248] Mas assim diz o Apóstolo: "semeia-se um corpo animal, ressuscitará um corpo espiritual",[249] porque tamanha será então a harmonia entre a carne e o espírito, com o espírito vivificando a carne subjugada sem a necessidade de qualquer nutrimento, de modo que nada de nós se oponha a nós: mas, como ninguém terá inimigos externos, assim não nos teremos como inimigos internos.

---

[243] Cf. 1Cor 15,44-46.
[244] Cf. Sb 9,15.
[245] Cf. Gl 5,17.
[246] Cf. 1Cor 15,40.
[247] 1Cor 15,50.
[248] Cf. Lc 24,39.
[249] 1Cor 15,44.

A ressurreição dos condenados

92 Todos aqueles, porém, que não forem libertos pelo único Mediador entre Deus e os homens[250] daquela massa de perdição causada pelo primeiro homem ressurgirão também, certamente, cada qual com a própria carne, mas para serem punidos com o diabo e seus anjos.[251] Que necessidade há de afadigar-se investigando se eles ressuscitarão com os defeitos e as deformidades de seus corpos, quaisquer que foram os membros defeituosos e deformes neles? Pois não nos deve angustiar a incerta saúde e beleza deles, dos quais será certa e eterna a condenação. Não inquiete tampouco como seu corpo será incorruptível, se poderá sofrer; ou como será corruptível, se não poderá morrer. Porque não há vida verdadeira senão onde se vive felizmente, nem há verdadeira incorrupção senão onde a saúde não é corrompida por dor alguma.

Onde, porém, um infeliz não pode morrer é, por assim dizer, a própria morte que não morre; e onde a dor perpétua não mata, mas atormenta, a própria corrupção não tem fim. Nas Sagradas Escrituras, isso é chamado de "segunda morte".[252]

A proporção da pena

93 Todavia, se ninguém tivesse pecado, ao homem não caberia nem a primeira morte, que obriga a alma a abandonar seu corpo, nem a segunda, que não lhe permite abandonar o corpo punido. Suavíssima será certa-

---

[250] Cf. 1Tm 2,5.
[251] Cf. Mt 25,41.
[252] Cf. Ap 2,11; 20,6.14.

mente a pena daqueles que, exceto pelo pecado original que herdaram, a este nada acrescentaram; mas nos demais, que acrescentaram pecados ao pecado herdado, cada um aí terá tão mais tolerável a condenação quanto aqui menor foi a iniquidade.

Na ressurreição, a plena consciência dos frutos da graça

94 Assim, com os anjos e os homens réprobos que permanecem na pena eterna, os santos conhecerão mais plenamente qual o bem que a graça lhes terá proporcionado. Então, com as próprias realidades aparecerá mais claramente aquilo que foi escrito no Salmo: "A misericórdia e a justiça catarei a ti, Senhor",[253] porque ninguém é liberto a não ser por uma misericórdia gratuita e ninguém é condenado a não ser por um julgamento devido.

Na eternidade, o conhecimento do que é oculto nesta vida

95 Então não será oculto o que agora é: quando, de duas crianças, uma for escolhida pela misericórdia e a outra deixada pelo julgamento.[254] Nesse último, aquele que for escolhido reconhecerá aquilo que lhe seria devido pelo julgamento se a misericórdia não interviesse. Não será oculto por que terá sido escolhida uma criança em vez da outra, quando uma era a condição de ambas; por que, finalmente, perante alguns não se realizaram milagres que, se tivessem sido feitos, teriam levado os homens à penitência, e se realizaram perante aqueles que não teriam acreditado. Pois clarissimamente diz o Senhor: "Ai de ti, Corazim! Ai

---

[253] Sl 101,1.
[254] Cf. Rm 9,10s.

de ti, Betsaida! Porque se em Tiro e Sidônia se tivessem realizado os milagres que se realizaram entre vós, há muito tempo teriam feito penitência no cilício e na cinza".[255] Com certeza Deus não injustamente não quis salvar aqueles que poderiam ter sido salvos, se o quisessem.

Então se verá, na claríssima luz da sabedoria, aquilo que agora é próprio da fé dos piedosos[256] antes que seja visto com um conhecimento explícito: quanto é certa, imutável e eficacíssima a vontade de Deus; quantas coisas pode, mas não quer realizar — todavia, nada há do que queira que não possa realizar —; e quanto é verdadeiro aquilo que se canta no Salmo: "Nosso Deus está no alto do céu, no céu e na terra realiza tudo o que quer".[257] Isso seguramente não seria verdadeiro se ele tivesse querido algo e não o realizou e, o que seria mais indecoroso, não o realizou porque a vontade humana impediu que se realizasse o que o Onipotente queria. Afinal, não se realiza algo a não ser que o Onipotente queira que se realize, seja permitindo que se realize, seja ele próprio realizando.

Deus faz o bem mesmo ao permitir o mal

96 Não se há de duvidar que Deus faça o bem mesmo quando permite que aconteça tudo aquilo que ocorre de mal. Pois, não é senão por um justo julgamento que ele o permite, e é certamente bom tudo aquilo que é justo. Assim, mesmo se todas as coisas más não podem ser boas por serem más, é todavia um bem que haja não só coisas boas, mas também haja as más. Pois se isso não fosse um

---

[255] Mt 11,21.
[256] Isto é, dos fiéis.
[257] Sl 115,3.

bem [isto é], que haja também coisas más, não seria de modo algum permitido pelo bom Onipotente que elas existissem. Para ele, sem sombra de dúvida, quanto é fácil fazer o que quer, tanto é fácil não permitir que exista o que não quer.

Se não acreditamos nisso, fica comprometido o início mesmo de nossa profissão de fé, pela qual confessamos crer em Deus Pai onipotente. De fato, verdadeiramente não há outra razão pela qual ele é chamado onipotente senão porque ele pode tudo aquilo que quer; não há vontade de qualquer criatura que impeça o efeito da vontade do Onipotente.

A vontade divina de salvação para todos os homens

97 Por isso, é preciso considerar como se tenha podido dizer de Deus — porque também isto que disse o Apóstolo é veríssimo — que: "Ele quer que todos os homens sejam salvos".[258]

De fato, certamente parece que não se realiza o que Deus quer que aconteça, quer dizer, a vontade humana impede que se realize a vontade divina, já que não todos, mas muito numerosos são aqueles que não se salvam. Quando, pois, pergunta-se por que nem todos se salvam, costuma-se responder que é porque eles próprios não querem. Certamente isso não pode ser dito das crianças, das quais ainda não é próprio o querer ou o não querer. Porque se se julgasse que se deve atribuir à sua vontade o que fazem por impulso infantil, deveríamos dizer que, quando são batizadas, são salvas mesmo sem querer, já que resistem quanto podem.

Mas no Evangelho o Senhor repreende a cidade ímpia, dizendo: "Quantas vezes eu quis reunir teus filhos como

---

[258] 1Tm 2,4.

uma galinha reúne seus pintinhos, mas não quiseste",²⁵⁹ como se a vontade de Deus fosse vencida pela vontade dos homens, e o potentíssimo não pudesse fazer o que queria por impedimento dos fragilíssimos homens, que não a querem realizada. Então, onde está aquela onipotência pela qual, "no céu e na terra, ele faz tudo aquilo que quer", se quis reunir os filhos de Jerusalém e não o fez? Ou, antes, Jerusalém, na verdade, não quis que seus filhos fossem reunidos pelo Senhor? Mas, mesmo com Jerusalém não o querendo, ele reuniu de seus filhos aqueles que quis; pois não é que "no céu e na terra" faz algumas coisas que não quer, e quer algumas coisas que não faz, "mas faz tudo o que quer".

Não há injustiça na eleição divina

98 Quem, por outro lado, seria tão impiamente insensato a ponto de dizer que Deus não pode converter ao bem as vontades más dos homens, as que quisesse, quando quisesse, onde quisesse? Quando o faz, é por misericórdia que o faz; quando não o faz, é por julgamento que não o faz; porque ele "faz misericórdia a quem quer e endurece a quem quer".²⁶⁰

Dizendo isso, o Apóstolo recomendava a graça, de cuja recomendação já havia falado acerca dos dois gêmeos que estavam no seio de Rebeca, os quais "ainda não haviam nascido, e nada tinham feito de bem ou de mal, para que permanecesse a escolha segundo o propósito de Deus, dependendo não das obras, mas daquele que chama, foi-lhe dito: 'O maior servirá ao menor'.²⁶¹ Por isso, acrescentou o

---

²⁵⁹ Mt 23,37.
²⁶⁰ Rm 9,18.
²⁶¹ Rm 9,11-13; Gn 25,23.

testemunho profético em que está escrito: 'Amei Jacó, mas odiei Esaú'".²⁶² Percebendo, porém, como o que disse poderia perturbar aqueles que não podem penetrar essa profundidade da graça, entendendo-a, acrescentou: "Que diremos então? Haveria injustiça em Deus? De modo algum".²⁶³

Parece, de fato, injusto que, sem quaisquer méritos por obras boas ou más, Deus ame a um e odeie o outro. Se, nesse caso, o Apóstolo quisesse que fossem entendidas as obras futuras, as boas de um ou as más do outro, que Deus certamente conhecia por antecipação, de modo algum teria dito: "dependendo não das obras", mas teria dito: "dependendo das obras futuras", e desse modo teria resolvido a questão; na verdade, não colocaria questão alguma que fosse necessário resolver. Agora, porém, tendo respondido: "De modo algum", ou seja, de modo algum há injustiça em Deus, imediatamente, para provar como isso acontece sem injustiça alguma de Deus, afirmou: "Pois ele disse a Moisés: 'Farei misericórdia a quem eu tiver feito misericórdia e terei piedade de quem eu tiver tido piedade'".²⁶⁴ Quem, pois, a não ser um tolo, consideraria Deus um injusto, seja quando aplica um julgamento de castigo merecido, seja quando concede uma misericórdia não merecida? Então, o Apóstolo conclui e diz: "Portanto, não depende de quem quer ou de quem corre, mas de Deus que usa de misericórdia".²⁶⁵

Assim, ambos os gêmeos, por natureza, nasceram como filhos da ira,²⁶⁶ certamente não pelas próprias obras, mas originariamente, desde Adão, atados pelo vínculo da

---

²⁶² Rm 9,13; Ml 1,2-3.
²⁶³ Rm 9,14.
²⁶⁴ Rm 9,15; Ex 33,19.
²⁶⁵ Rm 9,16; isto é, da vontade ou dos esforços do ser humano.
²⁶⁶ Cf. Ef 2,3.

condenação; mas quem afirmou: "Farei misericórdia a quem eu tiver feito misericórdia" amou a Jacó por misericórdia gratuita, odiou Esaú por julgamento devido. Como esse julgamento fosse devido a ambos, um reconheceu no outro que, se numa mesma condição não ocorre para ambos um mesmo castigo, não se deveria gloriar dos próprios diversos méritos, mas da generosidade da graça divina, porque "não depende nem de quem quer, nem de quem corre, mas de Deus que usa de misericórdia". Certamente, por sublime e extremamente salutar mistério se vê toda figura e, por assim dizer, face das santas Escrituras a admoestar a quantos bem a contemplam, para que: "quem se gloria, glorie-se no Senhor".[267]

A misericórdia não é merecida e o julgamento não é injusto

99 Tendo recomendado a misericórdia de Deus, ao dizer: "Portanto, não depende nem de quem quer, nem de quem corre, mas de Deus que usa de misericórdia",[268] em seguida, para recomendar também o julgamento — porque não há injustiça para aquele com quem não se usa de misericórdia, mas há o julgamento, certamente não há injustiça em Deus —, o Apóstolo acrescentou, dizendo: "Pois disse a Escritura ao faraó: 'Pois para isto te coloquei de pé: para que em ti eu mostre meu poder e para tornar meu nome conhecido por toda a terra'".[269] Tendo dito isso, conclui ambas as coisas, isto é, misericórdia e julgamento, dizendo: "Portanto, ele faz misericórdia a quem quer

---

[267] 1Cor 1,31.
[268] Rm 9,16.
[269] Rm 9,17; Ex 9,11.

e endurece a quem quer".²⁷⁰ Faz misericórdia por grande bondade, endurece sem qualquer iniquidade; para que quem foi liberto não se glorie de seus méritos e para que quem foi condenado não se queixe senão de seus méritos. De fato, somente a graça diferencia os redimidos dos condenados, os quais uma comum condição, trazida desde a origem, reuniu em uma única massa de perdição.

A quem, no entanto, ouve isso de modo a exclamar: "Por que se queixa? Pois, quem pode resistir à sua vontade?",²⁷¹ como se se considerasse que o malvado não deve ser culpado por Deus usar de misericórdia com quem quer e endurecer a quem quer, jamais nos envergonhe responder como vemos que o Apóstolo respondeu: "Quem és tu, ó homem, para contestares a Deus? Porventura diz o vaso ao oleiro: Por que me fizeste assim? Acaso não pode o oleiro fazer, da mesma massa, um vaso para uso nobre e outro para uso vil?".²⁷²

Nessa passagem, de fato, alguns insensatos consideram que, em sua resposta, o Apóstolo foi insuficiente e, não dando razões, reprimiu a audácia do seu antagonista. Mas o que foi dito: "Quem és tu, ó homem?", tem grande peso e, em tais questões, chama o homem à consideração de suas capacidades, certamente de forma breve, mas, na verdade, é resposta de notável razão. Se, com efeito, o homem não compreende essas coisas, quem é que pode replicar a Deus? Mas se as compreende, não encontra mais em que replicar. Se as compreende, de fato, vê todo o gênero humano condenado na sua raiz apostática por um julgamento divino de tal modo justo que — mesmo se não houvesse libertação

---

²⁷⁰ Rm 9,18.
²⁷¹ Rm 9,19.
²⁷² Rm 9,20-21.

alguma dessa condenação — ninguém poderia retamente censurar a justiça de Deus. Vê também que convinha que aqueles que são libertos fossem assim libertos, [isto é,] de modo que, nos demais — que não são libertos e são deixados para uma condenação absolutamente justa — fosse mostrado aquilo que teria merecido toda a massa, e aonde o devido julgamento de Deus teria conduzido também os libertos, se não interviesse sua misericórdia gratuita, para que "toda boca se cale"[273] a quantos desejam gloriar-se de seus méritos, e "quem se gloria, glorie-se no Senhor".[274]

A vontade de Deus não é prejudicada

100 Estas são "as grandes obras do Senhor, conformes a todas as suas vontades"[275] e tão sabiamente conformes que, quando as criaturas angélica e humana pecaram, isto é, fizeram o que elas próprias quiseram, não o que Deus quis, mesmo assim, pela mesma vontade da criatura — vontade pela qual se fez o que o Criador não queria —, ele mesmo, como sumo bem, realizou aquilo que quis, usando bem também os males para a condenação de quantos justamente predestinou ao castigo e para a salvação de quantos benignamente predestinou à graça.

No que se refere às criaturas, elas fizeram o que Deus não queria; mas no que se refere à onipotência de Deus, de modo algum elas foram capazes de consegui-lo. Pelo próprio fato de terem agido contra a vontade dele é que neles se fez a vontade dele. Assim, grandes são as "obras do Senhor, con-

---

[273] Rm 3,19.
[274] 1Cor 1,31.
[275] Cf. Sl 111,2.

formes a todas as suas vontades",²⁷⁶ de modo que, admirável e inefavelmente, não se faz sem a vontade dele nem mesmo o que se faz contra a vontade dele; porque isso não se faria se ele não permitisse, e, seguramente, permite não involuntária, mas voluntariamente. Sendo bom, ele não permitiria que se agisse mal, a não ser que, sendo onipotente, pudesse extrair o bem até mesmo do mal.

A boa vontade humana não coincide necessariamente com o que Deus quer; a vontade má humana não coincide necessariamente com o que Deus não quer

101 Às vezes, porém, o homem, com uma vontade boa, quer algo que Deus não quer, embora a vontade boa de Deus seja bem maior e certa — de fato, a vontade dele não pode nunca ser má —, como quando um bom filho quer que o seu pai viva, [enquanto] Deus, na sua boa vontade, quer que ele morra. Por outro lado, pode acontecer que o homem, com uma vontade má, queira aquilo que Deus quer com vontade boa, como quando um mau filho quer a morte do pai e também Deus queira isso.

Seguramente, o primeiro quer o que Deus não quer, o segundo quer o que Deus também quer; e, todavia, é a piedade do primeiro filho que está em sintonia com a vontade boa de Deus, embora querendo algo diferente, mais que a impiedade do segundo, que quer o mesmo que Deus. O que importa é qual é o querer apropriado ao homem e qual a Deus, e a qual finalidade orienta a vontade de cada um, a fim de que possa receber aprovação ou reprovação.

Com efeito, Deus realiza algumas vontades suas, com certeza boas, mediante as vontades más de homens maus,

²⁷⁶ Cf. Sl 111,2.

como Cristo foi morto para o nosso bem pelas mãos de judeus malvados segundo vontade boa do Pai, e isso foi um bem tão grande que o apóstolo Pedro, que não queria que isso acontecesse, foi chamado de satanás por aquele que viera para ser morto.[277]

Quão boas pareciam as vontades de fiéis devotos que não queriam que o apóstolo Paulo se dirigisse a Jerusalém, para aí não sofrer os males que o profeta Ágabo havia predito?[278] E, no entanto, Deus queria que ele sofresse aqueles males a fim de, dando testemunho de Cristo, anunciar a fé em Cristo. E Deus não realizou essa sua vontade boa mediante as vontades boas de cristãos, mas pelas más dos judeus, e a ele pertenciam mais aqueles que não queriam aquilo que ele queria do que aqueles pelos quais, querendo o mesmo que ele, se realizou o que ele queria; porque, de fato, o ato foi o mesmo, mas ele o cumpriu por meio deles com vontade boa, os outros, porém, com vontade má.

A invencível vontade divina jamais é má

102 Mas, por fortes que sejam as vontades, dos homens ou dos anjos, dos bons ou dos maus, dos favoráveis ou dos contrários ao que Deus quer, a vontade do onipotente sempre sai vitoriosa; ela nunca pode ser má, pois, mesmo quando aplica males, é justa e, seguramente sendo justa, não é má. O Deus onipotente, portanto, seja porque por misericórdia mostra misericórdia a quem quer, seja porque através do julgamento endurece a quem quer,

---

[277] Cf. Mt 16,21-23.
[278] Cf. At 21,10-14.

Como entender a vontade divina de salvação para todos

103 Por isso, quando ouvimos e lemos nas Letras sagradas que Deus quer que todos os homens sejam salvos,[279] embora tenhamos a certeza de que nem todos os homens são salvos, nem por isso devemos subtrair algo da vontade do Deus onipotente. Devemos, porém, entender assim aquilo que está escrito: "Ele quer que todos sejam salvos"[280] como se se dissesse que nenhum homem é salvo a não ser aquele que ele queira salvar, não que não haja ninguém à parte que ele quer salvar, mas que ninguém se salva sem que ele o queira. E para isso devemos rezar, para que ele o queira, porque é necessário que se realize se ele o tiver querido. Com efeito, o Apóstolo tratava da oração a Deus ao ensinar isso.

Assim, de fato, entendemos também aquilo que está escrito no Evangelho: "ilumina todo homem que vem a este mundo",[281] não porque não há homens que ele não ilumine, mas porque ninguém é iluminado senão por ele. Ou, sem dúvida, como foi dito: "Ele quer que todos sejam salvos"[282] não porque não existam homens para os quais não queira a salvação aquele que não quis realizar milagres portentosos entre aqueles povos dos quais diz que já teriam feito penitência, caso ali os tivesse feito,[283] mas para que

---

[279] Cf. 1Tm 2,4.
[280] 1Tm 2,4.
[281] Jo 1,9.
[282] 1Tm 2,4.
[283] Cf. Mt 11,21.

pela expressão *todos os homens* entendamos todo o gênero humano distribuído em todas as suas diferenças, [isto é,] reis e particulares, nobres e populares, gente bem colocada e gente humilde, doutos e ignorantes, sadios e enfermos, talentosos, pouco inteligentes e retardados, ricos, pobres e abastados, homens e mulheres, crianças, meninos, adolescentes, jovens, adultos e idosos; de todas as línguas e de todos os costumes, de todas as artes e de todas as profissões; constituídos em uma variedade incalculável de vontades e de consciências; e em todas as outras diferenças possíveis que há entre os homens. Haveria, pois, dentre todas estas, de onde Deus não queira salvar os homens de todas as nações por meio do seu Unigênito e Senhor nosso — e então salve, porque o onipotente não pode querer em vão o que quer que tenha querido?

De fato, o Apóstolo tinha preceituado que se rezasse "por todos os homens", acrescentando em particular "pelos reis e pelas autoridades em geral",[284] que poderiam ser considerados, por sua altaneira soberba terrena, distanciando-se da humildade da fé cristã. Por isso, depois de ter dito: "Isto é bom e salutar diante de nosso Deus",[285] isto é, que se reze, de fato, por estes tais, acrescentou logo, para eliminar o desespero: "Ele quer que todos sejam salvos e cheguem ao conhecimento da verdade".[286] Evidentemente, Deus julgou como algo bom o dignar-se conceder a salvação aos grandes pelas orações dos humildes, o que de fato já vemos realizado.

Também no Evangelho o Senhor usou desse modo de falar quando disse aos fariseus: "pagais o dízimo da hortelã,

---

[284] 1Tm 2,1-2.
[285] 1Tm 2,3.
[286] 1Tm 2,4.

da arruda e de toda hortaliça".[287] De fato, os fariseus não cobravam o dízimo sobre qualquer produto estrangeiro e sobre todas as colheitas de todos os estrangeiros em todas as terras. Como, portanto, aqui "toda hortaliça" indica todo gênero de colheita, assim também na expressão anterior, em "todos os homens" podemos entender todo gênero de homens. Pode-se também entender de qualquer outro modo, desde que, todavia, não sejamos obrigados a crer que o onipotente tenha querido fazer algo e não o fez. Se de fato não há nenhuma dúvida de que ele, tanto nos céus quanto na terra, como proclama a verdade, realizou tudo quanto quis,[288] certamente não realizou o que quer que não tenha querido realizar.

A presciência divina do pecado de Adão

104 Por isso mesmo Deus teria querido conservar também o primeiro homem na condição de integridade em que fora criado, conduzindo-o — no momento oportuno, depois de ter gerado filhos e sem interposição da morte — a uma situação melhor, onde não só não poderia cometer o pecado, mas nem mesmo teria a vontade de pecar, se em sua presciência tivesse sabido que o homem teria querido permanecer para sempre sem pecado, como quando fora criado. Porque, porém, Deus já sabia que o homem usaria mal o livre-arbítrio, isto é, que iria pecar, se antecipou, querendo extrair o bem também daquele que fazia o mal, de modo a não ser esvaziada a vontade má do homem, mas tampouco a não se completar a boa vontade do Onipotente.

[287] Lc 11,42.
[288] Cf. Sl 115,3.

Embora a condição humana antes do pecado fosse boa, sua condição na eternidade será melhor

105 Assim, de fato, era necessário que o homem primeiro fosse criado em condição de querer tanto o bem como o mal, [mas] não sem recompensa se agisse bem, nem sem castigo se agisse mal. Em seguida, porém, estará na condição de não poder querer o mal, sem por isso vir a ser privado do livre-arbítrio. Certamente o arbítrio será bem mais livre em tudo quanto não poderá, absolutamente, ser servo do pecado. Nem se culpará a vontade — ou se dirá que a vontade não exista ou que não é livre — com a qual queremos ser felizes, de modo a não só não querermos ser infelizes, mas a não podermos mais, de maneira alguma, querê-lo. Portanto, como a nossa alma agora não quer a infelicidade, assim estará sempre em condição de não querer a iniquidade. Mas não se deveria suspender a ordem na qual Deus quis mostrar quão bom seja o animal racional que também pode não pecar, embora seja melhor o que não pode pecar. Assim, ainda que tenha sido imortalidade, foi menor aquela imortalidade na qual também pudesse não morrer, embora seja melhor aquela futura em que não poderá morrer.

Por livre-arbítrio o homem perdeu a primeira condição, pela graça pode receber a segunda

106 A natureza humana perdeu aquela sua condição por meio do livre-arbítrio, enquanto por meio da graça conquistará essa última, que estaria por conquistar por mérito, se não tivesse pecado; embora sem a graça nem então poderia ter havido mérito algum, porque, mesmo estando o pecado fundamentado só no livre-arbítrio, o livre-

-arbítrio, no entanto, não bastava para perseverar na justiça, se da participação no bem imutável não viesse a oferta do auxílio divino.

Como, pois, o homem tem o poder de morrer quando queira — de fato, não há ninguém que não possa matar a si mesmo, não se alimentando, por exemplo, para não dizer mais, ainda que a vontade não baste para prolongar a vida, se faltarem os aportes ou dos alimentos ou de quaisquer outras formas de sustento —, assim, no paraíso, o homem era capaz, por própria vontade, de causar a morte a si mesmo abandonando a justiça, mas, para manter a vida de justiça, querer era pouco, se não o ajudasse aquele que o criara.

Entretanto, depois daquela queda, a misericórdia de Deus é maior, já que o próprio arbítrio, submetido ao pecado e à morte, deve ser liberto da escravidão. De modo algum o livre-arbítrio se liberta por si mesmo, mas somente pela graça de Deus depositada na fé de Cristo, para que a vontade mesma, como está escrito, seja predisposta pelo Senhor[289] a acolher os outros dons de Deus e, assim, através deles chegue ao dom eterno.

A eternidade é recompensa que se recebe como dom divino

107 Por isso, o Apóstolo definiu a graça de Deus como a própria vida eterna, que com certeza é recompensa pelas boas obras: "Salário do pecado" — diz ele — "é a morte; mas a graça de Deus é a vida eterna no Cristo Jesus, nosso Senhor".[290] Salário é um débito retribuído por

---

[289] Cf. Pr 8,35 (LXX).
[290] Rm 6,23.

um serviço militar, não doação. Por isso ele disse: "Salário do pecado é a morte", para mostrar que a morte é consequência não imerecida do pecado, mas devida. A graça, porém, se não for gratuita, não é graça.[291] Deve-se, então, entender que os próprios bens merecidos pelo homem são dons de Deus. Quando por eles é retribuída a vida eterna, o que é que é retribuído, senão graça sobre graça? O homem, portanto, foi criado reto[292] para poder perseverar naquela retidão, não sem o socorro divino, mas por seu próprio arbítrio se tornou perverso.

Qualquer que fosse dessas duas que o homem tivesse escolhido,[293] a vontade de Deus se cumpriria, ou também pelo próprio homem, ou seguramente sobre ele. Então, por que ele preferiu fazer a própria vontade em vez da divina, se realizou sobre ele a vontade de Deus, que, da mesma massa de perdição nascida daquela descendência, fabrica um vaso para uso nobre e outro para uso vil?[294] Por misericórdia faz o primeiro, por julgamento faz o segundo, para que ninguém se glorie do homem e, por isso, nem mesmo de si próprio.

Se o Mediador não fosse Deus, não poderia ser o Mediador; se não fosse o Mediador, não haveria cura para o homem

108 Porque não seríamos libertos nem mesmo pelo homem Jesus Cristo, único Mediador entre Deus e os homens,[295] se ele não fosse também Deus. Mas

---

[291] Cf. Rm 11,6.
[292] Cf. Jo 1,16.
[293] Isto é, perseverar ou não na retidão com que fora criado.
[294] Cf. Rm 9,20-21.
[295] Cf. 1Tm 2,5.

quando foi criado Adão, quer dizer um homem reto, não havia necessidade de um mediador. Quando, porém, os pecados separaram o gênero humano para longe de Deus, era necessário que nos reconciliássemos com ele, pelo Mediador — o único a nascer, viver e morrer sem pecado —, até a ressurreição da carne na vida eterna. E isso para que a soberba do homem fosse desmascarada e curada pela humildade de Deus, e se demonstrasse ao homem, à luz do chamado que recebia do Deus encarnado, quanto se distanciara de Deus; para que ao homem obstinado fosse oferecido um exemplo de obediência pelo homem-Deus; para que, quando o Unigênito assumisse a forma de servo — sem que esta tivesse tido qualquer merecimento —, fosse escancarada a fonte da graça; e também para que a ressurreição da carne prometida aos redimidos fosse prefigurada no Redentor, e o diabo fosse derrotado pela mesma natureza que ele se comprazia de ter enganado. Tudo isso, no entanto, sem que o homem se gloriasse, a fim de não nascer nele de novo a soberba. Isso não impede que quem progride nesse grande mistério do Mediador possa ver e exprimir qualquer outra coisa, ou ao menos apreciar essa outra coisa, mesmo se não for possível exprimi-la.

A morada da alma entre a morte e a ressurreição

109 No intervalo, porém, entre a morte do homem e a ressurreição final, as almas são retidas em moradas ocultas, conforme o que cada uma tenha merecido, ou o sossego ou a aflição, de acordo com o que escolheram enquanto viviam na carne.

O valor do sufrágio

110 Não se deve nem mesmo negar que as almas dos defuntos recebem alívio vindo pela piedade de seus parentes vivos, quando é oferecido em favor deles o sacrifício do Mediador ou se deem esmolas na Igreja. Mas tudo isso é útil àqueles que, quando viviam, mereceram que tais coisas lhes fossem úteis mais tarde. Há, de fato, certo modo de viver que não é tão bom que não exija esses sufrágios após a morte, nem é tão mau que os sufrágios não lhe sejam úteis depois da morte. Mas há um modo de vida no bem que não exige tais sufrágios e, por outro lado, há um no mau que não poderá ser ajudado com os sufrágios quando tiver passado desta vida. Portanto, é nesta vida que se conquista cada mérito com que se possa obter alívio ou opressão depois desta vida. Ninguém, porém, espere, quando tiver morrido, ser merecedor junto a Deus daquilo que aqui tiver negligenciado.

Por isso, todas as práticas que a Igreja habitualmente recomenda em favor dos defuntos não são contrárias àquela sentença apostólica em que foi dito: "De fato, todos temos de comparecer perante o tribunal de Cristo para que se retribua a cada um segundo o que tiver feito, de bem ou de mal, ao longo de sua vida corporal";[296] porque também cada um buscou esse mérito enquanto vivia no corpo, [isto é,] para que esses sufrágios lhe possam ser úteis. Mas os sufrágios não são úteis a todos. E por que não são úteis a todos, senão porque cada um levou, enquanto estava no corpo, uma vida diferente?

Quando, portanto, os sacrifícios — ou do altar ou de qualquer outra espécie de esmola — são oferecidos em fa-

---

[296] 2Cor 5,10; cf. Rm 14,10.

vor de todos os defuntos batizados, eles são ação de graças pelos muito bons, são propiciatórios pelos não muito bons, são alguma consolação para os vivos, embora pelos muito maus não sejam de ajuda alguma. Para aqueles, porém, que os sacrifícios são úteis, ou são úteis para que a sua remissão seja plena ou, certamente, para que a sua condenação seja mais suportável.

Duas cidades eternas

111 Após a ressurreição, no entanto, uma vez realizado o universal e completo julgamento, existirão duas cidades diferentes com seus respectivos fins: uma de Cristo, a outra do diabo; uma dos bons, a outra dos maus; ambas, porém, compostas de anjos e de homens. Os da primeira cidade não poderão ter nenhuma vontade de pecar, os da segunda não poderão ter nenhuma possibilidade de pecar ou nenhuma condição de morrer; os da primeira viverão verdadeira e felizmente na vida eterna, os da segunda continuarão infelizes na morte eterna sem poder morrer, porque uns e outros existirão para sempre. Os da primeira cidade, na felicidade, estarão, todavia, uns numa condição mais ou menos eminente que outros; os da segunda, na infelicidade, por outro lado, estarão uns numa condição mais ou menos tolerável que outros.

A pena dos condenados é eterna

112 Em vão, então, alguns — na verdade, muitíssimos —, levados por seu sentimento humano, se comovem pela pena eterna e pelos suplícios perpétuos ininterrompíveis dos condenados, e não acreditam que a eternidade deles será assim de sofrimento perpétuo, certamente sem intenção de se oporem às divinas Escrituras, mas atenuando, por impulsos próprios, aquilo que é inflexível e abrandando em uma interpretação mais suave aquelas afirmações que eles consideram terem sido ditas de forma mais aterrorizante do que verdadeira.

De fato, dizem eles, "Deus não se esquecerá de ter misericórdia, ou na sua ira fechará o coração?".[297] Com certeza, se lê isso em um Salmo santo; mas sem qualquer hesitação é entendido que se diz isso daqueles que são chamados de vasos de misericórdia,[298] porque também estes são libertados da miséria não pelos próprios méritos, mas por Deus que usa de misericórdia. Ou então, se esses tais consideram que isso se refira a todos, nem por isso se deve necessariamente supor que tenha fim a condenação daqueles sobre os quais foi dito: "E estes irão para o castigo eterno", para que, portanto, pelo contrário, não se pense que um dia terá fim também a felicidade daqueles sobre os quais foi dito: "Os justos, porém, irão para a vida eterna".[299]

Mas pensem, se isto lhes agrada, que os castigos dos condenados possam ser mitigados por períodos determinados de tempo; mesmo assim se pode entender que permanece sobre eles a ira de Deus,[300] isto é, a própria condenação — pois isso é que é chamado de ira de Deus, e não uma perturbação do espírito divino —, de modo que em sua ira, isto é, permanecendo em sua ira, não detenha, contudo, sua misericórdia; não pondo fim ao castigo eterno, mas concedendo ou interpondo um abrandamento em meio às dores; porque o Salmo não diz: "Para pôr fim à sua ira" ou

---

[297] Cf. Sl 76,10.
[298] Cf. Rm 9,23.
[299] Mt 25,46.
[300] Cf. Jo 3,36.

"após a sua ira", mas sim "em sua ira". E ainda que lá essa fosse somente a mínima que possa pensar, perder o Reino de Deus, ser exilado da cidade de Deus, distanciado da vida de Deus, ser privado da tão grande abundância da doçura de Deus — que ele reservou para os que o temem, mas que concedeu para os que nele esperam[301] —, é um castigo tão grande que não podem existir tormentos por nós conhecidos que sejam comparados a ele, uma vez que lá o castigo é eterno, enquanto aqui os tormentos duram no máximo por muitos séculos.

A morte eterna é para todos os condenados, a concórdia eterna é para todos os santos

113 Permanecerá, então, sem fim aquela morte perpétua dos condenados, isto é, o afastamento da vida de Deus, e será comum a todos eles, quaisquer que sejam as conjecturas dos homens em favor de seus próprios impulsos sobre a diversidade dos castigos, do abrandamento ou da descontinuidade dos sofrimentos. Assim como permanecerá comum a vida eterna de todos os santos: qualquer que possa ser a diferença do grau de glória entre eles, eles brilharão concordemente.

A esperança — nascida da fé — e o Pai-nosso

114 Desta profissão de fé, contida sinteticamente no Símbolo — e que, entendida no sentido material, é leite para as criancinhas,[302] mas que, se interpretada e tratada segundo o espírito, é alimento dos fortes —,

---

[301] Cf. Sl 31,20.
[302] Cf. 1Cor 3,1-2.

nasce a boa esperança dos fiéis acompanhada da caridade santa.

Mas, de tudo aquilo em que se deve acreditar pela fé, diz respeito à esperança somente o que está incluído na oração do Senhor. Como atestam, de fato, as palavras divinas, "Maldito todo aquele que põe sua esperança no homem".[303] Por isso, fica preso pela amarra dessa maldição também aquele que põe a sua esperança em si mesmo. Portanto, não devemos pedir senão ao Senhor Deus tudo o que esperamos ou para fazer o bem ou conseguir pelas boas obras.

As sete súplicas do Pai-nosso em Mt: o que se deve esperar

115 Assim, no evangelista Mateus, a oração do Senhor parece conter sete pedidos,[304] em três dos quais se pedem bens eternos, nos outros quatro se pedem bens temporais que, no entanto, são necessários para se conseguirem os eternos. De fato, quando dizemos: "Santificado seja o teu nome; venha o teu Reino; seja feita a tua vontade, assim na terra como no céu"[305] — que alguns, não absurdamente, entenderam "no corpo e no espírito" —, tudo isso que pedimos são bens que se conservarão absolutamente para sempre. Tendo tido seu início nesta vida, eles aumentam em nós na proporção do nosso progresso. Mas, uma vez alcançada a sua perfeição — que se deve esperar na outra vida —, tais bens serão possuídos para sempre.

Mas o que pedimos depois: "O pão nosso de cada dia dá-nos hoje, perdoa-nos as nossas dívidas, assim como nós

---

[303] Jr 17,5.
[304] Cf. Mt 6,9-13.
[305] Mt 6,9-10.

perdoamos aos que nos devem, e não nos deixes cair em tentação, mas livra-nos do mal",³⁰⁶ quem não vê que diz respeito às necessidades da vida presente?

Por isso, naquela vida eterna onde nós esperamos estar para sempre, a santificação do nome de Deus, seu reino e sua vontade perdurarão no nosso espírito e no nosso corpo perfeita e perpetuamente. O pão cotidiano, porém, é assim chamado porque é necessário nesta vida, enquanto deve ser concedido a cada dia tanto para a alma quanto para o corpo, entendendo-se tal necessidade seja no sentido espiritual, seja no material, ou em ambos os sentidos.

Nesta vida, em que cometemos os pecados, se encontra também o perdão pelo qual suplicamos; aqui se encontram as tentações que nos atraem ou nos impelem a pecar; aqui, enfim, se encontra o mal de que desejamos ser libertos; lá, porém, nada disso existe.

As cinco súplicas na versão de Lc não discordam das sete de Mt

116 O evangelista Lucas, por outro lado, não incluiu sete invocações na oração do Senhor, mas cinco,³⁰⁷ sem, no entanto, discordar do outro por esse motivo, mas como que indicando, com essa sua síntese, o modo de se entenderem as sete.

O nome de Deus é certamente santificado no espírito, enquanto o Reino de Deus há de chegar com a ressurreição da carne. Mostrando, pois, que o terceiro pedido é em certo sentido uma repetição dos dois anteriores, Lucas o fez ser

---

³⁰⁶ Mt 6,11-13.
³⁰⁷ Cf. Lc 11,2-4.

mais bem compreendido omitindo-o. Acrescentou, então, os outros três pedidos: sobre o pão de cada dia, o perdão dos pecados e a tentação que deve ser evitada.[308] Quanto, porém, ao que Mateus colocou por último, [isto é,] "mas livra-nos do mal",[309] Lucas não o colocou para fazer-nos entender que isso se refere às palavras anteriores sobre a tentação. Por isso seguramente Mateus disse: "*mas* livra-nos"; não disse: "*e* livra-nos", como para mostrar que se trata de um único pedido: "não peço isto, mas isto", e cada um saiba que é liberto do mal quando não é levado pela tentação.

A caridade — a partir de fé e esperança retas — torna bons os homens

117 Consideremos enfim a caridade, que o Apóstolo diz ser a maior que estas duas, a fé e a esperança.[310] Quanto maior é a caridade em alguém, tanto melhor é esse alguém em que ela se encontra. Quando se pergunta a alguém se é um bom homem, não se indaga em que crê ou o que espera, mas o que ele ama. Porque quem ama retamente, sem dúvida crê e espera retamente. Quem, por outro lado, não ama crê inutilmente — mesmo que sejam verdadeiras aquelas coisas em que crê. Quem não ama espera inutilmente — mesmo que se ensine que fazem parte da verdadeira felicidade aquelas coisas que espera —, a não ser que creia e espere que o amar possa ser concedido a quem o pede para si.

Embora, de fato, não seja possível esperar sem amar, pode acontecer, todavia, que não se ame aquilo sem o qual é impossível chegar ao que se espera. É assim, quando se

---

[308] Cf. Lc 11,2-4.
[309] Mt 6,13.
[310] Cf. 1Cor 13,13.

espera na vida eterna — quem é que não a ama? —, mas não se ama a justiça, sem a qual ninguém chega à vida eterna.

É, porém, exatamente a fé de Cristo, a qual o Apóstolo recomenda, que opera pelo amor,[311] e aquele que ainda não possui o amor pede para recebê-lo, busca-o para encontrá-lo, bate para que se abra para ele.[312] A fé, de fato, consegue aquilo que a lei manda. Pois sem o dom de Deus, isto é, sem o Espírito Santo, pelo qual se propaga a caridade em nossos corações,[313] a lei poderá mandar, mas não ajudar, tornando mais pecador ainda aquele que não pode justificar-se pela ignorância. Onde não se encontra a caridade de Deus, de fato é a paixão da carne que reina.

Os quatro estados do homem

118 Quando se vive segundo a carne, nas trevas mais profundas da ignorância e sem a razão que lhe oponha resistência alguma, se vive no estado primário do homem.

Em seguida, quando pela Lei chegou o conhecimento do pecado,[314] ainda sem a ajuda do Espírito divino, o homem quer viver segundo a lei, mas é vencido e peca conscientemente; subjugado, se torna escravo do pecado — "com efeito, aquele que é vencido se torna escravo de quem o venceu".[315] A consciência do mandamento faz que o pecado produza no homem toda concupiscência, cumprindo-se assim, pela prevaricação que vem se somar, aquilo que está escrito: "A

---

[311] Cf. Gl 5,6.
[312] Cf. Mt 7,7.
[313] Cf. Rm 5,5.
[314] Cf. Rm 7,7.
[315] Cf. 2Pd 2,19.

Lei interveio para que abundasse a transgressão".³¹⁶ Esse é o segundo estado do homem.

Se, porém, Deus tiver voltado o olhar para o homem, para que este creia que é Deus mesmo que ajuda a cumprir aquilo que ele manda, e o homem tiver começado a ser levado pelo Espírito de Deus, então ele terá desejos contrários à carne pela força maior da caridade.³¹⁷ Assim, embora ainda haja algo no homem que a ele se oponha — pois ainda não está toda curada a sua enfermidade —, o justo, contudo, poderá viver da fé;³¹⁸ e viverá justamente enquanto não ceder à má consciência, prevalecendo o amor da justiça. Este é o terceiro estado: a boa esperança do homem. Quem avançar nela com religiosa perseverança encontrará no fim a paz, que depois desta vida será no repouso do espírito e, em seguida, também da ressurreição da carne.

Desses quatro estados diferentes, o primeiro é anterior à Lei, o segundo é sob a lei, o terceiro sob a graça e o quarto na plena e perfeita paz. Assim também foi disposto o povo de Deus por esses intervalos de tempo, como agradou a Deus, que dispõe todas as coisas com medida, número e peso.³¹⁹ Porque esse povo existiu no primeiro estágio, antes da Lei; existiu no segundo, sob a Lei que foi dada por Moisés; e depois sob a graça concedida primeiramente na vinda do Mediador.³²⁰ Essa graça certamente não faltou antes da vinda dele a quem ela deveria ser concedida, mesmo se de modo velado e oculto, segundo a dispensação temporal. Pois nenhum dos antigos justos teria podido encontrar a

---

³¹⁶ Rm 5,20.
³¹⁷ Cf. Gl 5,17.
³¹⁸ Cf. Rm 1,17; Gl 3,11; Hb 10,38.
³¹⁹ Cf. Sb 11,21.
³²⁰ Cf. Jo 1,17.

salvação fora da fé de Cristo, nem mesmo o próprio Cristo poderia ter sido profetizado — ora mais explicitamente, ora mais veladamente — por ministério de tais homens, se não fosse conhecido por eles.

Os estados do homem não são estágios e o homem pode ser regenerado pela graça em qualquer um deles

119 Em qualquer que seja, porém, desses quatro estados, ou idades, em que a graça da regeneração tenha encontrado cada homem, aí lhe são perdoados todos os pecados passados, e aquela culpa contraída no nascimento é apagada com o renascimento. É tão verdadeiro "que o Espírito sopra onde quer",[321] que alguns não conheceram aquele segundo estágio de escravidão sob a Lei, mas começaram a receber o auxílio divino junto com o seu mandamento.

Não perece aquele que morre regenerado

120 Antes, porém, de o homem estar em condição de acolher o mandamento, ele necessariamente vive segundo a carne. Mas se já recebeu o sacramento da regeneração, nada o prejudicará se então tiver migrado desta vida. Porque para isso Cristo morreu e ressuscitou, para ser o Senhor dos vivos e dos mortos,[322] e o reino da morte não reterá aquele pelo qual morreu quem é livre entre os mortos.[323]

---

[321] Jo 3,8.
[322] Cf. Rm 14,9.
[323] Sl 87,6.

Da caridade depende toda a Lei e os Profetas

121 Enfim, todos os mandamentos divinos se referem à caridade, da qual diz o Apóstolo: "O fim do mandamento, porém, é a caridade que brota de um coração puro, de uma boa consciência e de uma fé sincera".[324] Portanto, o fim de cada mandamento é a caridade, isto é, cada mandamento se refere à caridade. Aquilo, porém, que se cumpre ou por medo do castigo ou por outra intenção carnal qualquer — [isto é,] que não se refere àquela caridade que o Espírito Santo difunde em nossos corações[325] — não se cumpre como deve ser cumprido, embora pareça que se cumpre.

Sem dúvida, essa caridade [de que aqui se fala] é o amor a Deus e ao próximo, e certamente desses dois mandamentos depende toda a Lei e os Profetas.[326] Acrescenta a esses o Evangelho; acrescenta a esses os textos dos Apóstolos, pois não têm outra origem esta sentença: "O fim do mandamento, porém, é a caridade", e "Deus é amor".[327]

O que quer que Deus ordene, portanto, como, por exemplo: "Não cometerás adultério",[328] e o que quer que ele não ordene, mas recomende com conselho espiritual, como, por exemplo: "É bom para o homem abster-se de mulher",[329] é retamente cumprido quando se refere ao amor de Deus e ao amor do próximo por causa de Deus, tanto no século presente quanto no futuro; se refere ao amor de Deus, agora, pela fé e, no futuro, pela visão; e se refere ao mesmo amor ao próximo, agora, pela fé.

---

[324] 1Tm 1,5.
[325] Cf. Rm 5,5.
[326] Cf. Mt 22,40.
[327] 1Jo 4,8.
[328] Mt 5,27; Rm 13,9.
[329] 1Cor 7,1.

Nós mortais não conhecemos, de fato, os corações dos mortais. No futuro, porém, o Senhor iluminará os segredos das trevas e manifestará as intenções dos corações, e então cada qual receberá individualmente seu louvor da parte de Deus.[330] De fato, o próximo louvará e preferirá nos seus próximos aquilo que Deus mesmo iluminará, para que não permaneça oculto.

A paixão, porém, diminui com o crescimento da caridade, até que esta chegue a grandeza tal que não possa existir outra maior, porque "Ninguém tem amor maior do que aquele que dá a vida por seus amigos".[331] Mas quem poderá descrever a grandeza da caridade lá onde não mais haverá paixão alguma — que agora se supera reprimindo-a? De fato, a integridade será absoluta quando não mais existir o assalto da morte.

Conclusão

122 Mas já é hora de terminar este escrito, que verás se deves chamar ou ter em conta de enquirídio. Quanto a mim, considerei não dever desprezar teus bons desejos em Cristo, acreditando e esperando nos bens que, com o socorro do nosso Redentor, podem vir de ti. Amando-te muito entre os membros de Cristo, compus para ti, como pude, este livro sobre a fé, a esperança e a caridade. Oxalá ele te seja tão útil quanto é prolixo.

---

[330] Cf. 1Cor 4,5.
[331] Jo 15,13.

O SÍMBOLO AOS CATECÚMENOS

CIRCUNSTÂNCIA, DATAÇÃO, DIVISÃO

Heres Drian de O. Freitas

Embora fixada em 425, a datação do *Sermo de symbolo ad catechumenos* é incerta,[1] como o é para muitos dos sermões agostinianos — categoria em que, obviamente, situa-se a obra que temos em mãos, mas que a tradição manuscrita preferiu transmitir como livreto.

Se não é certa sua datação, é-o, por outro lado, sua circunstância: para aqueles que estavam por ser batizados — os catecúmenos –, Agostinho profere o sermão na celebração em que se realizava a *traditio symboli*,[2] cerca de duas[3] ou três[4] semanas antes da Páscoa. Nesta ocasião, o bispo — como a própria expressão evidencia — transmitia aos catecúmenos o *Símbolo*, ou *Credo*, explicando-o artigo por artigo.

---

[1] A. D. FITZGERALD, "Symbolo ad catechumenos, De", AthAg, 820.

[2] Sobre o *Símbolo*, ver "Introdução" ao *A fé e o símbolo* [PatrPaulus 32, 2013], p. 13-9, e bibliografia aí reportada; sobre a *traditio* e a *redditio symboli*, *ibid.*, p. 17-18. Ver também o artigo de Hamman, citado na nota 3. Além do que temos em mãos, chegaram até nós outros três sermões agostinianos proferidos na ocasião da *traditio symboli*: 212 [SC 116,174-84], 213 [MA 1,441-50] (= *s. Guelf.* 1) e 214 [RB 72,14-21].

[3] Na semana seguinte (*s.* 213,11 [MA 1,449]), ou na Vigília Pascal, ter-se-ia a *redditio symboli*; cf. A. HAMMAN, "Catecúmeno (Catecumenato)", DPAC 271-2, p. 272; e W. HARMLESS, "Catechumens, Catechumanate", AthAg 145-149, p. 148-9. Acerca dos ritos que precediam o batismo, ver E. LAMIRANDE, "Catechumenus", AL 1, 788-94, col. 791-4.

[4] Cf. E. LAMIRANDE, "Catechumenus", AL 1, 788-94, col. 793.

Essa transmissão do Símbolo era necessária, por dois motivos básicos: porque não se recitava ainda o Símbolo nas celebrações eucarísticas[5] e porque o núcleo da fé — Eucaristia, *Credo*, Pai-nosso — era custodiado sob o que, muito mais tarde, chamou-se de *disciplina do arcano*.[6] Os catecúmenos, então, deveriam aprender de memória o *Credo*,[7] sem colocá-lo por escrito.[8] Porque os artigos eram comentados um por um, ou se fazia uma introdução a que se seguia a recitação do Símbolo *in directum*[9] ou se o recitava *in directum* depois da breve explicação.[10]

---

[5] Ver "Introdução" ao *A fé e o Símbolo* [PatrPaulus 32, 2013], p. 16-7.

[6] Cf. V. RECCHIA, "Arcano (disciplina do)", DPAC, 147. Não batizados, então, poderiam entrar na igreja, ouvir as leituras e as reflexões do bispo (como o próprio Agostinho ia ouvir Ambrósio; cf. *Confissões* 5,23 [PatrPaulus 10, 1997², 137], mas não ficavam para a parte diretamente atinente à Eucaristia.

[7] Cf. *O Símbolo aos catecúmenos* 1; s. 212,2 [SC 116,182]; s. 213,2 [MA 1,443]; s. 214,1-2 [RB 72,14-5].

[8] Cf. *O Símbolo aos catecúmenos* 1; s. 212,2 [SC 116,182].

[9] s. 214,1-2 [RB 72,14-5]: "Haec sunt quae fideliter retenturi estis, et memoriter reddituri. Ista quae breviter audistis..." (que, como os textos seguintes, traduzimos livremente: "Eis tudo o que estais por conservar fielmente e por recitar de memória. Isso que ouvistes brevemente..."); s. 213,2 [MA 1,442]: "Hoc est quod [*scil.* symbolum] primum vobis breviter pronuntiabo. Deinde, quantum dominus donare dignatus fuerit, aperiam vobis; ut quod tenere vos volo, et intellegere valeatis. Hoc est symbolum. Et post symbolum: non est multum, et multum est..." ("Primeiramente, eis que vos proclamarei brevemente o Símbolo. Depois, por quanto o Senhor se dignar conceder-me, vo-lo explicarei. Assim, também podereis entender o que quero que conserveis. Eis o Símbolo. E depois do Símbolo: não é muito, mas é muito..."). Evidentemente o Símbolo foi recitado para os catecúmenos depois da introdução do bispo e antes que cada artigo fosse explicado.

[10] s. 212,2 [SC 116,182-4]: "Hunc igitur brevem sermonem de universo symbolo vobis debitum reddidi. Quod symbolum cum audieritis totum, istum sermonem nostrum breviter collectum recognoscetis... Quidquid enim in symbolo audituri eris... Hoc est ergo symbolum..." ("Esse, então, foi o breve sermão que vos devia oferecer acerca de todo o Símbolo. Símbolo que, quando o tiverdes ouvido todo, reconhecereis compendiado neste nosso breve sermão... Pois o que estais por ouvir no Símbolo... Eis, então, o Símbolo..."). Diversamente, portanto, do caso precedente, o Símbolo foi recitado para os catecúmenos depois da breve explicação de cada artigo.

Por tratar do Símbolo, é esse que define a divisão da exposição agostiniana. Após a Introdução (1), seus artigos são explicados em quatro partes: o Pai (2), o Filho (3-12), o Espírito Santo (13), e, em conjunto, a Igreja, a remissão dos pecados, a ressurreição da carne (14-17).[11]

---

[11] Acerca dessa proposta de divisão, ver "Introdução" ao *A fé e o Símbolo* [Patr-Paulus 32, 2013], p. 18-9.

EXPLICAÇÃO DO SÍMBOLO
AOS CATECÚMENOS

Agostinho de Hipona

A importância do símbolo

1 Recebei a regra da fé chamada *Símbolo*.[1] E, tendo-a recebido, escrevei-a no coração, e dizei-a diariamente; antes de dormir, antes de sair de casa, muni-vos com o vosso Símbolo. Ninguém escreve o Símbolo para que seja simplesmente lido, mas para que seja meditado, a fim de que o esquecimento não apague aquilo que a atenção faz conservar. Assim, a memória será para vós como um livro. Crede naquilo que ouvireis e repeti também com a boca aquilo em que acreditais. De fato, disse o apóstolo: "Crê-se com o coração para obter a justiça, e com a boca professa-se a fé para a salvação".[2] É esse o símbolo que meditareis e passareis adiante.

Essas palavras que ouvireis estão espalhadas pelas Escrituras, foram reunidas e resumidas em um único texto, não para facilitar a memorização por parte daqueles que têm dificuldades, mas para que todo homem possa dizer e ter consigo aquilo em que crê. Por acaso, foi a primeira vez que ouvistes que Deus é todo-poderoso e que começareis a tê-lo como Pai quando nascerdes mediante a Mãe Igreja?

---

[1] Ver "Introdução", em SANTO AGOSTINHO, *A fé e o símbolo* [PatrPaulus 32, 2013], p. 13-9, particularmente as p. 14-8.
[2] Rm 10,10.

O Pai todo-poderoso

2 Mas já o aprendestes, o meditastes e o guardastes a fim de poderdes dizer: "Creio em Deus, Pai todo-poderoso".[3] Deus é todo-poderoso e, sendo todo-poderoso, não pode morrer, não pode enganar-se, não pode mentir e, como diz o apóstolo, "não pode negar a si mesmo".[4] Quantas coisas não pode, mesmo sendo todo-poderoso. Mas exatamente porque não as pode fazer é que ele é todo-poderoso.

De fato, não seria todo-poderoso se pudesse morrer, não seria todo-poderoso se pudesse mentir, enganar-se, enganar, agir iniquamente. Se ele pudesse essas coisas, não poderia haver onipotência nele. Sem dúvida, nosso Pai todo-poderoso não pode pecar. Mas pode fazer o que quer, pois é a própria onipotência. Que faça o que deseja de bom, de justo; pois o que é mau ele não deseja. Ninguém resiste ao todo-poderoso; não há quem não faça o que ele deseja. Ele mesmo fez o céu, a terra, o mar e tudo que nestes é contido,[5] as coisas invisíveis e visíveis. Invisíveis como, no céu, são os Tronos, as Dominações, os Principados e as Potestades, os Arcanjos, os Anjos e os nossos concidadãos, se vivermos bem.

Criou no céu realidades visíveis: o sol, a lua, as estrelas; adornou a terra com seus animais terrestres, preencheu o ar com os voláteis, a terra com seres que caminham e rastejam, o mar com seres que nadam. Tudo povoou com criaturas apropriadas. Fez também o homem, com a mente à sua imagem e semelhança. Na mente, de fato, está a imagem de Deus. Por essa razão, a mente não pode ser compreendida por si só, uma vez que há nela a imagem de Deus.

---

[3] Símbolo Apostólico.
[4] 2Tm 2,13.
[5] Sl 146(145),6.

Fomos feitos para dominar as outras criaturas, mas, no primeiro homem, pelo pecado, caímos, e nos tornamos herdeiros de uma morte. Tornamo-nos míseros mortais, cheios de temores, erros, tudo por causa do pecado. Todo homem nasce com esse demérito e essa culpa. Por isso, como vistes hoje, como sabeis, também as crianças são purificadas com o sopro e exorcizadas, para expulsar delas o poder inimigo do diabo, que engana o homem para possuí-lo.

A criatura de Deus em si não é, na criança, exorcizada ou purificada com o sopro, mas aquele sob o qual estão todos os que nascem com o pecado, isto é, o primeiro entre os pecadores, Satanás. Por isso, por causa de um que caiu no pecado e mandou todos à morte, foi mandado um sem pecado para conduzir à vida todos os que nele cressem, liberando-os do pecado.[6]

O Filho unigênito

3 Por essa razão, cremos também em seu Filho, isto é, no filho do Pai todo-poderoso, "único Senhor nosso". Quando ouvirdes "único Filho de Deus", reconhecei que o único Filho de Deus é Deus. O único Filho de Deus não poderia não ser Deus. Deus, o Pai, gerou o que ele é, mas, por isso, ele não é aquele a quem gerou. Se é verdadeiro Filho, é igual ao Pai; se não é igual ao Pai, não é verdadeiro Filho.

Prestai atenção às criaturas mortais e terrenas, ao que elas geram; qualquer ser gera aquilo que ele mesmo é: homem não gera boi, ovelha não gera cão, nem cão ovelha. Qualquer coisa que gera, gera aquilo que essa coisa é. Sabei com certeza, firmemente, fielmente, que Deus Pai, todo-

---

[6] Cf. Rm 5,12.18-19.

-poderoso, gerou aquilo que ele mesmo é. Essas criaturas mortais geram dentro do estado de corrupção; mas Deus gera nesse mesmo estado? O que nasceu mortal gera o que é mortal, e o que nasceu imortal gera o que é imortal; o que é corruptível gera o que é corruptível; o incorruptível gera o que é incorruptível; o que é corruptível gera de modo corruptível, o que é incorruptível gera de modo incorruptível: um é o que o outro é, como se fossem um todo único.

Sabei que, quando comecei a falar-vos do Símbolo, assim disse, e assim deveis crer: "Cremos em Deus, Pai todo-poderoso, e em Jesus Cristo, seu Único Filho".[7] Quando digo "Único", entendei todo-poderoso; mas isso não significa que Deus Pai faz o que quer e Deus Filho não faz o que quer. Uma só é a vontade do Pai e do Filho, pois uma só é a natureza deles. Não se pode, de fato, separar — nem minimamente — a vontade do Pai da vontade do Filho, como se fosse o caso de se passar de um Deus a outro: são ambos o mesmo Deus. Ambos o mesmo todo-poderoso.

Um só Deus

4 Não apresentamos dois deuses, como fazem alguns quando dizem: "Temos Deus Pai e temos Deus Filho; o Deus Pai é o Deus maior, e o Deus Filho é o Deus menor". O que são os dois? Dois deuses? Envergonha-te de dizer isso, envergonha-te de crer nisso! "Temos o Senhor Deus Pai", dizes, "e temos o Senhor Deus Filho"; mas o Filho diz: "Ninguém pode servir a dois senhores".[8] Em sua família, estamos assim como que em uma grande casa onde há um

---

[7] Símbolo Apostólico.
[8] Mt 6,4.

pai da família e um filho; podemos, por isso, dizer: um é o pai maior e outro é o pai menor? Que se afaste de nós tal pensamento, pois se assim o fizerdes nos vossos corações, aceitareis ídolos em vossas almas. Repeli esse pensamento! Primeiro deveis crer para depois tentardes entender. É um dom de Deus crer e entender imediatamente, um dom que só ele dá, e não algo de próprio da fragilidade humana. Então, crede se ainda não entendeis: um é Deus Pai e outro o Deus Cristo Filho; mas ambos são um só Deus. E como se pode dizer que ambos são um só Deus? De que modo?

Isso te maravilha? Nos Atos dos Apóstolos lê-se: "A multidão dos fiéis era um só coração e uma só alma".[9] Eram muitas almas, mas uma mesma era a fé. Eram milhares, e se amavam, assim tornaram-se um; amavam a Deus no fogo da caridade e de uma multidão vieram à beleza da unidade. Se a caridade fez de tantas almas uma só, qual caridade é contida em Deus, onde não há diversidade, mas somente perfeita igualdade? Se entre os homens, na terra, pode existir tanta caridade, a ponto de transformar muitas almas em uma, onde o Pai foi sempre inseparável do Filho, e o Filho, inseparável do Pai, não poderiam ambos ser senão um? Aquelas almas das quais falam os Atos dos Apóstolos, que eram uma multidão, puderam ser chamadas de uma. E Deus, no qual há uma união suma e inefável, pode ser dito um Deus, e não dois deuses.

O que o Pai tem o Filho também tem

5 O Pai faz o que quer, o Filho faz o que quer. Não penseis que o Pai seja todo-poderoso e que o Filho não o seja;

[9] At 4,32.

seria um erro. Que tal ideia se apague de vossa mente, não assimileis esse erro na vossa fé, e se por acaso algum de vós o assimilou, que o vomite. O Pai e o Filho são onipotentes; se o todo-poderoso não gerou um todo-poderoso, não gerou um verdadeiro filho. Falaremos então, irmãos, de um pai superior que gerou um filho inferior? O que significa gerou?

De fato, um homem adulto gera um filho jovem, e enquanto o primeiro envelhece, o segundo cresce e, crescendo, toma o aspecto do pai. O Filho de Deus, ao invés disso, uma vez que não cresce, pois Deus não envelhece, nasce perfeito. E se nasce perfeito, nunca foi mais jovem e permanece sempre igual. Para que possais saber que do todo-poderoso nasceu o todo-poderoso, escutai-o, pois é a Verdade. O que a Verdade diz de si mesma é a Verdade. E o que ela diz? O que diz o Filho, que é a Verdade?[10] "Tudo o que o Pai faz, o Filho o faz igualmente."[11]

O Filho é todo-poderoso porque faz o que quer. Se o Pai faz algo que o Filho não faz, é falso o que disse o Filho: "o que o Pai faz, o Filho o faz igualmente"; mas já que o Filho disse a verdade, crede: "O que o Pai faz, o Filho o faz igualmente". Assim crestes no Filho todo-poderoso. Essas palavras não constam no *Símbolo*, mas é isso que exprimistes quando professastes que credes em um único Deus. O Pai possui algo de diverso do Filho? Dizem-no os arianos, não eu! O que digo eu, então? Se o Pai possui algo que não possui o Filho, o Filho mentiu quando disse: "Tudo o que o Pai tem é meu".[12]

Muitos são os testemunhos que provam que o Filho é verdadeiro Deus, Filho do Pai, e que Deus Pai gerou um

[10] Cf. Jo 14,6.
[11] Jo 5,19.
[12] Jo 16,15.

Filho que é verdadeiro Deus, e que o Pai e o Filho são um único Deus.[13]

A humildade do Filho

6 Mas vejamos o que esse Filho Único de Deus fez por nós, o que enfrentou por nossa causa: nasceu do Espírito Santo e da Virgem Maria.[14] Ele, Deus tão grande como o Pai, nasceu do Espírito Santo e da Virgem Maria, humilde para curar os soberbos. O homem se exaltou e caiu, mas Deus se rebaixou para erguê-lo. O que é a humildade de Cristo? É a mão que Deus estendeu ao homem caído. Nós despencamos, e ele rebaixou-se; nós jazíamos, e ele se inclinou até nós. Agarremos sua mão estendida e levantemo-nos para não sermos punidos. O seu inclinar-se a nós nada mais é senão o nascer do Espírito Santo e da Virgem Maria. E esse nascimento humano é humilde e sublime. Por que humilde? Porque nasceu humano de humanos. Por que sublime? Porque nasceu de uma virgem. A virgem concebeu, deu à luz e, após o parto, permaneceu virgem.[15]

A paixão, morte e sepultamento do Filho pelo bem dos homens

7 E depois? "Padeceu sob Pôncio Pilatos."[16] Pôncio Pilatos governava e era juiz quando Jesus padeceu. Com o nome desse juiz vem indicado o tempo no qual Jesus padeceu: "sob Pôncio Pilatos"; quando padeceu, foi crucificado e sepultado.[17]

---

[13] Ver também os parágrafos de *A fé e o Símbolo* 4-5 [PatrPaulus 32, 2013, 35-7].
[14] Cf. Símbolo Apostólico.
[15] Ver também os parágrafos *A fé e o Símbolo* 8-9 [PatrPaulus 32, 2013, 39-41].
[16] Símbolo Apostólico.
[17] Cf. Símbolo Apostólico.

Quem padeceu? O único Filho de Deus nosso Senhor. Como? Crucificado e sepultado. Por quem? Pelos ímpios e pecadores. Grande consideração e graça. "Como retribuirei ao Senhor todo o bem que me fez?".[18]

Com o Pai, o Filho é eterno

8 Nasceu antes de todos os tempos, antes de todos os séculos. Nasceu antes! Mas antes de que, se não há um antes? Certamente não quereis pensar que houve um espaço de tempo antes do nascimento de Cristo, que nasceu do Pai; e falo daquele nascimento pelo qual ele é Filho de Deus onipotente, único Senhor nosso. Não pensareis que esse nascimento foi o início dos tempos, nem que houve um espaço de tempo quando havia o Pai e não havia o Filho. Desde quando existe o Pai, existe o Filho. E por que se diz "desde" se não há um início? Logo, o Pai desde sempre não tem início, e o Filho desde sempre não tem início. "Então, como nasceu", direis, "se não há um começo?" Do eterno nasceu o coeterno.

Nunca houve o Pai sem que houvesse o Filho, e ainda assim o Filho é gerado pelo Pai. Onde mais se dá tal coisa? Estamos entre as coisas terrenas, entre as criaturas visíveis; então, que a terra me apresente uma coisa semelhante. Não é possível! Que o façam as ondas do mar. Ainda é impossível! Que me mostre uma coisa semelhante algum animal. É igualmente impossível. No mundo animal, um gera e outro é gerado; mas o pai que gera existe antes do filho, que só nasce depois. Vejamos se encontramos duas realidades coetâneas, para as considerarmos coeternas.

Se fosse possível encontrar um pai com a mesma idade de seu filho, e um filho com a mesma idade de seu pai, mais

[18] Sl 116(114-115),12.

facilmente poderíamos pensar em Deus Pai coetâneo de seu Filho, e em Deus Filho coeterno com seu Pai. E podemos encontrar na terra pai e filho coetâneos, mas não coeternos. Entendamos o que é coetâneo e creiamos no coeterno. Estai atentos, pois alguém pode dizer: "Como encontrar um pai com a mesma idade de seu filho, e um filho com a mesma idade de seu pai? Para poder gerar o filho, o pai tem que antecedê-lo em idade; e para que nasça o filho, este tem de seguir o pai em idade". Mas há um pai coetâneo do filho, e um filho coetâneo do pai. Como pode ser? É como se o pai fosse o fogo, e como se o brilho da luz do fogo fosse o filho. Assim, ambos são simultâneos: desde que o fogo começa a ser tal, começa a gerar luz. Não temos o fogo antes da luz, mas também não temos a luz antes do fogo. E se nos questionarmos se o fogo gera a luz, ou se a luz gera o fogo, será natural, pela inteligência contida em vossa mente, dizerdes que o fogo gera a luz, não que a luz gera o fogo! Eis o Pai e também o Filho, juntos desde o início, sem antes, sem depois. Do início temos o Pai, do início temos o Filho.

Se vos mostrei que o Pai é desde o começo e que do mesmo modo o Filho é desde o começo, crede que para o Pai não há um início e que para o Filho, junto do Pai, também não há um início. Logo, um é eterno, e o outro, coeterno. Esforçando-vos, entendereis. Esforçai-vos! Deveis nascer e deveis crescer, pois ninguém é perfeito desde o início. Mas foi lícito ao Filho de Deus nascer completo, pois nasceu fora do tempo, coeterno com Pai, antecedendo a tudo, não na idade, mas na eternidade.

Ele — nascido do Pai, coeterno, de cuja geração disse o profeta: "Quem narrará a sua geração?"[19] — nasceu do Pai fora do tempo e nasceu da Virgem Maria na plenitude dos

[19] Is 53,8.

tempos.[20] Esse nascimento, sim, foi precedido de um período de tempo. Nasceu em um tempo oportuno, quando quis, quando sabia que deveria nascer. Não nasceu sem querer. Nenhum de nós nasce quando quer, nem morre quando quer; ele nasceu quando quis, morreu quando quis. Nasceu como quis, de uma virgem, morreu como quis, na cruz. Fez o que quis, porque era homem e Deus, Deus que assumiu o homem e homem que foi assumido, mas é sempre um só Cristo, Deus e homem.

A paciência da cruz

9 Como falarei de sua cruz, o que direi? Escolheu a morte mais extrema, para que seus mártires não temessem outros tipos de morte. Ao tornar-se homem, mostrou sua doutrina, mostrou um exemplo de paciência na cruz, e na ressurreição mostrou o prêmio pela obra. Na cruz, mostrou-nos o que tolerar e, na ressurreição, mostrou-nos o que devemos esperar. Como na qualidade de um hábil técnico de jogos, disse: "Ponde mãos à obra! Realizai a obra e recebei o prêmio; combatei o combate e sereis coroados". Qual é a obra? É a obediência. Qual é o prêmio? A ressurreição sem a morte. Por que eu disse "sem a morte"? Porque também Lázaro ressuscitou e morreu de novo. Cristo ressuscitou, "já não morre, a morte não tem mais domínio sobre ele".[21]

[20] Cf. Gl 4,4.
[21] Rm 6,9.

O que é a paciência

10 Dizem as Escrituras: "Ouvistes falar da paciência de Jó e vistes o fim do Senhor".[22] Quando lemos sobretudo quanto Jó teve de suportar, ficamos horrorizados, assustados, trememos. Mas o que recebeu em troca? O dobro do que perdera. Porém, que o homem não busque a paciência como meio para possuir bens temporais, e diga a si mesmo: "Aguenta o mal, o Senhor me recompensará assim como recompensou a Jó, dando-lhe o dobro de filhos". Como Jó gerou tantos filhos quantos perdera, não lhe foram, então, duplicados os filhos, já que os que morreram viviam na eternidade? Que ninguém diga: "Suportarei o mal, e Deus me pagará como pagou a Jó"; isso não seria paciência, seria avareza.

Se aquele santo Jó não tivesse tido paciência, não teria conseguido suportar fortemente o que lhe pesava. E o Senhor, testemunhando em seu favor, disse: "Reparaste no meu servo Jó? Na terra não há outro igual: é um homem íntegro e reto, que teme a Deus e se afasta do mal".[23] Qual testemunho, irmãos, recebeu de Deus esse homem santo! E sua mulher má o persuadia a errar, como a serpente, que no paraíso enganou o primeiro homem criado por Deus;[24] sugerindo blasfêmias, acreditou poder enganar aquele homem bom aos olhos de Deus. Quanto, ó irmãos, ele sofreu! Quem suportaria tanto em si, em sua casa, nos filhos, em sua carne, em sua própria mulher, tentadora como era a dele?

Essa esposa teria sido tirada dele, se não tivesse sido de ajuda para o diabo, que igualmente conseguira enganar o pri-

---

[22] Tg 5,11.
[23] Jó 1,8.
[24] Gn 3,1-6.

meiro homem através de Eva. Foi preservada Eva? Quanto sofreu! Perdeu tudo o que tinha, caiu sua casa, e antes fosse só isso: ela caiu e esmagou seus filhos. Mas em Jó, como a paciência era grande, ouvi sua resposta: "O Senhor o deu, o Senhor o tirou, bendito seja o nome do Senhor".[25] Tirou o que dera, mas pereceu quem dera? E tendo tirado tudo, disse ainda: "Tirou-me tudo! Que me tire tudo e me deixe nu, mas que se preserve para mim! Que me faltará se tenho Deus? De que me adianta o resto, se não tenho Deus?". Foi atingido na carne, com feridas da cabeça aos pés, de seu corpo escorria sangue, sobre seu corpo estavam os vermes, e ele se mostrava firme em seu Deus, agarrou-se a ele.[26]

Aquela mulher, ajudante do diabo, em nada consoladora do marido, queria persuadi-lo à blasfêmia: "Persistes ainda", dizia ela, "em sua integridade? Amaldiçoa a Deus e morre duma vez!".[27] Porque foi humilhado, Jó tinha de ser exaltado. E assim fez o Senhor para mostrar aos homens que no céu guardou um prêmio maior para seu servo. Então, exaltou Jó, que fora humilhado, e humilhou o diabo cheio de soberba: "Pois todo aquele que se exalta será humilhado, e quem se humilha será exaltado".[28] Quem passa por qualquer de tais tribulações não espere algum prêmio aqui; e se sofre algum dano, não diga a si mesmo, com a intenção de receber em dobro: "O Senhor o deu, o Senhor o tirou, bendito seja o nome do Senhor"; Deus louva a paciência, não a avareza.

Se, por causa do que perdeste, queres receber em dobro e, por essa razão, louvas a Deus, louvas com a avidez, e não com o amor. Nesse caso, não tomes o exemplo daquele

[25] Jó 1,21.
[26] Cf. Jó 2,70-78.
[27] Jó 2.9.
[28] Lc 14,11.

santo homem; te enganarias. Quando Jó suportava todas aquelas coisas, não esperava como prêmio o dobro do que suportara; podeis ver o que digo em sua primeira confissão, quando sofreu danos e perdeu os filhos, e na segunda, quando sofria com as feridas na carne. Eis as palavras de sua primeira confissão: "O Senhor o deu, o Senhor o tirou, bendito seja o nome do Senhor". Poderia ter dito: "O Senhor deu, o Senhor tirou; pode novamente dar o que tirou, e dar mais do que tirou". Não disse isso. Disse: "O Senhor o deu, o Senhor o tirou, bendito seja o nome do Senhor". Bendito porque o que foi de seu agrado, seja do meu; o que agrada o bom senhor não desagrade o servo submisso; o que é bom para o médico, também o seja para o enfermo.

Ouvi a sua segunda confissão, quando falou à esposa: "Falas como uma idiota: se recebemos de Deus os bens, não deveríamos receber também os males?".[29] Não disse — o que seria verdade se tivesse dito: "O Senhor é poderoso e pode fazer com que minha carne volte a ser como era, pode multiplicar o que nos tirou", para que não parecesse que suportava tudo aquilo com essa esperança. Mas a ele, que não esperava isso, o Senhor deu essas coisas para que aprendêssemos; para nos ensinar que estava com ele; pois se Deus não lhe tivesse restituído aquelas coisas, não conseguiríamos ver sua recompensa que estava escondida. Então, o que diz a divina Escritura, sobre quando exorta à paciência e à esperança das coisas futuras, e não às coisas presentes? Diz: "Ouvistes falar da paciência de Jó e vistes o fim do Senhor".[30] Mas por que ouvimos da paciência de Jó, e não do fim do próprio Jó? Se desejas intensamente

---

[29] Jó 2,10.
[30] Tg 5,11.

o dobro, dirás: "Graças a Deus, suporto, e assim como Jó, receberei em dobro".

Temos a paciência de Jó e o fim do Senhor! Conhecemos a paciência de Jó e o fim do Senhor na terra: "Deus, meu Deus, por que me abandonaste?"[31] são as palavras do Senhor pendente na cruz. Deus abandonou-o na felicidade presente, mas não o abandonou na imortalidade eterna. É esse o fim do Senhor. Os judeus o prendem, o insultam, o amarram, o coroam com espinhos; cospem nele para humilhá-lo, o crucificam, o furam com a lança, e por fim o sepultam; está praticamente abandonado. Mas como? Sede pacientes para que ressusciteis e não morrais, e não morrereis como Cristo não morreu. Assim, de fato, lemos: "Cristo, uma vez ressuscitado dentre os mortos, já não morre".[32]

O Filho à direita do Pai: na felicidade eterna

11 "Subiu ao céu":[33] crede-o! Senta-se à direita do Pai:[34] crede-o! Sentar significa habitar, assim como dizemos de qualquer pessoa: habitou, colocou sede naquele lugar por três anos. Também a Escritura diz de alguém ter habitado em uma cidade por certo período de tempo. Ou, por acaso, colocou sede significa que se sentou e nunca se levantou? Também a habitação dos homens é dita sede; mas quem tem uma sede está sempre sentado e não se levanta, não anda, não se deita? Ainda assim se diz que tem uma sede. Então, crede que Cristo habita à direita do Pai. Ali está ele! Não dizei em vossos corações: "O que faz?". Não se

---

[31] Sl 21,2.
[32] Rm 6,9.
[33] Símbolo Apostólico.
[34] Cf. Símbolo Apostólico.

procura saber o que não pode ser encontrado. Ele está ali, isso vos basta!

É bendito de felicidade abundante, e por essa razão o nome "direita do Pai", pois "direita do Pai" significa bênção, beatitude. Entendendo segundo a carne, diremos que se está à direita do Pai, logo o Pai está à esquerda; convém representá-los assim, o Pai à esquerda e o Filho à direita? Onde eles estão é tudo direita, pois não há infelicidade.[35]

O Filho voltará para o julgamento

12 "De onde virá a julgar os vivos e os mortos."[36] Vivos são os que ainda vivem, e mortos, os que já morreram. Mas vivos também pode significar os justos, e mortos, os injustos. Deus julga um e outro retribuindo a cada um o que é devido.[37] Aos justos dirá, no dia do juízo: "Vinde, benditos de meu Pai, recebei por herança o reino preparado para vós desde a fundação do mundo".[38] Preparai-vos para isso, esperai-o, vivei para isso, já que credes, porque fostes batizados, para que ele possa dizer também a vós: "Vinde, benditos de meu Pai, recebei por herança o reino preparado para vós desde a fundação do mundo". E quanto àqueles que estão à esquerda? "Apartai-vos de mim, mal-

---

[35] Ver também *A fé e o Símbolo* 14 [PatrPaulus 32, 2013, 44-5].

[36] Símbolo Apostólico.

[37] "Deus julga um e outro retribuindo a cada um o que é devido." Agostinho, aqui, apresenta uma clara ideia de justiça retributiva, fundada, evidente pelo texto, no conceito clássico de justiça. Essa sua concepção, porém, sofrerá substancial mudança de direção a partir de 396... numa dupla direção: um novo conceito de justiça e o dom da graça que tudo alcança sem mérito precedente, o que faz com que a própria salvação só possa ser pensada como retribuição enquanto coroação divina no ser humano dos próprios dons divinos. Isto é, Deus retribui a si mesmo o bem que opera no ser humano em que a graça agiu — se pudéssemos assim formular a questão.

[38] Mt 25,34.

ditos, para o fogo eterno preparado para o diabo e para os seus anjos."[39] Assim serão julgados por Cristo os vivos e os mortos.

Falamos do primeiro nascimento de Cristo, aquele fora do tempo, e também do nascimento de Cristo de uma virgem, na plenitude dos tempos; falamos da paixão de Cristo, falamos do juízo final de Cristo. Dissemos tudo o que devia ser dito de Cristo, Filho único de Deus, nosso Senhor. Sobre a Trindade, porém, ainda não acabamos de falar.

O Espírito Santo

13 Continua o Símbolo: "e no Espírito Santo".[40] Essa Trindade é um só Deus, uma só natureza, uma substância, um único poder, suma igualdade, sem divisão alguma, sem diversidade alguma, perpétua caridade. Quereis saber qual Deus é o Espírito Santo? Sede batizados, e sereis o seu templo. Disse o apóstolo: "Ou não sabeis que o vosso corpo é templo do Espírito Santo, que está em vós e que recebestes de Deus?".[41]

Deus tem um templo e, de fato, a Salomão, rei e profeta, foi ordenado que construísse um templo a Deus. Se tivesse edificado um templo ao sol, à lua, ou a outras estrelas, ou a outros anjos, Deus não o teria condenado? Mas porque ergueu a Deus um templo, mostrou ser cultor de Deus. E com que o ergueu? Com madeira e pedra, pois Deus se dignou, por meio de seu servo, fazer uma morada na terra, onde pudesse habitar e receber súplicas. Por isso disse o abençoado Estêvão: "Foi Salomão que lhe construiu uma

---

[39] Mt 25,41.
[40] Símbolo Apostólico.
[41] 1Cor 6,19.

casa. Entretanto, o Altíssimo não habita em obras de mãos humanas".[42] Então, se nossos corpos são templo do Espírito Santo, qual ou como é o Deus que construiu o templo para o Espírito Santo? O nosso Deus!

Se de fato nossos corpos são templo do Espírito Santo, quem nos deu este corpo construiu nele também um templo ao Espírito Santo. Atenção ao Apóstolo quando diz: "Deus dispôs o corpo de modo a conceder maior honra ao que é menos nobre",[43] falando dos vários membros, para que não houvesse cisões no corpo. Deus criou nosso corpo. Se Deus criou a erva, quem criou o nosso corpo? Como podemos provar que criou a erva? Quem veste, cria.

Lê o Evangelho que diz: "Se Deus veste assim a erva do campo, que existe hoje e amanhã será lançada ao forno...",[44] então, Deus veste. Ouvi o Apóstolo: "Insensato, o que semeias não readquire vida a não ser que morra. E o que semeias não é o corpo da futura planta que deve nascer, mas um simples grão, de trigo ou de qualquer outra espécie. A seguir, Deus lhe dá corpo como quer, a cada uma das sementes ele dá o corpo que lhe é próprio".[45] Logo, se Deus constitui os nossos corpos, se Deus forma os nossos membros, e nossos corpos são templo do Espírito Santo, não duvideis de que o Espírito Santo é Deus; e não o adicionai como um terceiro Deus, pois o Pai, o Filho e o Espírito Santo são um só Deus. Assim deveis crer.

---

[42] At 7,46-48.
[43] 1Cor 12,24.
[44] Mt 6,30; Lc 12,28.
[45] 1Cor 15,36-38.

A Igreja

14 À fé na Trindade segue: "a Santa Igreja".[46] Eis o que foi demonstrado de Deus e de seu templo: "O templo de Deus, que sois vós, é santo".[47] Mas também a Igreja é santa, una, verdadeira, católica, combatente de todos os hereges; pode combater, mas não pode ser derrotada. Todas as heresias dela saíram, assim como ramos inúteis de uma videira, mas ela permanece na sua raiz, na sua videira, na sua caridade. "As portas do inferno não prevalecerão sobre ela."[48]

A remissão dos pecados

15 "A remissão dos pecados."[49] Quando fordes batizados, realizareis de modo completo o *Símbolo* em vós. Que ninguém diga: "Cometi um erro, talvez não me será perdoado". Por que o fizeste? É grave? Dize, cometeste algo de muito terrível, de grave, de horrendo, que só de pensar assusta? O que fizeste? Por acaso mataste Cristo? Não há nada pior que isso, pois não há nada melhor que Cristo. Quão nefasto matar Cristo! Os judeus o mataram e, depois, muitos deles creram nele e beberam seu sangue; foi-lhes perdoado o pecado que tinham cometido.

Depois de vosso batismo, mantenhais uma boa vida nos preceitos de Deus, para guardar o batismo até o fim. Não vos digo que seja possível viver aqui sem pecado, mas existem aqueles veniais, sem os quais não é possível esta vida. Por causa dos pecados existe o batismo; por causa dos

---

[46] Símbolo Apostólico.
[47] 1Cor 3,7.
[48] Cf. Mt 16,8.
[49] Símbolo Apostólico.

pecados leves, dos quais não podemos fugir, existe a oração. O que diz a oração? "Perdoa-nos as nossas ofensas, como nós perdoamos aos que nos ofenderam."[50] Uma vez que fomos purificados pelo batismo, todos os dias nos purificamos com a oração. Mas que não se deseje cometer aqueles pecados que nos separam do Corpo de Cristo, longe de vós! Estes, que vedes fazer penitência, cometeram um delito, adultério, ou outro erro grave, por essa razão fazem penitência.[51] Se tivessem cometido faltas mais leves, bastaria a oração quotidiana para apagá-las.

O perdão, na Igreja, pelo batismo, pela oração e pela penitência

16 De três modos são perdoados os pecados na Igreja: no batismo, na oração e em uma maior humildade, que é a penitência [pública], pois Deus não perdoa senão aos batizados. Quando? No momento do batismo. Os pecados que são perdoados depois da oração e da penitência são perdoados a quem foi batizado. Como poderiam dizer: "Pai nosso",[52] se ainda não nasceram?

Nos catecúmenos, enquanto tais, permanecem todos os seus pecados. Se assim é para os catecúmenos, quanto mais para os pagãos, para os hereges! Não mudamos os

---

[50] Mt 6,12.

[51] Não seria fantasioso imaginar, aqui, Agostinho a apontar para o lugar dos penitentes, ainda que isso cause certa estranheza à nossa sensibilidade contemporânea, habituada — se é possível dizer isso — à confissão auricular privada. No tempo de Agostinho, tal confissão não existia. Era comum que, tendo-se cometido um pecado grave após o batismo, a penitência fosse pública — principalmente se o pecado fosse público. E dentre as medidas disciplinares da penitência, talvez a que mais salte aos olhos seja justamente esta, a da separação da assembleia. A Igreja permitia que se conferisse essa penitência uma única vez.

[52] Mt 6,9.

hereges com o batismo, pois estes têm o batismo, assim como o desertor tem uma marca;[53] têm o batismo como uma marca, não para a coroação [da vitória], mas para a condenação. E se o desertor recomeça a militar, quem ousa mudar-lhe a marca?

A ressurreição da carne

17 Cremos também "na ressurreição da carne",[54] da qual o Cristo é anterior, para que o corpo espere aquilo que se passou com a cabeça. A cabeça da Igreja é Cristo, a Igreja é o corpo de Cristo. Nossa cabeça ressuscitou e subiu ao céu; onde está a cabeça, ali estão também os membros. Como é essa ressurreição da carne? Para que ninguém creia que seja como aquela de Lázaro, para que saiba que não é assim, foi dito: "na vida eterna".[55] Que Deus vos regenere, vos conserve e vos guarde; que vos conduza à vida eterna. Amém.

---

[53] Os hereges têm o batismo, o desertor tem uma marca. Os soldados romanos eram marcados no dorso da mão. E mesmo quando desertassem, a marca continuava lá. O batismo é como essa marca: uma vez realizado, permanece para sempre, mesmo que o batizado passe a ser um herege.
[54] Símbolo Apostólico.
[55] Símbolo Apostólico.

SUMÁRIO

Apresentação 5

Siglas e abreviações 11

O Sermão da Montanha
    Introdução 13
    Texto 21

A fé e as obras
    Ocasião, datação, divisão 225
    Texto 229

A fé nas coisas invisíveis
    Circunstâncias, datação, divisão 295
    Texto 297

Enquirídio sobre a fé, a esperança e a caridade
    Título, datação, divisão 315
    Texto 319

O Símbolo aos catecúmenos
    Circunstância, datação, divisão 439
    Texto 443